1989 – Eine Epochenzäsur?

Geschichte der Gegenwart

Herausgegeben von
Frank Bösch und Martin Sabrow

Band 27

1989 – Eine Epochenzäsur?

Herausgegeben von
Martin Sabrow, Tilmann Siebeneichner
und Peter Ulrich Weiß

WALLSTEIN VERLAG

Gedruckt mit freundlicher Unterstützung
der Bundesstiftung zur Aufarbeitung der SED-Diktatur

Bibliografische Information der Deutschen Nationalbibliothek
Die Deutsche Nationalbibliothek verzeichnet diese Publikation in der Deutschen Nationalbibliografie; detaillierte bibliografische Daten sind im Internet über http://dnb.d-nb.de abrufbar.

www.wallstein-verlag.de
Vom Verlag gesetzt aus der Adobe Garamond
Umschlaggestaltung: Susanne Gerhards, Düsseldorf
Umschlagfoto: ultramarinrot –
Büro für Kommunikationsdesign Frank Kirchner
Druck und Verarbeitung: Hubert & Co, Göttingen

ISBN 978-3-8353-5021-2

Inhalt

Modi und Blickwinkel

Vorwort

Dreißig Jahre lang galt die Chiffre »1989« als selbstverständlicher Ausdruck eines epochalen Umbruchs. Sie stand im Bewusstsein der Zeitgenossen für das Wunder einer friedlichen Revolution, die am Ende des 20. Jahrhunderts von dem kommunistischen Machtverlust in Polen im Juni 1989 bis zur Auflösung der Sowjetunion im Dezember 1991 die sozialistischen Diktaturen in Europa auf den Kehrichthaufen der Geschichte gefegt und die Tür zu einem Zeitalter des Friedens und der Freiheit aufgestoßen hatte.
Eine Generation später hingegen tritt immer deutlicher zutage: Der demokratische Aufbruch nach einem Halb- bzw. Dreivierteljahrhundert kommunistischer Diktatur hat zwar weitreichende politische und ökonomische Veränderungen in Ost(mittel)europa bewirkt, die im einhelligen Blick der Mitlebenden für die letzte welthistorische Zäsur des vergangenen Jahrhunderts stehen. Doch langfristig hat der so abrupte wie tiefgreifende Systemwechsel auch Entwicklungen angestoßen, die die moralischen Werte und politischen Ziele der aufbegehrenden Akteure von damals wieder in Frage stellten und zugleich unerwartete Kontinuitäten und antiliberale Tendenzen offenbarten. Der Umbruch von 1989 bedeutet eben nicht nur den zeitgeschichtlichen Endpunkt eines durch die Auseinandersetzung um Diktatur und Demokratie geprägten 20. Jahrhunderts. Er präsentiert sich rückblickend auch als Auftakt einer gleichermaßen hoffnungsvollen wie problembelasteten Entwicklung der Gegenwart, deren Ursachen weit hinter 1989 zurückreichen.

Verschiedene Sichtachsen einer solchen Neubefragung freizulegen, ist das Ziel des vorliegenden Bandes, der aus einer Ringvorlesung an der Humboldt-Universität zu Berlin im Wintersemester 2019/20 hervorgegangen ist. Ihr erklärtes Ziel bestand darin, Perspektiven auf das Umbruchsjahr und das »Erbe von 1989« in Ostdeutschland sowie Ost(mittel)europa zu entfalten, die den revolutionären Zusammenbruch der kommunistischen Herrschaft nicht allein als so plötzlichen wie glücklichen Ausgang des Jahrhunderts der Extreme in den Blick nehmen. Die einzelnen Vorlesungen diskutierten den historischen Systemwechsel in seinem Zäsurcharakter, aber auch als Teil einer »langen Wende«, deren Anfang und Ende – je nach Gegenstand und Thema – weit vor oder auch nach 1989 anzusiedeln sind. Sie erörterten den Charakter des *annus mirabilis* ebenso als Referenzpunkt aktuell-politischer Gesellschaftskrisen und unterzogen ihn der kritischen Prüfung als umstrittenen Gegenstand von staatlicher und gesellschaftlicher Geschichtspolitik.

Die für den Druck überarbeiteten Vorträge verstehen sich als thematisch vielfältige Sondierungen, ohne das Forschungsfeld des Umbruchs von

1989/91 in Gänze abdecken zu wollen. Vielmehr stellen sie selektive Erkundungen zu einzelnen Räumen, Bereichen und Handlungsebenen des welthistorischen Umbruchs dar, die aus einer nachzeitigen Perspektive den längeren Linien der deutschen und europäischen Zeitgeschichte im Übergang vom 20. zum 21. Jahrhundert nachspüren.

Die Ringvorlesung wie auch der vorliegende Band erfuhren vielfältige Unterstützung. Unser Dank gilt zunächst den beteiligten Kooperationspartnern von der Stiftung Berliner Mauer und der Bundesstiftung zur Aufarbeitung der SED-Diktatur, allen voran Gerhard Sälter, Ulrich Mählert und Franziska Kuschel für die Förderung der Ringvorlesung und ihrer Drucklegung. Des Weiteren danken wir allen Beiträgerinnen und Beiträgern, die teilweise erst nach der Ringvorlesung dazu gestoßen sind, sich aber gleichfalls mit Engagement und Geduld auf die Fragestellung und unser Erkenntnisinteresse eingelassen haben. Dabei ist anzumerken, dass die Herausgeber keine Einheitlichkeit in Gebrauch und Form einer geschlechterdifferenten Sprache angestrebt haben, um der gegenwärtigen Vielfalt der Auffassungen Rechnung zu tragen. Für die sorgsame Betreuung des Bandes danken wir Paula Fredrich, Anna Kokenge und Katja Stopka am ZZF sowie Hajo Gevers vom Wallstein Verlag, für die Umschlaggestaltung Frank Kirchner von ultramarinrot – Büro für Kommunikationsdesign.

Berlin, im Juni 2021

Martin Sabrow
Tilmann Siebeneichner
Peter Ulrich Weiß

Mythos »1989«

Martin Sabrow

Miterlebenden und auch ihren Nachgeborenen gilt »1989« als welthistorische Zäsur und als lebensgeschichtlicher Orientierungspunkt. Niemand, der alt genug war, um die Dramatik dieser Wochen und Monate erfahren zu können, wird vergessen haben, wo er an jenem Abend war, an dem die Berliner Mauer fiel.[1] Das lange, nämlich bis 1991 währende »Jahr 1989« markiert fraglos den Endpunkt einer Epoche, die das kurze 20. Jahrhundert umschließt. Sie begann mit der Russischen Revolution 1917, um dann ein Menschenalter später ebenso überraschend wieder von der weltgeschichtlichen Bühne abzutreten, wie sie gut 70 Jahre zuvor begonnen hatte. Der Einsturz der Berliner Mauer und die Überwindung der kommunistischen Diktaturen in Europa sind so fest im gesellschaftlichen Gedächtnis verankert wie der Sturm auf die Bastille in Paris 1789 und der Sturm auf das Petrograder Winterpalais 1917. Das »Wunder von 1989« schildern Spielfilme und Dokudramen. Der Verlauf des 9. November ist fachwissenschaftlich und geschichtskulturell bis in kleinste Verästelungen ausgeleuchtet, und das öffentliche Gedenken hat sich von Jahrfünft zu Jahrfünft immer weiter intensiviert und mit dem beschwingten Lichterfest zum 25. Jahrestag des Mauerfalls einen über alle politischen Grenzen hinweg anerkannten Höhepunkt erlebt.

Wissenschaft kann sich von den Ereignissen mitreißen lassen. Aber ihre vornehmste Aufgabe ist die distanzierte Suche nach Erklärung und Einordnung. Letzterer verschreibt sich der vorliegende Band, indem seine einzelnen Beiträge den scheinbar so epochalen Charakter der Zäsur von 1989/90 einer kritischen Betrachtung unterziehen. Uns interessiert dabei nicht allein die gut erforschte Empirie, sondern ebenso sehr die rückblickende Einordnung eines weltgeschichtlichen Vorgangs, der sich vor den Augen der Zeitgenossinnen und Zeitgenossen abgespielt hat und immer neue Fragen aufwirft: Bewahrheitet sich bei genauerem Hinsehen der so empfundene Epochencharakter des Geschehens von 1989, und wie stehen im Rückblick 30 Jahre später Umbruch und Kontinuität zueinander? Wie sehr haben sich die Deutungsachsen in den vergangenen 30 Jahren

1 Der folgende Beitrag führt Überlegungen fort, die ich verschiedentlich anderenorts entwickelt habe, so zuletzt hier: Martin Sabrow: Mythos 1989. Rückblick auf ein historisches Jahr. Wem gehört die Friedliche Revolution?, in: Deutschland Archiv, 28.11.2019, URL: http://www.bpb.de/geschichte/zeitgeschichte/deutschlandarchiv/300737/mythos-1989 [21.4.2021].

verschoben, und welche Rolle spielte und spielt die Zeitgeschichte als Aufarbeitung in diesem Prozess?

Ereignis und Mythos

Am Beginn muss die Frage stehen, ob wir es überhaupt noch mit einem gemeinsam erinnerten und empirisch gesicherten Geschehen zu tun haben, wenn von »1989« die Rede ist. Oder herrscht auch hier der Begriff ähnlich mythisierend über die Sache, wie es in Bezug auf »1968« der Fall ist, das schon als Datum in magisches Dunkel gehüllt ist, weil bekanntlich die studentische Rebellion in Deutschland bereits mit dem Tod Benno Ohnesorgs am 2. Juni 1967 begann und in den USA mit den landesweiten Demonstrationen gegen den Vietnamkrieg sogar schon im April 1967?

Nun wirkt es durchaus frivol, von einem Ereignis als Mythos zu sprechen, dessen Konturen so klar und unbestreitbar zutage liegen wie die Etappen des Geschehens, das zum Zusammenbruch der kommunistischen Herrschaft in Ostdeutschland und Ost- bzw. Ostmitteleuropa führte. Der nicht mehr eindämmbare Protest gegen die gefälschten Kommunalwahlen in der DDR vom 7. Mai 1989 traf auf die Erosion des sozialistischen Machtblocks nach den halbfreien Wahlen in Polen, die im Juni 1989 die Macht der Polnischen Vereinigten Arbeiterpartei (PVAP) zugunsten der Solidarność brachen und zur Ablösung Jaruzelskis durch Tadeusz Mazowiecki führten. Der Abbau des ungarisch-österreichischen Grenzzaunes ab dem 2. Mai 1989 sowie Ungarns Beitritt zur Genfer Flüchtlingskonvention im Juni stärkten die ostdeutsche Ausreisebewegung. Die von Woche zu Woche mehr Zulauf findenden Leipziger Montagsdemonstrationen stimulierten die Bürgerbewegung in der DDR, sich ab September aus dem Schutzraum der evangelischen Kirche auf die Straße und in die Arena der politischen Auseinandersetzung zu begeben. Mit Aufrufen und Gründungsmanifesten begannen die Bürgerrechtler, das Machtmonopol der SED zu untergraben.

Unzweifelhaft sind auch die Daten, die die einzelnen Wegmarken des raschen sozialistischen Herrschaftszerfalls im Herbst 1989 aneinanderreihen. Sie setzen mit dem 4. Oktober 1989 ein, als die über DDR-Territorium geleiteten Ausreisezüge aus Prag und Budapest zu bürgerkriegsartigen Auseinandersetzungen am Dresdner Hauptbahnhof führten, und setzten sich mit dem 7. und 8. Oktober fort, als Proteste im Umfeld der Vierzigjahrfeier des SED-Regimes in gewaltsam erstickte Straßenunruhen in Ost-Berlin mündeten. Am 9. Oktober wich der Machtapparat in Leipzig vor den 70.000 über den Ring ziehenden Demonstrantinnen und Demonstranten zurück. Am 18. Oktober wurde Honecker gestürzt, nachdem er zwei Tage zuvor nicht mehr mit seinem Vorschlag durchgedrungen war, die staatliche Autorität mit einem demonstrativen Panzeraufgebot wiederherzustellen; und schon am 4. November kündigte sich mit der Hunderttausende zählenden Protestversammlung auf dem Ost-Berliner Alexanderplatz die sich anbahnende Machtablösung an, die der Fall der Berliner Mauer fünf Tage später weiter vorantrieb. Nach zahlreichen Zwischenetappen erfolgten schließlich die ersten freien Wahlen in der DDR am 18. März 1990, aus denen als Überraschungssieger eine CDU-geführte Regierung unter Lothar de Maizière hervorging, die innerhalb eines halben Jahres und gegen den schwindenden Widerstand der Alliierten zusammen mit der Bundesregierung den Weg in die staatliche Einheit bahnte und am 3. Oktober 1990 einen politischen und gesellschaftlichen Umbruch abschloss, wie er sich im Ergebnis nicht anders im gesamten Ostblock ereignete und zeitversetzt auch in der zerfallenden Sowjetunion.

Nichts an dieser Ereigniskette ist im engeren Sinne mythisch zu nennen, wenn wir ein seines sakralen Mantels entkleidetes Wortverständnis zugrunde legen, das »Mythos« als Gegenbegriff zu »Logos« auffasst und darunter eine »märchenhaft-vage, fabulös[e] oder legendär[e] Vorstellung« von identitätsstiftender Kraft versteht.[2] »1989« ist kein bloßer Mythos, es ist ein wirkliches und unbestreitbares Ereignis, und es verweist auf ein Geschehen von weltgeschichtlicher Bedeutung. Anders verhält es sich allerdings, wenn wir die in der Alltagssprache inflationär genutzte Rede vom Mythos als kulturwissenschaftliche Kategorie zu fassen versuchen[3] und Mythen mit Hans Blumenberg als Ausdruck existenzieller Grunderfahrungen definieren, die über »mächtige Gemeinschaftsvorstellungen« Orientierung und Sicherheit schaffen (Benedict Anderson) und Gegenstand eines öffentlichen Kultes mit zivilreligiösem Geltungsanspruch werden, ohne damit zugleich einen zwingenden Kontrast von Wahrheit und Mythos zu behaupten.

2 Johannes Engels: Mythos, in: Gert Ueding (Hg.): Historisches Wörterbuch der Rhetorik Online, Bd. 6, Tübingen 2003, Sp. 80-98.

3 Zur Unterscheidung von alltags- und fachsprachlicher Verwendung des Mythosbegriffs: Stephanie Wodianka/Juliane Ebert: Vorwort, in: dies. (Hg.): Metzler Lexikon moderner Mythen, Stuttgart/Weimar 2014, S. V ff.; Matthias Waechter: Mythos, in: Docupedia Zeitgeschichte, 11.2.2010, URL: http://docupedia.de/zg/Mythos [21.4.2021].

Mediale Mythisierung und ihre Grenzen

Alles könne im modernen Medienzeitalter zum Mythos werden, konstatierte Roland Barthes schon in den 1950er Jahren, weil die Mythisierung nicht am Gegenstand selbst hafte, sondern an der Art und Weise, wie er präsentiert wird.[4] Wer wollte bestreiten, dass die sich kontinuierlich steigernden öffentlichen Inszenierungen des Mauerfalljubiläums alle Kriterien dieses Mythenbegriffs erfüllen? Das 25-jährige Jubiläum des Mauerfalls 2014 erlebte ein von Hunderttausenden gefeiertes Lichterfest, das mit seinen vielen himmelwärts entschwebenden Heliumballons zugleich die euphorische Leichtigkeit aufsteigen ließ, mit der ein Vierteljahrhundert zuvor das eben noch unüberwindlich scheinende Bollwerk der Unfreiheit überwunden worden war, und es euphorisierte auch die Presseberichterstattung: »Selten fühlte sich ein Gedenktag in Deutschland so leicht an wie dieser.«[5] Bundeskanzlerin Angela Merkel betonte bei der Eröffnung einer neuen Dauerausstellung der Gedenkstätte Berliner Mauer am 9. November 2014 die Macht der nur scheinbar Ohnmächtigen;[6] Wolf Biermann sang im Bundestag und nutzte die Gunst der Revolutionsfeierstunde für einen Seitenhieb auf die Linkspartei als »den elenden Rest dessen, was zum Glück überwunden ist«.[7]

Für 2019 stellte sich die Frage, ob sich dieser in der Inszenierung omnipräsente Freiheitskult, dessen zivilreligiösen Geltungsanspruch 2014 niemand stärker verkörperte als der seinerzeitige Bundespräsident Joachim Gauck selbst, zum 30. Jahrestag noch einmal weiter steigern ließe. Eine

4 Roland Barthes: Mythologies, Paris 1957, S. 181.

5 Annett Meiritz/Christoph Sydow: Mauerfall-Jubiläum. Berlin erinnert, Berlin jubelt. Tagsüber besinnlich, abends Volksfest: Hunderttausende Menschen feiern in Berlin das Mauerfall-Jubiläum, über dem Himmel der Stadt schweben Ballons der »Lichtgrenze«. Das moderne Gedenken ist erstaunlich gut gelungen, in: *Spiegel Online*, 9.11.2014, URL: https://www.spiegel.de/politik/deutschland/mauerfall-jahrestag-berlin-gedenkfeier-am-brandenburger-tor-a-1001910.html [21.4.2021].

6 »Es ist eine Botschaft der Zuversicht, heute und künftig weitere Mauern einreißen zu können – Mauern der Diktatur und der Gewalt, der Ideologien und der Feindschaften. Zu schön, um wahr zu sein? Ein Tagtraum, der wie eine Seifenblase zerplatzt? Nein, der Mauerfall hat uns gezeigt: Träume können wahr werden. Nichts muss so bleiben, wie es ist – mögen die Hürden auch noch so hoch sein.« Rede von Bundeskanzlerin Dr. Angela Merkel zur Eröffnung der neuen Dauerausstellung der Gedenkstätte Berliner Mauer am 9. November 2014 in Berlin, in: Die Bundesregierung, Bulletin 126–3, 9.11.2014, URL: https://www.bundesregierung.de/breg-de/service/bulletin/rede-von-bundeskanzlerin-dr-angela-merkel-794850 [21.4.2021].

7 »Mauerfall-Gedenken Bundestag: Biermann beschimpft Linke als ›Drachenbrut‹«, in: *Zeit Online*, 7.11.2014, URL: https://www.zeit.de/politik/deutschland/2014-11/biermann-mauerfall-gysi-bundestag [21.4.2021].

im April 2019 gebildete Kommission »30 Jahre Friedliche Revolution und Deutsche Einheit«, die sich aus »22 renommierten Persönlichkeiten aus Wissenschaft, Wirtschaft, Kultur, Politik und Gesellschaft« zusammensetzte,[8] stellte im September 2019 ihr Jubiläumskonzept vor für den »Glücksfall der deutschen Geschichte, den wir gemeinsam feiern«.[9] Die Planungen für dieses Jahr sahen eine ganze »Festivalwoche zum Jubiläum des Mauerfalls« vor,[10] die beispielsweise der Berliner *Tagesspiegel* mit seiner monatelangen Artikelserie »30 Jahre Revolution und Mauerfall« begleitete und die sogar das Kaufhaus KaDeWe zu einer Schaufensterausstellung über den 9. November aus der Sicht des Kaufhauspersonals veranlasste.[11] Über die üblichen Zentren Berlin und Leipzig hinaus wurde ein noch nicht dagewesenes Feuerwerk von Reportagen und Zeitzeugenforen entlang der einstigen innerstädtischen Grenze gezündet, die in Echtzeit sämtliche Vorgänge von Günter Schabowskis verunglückter Ankündigung am 9. November 1989 um 18.57 Uhr bis zur Öffnung des Schlagbaums an der Bornholmer Straße um 23.20 Uhr rekonstruierten.

Ein wesentlicher Aspekt aber, der zum traditionellen Inventar historischer Mythenbildung gehört, fehlte an der medialen Inszenierung von 1989 von Anfang an: der heroisierende Bezug auf eine »gemeinsam erlebte und durch herausragende Individuen geprägte Geschichte«, deren »Protagonisten […] mit transzendentalen Attributen versehen« werden.[12] In der Schaffung charismatisierter Führungsfiguren und ihrer Stilisierung zum Messias, Retter und Propheten erreicht der Mythos seine stärkste Prägekraft – und eben dieses Merkmal fehlt der kulturellen Aneignung des Umbruchs von 1989/90. Er hat keine Helden hervorgebracht, obwohl es doch hinreichend Stoff zur Schaffung von Helden-

8 Kommission »30 Jahre Friedliche Revolution und Deutsche Einheit« stellt Jubiläumskonzept vor, Pressemitteilung des Bundesministeriums des Innern, für Bau und Heimat, 9.9.2019, URL: https://www.bmi.bund.de/SharedDocs/pressemitteilungen/DE/2019/09/jubilaeumskonzept-30ja-deu-einheit.html [21.4.2021].

9 Ebd.

10 Vorgesehen sind rund 200 Veranstaltungen, »darunter eine große Bühnenshow am 9. November vor dem Brandenburger Tor. Sieben Tage lang werden 3-D-Videoprojektionen und Open-Air-Ausstellungen gezeigt. […] Am meisten freut sich Kulturprojekte-Geschäftsführer Moritz van Dülmen auf die 150 Meter lange Kunstinstallation am Brandenburger Tor, zu der 30 000 Menschen Botschaften, Visionen und Geschichten beigetragen haben.« Zit. nach »Festivalwoche zum Jubiläum des Mauerfalls. Die letzten Vorbereitungen laufen«, in: *Der Tagesspiegel*, 19.10.2019.

11 Elisabeth Binder: Der Traum vom Schlaraffenland. Eine Ausstellung in den Schaufenstern des KaDeWe erzählt, wo die Mitarbeiter am 9. November 1989 waren. Einige erinnern sich noch gut an den Ansturm der DDR-Bürger, in: *Der Tagesspiegel*, 20.10.2019.

12 Waechter: Mythos.

mythen und Heldengestalten gegeben hätte: Zu denken wäre etwa an Kurt Masur, den mutigen Kapellmeister aus Leipzig, dessen Appell zur Entschärfung der explosiven Lage am 9. Oktober beigetragen hat, oder auch an die Offiziere Edwin Görlitz und Harald Jäger von der Stasi-Passkontrolleinheit, die am 9. November 1989 in der Bornholmer Straße gegen 23 Uhr 20 den Befehl gaben: »Wir fluten jetzt!«, um eine weitere Eskalation zu vermeiden. Auch der unbeirrte Pfarrer der Nikolaikirche, Christian Führer, dessen seit 1982 veranstaltete Friedensgebete zum Kristallisationspunkt der regimesprengenden Montagsdemonstrationen wurden, mit ihrem Höhepunkt am 9. Oktober 1989, hat dankbare Anerkennung gefunden, aber keine Heldenverehrung. Die stärker scham- als stolzgrundierte Geschichtskultur hat zunächst in der Bonner und nach 1990 auch in der Berliner Republik eine narrative Grundhaltung ausgebildet, die auf lernende Umkehr und nicht auf verpflichtende Kontinuität gegründet ist und Heroenkult weitestgehend durch Opferempathie ersetzt hat, was der klassischen Mythisierung enge Grenzen setzt. Nicht umsonst argumentiert Herfried Münkler, dass die »Bundesrepublik eine weitgehend mythenfreie Zone« sei,[13] und erörtert in seiner enzyklopädischen Studie über die Deutschen und ihre Mythen die Gründe, warum die Selbstermächtigung der ostdeutschen Bevölkerung am 9. November sich nicht »zum politischen Gründungsmythos der neueren und größeren Bundesrepublik« entwickelt hat: weil der Mauerfall auf ein ambivalentes Datum gefallen sei, das auch den Hitlerputsch 1923 und den Judenpogrom 1938 erinnere, und weil er eine rein ostdeutsche, nicht aber eine gesamtdeutsche Erfahrung repräsentiere.[14]

Dennoch greift Münklers Argumentation zu kurz. Sie ist allein »mythenpolitisch« angelegt und denkt das »Problem einer gründungsmythischen Aufarbeitung des 9. November 1989« von den handelnden Protagonisten und intentional her.[15] Die Macht historischer Mythen aber entfaltet sich am stärksten hinter dem Rücken der Akteure, und das Ereignis kann umso leichter zum Mythos werden, je weniger diese Verwandlung bemerkt wird: Der Mythos als »Imagination von Kollektividentität«[16] entfaltet seine integrative Kraft, weil er für wahr gehalten wird, und nicht dadurch, dass er sich als Konstruktion durchschaubar macht.

13 Herfried Münkler: Die Deutschen und ihre Mythen, Berlin 2009, S. 9.
14 Ebd., S. 477 ff.
15 Ebd., S. 479.
16 Rudolf Speth/Edgar Wolfrum: Einleitung: Politische Mythen – Geschichtspolitik, in: dies.: Politische Mythen und Geschichtspolitik. Konstruktion – Inszenierung – Mobilisierung, Berlin 1996, S. 7.

In der Tat haben andere Autorinnen und Autoren die Mythenfähigkeit des Mauerfalls betont, weil er »komplex verschlungene Ereignisse auf ideale Weise verdichtete« und – in diametralem Gegensatz zu Münkler – durch eine charakteristische »Entsubjektivierung konkrete Akteure weitgehend aus[klammere] – als sei die Mauer wie von Geisterhand und von allein ›gefallen‹.«[17] Auch diese Betrachtung aber blendet die eigentliche Leistung aus, die mit der Verwandlung des Ereignisses zum Mythos verbunden ist: ihre Fähigkeit zur Umdeutung. Dies ist im Weiteren an drei miteinander verflochtenen Aspekten zu erörtern, die sich zum einen auf die Intentionen der beteiligten Akteure, zum anderen auf die Urheberrechte am Sturz des SED-Regimes richten und zum dritten auf die historische Geltungstiefe der Zäsur von 1989.

Mythisierung durch Harmonisierung

Die mythische Qualität der Revolution von 1989 erweist sich vielleicht am prägnantesten in ihrer Harmonisierungskraft, die die Unterschiede zwischen den zeitgenössischen Zielvorstellungen und den historischen Ergebnissen einzuebnen vermochte.[18] Unmittelbare Beobachter der radikalen Veränderungen in Ostdeutschland und der von ihr ausgelösten Aufbruchsstimmung zeigten sich gegen Ende 1989 vielfach noch ganz selbstverständlich davon überzeugt, dass die Erneuerung auf eine »sozialistisch inspirierte Alternative zur Konsumgesellschaft in der Bundesrepublik«[19] hinziele, die Stalinismus und Thatcherismus gleichermaßen hinter sich lassen wolle.[20]

Diese Interpretation deckt sich mit zahllosen regimekritischen und oppositionellen Verlautbarungen des Herbstes 1989. »Es geht nicht um

17 Olaf Briese: Mauerfall/Wende, in: Wodianka/Ebert (Hg.): Metzler Lexikon moderner Mythen, S. 251 ff.

18 Vgl. zum Folgenden: Martin Sabrow: Der vergessene »Dritte Weg«, in: Aus Politik und Zeitgeschichte 11 (2010), S. 6-13.

19 Hubertus Knabe: Die deutsche Oktoberrevolution, in: ders. (Hg.): Aufbruch in eine andere DDR. Reformer und Oppositionelle zur Zukunft ihres Landes, Reinbek bei Hamburg 1989, S. 9-20, hier S. 19.

20 »In East Germany, New Forum and other groups are beginning to polarise along new lines. Some seek to influence the reform wing of the ruling Communist Party in a more social democratic direction. Others want to fight for a distinctive third camp, socialism based on new forms of popular democratic planning, and on social and co-operative ownership – equally opposed to Stalinism and East European-style neo-Thatcherism.« John Palmer: Eastern bloc in search of a third way, in: *The Guardian*, 22.11.1989.

Reformen, die den Sozialismus abschaffen, sondern um Reformen, die ihn weiterhin in diesem Lande möglich machen«, deklarierte eine Resolution populärer Künstler in der DDR vom 18. September 1989[21] und drückte damit aus, was in vielfältigen Abstufungen den oppositionellen Aufbruch im SED-Staat insgesamt beseelte: »Niemand forderte das Ende des Sozialismus, keiner dachte an das Ende vom Sozialismus.«[22] Auch wenn die einzelnen oppositionellen Gruppen die Vision eines Dritten Weges mit erheblichen Abstufungen verfolgten, steht außer Frage, dass die regimekritische Bewegung der 1980er Jahre in der DDR sich insgesamt »an einem alternativen Sozialismus, nicht aber an einer Alternative zum Sozialismus« orientierte.[23]

In diesem Modell eines »Dritten Weges« nahm allerdings, anders als in der Programmatik der Vereinigten Linke, auch die Bundesrepublik einen wichtigen Platz ein: »Wir laden die Deutschen in der Bundesrepublik ein, auf eine Umgestaltung ihrer Gesellschaft hinzuwirken, die eine neue Einheit des deutschen Volkes in der Hausgemeinschaft der europäischen Völker ermöglichen könnte. Beide deutsche[n] Staaten sollten um der Einheit willen aufeinander zu reformieren.«[24] Auch der »Demokratische Aufbruch« stellte Ende Oktober 1989 den »Demokratischen Sozialismus« als seine Orientierungsnorm heraus: »Die kritische Haltung des Demokratischen Aufbruchs (DA) zum real-existierenden Sozialismus bedeutet keine Absage an die Vision einer sozialistischen Gesellschaftsordnung. Wir

21 Zit. nach: Gerhard Rein (Hg.): Die Opposition in der DDR. Entwürfe für einen anderen Sozialismus, Berlin (West) 1989, S. 150f. Eine Zusammenstellung gleichgerichteter Äußerungen bei: Andreas Peglau: Echter Sozialismus statt Einheitsbrei! Die größte Demonstration der DDR-Geschichte forderte nicht die Einheit, sondern einen besseren Sozialismus, in: *rubikon*, 9.11.2019, URL: https://www.rubikon.news/artikel/echter-sozialismus-statt-einheitsbrei [21.4.2021].

22 Frank Eigenfeld: Bürgerrechtsbewegungen 1988-1990 in der DDR, in: Andrea Papst/Catharina Schultheiß/Peter Bohley (Hg.): Wir sind das Volk? Ostdeutsche Bürgerrechtsbewegungen und die Wende, Tübingen 2001, S. 65-78, hier S. 68.

23 Sung-Wang Choi: Von der Dissidenz zur Opposition. Die politisch alternativen Gruppen in der DDR von 1978 bis 1989, Köln 1999, S. 116. Stellvertretend für die mit zahlreichen empirischen Belegen gegen die teleologische Entfärbung der sozialistischen Oppositionsziele anschreibende Forschungsliteratur siehe des Weiteren: Dirk Rochtus: Zwischen Realität und Utopie. Das Konzept des »dritten Weges« in der DDR 1989/90, Leipzig 1999; S. 201ff.; Geisel: Auf der Suche nach einem dritten Weg, S. 55ff.; Thomas Klein: »Frieden und Gerechtigkeit!«. Die Politisierung der Unabhängigen Friedensbewegung in Ost-Berlin während der 80er Jahre, Köln/Weimar/Wien 2007, S. 512ff.

24 Aufruf zur Einmischung in eigener Sache. Flugschrift der Bürgerbewegung »Demokratie jetzt« vom 12. September 1989, in: Charles Schüddekopf (Hg.): »Wir sind das Volk!« Flugschriften, Aufrufe und Texte einer deutschen Revolution, Reinbek bei Hamburg 1990, S. 32-38, hier S. 35.

beteiligen uns am Streit um die Konzeption des Sozialismus.«[25] Nicht anders verwahrte sich das »Neue Forum« entschieden dagegen, zum »Feind des Sozialismus« abgestempelt zu werden, und sprach sich in Grundsatzpapieren für einen »menschliche[n], demokratische[n] Sozialismus« aus.[26] Auch der Aufruf zur Gründung einer Grünen Partei in der DDR Ende November 1989 warnte davor, dass die »Erneuerungsbewegung [...] eine Gesellschaft der Ellbogenfreiheit, der Verschwendung und der Wegwerfmentalität entstehen läßt«.[27]

Die immer stärkere Erosion des diktatorischen Machtgebäudes im Herbst 1989 nährte unter Oppositionellen wie SED-Reformern die Hoffnung, dass in der DDR »der Untergang des dogmatischen und bürokratischen Sozialismus und der Anfang des wahren, des schöpferischen Sozialismus« bevorstünden.[28] Bestärkt wurde diese Annahme durch eine aus einer Gewerkschaftsversammlung im Deutschen Theater Berlin hervorgegangene Demonstration »der Kunst- und Theaterschaffenden«, die am 4. November auf dem Berliner Alexanderplatz Hunderttausende mobilisierte und zur massenwirksamsten Manifestation eines verbesserlichen Sozialismus in der Geschichte der DDR überhaupt wurde.[29] Gemeinsam bekannten sich an diesem Tag 22 kritische Intellektuelle und führende SED-Funktionäre, Regimevertreter und Regimegegner von der zur Rednertribüne umgestalteten Lastwagenpritsche hinweg zu einem Geist der Erneuerung, den am eindrucksvollsten Stefan Heym formulierte: »Es ist, als habe einer die Fenster aufgestoßen nach all den Jahren der Stagnation, [...] den Jahren von Dumpfheit und Mief, von Phrasengewäsch und bürokratischer Willkür, von amtlicher Blindheit und Taubheit«. Die Zukunft, die Heym wie andere Rednerinnen und Redner auch in der frischen Luft des Umbruchs zu erkennen glaubte, war der »Sozialismus, nicht der Stalinsche, der richtige, den wir endlich erbauen wollen zu unserem Nutzen und

25 Vorläufige Grundsatzerklärung und Diskussionspapier des »Demokratischen Aufbruch« (DA) vom 30. Oktober 1989, in: ebd., S. 161-170, hier S. 163.

26 Lothar Probst: Ostdeutsche Bürgerbewegungen und Perspektiven der Demokratie, Köln 1993, S. 111.

27 Erklärung der Gründungsinitiative für eine Grüne Partei, 26.11.1989, in: Gerhard Rein (Hg.): Die Opposition in der DDR. Entwürfe für einen anderen Sozialismus, Berlin (West) 1989, S. 119.

28 Zit. n. Friedrich Schorlemmer: Träume und Alpträume. Einmischungen 1982-1990, Berlin 1990, S. 49. Siehe auch Gisela Helwig: Die Chance der Umkehr, in: Deutschland Archiv 21.8 (1988), S. 801.

29 Die stark differierenden Zahlenangaben reichen bis zu einer Million Demonstranten, vgl. Hermann Weber: Die DDR 1945-1990, München 1993, S. 106. Vermutlich lag die Zahl tatsächlich aber weit darunter; nach jüngerer Schätzung ist von etwa 200.000 Teilnehmern auszugehen, vgl. Ilko-Sascha Kowalczuk: Endspiel. Die Revolution von 1989 in der DDR, München 2009, S. 451 f.

zum Nutzen von ganz Deutschland«.[30] In der unüberschaubar großen Menschenmenge standen Basisdemokraten, die den Slogan »TschüSSED« in die Höhe reckten, neben reformwilligen SED-Mitgliedern, die gleichermaßen von der Vorstellung beseelt waren, dass »wir es in der DDR selbst schaffen würden, Gesellschaft und politische Ordnung eigenverantwortlich umzugestalten«.[31]

Die Kundgebung vom 4. November auf dem Berliner Alexanderplatz blieb Beteiligten und Zeitgenossen als »das zentrale Erlebnis der Wendezeit« im Gedächtnis,[32] und der in ihr zum Ausdruck kommende Schulterschluss zwischen Opposition, SED-Reformern und Bevölkerung ließ die Verwirklichung der alten Utopie des »Dritten Wegs« zum Greifen nahe erscheinen, wie sich Friedrich Schorlemmer erinnerte: »Wir schwebten noch im Traum einer Selbstbefreiung. Wir meinten, nun würde eine deutsche demokratische Republik möglich, eine revolutionäre Frucht des gemeinsamen aufrechten Gangs«.[33] Mit Recht konnte Egon Krenz rückblickend darauf verweisen, dass an diesem 4. November keine Forderungen nach einer Abschaffung der DDR zu hören waren.[34]

Im Gegenteil: Selbst dem Fall der Mauer fünf Tage später kam im Horizont dieses Aufbruchsdenkens nur beiläufige Bedeutung zu.[35] Weit wichtiger war in ihm der von einer Million DDR-Bürgerinnen und Bürgern unterzeichnete Aufruf »Für unser Land« vom 26. November 1989, der die Vision einer »sozialistischen Alternative zur Bundesrepublik« beschwor und davor warnte, dass »ein Ausverkauf unserer materiellen und moralischen Werte beginnt und über kurz oder lang die Deutsche Demokratische Republik durch die Bundesrepublik Deutschland vereinnahmt

30 Protestdemonstration Berlin-Alexanderplatz: Tonbandprotokolle der Reden von Stefan Heym, Christoph Hein, Friedrich Schorlemmer und Christa Wolf, in: Schüddekopf (Hg.): »Wir sind das Volk!«, S. 207-216, hier S. 207 f.

31 Dieter Segert: Das 41. Jahr. Eine andere Geschichte der DDR, Wien/Köln/Weimar 2008, S. 108.

32 Larissa Klinzing: Mein eigenwilliges Gedächtnis. Spannende Tage an der Humboldt-Universität, in: blz. Zeitschrift der GEW Berlin, (2009), S. 11 f., hier S. 11.

33 Friedrich Schorlemmer: Worte öffnen Fäuste. Die Rückkehr in ein schwieriges Vaterland, München 1992, S. 295.

34 »Wir sind hochmütig geworden«. Gespräch mit Egon Krenz über Sprachlosigkeiten im SED-Politbüro, Moskauer Misstrauen und zwei erzwungene Rücktritte, in: *Neues Deutschland*, 12.10.2009.

35 »Als ich an diesem denkwürdigen 9. November nach Hause kam, […] wurde ich von zwei westdeutschen Rundfunkanstalten angerufen und gefragt, was ich über die Öffnung der Mauer dächte. Mich hat das erstaunlich wenig berührt, auf diese Weise zu erfahren, daß die Mauer auf ist. Ich war noch ganz beschäftigt mit unserem Mauerdurchbruch in den Sälen meiner Stadt.« Schorlemmer: Worte öffnen Fäuste, S. 297.

wird«.[36] In der Erarbeitung einer neuen, betont plebiszitären und sozialrechtlichen DDR-Verfassung, in der das SED-Emblem von Hammer und Sichel durch das oppositionelle Friedenszeichen »Schwerter zu Pflugscharen« ersetzt werden sollte, schien der Traum eines Dritten Weges im April 1990 konkrete Gestalt anzunehmen – und sollte doch von der Wirklichkeit der politischen Umstände sofort wieder in Luft aufgelöst werden: Die vom vorgezogenen Termin der letzten Volkskammerwahlen überraschte Arbeitsgruppe konnte dem Zentralen Runden Tisch auf dessen 16. und letzter Sitzung am 12. März 1990 noch keinen fertigen Entwurf präsentieren, und ihr Vorschlag, einen Verfassungsrat zu gründen, der die Verfassung im Auftrag der Volkskammer ausarbeiten und einem Volksentscheid zu überantworten sollte, fand keine Mehrheit mehr.[37] Sechs Tage später entzog der Ausgang der Volkskammerwahlen mit der vollständigen Marginalisierung der Bürgerrechtsbewegung und dem grandiosen Sieg der vereinigungsorientierten Allianz für Deutschland dem Konzept eines Dritten Weges die politische Handlungsgrundlage und ließ nicht nur Bärbel Bohley um »die verlorene Chance« trauern, »dass hier wirklich etwas hätte entstehen können, was ganz neu ist in der Welt«[38].

Der weitere Gang der Ereignisse und das lautstarke Drängen der ostdeutschen Bevölkerungsmehrheit auf eine möglichst rasche Vereinigung mit der Bundesrepublik entzog der Idee eines »Dritten Weges« rasch den politischen Handlungsrahmen. Von der eigenen Bevölkerung abgelehnt und ohne Widerhall in West wie in Ost, konnte ein »Dritter Weg«, dem sich alleine noch ausgerechnet die gerade gestürzte Diktaturpartei verpflichtet fühlte, keine politische Option der bürgerrechtlichen Bewegung mehr sein. Bei vielen Oppositionellen der späten DDR wurde der identitätsstiftende Glauben an eine sozialistische Erneuerung der DDR binnen kurzer Zeit zur Scham über die »peinliche Utopisterei«,[39] deren Überwindung als persönliche Befreiung erlebt und durch unzweideutige Abgrenzung von allen Spielarten ihrer Erneuerung versichert werden konnte.[40]

Der »Dritte Weg« einer demokratisch erneuerten DDR wurde kein Erinnerungsort der jüngsten Zeitgeschichte. Die öffentliche Erinnerung

36 »Aufruf ›Für unser Land‹«, in: *Neues Deutschland*, 26.11.1989.

37 Rochtus: Zwischen Realität und Utopie, S. 252 f.

38 Konrad H. Jarausch: Die unverhoffte Einheit: 1989-1990, Frankfurt am Main 1995, S. 180.

39 Bernd Gehrke: 1989 und keine Alternative?, in: ders./Wolfgang Rüddenklau (Hg.): ... das war doch nicht unsere Alternative. DDR-Oppositionelle zehn Jahre nach der Wende, Münster 1999, S. 417-440, hier S. 430.

40 Sabrow: Der vergessene »Dritte Weg«, S. 12.

wurde und wird auch in diesem Jubiläumsjahr von einem zeithistorischen Narrativ beherrscht, das die Öffnung der Grenzen am 9. November 1989 vom Blickwinkel der deutschen Vereinigung vom 3. Oktober 1990 betrachtet und auf die zielstrebige Geschlossenheit des atemberaubenden Revolutionsgeschehens abhebt: »Wir dachten daran«, erinnerte sich Rainer Eppelmann schon in den 1990er Jahren, »in der DDR einen freiheitlichen Staat aufzubauen, der in zunehmend engerer Verbindung zur Bundesrepublik Deutschland neue Wege erproben sollte.«[41] Diese Engführung von Revolution und Wiedervereinigung hat sich durchgesetzt. Der von Eppelmann mit der Autorität des Zeitzeugen und Zeitgestalters zugleich vertretenen Sicht folgen Gesamtdarstellungen der Friedlichen Revolution[42] ebenso wie eine bundesdeutsche Geschichtspolitik, die 2019 »30 Jahre Friedliche Revolution und Deutsche Einheit« zusammen feierte und mit dem Bundesminister für Heimat und Inneres »auch den Menschen eine Stimme« geben wollte, »die auf dem Land für ein vereintes Deutschland gekämpft haben. Die Geschichte der Friedlichen Revolution ist die Geschichte aller Menschen in Deutschland und Europa.«[43]

In einer solchen »heroisierte[n] Erzählung von Selbstbefreiung und freiwilligem Beitritt«,[44] die die friedliche Revolution als gradlinige Entwicklung von der Freiheit zur Einheit im Zusammenspiel von Ost und West versteht,[45] schrumpfen zeitgenössische Zielvorstellungen einer sozialistischen und demokratischen DDR zum realitätsfernen Hirngespinst von randständigen Sonderlingen, die während des Umbruchs den Kontakt zur Bevölkerung verloren hätten.[46] Sie werden überstrahlt von einer Mythosbildung, die die Friedliche Revolution als Auftakt der deutschen Wiedervereinigung interpretiert und darüber hinweggeht, dass der Mauerfall in

41 Rainer Eppelmann: Fünf Jahre deutsche Einheit, in: Deutschland Archiv 28.9 (1995), S. 897-898, hier S. 897.

42 »Der 18. März vollendete, was die Fluchtbewegung, die Massenproteste und die Bürgerbewegungen seit dem Spätsommer und Frühherbst gemeinsam erzwangen: freie demokratische Wahlen.« So Kowalczuk: Endspiel, S. 528.

43 30 Jahre Friedliche Revolution und Deutsche Einheit. Pressemitteilung der Bundesregierung, 9.10.2019.

44 Jarausch: Die unverhoffte Einheit, S. 11.

45 Als Beispiel unter vielen: »Für die Deutschen ist sie schon deshalb etwas Einzigartiges, da es die erste Revolution war, die erfolgreich die Ideen von Freiheit und Nation miteinander verband. Unmittelbar und ohne Umwege ging aus ihr die Bundesrepublik als ein geeinter Nationalstaat hervor. Schon deswegen ist sie ›unsere Revolution‹. Aber auch weil sie sich im Zusammenhandeln und Wirken von West und Ost vollzog und vollendete.« Ehrhart Neubert: Unsere Revolution. Die Geschichte der Jahre 1989/90, München 2008, S. 13.

46 So Neuberts Interpretation der Demonstration vom 4. November 1989 in Berlin: »Auf der Tribüne ging es um Reformen, auf dem Platz um Revolution.«

den Augen vieler Akteure einen euphorischen Aufbruch bedeutete, der »im Konkurs mündete«.[47]

Mythisierung durch Aneignung

Mythische Kraft konnte der Umbruch von 1989 womöglich noch mehr dadurch gewinnen, dass er so unerwartet eintrat. Das »Wunder von 1989« hatte niemand geplant und niemand hatte es vorhergesehen.[48] »Wie kommt es eigentlich, daß wir einfach so unsere DDR aufgegeben haben?« fragte sich Erich Mielke noch 1993 fassungslos in einem *Spiegel*-Interview. Tatsächlich stellte die politische Opposition bis in den Sommer 1989 hinein zahlenmäßig in Bezug auf den Machterhalt keine imposante Größe dar: Die 150 Basisgruppen, 600 Führungsfunktionäre, 2.400 Aktivisten und 60 unbelehrbaren Feinde des Sozialismus, die das MfS auflistete, konnten einem gegen den inneren Feind hochgerüsteten Staat kaum gefährlich werden. Mit Recht zitiert Stefan Wolle den Satz eines Stasi-Offiziers: »Wir haben die Waffen zu früh abgegeben. Die Plüschheinis von der Friedensbewegung wären beim ersten Schuss auseinander gelaufen.«[49] Dass diese Waffen ungenutzt blieben, dass die chinesische Karte, die Egon Krenz noch im Sommer öffentlich ins Spiel brachte, am Ende nicht gezogen wurde, lässt sich schwerlich aus der zahlenmäßigen Breite und dem Machtpotenzial der Regimegegner erklären.

Auf solchem Boden gedeihen Verschwörungstheorien. Der entmachtete Generalsekretär Honecker begriff seinen Sturz vom ersten Tag an als »Ergebnis eines großangelegten Manövers, deren [sic!] Drahtzieher sich noch

47 Christian Petzold: Auf die Uhren schießen. Es gab das utopische Moment. Doch das Neue Forum verschwand, und die Schnäppchenjäger kamen. Über eine Revolution, die im Konkurs endete, in: *Der Tagesspiegel*, 9.11.2019.

48 Das Wissen über die allgemeine Ahnungslosigkeit am Tag des Mauerfalls bewahren die Erinnerungen auch von damaligen Entscheidungsträgern unverändert noch nach dreißig Jahren, wie beispielsweise der damalige stellvertretende Direktor des Aspen Instituts Berlin bezeugt: »An jenem Abend veranstalteten wir dort [im Aspen Institut Berlin auf Schwanenwerder; MS] einen Ost-West-Empfang für eine neue Kollegin – was zeigt, dass niemand wirklich damit gerechnet hat, dass die Mauer in jener Nacht geöffnet wird, denn der Regierende Bürgermeister war da, ebenso West-Berliner Politiker und sogar Westalliierte, sowjetische und ostdeutsche Funktionäre und Experten.« Daniel S. Hamilton: Vom Projekt zur Parole. Die USA unter Präsident Donald Trump sind nicht das Amerika, das Europa braucht. Darunter leidet die Vision von einem freien, geeinten Westen, in: *Der Tagesspiegel*, 20.10.2019.

49 Stefan Wolle: Die heile Welt der Diktatur. Alltag und Herrschaft in der DDR 1971-1989, Berlin 1998, S. 342.

im Hintergrund halten«.[50] Bis in seine letzten gedruckten Worte blieb Gorbatschow für ihn der vom Freund zum Feind gewordene Judas, der die DDR verraten habe:

> »Die ›Wende‹ 1989 wurde, wie man jetzt noch deutlicher als damals erkennen kann, durch die radikale Änderung der Weltpolitik erzwungen, die ihren Ausgangspunkt in der radikalen Änderung der sowjetischen Führung unter Gorbatschow hatte.«[51]

Auch andere Stimmen raunten nach dem Ende der DDR von einer »Verschwörung gegen Honecker«, die Gorbatschow angezettelt habe, um den Generalsekretär 1987 mit der Hilfe des KGB zu stürzen, wie etwa der *Spiegel* 2009 berichtete, oder Einfluss auf die Bürgerbewegung zu nehmen, um den Weg in die deutsche Einheit aufzuhalten.[52] Ehemalige Insider wie der frühere stellvertretende Chefredakteur der SED-Tageszeitung *Neues Deutschland*, Harald Wessel, halten bis heute daran fest, dass eine geheime KGB-Gruppe namens »Luch« oder »Ljusch«, auf Deutsch »Strahl«, ohne Wissen Gorbatschows, aber unter Einbeziehung Markus Wolfs auf Honeckers Sturz hingearbeitet habe. Aber niemals hat sich für dieses Gerücht auch nur die geringste empirische Bestätigung gefunden, und entsprechend gilt bis zum Beweis des Gegenteils, was Gorbatschows Berater Nikolai Portugalow, selbst KGB-Offizier, in einem ZDF-Interview 1999 feststellte:

50 Reinhold Andert/Wolfgang Herzberg: Der Sturz. Erich Honecker im Kreuzverhör, Berlin (Ost)/Weimar 1990, S. 19 ff.

51 Erich Honecker: Moabiter Notizen. Letztes schriftliches Zeugnis und Gesprächsprotokolle vom BRD-Besuch 1987 aus dem persönlichen Besitz Erich Honeckers, Berlin 2010, S. 26. Die Authentizität dieser laut Verlagsmitteilung von Margot Honecker transkribierten und von Erich Honecker paraphierten Einlassungen ist in ihrem Wortlaut nicht zweifelsfrei, aber in der Sachaussage durch zahlreiche andere Äußerungen Honeckers gesichert.

52 »Bei einem geheimen Treffen zwischen KGB- und SED-Funktionären am 4. März 1987 in Dresden soll konkret über den Sturz von SED-Staats- und Parteichef Erich Honecker gesprochen worden sein. Anstelle des reformunwilligen Honecker sollte der als moderat geltende Hans Modrow, damals Parteichef des Bezirks Dresden, als SED-Generalsekretär installiert werden. An dem Treffen soll neben Modrow selbst auch der damals gerade unter unklaren Umständen aus dem Ministerium für Staatssicherheit ausgeschiedene DDR-Spionagechef Markus Wolf teilgenommen haben, außerdem der eigens aus Moskau angereiste stellvertretende KGB-Chef Wladimir Krjutschkow.« Zit. nach »Neue Hinweise. Verschwörung gegen Honecker? Versuchte der sowjetische Staatschef Gorbatschow 1987 mit Hilfe des KGB, Erich Honecker zu stürzen? Und war der Dresdner SED-Chef Hans Modrow Teil dieser Putschpläne? Zeitungsberichte nähren alte Gerüchte – doch die entscheidenden Zeugen sind tot«, in: *Spiegel Geschichte*, 13.8.2009, URL: https://www.spiegel.de/geschichte/neue-hinweise-a-948447.html [21.4.2021].

»Ljusch gab es wirklich. […] Ljusch bestand immer als eine Art Werbeoperation, wenn Sie wollen: Agentensuche, Agentenwerbung. Die konnten höchstens ein paar Tipps geben, und nicht einmal die haben sie gehabt. Im Grunde genommen wurde daraus ein Flop.«[53]

Dass solche konspirativen Mythen überhaupt Nahrung finden konnten, hängt nicht zuletzt mit dem Umstand zusammen, dass der Umbruch von 1989/90 gleichsam eine Revolution ohne Revolutionäre darstellte. Keine einzige der sich im Sommer 1989 rasant ausbreitenden Oppositionsgruppen strebte die Beseitigung der DDR und ihre Wiedervereinigung mit der Bundesrepublik an, kämpfte für die Abschaffung des Sozialismus und die Übernahme des westlichen Wirtschaftssystems oder arbeitete auch »nur« gezielt auf den Sturz der Machthaber hin.[54] Der Massenexodus schließlich, der ihn faktisch einleitete, wurde von Menschen getragen, die gerade der Glaube an den unverrückbaren Fortbestand des SED-Regimes die Flucht ergreifen ließ. Selbst die Maueröffnung vom 9. November 1989 erschien weder ihrem Verkünder Günter Schabowski noch den Massen, die ihn schon in derselben Nacht beim Wort nahmen, oder den Oppositionellen, die von der Entwicklung überrascht wurden, als Anfang vom

53 Zit. nach: Alexander von Plato: Die Vereinigung Deutschlands – ein weltpolitisches Machtspiel. Bush, Kohl, Gorbatschow und die geheimen Moskauer Protokolle, Berlin 2002, S. 74. Im gleichen Sinne bestätigte auch Markus Wolf die Existenz einer dem Moskauer KGB-Chef direkt unterstellten Geheimdienstgruppe in Ost-Berlin, die gleichwohl keinerlei Putschpläne verfolgt habe: »Wir wußten, daß es seit Mitte der 80er Jahre neben der offiziellen KGB-Residentur in Karlshorst noch eine zweite, geheime Gruppe gab, die operative Aufgaben für die Moskauer Zentrale erfüllt […] Die Aufgabe von ‚Luch' – den Namen kannten wir damals nicht – bestand hauptsächlich darin, Kontakte in West-Berlin und der Bundesrepublik aufzubauen. Und zwar zu Mitarbeitern von Botschaften und Handelsmissionen, zu Bankern, Journalisten und Angestellten der Militärmissionen. Diese Gruppe unterstand direkt Krjutschkow, dem Chef des KGB.« Ab 1988, so Wolf weiter, habe es eine Weisung aus Moskau an »Luch« gegeben, »sich verstärkt um DDR-Kontakte zu bemühen.« Zit. nach: »Eine geheime Gruppe des Moskauer Dienstes wählt ab 1988 DDR-Kader aus/Zur selben Zeit taucht ein zweites ›Spiegel-Manifest‹ auf: Der KGB hatte die Posten im neuen SED-Apparat schon verteilt«, in: *Berliner Zeitung*, 18.5.1995. Das Blatt ergänzt: »Ab 1988 […] habe es eine Weisung aus Moskau an ›Luch‹ gegeben, sich verstärkt um DDR-Kontakte zu bemühen. Gerüchte, wonach die KGB-Gruppe das ›Neue Forum‹ und die sich ab 1988 herausbildende DDR-Opposition unterlaufen habe, weist Wolf jedoch zurück. Dafür habe er keine Anhaltspunkte.« Vgl. zur »geheime(n) KGB-Residentur« in Gestalt der »Gruppe ›Luch‹« auch Ralf Georg Reuth/Andreas Bönte: Das Komplott – Wie es wirklich zur deutschen Einheit kam, München 1995, S. 210 f.

54 Vgl. Sabrow: Der vergessene »Dritte Weg«; Rainer Land: Eine demokratische DDR?, in: Aus Politik und Zeitgeschichte 60 (2010), S. 13-19.

Ende der DDR, sondern als ein überfälliger, wiewohl nicht risikoloser Schritt zur Normalisierung.[55]

Das unmittelbare Verdienst schließlich, am 9. November 1989 die Mauer unvermutet zum Einsturz gebracht zu haben, gebührt nicht den Ausreisern, nicht den Montagsdemonstranten und schon gar nicht den Oppositionellen, sondern einem doppelten Missverständnis, wie es nur das Medienzeitalter produzieren konnte: nämlich zum einen dem bekannten Ungeschick Günter Schabowskis, der den Entwurf eines für den nächsten Tag terminierten Reisegesetzes »sofort und unverzüglich« in Kraft setzte, und der ungeduldigen Konkurrenz der Westmedien, die sich anbahnende Sensation möglichst als erste einfangen zu können. Sie wurden in diesem Fall von Beobachtern zu Handelnden, die die Wirklichkeit nicht abbildeten, sondern erst schufen und den bis dato nur an der Bornholmer Straße entstandenen Druck verstärkten, der dann dazu führte, dass der Übergang um 23.20 »geflutet« wurde.[56]

Gleichwohl waren auch hier Anlass und Ursache nicht eins: Dass eine absurde Verkettung von Kommunikationspannen zum eigentlichen Auslöser eines Weltereignisses wurde, war nur möglich, weil im Herbst 1989 eine revolutionäre Situation entstanden war, in der, den Worten Lenins gemäß, die da unten nicht mehr wollten und die da oben nicht mehr konnten. Nur ergab sich diese Situation aus dem Zusammenspiel unterschiedlicher Faktoren, die von den desolaten ökonomischen Verhältnis-

55 Vgl. aus oppositioneller Sicht den Kommentar Ludwig Mehlhorns zum Fall der Mauer in der illegalen Zeitung von »Demokratie Jetzt«: »Die Mauer ist weg, jedenfalls, was den wichtigsten Teil ihrer Funktionen nach innen betrifft. Grund zur Freude für alle, die in den letzten Jahren für das Menschenrecht auf Freizügigkeit mit ihrer Person einstanden. […] Aber aufgepaßt! Die neue Situation wird die gewaltigen wirtschaftlichen Probleme der DDR weiter verschärfen und soziale Konflikte hervorbringen. Es gibt warnende Stimmen, die ein weiteres Ausbluten der DDR und eine Kolonialisierung in Glanz und Glimmer befürchten, ohne daß wir in diesen Prozessen eine Möglichkeit der Mitsprache haben werden. Andere sehen die Gefahr, wir könnten uns die Demokratisierung des Staates durch Reisen abkaufen lassen. Ich möchte diese Kassandrarufe nicht bagatellisieren, meine aber, daß die Chancen größer sind.« Zit. nach: Neue Chronik der DDR. Berichte, Fotos, Dokumente, 2. Folge 19. Oktober – 23. November 1989, recherchiert und zusammengestellt von Zeno und Sabine Zimmerling, Berlin (Ost) 1990, S. 88 f. In der Bundesrepublik wiederum plädierten noch in einer Bundestagsdebatte vom 16.11.1989 neben den Grünen auch Teile der SPD für eine Stärkung einer selbstständigen DDR.

56 Ich folge hier der minutiösen Rekonstruktion des Ereignisverlaufs durch Hans-Hermann Hertle. Vgl. Hans-Hermann Hertle: Der Fall der Mauer. Die unbeabsichtigte Selbstauflösung des SED-Staates, Opladen/Wiesbaden 1999, S. 187, und zuletzt: »Schabowskis Zettel oder der Fall der Berliner Mauer. Am 9. November 1989 führten die Medien ein welthistorisches Ereignis herbei. Eine Chronologie der Ereignisse«, in: *Neue Zürcher Zeitung*, 9.11.2019.

sen der DDR und der Unfähigkeit der Planwirtschaft, dem weltweiten Globalisierungsdruck zu begegnen, dann der außenpolitischen Isolierung und schließlich der inneren Lähmung der SED-Führung bis hin zum Zusammenschießen von »Voice« und »Exit«, von Protest und Flucht in der aufbegehrenden Bevölkerung reichten, aber weder eine erkennbare Führung noch ein gemeinsames Programm hatten. Eben dieser offene Raum führte nach 1989 zu einem bis heute anhaltenden Bemächtigungskonflikt, in dem Inhaberrechte und Deutungshoheit über den Umbruch von 1989/90 ausgetragen werden.

Lange Zeit dominierte in ihm ein semantischer Streit um die angemessene Bezeichnung der Vorgänge, die zum Sturz der SED-Herrschaft führten. Im Ringen um diese Deutungsmacht war zunächst der neugewählte SED-Generalsekretär Egon Krenz erfolgreich, der sich in seiner ersten Fernseh- und Rundfunkansprache am Abend des 18. Oktober 1989 mit der Ankündigung eines Neuanfangs von seinem Vorgänger abzusetzen versuchte: »Mit der heutigen Tagung werden wir eine Wende einleiten, werden wir vor allem die politische und ideologische Offensive wiedererlangen.«[57]

Dieser Versuch, im Umbruch das Steuer des Staatsschiffs in der Hand zu halten, scheiterte bekanntlich binnen weniger Wochen. Das Wendemanöver der erneuerten SED-Führung ähnelte eher einer kopflosen Halse und verlor von Tag zu Tag deutlicher den Anschluss an die machtvoll ausgreifende Aufruhrstimmung. Als Christa Wolf am 4. November 1989 vor Hunderttausenden auf dem Berliner Alexanderplatz ihre ›Schwierigkeiten mit dem Wort Wende‹ bekannte und lieber »von revolutionärer Erneuerung sprechen« wollte,[58] war das polare Begriffspaar geboren, das als Konkurrenz von Wendegedächtnis und Revolutionsgedächtnis den narrativen Umgang mit dem Epochenjahr im Weiteren prägen sollte und in den ersten beiden Jahrzehnten noch von einer Anschlusserinnerung begleitet wurde, die vor allem von den entmachteten Eliten des SED-Staats gepflegt wurde und den Umbruch als eine historische Niederlage begriff, die folgerichtig in die »Übernahme« durch den Bonner Staat mündete.[59]

57 »Rede des Genossen Egon Krenz. Generalsekretär des Zentralkomitees der SED«, in: *Neues Deutschland*, 19.10.1989.

58 Christa Wolf, Christoph Hein und Steffie Spira auf der Berliner Großdemonstration am 4. November 1989, in: Konrad H. Jarausch/Helga A. Welsh (Hg.): Deutsche Geschichte in Dokumenten und Bildern (DGDB), Bd. 10, Ein Deutschland in Europa 1989-2009, URL: http://ghdi.ghi-dc.org/pdf/deu/Chapter1_Doc7German.pdf [21.4.2019].

59 Ilko-Sascha Kowalczuk: Die Übernahme. Wie Ostdeutschland Teil der Bundesrepublik wurde, München 2019.

Alltagssprachlich etablierte sich nicht der pathoshaltigere Revolutionsbegriff, sondern der nüchternere Wendebegriff. Seiner taktischen Funktion in Krenz' Strategie der Machtsicherung entkleidet, entwickelte er sich rasch zu der mit Abstand gebräuchlichsten Bezeichnung für die Ereignisse des Herbstes und Winters 1989/90. Die Akzeptanz des Wende-Worts verdankte sich dabei nicht zuletzt seiner semantischen Nutzungsbreite, mit der sich die Hoffnung auf eine gezielte Einhegung des Umbruchs ebenso zum Ausdruck bringen ließ wie die euphorische Reverenz vor der Erfüllung eines politischen Traums. Viele der oppositionellen Träger des gesellschaftlichen Aufbegehrens hingegen sahen sich mit dieser semantischen Anleihe bei der Herrschaftssprache eines überwundenen Regimes um den Verdienst und Rang der ostdeutschen Volkserhebung betrogen: »Wer also [...] für die Ereignisse von 1989 den Begriff ›Wende‹ benutzt, der degradiert den Sturz der SED-Herrschaft in der DDR zum bloßen Regierungswechsel.«[60]

In dieser Sicht auf »1989« wird allein die Bezeichnung »Revolution« den Ereignissen gerecht,[61] während die »restaurativ gemeinte« Rede von der Wende[62] eine »Lüge des frisch gekürten Generalsekretärs der SED, Egon Krenz,« nachbete,[63] deren gedankenlose Nutzung und Verbreitung mit Ehrhart Neubert den »größte[n] Erfolg« bildet, den die Postkommunisten nach 1989 errungen hätten.[64] Neuberts schroffes Urteil übersah allerdings, dass der letzte SED-Generalsekretär nicht nur für die Popularität des Wendebegriffs verantwortlich war, sondern auch das Kompositum »friedliche Revolution« in Umlauf zu bringen half, als er mit ihm in Anlehnung an eine Formulierung des Regierenden Bürgermeisters West-Berlins, Walter Mompers,[65] einen Monat nach dem Sturz Honeckers seine

60 Rainer Eppelmann/Robert Grünbaum: Sind wir die Fans von Egon Krenz? Die Revolution von 1989/90 war keine »Wende«, in: Deutschland Archiv 37.5 (2004), S. 864-869, hier S. 869. Seine erste selbstständige Veröffentlichung im vereinten Deutschland hatte Eppelmann allerdings selbst noch mit dem Wendewort betitelt: Wendewege: Briefe an die Familie, Bonn 1992.

61 Elke Kimmel: 20 Jahre friedliche Revolution und deutsche Einheit, in: Deutschland Archiv 41.3 (2008), S. 523-525, hier S. 523.

62 Annette Simon: Wende? Revolution! 1989 geschah in der DDR eine Revolution, keine Wende. Warum hat sich dieser Begriff im Alltag trotzdem durchgesetzt?, in: *Die Zeit*, 23.10.2014.

63 Rainer Eckert: Gegen die Wende-Demagogie – für den Revolutionsbegriff, in: Deutschland Archiv 40.6 (2007), S. 1084-1086, hier S. 1084.

64 Michael Richter: Die Wende. Ein Plädoyer für eine umgangssprachliche Benutzung des Begriffs, in: Deutschland Archiv 40.5 (2007), S. 861-868, hier S. 862.

65 Hierzu: Bernd Lindner: Begriffsgeschichte der Friedlichen Revolution. Eine Spurensuche, in: Aus Politik und Zeitgeschichte 64 (2014), S. 33-39, hier S. 36.

Politik am 17. November 1989 auf einer Pressekonferenz zu charakterisieren versuchte:

> »Und Sie werden feststellen, wir machen eine friedliche Revolution, und ich bin froh und glücklich darüber, daß unser Volk eine solche Stimmung hat, auf die Straße geht, aber daß es auch nicht vergißt zu arbeiten. Und das ist das Wichtigste, denn ohne Arbeit kann man keine Revolution machen.«[66]

Von dieser Zähmung zu einem arbeitspolitischen Mobilisierungsappell vermochte sich der Begriff der »Friedlichen Revolution« allerdings rasch zu emanzipieren. Während sich die Erinnerung an den gewaltlosen Machtübergang 1999 auf einem von verschiedenen Institutionen getragenen »Geschichtsforum 1949-1989-1999« in Berlin noch hinter das fünfzigjährige Jubiläum der doppelten deutschen Staatsgründung zurückgedrängt sah und zum 15. Jahrestag des Mauerfalls nicht wenige ehemalige Bürgerrechtlerinnen und Bürgerrechtler das Deutungsmuster der Friedlichen Revolution noch aus einer Defensivposition heraus gegen eine Welle der Ostalgie glaubten verteidigen zu müssen,[67] erlangte der Terminus mit wachsendem Abstand zu den Ereignissen immer stärker öffentliche Geltungsdominanz. 2009 wurden in Leipzig und Berlin stolz und pompös »20 Jahre Friedliche Revolution« gefeiert. Dieser Terminus bestimmt heute die Sprache der politischen Bildungsträger wie die des staatlichen Gedenkens, während der Wendebegriff seine Alltagstauglichkeit heute behauptet hat und heute wieder unbefangener benutzt wird als noch vor einigen Jahren.

Der Aneignungskonflikt um den Umbruch von 1989 war damit allerdings noch keineswegs gänzlich abgeklungen, sondern stellte sein fortbestehendes und punktuell an die Oberfläche dringendes Erregungspotenzial auch 30 Jahre nach den Ereignissen unter Beweis. Ausgelöst vom Religionssoziologen Detlef Pollack, der die Erzählung von der revolutionären Überwindung der Macht durch die Bürgerbewegung zur Legende erklärte und den Umbruch von 1989 als »Aufstand der Normalbürger« charakterisiert hatte[68], entspann sich im Sommer 2019 eine fast ausschließ-

66 Wir arbeiten für eine friedliche Revolution. Egon Krenz antwortete auf Fragen der Weltpresse Berlin, in: *Neues Deutschland*, 18.11.1989. Auch Krenz' erste Buchveröffentlichung nach dem Ende des SED-Regimes trägt den Revolutionsbegriff im Titel: Egon Krenz: Wenn Mauern fallen. Die friedliche Revolution. Vorgeschichte – Ablauf – Auswirkungen, Wien 1990.

67 Tobias Hollitzer: 15 Jahre Friedliche Revolution, in: Aus Politik und Zeitgeschichte 41 (2004), S. 3-6.

68 Detlef Pollack: Es war ein Aufstand der Normalbürger. Die letzten Tage der DDR. Dreißig Jahre nach dem Mauerfall ist es höchste Zeit, mit einer Legende aufzuräumen, in: *Frankfurter Allgemeine Zeitung*, 12.7.2019.

lich unter Ostdeutschen geführte Auseinandersetzung um die Besitzrechte am Sturz der SED-Diktatur, die vor allem ihrer verletzenden Schärfe wegen bemerkenswert war.[69]

Bereitwillige Komplexitätsreduktion, entschlossene Kritikabwehr und aggressive Gemeinschaftsvergewisserung bestimmen bis heute die Arbeit am Revolutionsmythos von 1989, und der Furor der auch 2019 noch geführten Zugehörigkeitsverhandlungen über die Überwindung der SED-Diktatur gibt nicht zu erkennen, dass die betreffenden Ereignisse bereits 30 Jahre zurückliegen – sie werden mit derselben Heftigkeit geführt wie in den frühen 1990er Jahren, und eben darin erweist sich die mythische Kraft von »1989«.

Die Mythisierung der Zäsur von 1989

Eine dritte und ganz anders geartete Mythosbildung unternimmt der Rechtspopulismus unserer Tage, indem er sich zum legitimen Erben von »1989« erklärt, mit Wahlplakaten wie »Damals wie heute. WIR sind das Volk!« oder »Hol Dir Dein Land zurück – vollende die Wende!« auf Stimmenfang geht oder eine »Revolution 2.0« einfordert, weil das »System Merkel« so schlimm sei wie einst die DDR. Empört verwahrten sich zahlreiche ehemalige Bürgerrechtlerinnen und Bürgerrechtler »gegen solche absurden Gleichsetzungen und Aneignungsversuche der Revolution von 1989« und erklärten:

> »Wenn heute die ›Alternative für Deutschland‹ versucht, die DDR mit der jetzigen Bundesrepublik gleichzusetzen, und ihre Führung versucht, sich als Vollender einer angeblich unvollkommenen Revolution anzupreisen sowie zum Aufstand aufzurufen, so wird hier eine Geschichtslüge verbreitet.«[70]

Die Frage, wem der Umbruch von 1989 gehört, stellt sich hier noch einmal in ganzer Schärfe: »Für die Demagogen der AfD sind wir 1989 nicht auf die Straße gegangen«, hält die Erklärung fest.[71] Und der Furor, mit

69 Eine Dokumentation der Debatte hat die Robert Havemann Gesellschaft bereitgestellt: »Wem gehört die Friedliche Revolution?« – Debatte zum Beitrag der DDR-Opposition zur Friedlichen Revolution, URL: https://www.havemann-gesellschaft.de/themen-dossiers/streit-um-die-revolution-von-1989/ [21.4.2021].

70 Nicht mit uns: Gegen den Missbrauch der Friedlichen Revolution 1989 im Wahlkampf. Offene Erklärung, 9.11.2019, URL: https://www.havemann-gesellschaft.de/beitraege/nicht-mit-uns-gegen-den-missbrauch-der-friedlichen-revolution-1989-im-wahlkampf/ [21.4.2021].

71 Ebd.

dem etwa ein Erstunterzeichner wie Kowalczuk sich dagegen wehrt, dass der Umbruch stärker dem versteckten Murren unzufriedenen »Normalos« als dem offenen Bekenntnis der mutigen Oppositionellen zugerechnet wird, findet hier seine tiefste Erklärung: Nur wenn, wie die Erklärung behauptet, es allein die Bürgerrechtler waren, die »mit ihrem Mut, ihrer Friedfertigkeit und Wahrhaftigkeit die Diktatoren in die Knie zwangen, [...] die Berliner Mauer [stürzten] und die Vereinigung der beiden deutschen Staaten am 3. Oktober 1990 [ermöglichten]«, lässt sich die Berufung des Rechtspopulismus auf das Erbe von 1989 zurückweisen. Aber ist es so einfach, oder ringen hier nicht vielmehr zwei entgegengesetzte, aber gleichermaßen mythisierende Bemächtigungsversuche miteinander?

Ohne die Schubkraft der Massenversammlungen und Massendemonstrationen wäre der Handlungsdruck nicht entstanden, der die Machthaber des SED-Staates seit Oktober 1989 Schritt um Schritt zum Rückzug zwang. »Der Aufbruch in der DDR ist den Kundgebungen zu danken«, stellte der SED-Bezirkschef Siegfried Lorenz in Karl-Marx-Stadt am 6. November vor 50.000 Demonstranten fest.[72] Aber von diesen Massen waren bald auch nationalistische Töne zu hören. Schon Ende November gab Franz Schönhuber die Gründung erster Ortsverbände der rechtsgerichteten Partei »Die Republikaner« bekannt. Außerdem fand im Amt für Nationale Sicherheit ein Krisengespräch des Präsidiums des Verbandes der Jüdischen Gemeinden über die neonazistischen und antisemitischen Tendenzen in der DDR statt, und auf den Leipziger Montagsdemonstrationen wich der Schlachtruf »Wir sind das Volk« dem Slogan »Wir sind ein Volk«.[73]

Die Zusammensetzung der Teilnehmer änderte sich in diesen Wochen. Viele Bürgerrechtler zogen sich verstört zurück und überließen das Feld mehr und mehr lautstarken Vertretern des Wunsches nach »Deutschland einig Vaterland«, die in den folgenden Wochen immer massiver die deutsche Einheit »›sofort‹ oder ›so schnell wie möglich‹« forderten.[74] Im Januar 1990 nahm die Aggressivität in der DDR-Bevölkerung spürbar zu. Auf der Leipziger Montagsdemonstration am 22. Januar 1990 kam es zu Jagdszenen auf eine Gruppe linker Jugendlicher; einen Monat später forderten in Karl-Marx-Stadt an die 80.000 Bürger immer wieder »Deutschland, Deutschland« und »Rote raus, Rote raus«.[75] Wachsender Volkszorn

72 Zit. nach: Hannes Bahrmann/Christoph Links: Chronik der Wende. Die DDR zwischen 7. Oktober und 18. Dezember 1989, Berlin 1994, S. 83.

73 Ebd., S. 142 ff.

74 Zit. nach Hannes Bahrmann/Christoph Links: Chronik der Wende 2. Stationen der Einheit. Die letzten Monate der DDR, Berlin 1995, S. 129.

75 Ebd., S. 130.

rief in Leipzig nach Lynchjustiz gegen MfS-Mitarbeiter und verhinderte in Lindow mit einer förmlichen Belagerung, dass der aus der Haft entlassene Honecker in einem Gästehaus der Regierung Zuflucht fand.

Keine Frage: Auch Pegida begann im Herbst 1989, und: »Die AfD gehört zum Erbe von '89«, wie Andreas Wassermann im Sommer 2019 in einem Spiegel-Essay schrieb.[76] Aber gehört sie mit zu den Trägern des Umbruchs und wurde die DDR »auch von Menschen zu Fall gebracht, die heute gemeinsam mit Neonazis demonstrieren«[77], oder »zum etwas piefigen Erbe der DDR, die Ausländer so gern aus der Öffentlichkeit verbannte und Mauern baute«, wie eine Gegenstimme postulierte?[78] Für beide Auffassungen sprechen gewichtige Indizien. Eine breite Mehrheit früherer Bürgerrechtler hat sich gegen jede Vereinnahmung durch den Rechtspopulismus entschieden gewehrt und mit Recht auf die fundamentalen Unterschiede in den politischen Zielen hingewiesen:

> »Es ging um ganz andere Ziele als jene der AfD, es ging um Weltoffenheit und um Bürgerrechte«, konstatierte etwa der Bündnis-Grüne Werner Schulz, Bundestagsabgeordneter von 1990 bis 2005,[79] und Roland Jahn bezeichnete die Versuche der AfD, sich als Vertreterin der Ostdeutschen zu gerieren, als »eine Verhöhnung der Opfer«.[80]

Einige prominente Vertreterinnen und Vertreter der ostdeutschen Bürgerrechtsbewegung aber sind in der Tat nach rechts abgedriftet, wie Vera Lengsfeld, Angelika Barbe, der in der DDR als Umweltaktivist verfolgte Michael Beleites oder der Schriftsteller und frühere sächsische Stasi-Landesbeauftragte Siegmar Faust, der 2018 erklärte, dass es unter den Ex-Dissidenten nicht zuletzt in Hohenschönhausen wenige gebe, die

76 Rechtspopulismus in Ostdeutschland. Die AfD gehört zum Erbe von '89. Die DDR wurde auch von Menschen zu Fall gebracht, die heute gemeinsam mit Neonazis demonstrieren. Ein Essay, in: *Der Spiegel*, 16.8.2019.

77 Ebd.

78 Ralf Julke: Ein Offener Aufruf und ein *Spiegel*-Artikel. Wessen Erbe ist eigentlich die ostdeutsche AfD?, in: *Leipziger Internet Zeitung*, 22.8.2019, URL: https://www.l-iz.de/leben/gesellschaft/2019/08/Wessen-Erbe-ist-eigentlich-die-ostdeutsche-AfD-291298 [21.4.2021].

79 DDR-Bürgerrechtler gegen AfD. »Wende war nie der Begriff der friedlichen Revolution«. Werner Schulz im Gespräch mit Michael Köhler, in: Deutschlandfunk, 22.8.2019, URL: https://www.deutschlandfunk.de/ddr-buergerrechtler-gegen-afd-wende-war-nie-der-begriff-der.691.de.html?dram:article_id=456975 [21.4.2021].

80 »›Das ist eine Verhöhnung der Opfer‹. Roland Jahn kritisiert die Versuche der AfD, sich als Vertreterin der Ostdeutschen zu inszenieren. Der Leiter der Stasi-Unterlagenbehörde war in DDR-Zeiten Bürgerrechtler in Jena«, in: *Der Tagesspiegel*, 25.10.2019.

anders dächten als er.[81] Barbe und Beleites interpretieren abwehrende Reaktionen auf ihre »Kritik am Merkel-System« als »Strategie der Kommunisten im neuen Gewand«[82] und wollen »erstaunlich viele Parallelen« zwischen den einstigen Montagsdemonstrationen und heutigen Pegida-Märschen ausgemacht haben.[83] In der Tat ist nicht von der Hand zu weisen, dass außerhalb Berlins die Schwerpunkte der gesellschaftlichen Auflehnung gegen den SED-Staat 1989/90 vielfach deckungsgleich waren mit den seit 2015 deutlich sichtbaren Hochburgen des rechtsradikalen Zorns auf das »System Merkel«. Nur zwölf Prozent der deutschen Gesamtbevölkerung, aber 38 Prozent der AfD-Anhänger sahen die DDR 2019 rückblickend als einen »eigentlich ganz erträglich[en]« Staat[84] und bekundeten damit, dass in der AfD die Unterscheidung von Diktatur und Demokratie signifikant schwächer bewertet wird als im liberaldemokratischen Spektrum, das in diesem Fall von den Grünen (vier Prozent Zustimmung) über die SPD (sieben Prozent Zustimmung) zur CDU (14 Prozent Zustimmung) und der Linkspartei (16 Prozent Zustimmung) reicht. Eine andere Umfrage des Instituts für Demoskopie Allensbach vom Januar 2019 erlaubt, dieses Ergebnis nach Ost- und Westdeutschland zu differenzieren: Ihr zufolge halten nur 42 Prozent der Ostdeutschen gegenüber 77 Prozent der Westdeutschen die in Deutschland gelebte Demokratie für die beste Staatsform.[85] Was besagen diese Werte? Wer sich in Ostdeutschland eigensinnig gegen die Obrigkeit stellte, war in der DDR ein Gegner der Diktatur und konnte in der vereinigten Bundesrepublik ein Gegner der Demokratie werden, ohne sich eines Identitätswechsels bewusst zu werden. Es brauche auch heute Dissidenten, fand Michael Beleites in einem Gespräch mit Christoph Dieckmann,[86] und befragte AfD-Wähler bekunden gern, sie ließen

81 Markus Decker: DDR-Dissident Vom Bürgerrechtler zum AfD-Anhänger, in: *Berliner Zeitung*, 29.5.2018.

82 Angelika Barbe: Früher »Konterrevolutionäre«, heute »Pathologen«, in: *Cicero. Magazin für politische Kultur*, 18.1.2018.

83 So der in der DDR als Umweltaktivist verfolgte Michael Beleites, zit. nach: Konstantin von Hammerstein: In Ostdeutschland. Warum ehemalige Bürgerrechtler sich jetzt bei der AfD engagieren, in: *Der Spiegel*, 7.1.2018.

84 Thomas Petersen: Das Verblassen der Erinnerung an die Diktatur, in: *Frankfurter Allgemeine Zeitung*, 16.10.2019.

85 Renate Köcher: Ostdeutsche haben wenig Vertrauen in Staat und Demokratie, in: *Frankfurter Allgemeine Zeitung*, 23.1.2019.

86 Ostdeutsche Seelenklüfte. Der eine ist Spitzenbeamter, der andere gilt als Rechtsaußen. Christoph Dieckmann hat zwei frühere Bürgerrechtler getroffen, die unterschiedlicher nicht sein könnten, und fragt: Wem gehört die ostdeutsche Geschichte?, in: *Die Zeit*, 10.10.2019.

sich doch nicht vorschreiben, wen sie zu wählen hätten – wenn das Establishment vor ihnen zittere, umso besser.

Ist diese Haltung ein Erbe der DDR oder ihrer Überwinder – oder ist sie beides? In dieser Deutungsoffenheit kommt zum Ausdruck, was die in diesem Band abgedruckten Beiträge zu leisten versuchen: Sie bemühen sich aus unterschiedlichen Perspektiven und auf ausgefächerten Forschungsfeldern, den Umbruch von 1989 nach seinem Zäsurcharakter zu befragen und in übergreifende Entwicklungen und Ereigniszusammenhänge einzubetten, um so die zeitgenössische Nahsicht um die Distanziertheit der zeithistorischen Analyse zu ergänzen.

Räume und Sphären

Die Macht der Mehrheit

Die Sowjetunion 1989 und das Schicksal der Perestroika

Jan C. Behrends

Das Jahr 1989 ging als Jahr des friedlichen Umbruchs in Europas jüngere Geschichte ein. Wie Dominosteine kollabierten seit dem Sommer innerhalb weniger Monate die kommunistischen Regime in Mittel- und Osteuropa.[1] Die ersten halbfreien Wahlen in Polen im Juni 1989 bildeten den Auftakt zu einer friedlichen Revolution, die die kommunistische Herrschaft in Osteuropa beendete.[2] Doch an anderen Orten war die Bilanz des Jahres 1989 wesentlich ambivalenter: In Peking behauptete sich die kommunistische Herrschaft durch militärischen Gewalteinsatz gegen protestierende Studenten und in der Sowjetunion stieß Michail Gorbatschows Politik der »oktroyierten Zivilisierung« der sowjetischen Gesellschaft zunehmend auf Widerstand.[3] Die Gegner der Veränderung, die unter den Funktionären der KPdSU die Mehrheit hatten, begannen in diesem Jahr mit der Mobilisierung gegen ihren eigenen Parteichef.[4] Es wurde deutlich, dass eine Pluralisierung der Verhältnisse keineswegs zu einer Liberalisierung des Landes führen würde. Michail Gorbatschow büßte sukzessive die Unterstützung der liberalen Intelligenzija ein, die ihn wegen Glasnost unterstützte. Beharrlich manövrierte er sich selbst im Laufe dieses Jahres ins innenpolitische Abseits. Zugleich ging es in der Außenpolitik primär um die Gestaltung des Rückzugs aus der 1945 gewonnenen hegemonialen Position.

Das Ende der kommunistischen Diktatur in Osteuropa bedeutete zugleich das Ende der Ordnungen von Jalta und Helsinki, die Europa

1 Vgl. John Connelly: From Peoples into Nations. A History of Eastern Europe, Princeton, NJ 2020, S. 685-740.

2 Vgl. Andrzej Friszke: Polska. Losy Państwa i Narodu, 1939-1989, Warschau 2003, S. 461-470.

3 Zum Begriff siehe: Jan C. Behrends: Oktroyierte Zivilisierung. Genese und Grenzen des sowjetischen Machtverzichts 1989, in: Martin Sabrow (Hg.): 1989 und die Rolle der Gewalt, Göttingen 2012, S. 401-424. Zu China: Ezra F. Vogel: Deng Xiaoping and the Transformation of China, Cambridge, Mass. 2011.

4 Zur inneren Struktur der KPdSU, die von Patronage und informellen Netzwerken geprägt war, siehe: Yoram Gorlizki/Oleg Khlevniuk: Substate Dictatorship. Networks, Loyalty and Institutional Change in the Soviet Union, New Haven, Conn. 2020, S. 255-310. Siehe auch die zeitgenössische Analyse von Andrei Amalrik: Will the Soviet Union Survive until 1984? Revised and Expanded Edition, London 1980, S. 13-63, besonders S. 40-44.

geopolitisch in zwei Lager gespalten hatten. Das Ende des Kommunismus bedeutete zugleich die Wiederherstellung souveräner Nationalstaaten iin Osteuropa. Erstmals seit dem Zweiten Weltkrieg griff auch in diesem Teil des Kontinents wieder das Selbstbestimmungsrecht der Völker. Dass dieser geopolitische Umbruch, die Auflösung des äußeren sowjetischen Imperiums, im Jahre 1989 größtenteils gewaltfrei geschah, ist in der Rückschau ebenso verwunderlich wie das friedliche Ende der Diktatur in Ostmitteleuropa.[5] Während das Jahr 1989 im kommunistischen Ostmitteleuropa Revolution und Zäsur bedeutete, waren die Entwicklungen innerhalb der UdSSR unübersichtlicher. Es dauerte weitere zwei Jahre, bis auch hier 1991 die kommunistische Partei abdankte. Im Unterschied zu Warschau, Berlin oder Prag gab es in Moskau jedoch keine Wiederholung der friedlichen Revolution und auch keinen Runden Tisch, an dem die Macht neu verhandelt wurde. Seit Mitte des Jahres 1989 verloren die Reformer um Michail Gorbatschow zudem die Kontrolle über den politischen Prozess, der eine eigene Dynamik entfaltete, die sich von nun an zugleich gegen die Parteispitze und Moskau als Zentrum der Macht richtete.[6] Diese Entwicklung mündete in einem Machtkampf zwischen verschiedenen Institutionen und Akteuren des *ancien régime*; dagegen blieben Gesellschaft und Öffentlichkeit weitgehend Zuschauer in diesem Ringen, das mit der Auflösung der UdSSR endete. Zumindest in Russland kam es bereits in der zweiten Hälfte der 1990er Jahre durch einen stillen Putsch der sowjetischen Sicherheitsapparate zur Restauration der autoritären Ordnung.

5 Zur außenpolitischen Entwicklung siehe: Archie Brown: The Human Factor. Gorbachev, Reagan, and Thatcher and the End of the Cold War, Oxford 2020; siehe auch: Odd Arne Westad: The Cold War. A World History, London 2017, S. 557-616.

6 Zum Kreis um Michail Gorbatschow siehe: Jan C. Behrends: Inside the System: The CPSU Central Committee, Mikhail Gorbachev's *komanda*, and the End of Communist Rule in Russia, in: Rüdiger Bergien/Jens Gieseke (Hg.): Communist Parties Revisited. Sociocultural Approaches to Party Rule in the Soviet Bloc, 1956-1991, New York 2018, S. 326-351; zu seiner Person als Überblick: Jan C. Behrends: Michail Gorbatschow. Reformer aus Leidenschaft, Zerstörer wider Willen, in: Susanne Schattenberg/Martin Sabrow (Hg.): Die letzten Generalsekretäre. Kommunistische Herrschaft im Spätsozialismus, Berlin 2018, S. 248-270. Siehe auch grundlegend: William Taubman: Gorbachev. His Life and Times, London 2017.

1989 – eine sowjetische Zäsur?

Bei Michail Gorbatschows »Perestroika« handelte es sich um eine »Revolution von oben«, die nicht mit den Widerständen aus dem Apparat und den Dynamiken aus der Gesellschaft rechnete, die sie letztlich scheitern ließen. Seit Mitte des Jahres 1989 verloren die Reformer um Gorbatschow die Kontrolle über den Reformprozess, der sich in seiner Triebkraft zunehmend gegen die Parteispitze und gegen Moskau als imperiales Zentrum richtete.[7]

Das Jahr 1989 war insofern eine Zäsur für die Sowjetunion, als die Unterschiede zwischen den verschiedenen Sowjetrepubliken nun sichtbarer wurden und sich ein Differenzierungsprozess beschleunigte, der die Region bis in die Gegenwart prägt. Das Baltikum – die ehemaligen Sowjetrepubliken Litauen, Lettland und Estland – durchlief seit 1989 einen ähnlichen Prozess der Emanzipation wie Ostmitteleuropa. Aufgrund seiner geopolitischen Lage gelang es jedoch erst zwei Jahre später, die mit dem Hitler-Stalin-Pakt von 1939 verlorene Unabhängigkeit wiederherzustellen.[8] Bereits die Menschenkette am 23. August 1989, dem 50. Jahrestag des Paktes, und der hinhaltende Widerstand gegen die Sowjetische Armee und den KGB zeigten, dass sich die Gesellschaft im Baltikum aktiv an der Gestaltung des politischen Umbruchs beteiligte. Auch in der Ukraine gewann die Unabhängigkeitsbewegung 1989 weiter an Fahrt.[9] Hier machte sich eine Tendenz des gesamten 20. Jahrhunderts – der Kampf zwischen den Ordnungsmodellen Imperium und Nation – wieder offen bemerkbar.[10] Die Entstehung der Bewegung »Ruch«, die für die Souveränität der Ukraine eintrat, bedeutete, dass die Schwelle in eine andere politische Welt überschritten wurde. Sowohl im Baltikum als auch in der Ukraine traten nun die Kosten des Status quo ins öffentliche Bewusstsein. Die Sowjetunion erschien als eine Vergangenheit, die es zu überwinden galt. Es erstarkten die politischen Kräfte, die für eine Zukunft in der Gemeinschaft unabhängiger Nationen eintraten. Die Nähe zum polnischen Beispiel spielte in beiden Fällen eine bedeutende Rolle.[11] In

7 Ebd.

8 Vgl. Richard Moles: The Baltic States. From the Soviet Union to the European Union. Identity, Power and Discourse in the post-communist Transition of Estonia, Latvia and Lithuania, Basingstoke 2013.

9 Vgl. Serhii Plokhy: The Gates of Europe. A History of Ukraine, London 2016, S. 307-346.

10 Orest Subtelny: Ukraine. A History, Toronto 1994, S. 573-595.

11 Zur Interdependenz zwischen den politischen Entwicklungen in Osteuropa und der UdSSR siehe: Mark Kramer: The Collapse of East European Communism and the Repercussions within the Soviet Union (Part I), in: Journal of Cold War Studies, 5

den anderen Teilen der UdSSR, insbesondere in Russland selbst, bedeutete das Jahr 1989 keine vergleichbare Transformation zu einer zivileren Ordnung. Wo die kommunistische Diktatur erodierte und es kaum zivile Werte gab, brachen ethnische Konflikte auf. Im Kaukasus bedeutete das Ende der Parteiherrschaft den Beginn eines Bürgerkrieges.[12] Paradox ist, dass der Impuls zur Liberalisierung vom Moskauer Zentrum ausging, in der UdSSR und im post-sowjetischen Raum selbst aber die Konsequenzen der Reformen, mit den skizzierten Ausnahmen im Baltikum und in der Ukraine, von der ostmitteleuropäischen Entwicklung abwichen. Kurzum, es reagierte die Peripherie des Imperiums anders auf die Reformen als das Zentrum.

Wie reformiert man den Sozialismus? Die Grundlagen der »Perestroika«

Die spätsozialistische UdSSR wirkte wie ein Hort der Stabilität: Leonid Iljitsch Breschnew regierte bis zu seinem Tod fast zwanzig Jahre.[13] Mit dem Putsch gegen Nikita Chruschtschow kam er 1964 an die Macht und verkörperte den langsamen Niedergang der sowjetischen Ordnung. Breschnews physischer Verfall, der gegen Ende der 1970er Jahre dramatisch fortschritt, wurde gemeinsam mit den anderen alternden Politbüromitgliedern zum Ausdruck des politischen Stillstands. Während der Kommunismus weltweit noch auf dem Vormarsch war – gerade im globalen Süden –, geriet die kommunistische Partei im Mutterland der Revolution in eine Sinnkrise.[14] Sie erstarrte zu einer Herrschaft alter Männer, deren politisches Projekt sich weitgehend auf den eigenen Machterhalt beschränkte. Einschneidender als das Erscheinungsbild der politischen Klasse waren der Verlust des Glaubens an das kommunistische Projekt und die ök-

(2003), S. 178-256; Mark Kramer: The Collapse of East European Communism and the Repercussions within the Soviet Union (Part II), in: Journal of Cold War Studies, 6 (2004), S. 3-64; Mark Kramer: The Collapse of East European Communism and the Repercussions within the Soviet Union (Part III), in: Journal of Cold War Studies, 7 (2005), S. 3-96.

12 Vgl. Katja Doose: Tektonik der Perestroika. Das Erdbeben und die Neuordnung Armeniens, Wien 2019. Einen ähnlichen Zusammenbruch der zivilen Ordnung erlebte auch Georgien.

13 Zur Person und Politik Breschnews siehe: Susanne Schattenberg: Leonid Breschnew. Staatsmann und Schauspieler im Schatten Stalins, Köln 2017; zur Parteiherrschaft: Gorlizki/Khlevniuk: Substate Dictatorship, S. 255-302.

14 Vgl. Silvio Pons: The Global Revolution. A History of International Communism, 1917-1991, Oxford 2014, S. 255-304.

onomische Misere, deren Auswirkungen zunehmend die internationale Großmachtstellung, aber auch die Legitimität des Regimes untergruben. Längst konnte der bescheidene Wohlstand der sowjetischen Bürgerinnen und Bürger nur noch durch den Verkauf von Öl und Gas finanziert werden – als die Preise für diese Rohstoffe ab 1980 zu sinken begannen, verschärfte sich die finanzielle Situation der UdSSR.[15] Zusätzlich hatte sich die sowjetische Führung im Dezember 1979 zur militärischen Intervention in Afghanistan entschlossen – ein Krieg, der nicht nur kostspielig, sondern auch militärisch erfolglos war und die Legitimität der Parteiherrschaft zusätzlich unterminierte.[16] Doch Leonid Breschnews Tod im November 1982 markierte noch keine Zäsur: Seine beiden moribunden Nachfolger Juri Andropow und Konstantin Tschernenko vermochten es nicht, vor ihrem Ableben im Amt des Generalsekretärs einschneidende Impulse zu setzen.[17]

Der Wachwechsel an der Spitze kam erst im Frühjahr 1985. Der neue Hoffnungsträger im Kreml hieß Michail Sergejewitsch Gorbatschow, und zunächst waren es weniger seine Politik als vielmehr seine relative Jugendlichkeit und Fitness, die ihn von seinen Vorgängern abhoben.[18] Michail Gorbatschow war ein klassischer Aufsteiger aus der Provinz, der seit seiner Jugend eine glänzende Karriere in den Rängen der kommunistischen Partei gemacht hatte. Ihm gelang der Aufstieg nach Moskau als Protegé des KGB-Chefs und Breschnew-Nachfolgers Juri Andropow. Mit dessen Rückendeckung durfte er sich Hoffnungen auf höchste Ämter machen. Gorbatschow hatte wie sein Mentor Andropow verstanden, dass sich das sowjetische System in einer existenziellen Krise befand. Um gegen die Vereinigten Staaten zu bestehen, musste sich die Sowjetunion politisch und ökonomisch reformieren.[19] Die Stellung als globale Großmacht stand auf dem Spiel. Seit dem Frühjahr 1985 suchte sich der neue Generalsekretär weitere Funktionäre, die seinen Reformeifer teilten und ebenfalls Veränderungen befürworteten, um die sowjetische Machtstel-

15 Vgl. Chris Miller: The Struggle to Save the Soviet Economy. Mikhail Gorbachev and the Collapse of the USSR, Chapel Hill, NC 2016; siehe auch: Steven Kotkin: Armageddon Averted. The Soviet Collapse, 1970-2000, Oxford 2001.

16 Vgl. Mark Galeotti: Afghanistan. The Soviet Union's Last War, Milton Park 1995; Tanja Penter/Esther Meier (Hg.): Sovietnam. Die UdSSR in Afghanistan, 1979-1989, Paderborn 2017; Jan C. Behrends: War, violence, and the military during late socialism and transition. Five case studies on the USSR, Russia, and Yugoslavia, in: Nationalities Papers, 43.5 (2015), S. 667-681.

17 Zu Andropov und Černenko siehe: Dmitrij A. Volkogonov: Sem' voždej. Galerija liderov SSSR v 2-ch knigach, tom 1, Moskau 1995, S. 111-276.

18 Vgl. Taubman: Gorbachev, S. 158-251, und Behrends: Michail Gorbatschow.

19 Vgl. Brown: The Human Factor, S. 43-57.

lung zu verteidigen. Innerhalb des Machtapparats blieb diese Gruppe jedoch weitgehend isoliert. So war die Macht der neuen Führung eingeschränkt. Michail Gorbatschow selbst war aufgrund seiner provinziellen Herkunft und der jahrzehntelangen Abschottung der Sowjetunion ein Mann mit eingeschränktem Horizont. In vielerlei Hinsicht war er auf seine Berater angewiesen und scheute kontroverse Entscheidungen.

In der politischen Klasse der Sowjetunion gab es keinen Konsens über den Weg aus der Krise. Im Unterschied zur chinesischen Politik Deng Xiaopings existierte kein Masterplan für eine wirtschaftliche und politische Reform. Die »Perestroika« war zunächst halbherzig und dann improvisiert. Die mittelfristigen Konsequenzen einzelner Maßnahmen wurden nicht durchdacht. Unter Gorbatschow ersetzten einzelne Experimente strategische Entscheidungen über die Zukunft des Landes und des gesamten Imperiums. Es fehlten der Führung sowohl der lange Atem als auch konkrete Vorstellungen für eine Reform oder eine geopolitische Neuordnung Europas.[20] In einer Sache war sich die Gruppe um Gorbatschow allerdings sicher: Ihr Orientierungspunkt war der Westen – insbesondere das sozialdemokratische Westeuropa mit seinen Wohlfahrtsstaaten – und nicht das kommunistische China, das nach dem Tod Maos vor ähnlichen Problemen stand wie die UdSSR. Das war eine der Grundsatzentscheidungen, die Michail Gorbatschow traf und die lange nachwirken sollten. Wie weit er bei seinen Reformen auf den Westen zuging, entschied der Generalsekretär in der Regel ad hoc – das zeigte insbesondere sein Vorgehen im Herbst des Jahres 1989.

Im Ausland stand Michail Gorbatschow schnell für einen Paradigmenwechsel in der sowjetischen Politik: Während in den Jahrzehnten vor seiner Herrschaft Veränderungen des Herrschaftssystems von der Peripherie – Polen, Ungarn und der Tschechoslowakei – ausgingen, änderte sich nun die Politik im Zentrum. Neben der Entspannung mit dem Westen trat eine neue Zurückhaltung gegenüber den »Bruderländern«, die seinen Reformen skeptisch gegenüberstanden. Sie wollten ihre eigenen Entscheidungen treffen dürfen. Gorbatschow erklärte intern: »... als das stärkste Land der sozialistischen Gemeinschaft müssen wir Bescheidenheit an den Tag legen, die Erfahrungen der anderen achten, ihr Streben nach selbständigen Lösungen für ihre Probleme respektieren.«[21] Dies war

20 Damit unterschieden sich die Reformen Gorbatschows grundlegend von den langfristigen Veränderungen, die Deng Xiaoping in China unternahm. Vgl. Vogel: Deng Xiaoping and the Transformation of China.

21 Beratung im Außenministerium der UdSSR, 27.5.1986, in: Michail Gorbatschow: Gipfelgespräche. Geheime Protokolle aus meiner Amtszeit, Berlin 1993, S. 181-200, hier S. 193.

ein neuer Ton in der hierarchischen Beziehung zwischen Moskau und Osteuropa. Der Generalsekretär forcierte die Abkehr von der Breschnew-Doktrin, die besagte, dass sozialistische Staaten nur begrenzt souverän sind und die Sowjetunion das Recht besitzt, jederzeit – auch gewaltsam – in ihre Angelegenheiten zu intervenieren. Mit seinem Machtverzicht ebnete er den Weg für die friedlichen Veränderungen des Jahres 1989. Zeitgleich brachten die Entspannungspolitik und Abrüstungsinitiativen Gorbatschows der UdSSR einen Imagegewinn im Westen. Mit ihm sank die Angst vor dem Atomkrieg.

Zu den Unterstützern Gorbatschows im ZK-Apparat gehörten Alexander Jakowlew und Anatoli Tschernjajew, die aufgrund ihrer Kenntnis des Westens erkannt hatten, dass die spätsozialistische Normalität tatsächlich als bedrohliche Krise gedeutet werden konnte.[22] Für sie stand die Konkurrenzfähigkeit im Kalten Krieg auf dem Spiel. Außerdem litten Funktionäre wie Jakowlew und Tschernjajew an den zahllosen Unzulänglichkeiten und der alltäglichen Korruption. Tschernjajew selbst konstatierte, dass die Legitimität des Sozialismus immer weiter erodiere. Er beklagte »… a barely concealed social and political hypocrisy is thriving; the evil of which is in that it creates a huge gap between social consciousness and power, stripping it of any moral authority.«[23] Damit traf er sicher einen Nerv unter den Reformern. Diese Gruppe wünschte sich sehnlichst eine Ordnung, die ihren selbst gesetzten moralischen Ansprüchen gerecht werden konnte und blieb – wie auch Gorbatschow persönlich – den Idealen ihrer Jugend verpflichtet. Doch innerhalb der KPdSU teilte nur eine Minderheit diese moralischen Skrupel; für die Mehrheit ging es um den eigenen Status und den Machterhalt.

Die mangelnde Konkurrenzfähigkeit mit dem Westen und die Einsicht in die Probleme des eigenen Herrschaftssystems drängten die Reformer dazu, den Umbau im Apparat zu wagen. Dabei handelte es sich nicht um den Versuch, die kommunistische Ordnung zu überwinden, sondern sie grundlegend zu erneuern. So folgte dem Aufbruch von 1985/86 zunächst keine Entideologisierung, sondern eine Rückbesinnung auf die Zeit der Russischen Revolution und die Epoche der NEP.[24] Insbesondere die

22 Vgl. Behrends: Inside the System, S. 326-332.

23 Svetlana Savranskaya (Hg.): The Diary of Anatoly S. Chernyaev 1985. o. A. 2006, S. 20, URL: https://nsarchive2.gwu.edu/NSAEBB/NSAEBB192/Chernyaev_Diary_translation_1985.pdf [8.5.2021].

24 Als Überblick zur Politik der Perestroika siehe: Archie Brown: The Gorbachev Factor, Oxford 1997; Archie Brown: Seven Years that Changed the World: Perestroika in Perspective, Oxford/New York 2007; zu den ideologischen Debatten dieser Zeit: Anthony D'Agostino: Gorbachev's Revolution, 1985-1991, Basingstoke 1998.

Politik Wladimir Lenins, seine Flexibilität in ideologischen Fragen und sein revolutionärer Eifer sollten für den politischen Neuanfang Pate stehen.[25] Eine Dynamik wie während der Revolution und in den 1920er Jahren, so nahmen sie an, würde helfen, die bleierne Epoche Breschnews zu beenden. Für die Zeit vor Gorbatschow erfand man ein pejoratives Label: Sie hieß nun ganz offiziell die Zeit der »Stagnation« (*zastoi*).

Das Vorgehen des neuen Generalsekretärs Gorbatschow war zu Beginn seiner Amtszeit im Frühjahr 1985 durchaus konventionell. Er initiierte Mobilisierungskampagnen – insbesondere gegen die Volksdroge Alkohol – und begann, die alten Kader im ZK und in den Republiken durch seine Gefolgsleute zu ersetzen.[26] Damit wollte er einerseits verknöcherte Strukturen aufbrechen, die Netzwerke seiner Vorgänger zerstören und andererseits die Partei verjüngen und zum Motor der Reformen machen. Bei Amtsantritt glaubte Michail Gorbatschow an die kommunistische Partei als Avantgarde der sowjetischen Gesellschaft – er war der Meinung, dass sie aus dem Dornröschenschlaf der Breschnew-Ära wachgerüttelt werden müsste. Dann würde die Partei wieder jene Rolle als revolutionäre Antreiberin der Gesellschaft einnehmen, die Lenin ihr nach der Revolution zugeschrieben hatte. Dabei agierte er in den ersten Jahren innenpolitisch oft ungeschickt, wie sich beispielhaft 1986 bei der Reaktion auf die Katastrophe von Tschernobyl zeigte. In sowjetischer Tradition wurde die Katastrophe öffentlich geleugnet, verschwiegen und heruntergespielt.[27] Das Erbe von Jahrzehnten autoritärer Herrschaft und Desinformation ließ sich nicht so schnell überwinden. Wenn er etwas bewegen wollte, dann brauchte Michail Gorbatschow mächtige Verbündete. Die Kräfte der Beharrung waren stark.

Widerstand aus dem Apparat oder die Grenzen der Reform

Mithilfe der Kommunistischen Partei und nicht gegen ihre Institutionen wollte der neue *gensek* die sowjetische Gesellschaft mobilisieren. Doch Gorbatschow und seine Mitstreiter hatten die Rechnung ohne das Gros der sowjetischen Funktionäre gemacht: Diejenigen, die in der sowjetischen Gesellschaft Macht und Privilegien genossen, hatten weder vor, ihre Stellung aufzugeben, noch ihre Vorteile mit anderen zu teilen. Sein Vorgänger Breschnew hatte erkannt, dass die sogenannte »Stabilität der Kader« dem

25 Dies zeigt sich noch in Michail Gorbatschow: Perestroika. Die zweite russische Revolution. Eine neue Politik für Europa und die Welt, München 1987.
26 Vgl. Taubman: Gorbachev, S. 205-251.
27 Vgl. Serhii Plokhy: Chernobyl. A History of a Tragedy, London 2018, 101-217.

eigenen Machterhalt diente.[28] Gorbatschow erfuhr bald, dass jede Änderung des Status quo auf entschiedenen Widerstand traf. Die KPdSU der 1980er Jahre war eben keine revolutionäre Vorhut der Gesellschaft, sondern – zumindest in ihren oberen Rängen – eine Vereinigung saturierter Würdenträger, die eifersüchtig über ihre Stellung wachten. Doch auch die Seite der Reformer radikalisierte sich: Bereits 1987 forderte der von Gorbatschow selbst ernannte Moskauer Parteichef Boris Jelzin ein schnelleres Tempo der Veränderungen und suchte den Konflikt mit der Führung.

Erst 1988 erkannten die Reformer um Michail Gorbatschow, mit wem sie es zu tun hatten: Die kleinen und großen Apparatschiks, die anfangs Reforminitiativen eher ignoriert oder blockiert hatten, gingen nun zur offenen Opposition über. Im Politbüro führte Jegor Ligatschow den Widerstand an. Er erinnerte sich in seinen Memoiren, dass er nicht länger einverstanden war, und beklagte die Konsequenzen des Umbruchs: »tearing our society to shreds, destroying the historical memory of the nation, spitting on such sacred concepts as patriotism« – am Ende sei die große UdSSR nur noch ein Staat zweiter Klasse.[29] Das bekannteste Beispiel für die organisierte konservative Opposition war der offene Brief der Kommunistin Nina Andrejewa aus Leningrad, die im März 1988 die Reformen unter der Überschrift »Ich kann meine Prinzipien nicht aufgeben« scharf angriff.[30] Andrejewa konnte sich der Zustimmung aus den Reihen des Apparates gewiss sein – sie verkörperte die Ideale der schweigenden Mehrheit. Alexander Jakowlew fasste das Anliegen des offenen Briefes intern zusammen: »Der Artikel ist gegen die Perestroika gerichtet, angefangen von der Überschrift bis hin zu einzelnen Sätzen und Erklärungen. Die im Artikel anklingende Sehnsucht nach einem Führer verbindet sich mit dem Versuch der Revision der Ideen der letzten Zeit.«[31] Die Opposition in der Partei begann die politische Basis der Reformen zu untergraben.

Die kommunistische Partei, die hinter ihrer monolithischen Fassade stets aus unterschiedlichen Seilschaften, Zirkeln und Nationalitäten bestand, zerfiel seit 1988 in der Öffentlichkeit in verschiedene Lager, die begannen, sich zu bekämpfen.[32] Dies war nicht unbedingt eine negative

28 Schattenberg: Breschnew, S. 347-412.

29 Yegor Ligachev: Inside Gorbachev's Kremlin, New York 1993, S. 285-287.

30 Zur Affäre um Andreeva siehe: Taubman: Gorbachev, S. 337-376.

31 Auseinandersetzung um die Perestroika. Meinungsaustausch im Politbüro zum Artikel von Nina Andrejewa, 24.–25.3.1988, in: Gorbatschow: Gipfelgespräche, S. 233-254, hier S. 236.

32 Zu den russischen Nationalkommunisten siehe Nikolai Mitrochin: Russkaja Partija. Dviženie russkich nacionalistov v SSSR, 1953-1985, Moskau 2003.

Entwicklung: Unterschiedliche Politikvorstellungen, Konzepte und Richtungen kamen so erstmals seit den 1920er Jahren an die Oberfläche. Es entstand ein politischer Raum, in dem Kontroversen ausgetragen wurden. Die über Jahrzehnte erzwungene Einheit zerbrach, und an ihre Stelle trat unvermittelt die Konkurrenz unterschiedlicher Ordnungsentwürfe und damit eine Vielfalt, die es seit dem Stalinismus nicht gegeben hatte.

Für Michail Gorbatschow hieß das, dass er trotz seiner Stellung als Generalsekretär nicht mehr unantastbar war. Seit 1985 hatte er vom Charisma eines Amtes profitiert, das auf Lenin und Stalin zurückging, doch nun erodierte seine Autorität. Nach dem Ausfall der Partei musste ein alternativer Motor für die Reformen gesucht werden. Dies konnten nur die entstehende kritische Öffentlichkeit und die liberale Intelligenzija sein, die mit Gorbatschow sympathisierte. Deshalb arbeitete der Generalsekretär seit der Andrejewa-Affäre an der Entmachtung der Staatspartei, der er selbst vorsaß. Michail Gorbatschow verstand nicht, dass die KPdSU das eiserne Band war, dass die UdSSR seit sieben Jahrzehnten zusammenhielt. Durch die Partei sicherte sich der Kreml seinen Einfluss in den anderen Sowjetrepubliken. Doch 1988 entschloss sich Gorbatschow, auf Gesellschaft und Öffentlichkeit zu setzen. Diese liberalen Kräfte sollten die Partei vor sich hertreiben. Sein Instrument war die Glasnost, eine Politik der Offenheit, durch die die Partei und ihre Geschichte kritisiert werden durften. Nach sowjetischen Maßstäben handelte es sich um eine Revolution; erstmals entstand das Äquivalent einer Öffentlichkeit. Doch im Unterschied zu Ostmitteleuropa wurden diese Freiheiten nicht erkämpft, denn sie waren Teil einer neuen Herrschaftsstrategie. Glasnost wurde einer Gesellschaft von Oben gewährt, über die die Parteiführung wenig wusste. Die Offenheit war ein Angebot an die Intelligenzija, die zur Trägerschicht der Reformen werden sollte. Im Dezember 1986 beendete Gorbatschow mit einem persönlichen Anruf das innere Exil von Andrej Sacharow und seiner Frau Jelena Bonner, die seit ihrem Protest gegen den Afghanistankrieg in der Stadt Gorki leben mussten.[33] In Jahrzehnten des Widerstands gegen die Parteiherrschaft war Sacharow, besonders international, zu einer Ikone der Menschenrechtsbewegung geworden. Durch seine Rückkehr nach Moskau wurde er nun auch zu einem politischen Faktor in der »Perestroika«. Sacharow begrüßte und unterstützte die Reformpolitik. Doch zugleich erinnerte er sich an Jahrzehnte der Unterdrückung und Demütigung durch

33 Die Stadt Gorki an der Wolga trägt seit 1990 wieder ihren historischen Namen Nižnij Novgorod. Zu Andrei Sacharow in der Verbannung und während der Perestroika, siehe: Richard Lourie: Sakharov. A Biography, Hanover, NH 2002, S. 303-398. Siehe auch: Andrej Sacharow: Mein Leben, München 1990, S. 600-892.

die Partei und den KGB. Deshalb konnte seine Unterstützung nicht vorbehaltlos sein; er wahrte stets eine kritische Distanz zu den Parteiführern. Sacharow zeigte mit seinem Verhalten der sowjetischen Öffentlichkeit und seinen zahlreichen Bewunderern in der Intelligenzija, dass eine kritische Loyalität zu Gorbatschow möglich war. Zugleich drängte er beständig auf weitergehende Liberalisierungen und versuchte, die Parteiführung unter Druck zu setzen. Letztlich war sein Ziel, das Machtmonopol der Kommunistischen Partei zu beenden.

In schnellen Schritten betrieb die Führung den Umbau des politischen Systems. Sie lockerte die Zensur in den Massenmedien, ließ weitere politische Gefangene frei und begann, mit der Privatisierung der Wirtschaft zu experimentieren.[34] Die 19. Parteikonferenz im Juni 1988 stellte offiziell die Weichen. Mit den halbfreien Wahlen zum Kongress der Volksdeputierten der UdSSR am 26. März 1989 stand die Sowjetunion im Frühjahr noch an der Spitze der Reformen in den kommunistischen Diktaturen. Doch im Laufe dieses Epochenjahres sollte sie diese Führungsposition einbüßen. Zugleich entwickelte die Öffnung der Gesellschaft und Schwächung der KPdSU an der Peripherie Dynamiken, die sich der Steuerung aus Moskau entzogen. Vom Baltikum bis in den Kaukasus schwand bereits 1989 mit dem Einfluss der Partei auch die Autorität des Zentrums. Neue Akteure traten auf den Plan. Die Macht Moskaus bröckelte.

Insgesamt verschob sich 1989 die Tektonik sowjetischer Politik: Während bisher stets das Imperium in Osteuropa im Fokus gestanden hatte – insbesondere während der Krisen von 1953, 1956, 1968 und 1980/81 –, verlagerte sich nun die Aufmerksamkeit auf die Innenpolitik. Wenn interne Probleme nicht drängten, dann schauten Michail Gorbatschow und seine Führungsmannschaft Richtung Westen.[35] Die Vereinigten Staaten und verspätet auch die Bundesrepublik Deutschland genossen besondere Priorität.[36] Aufgrund der Reformverweigerung in den Parteiführungen der DDR, ČSSR, Rumäniens oder Bulgariens wuchs die politische Distanz zu den eigenen Verbündeten. Während der halbfreien Wahlen in Polen im Juni 1989 zeigte sich, dass Moskau tatsächlich kein Interesse hatte, politisch oder militärisch in seinem Glacis einzugreifen. Mit der Weigerung, für die Genossen zu intervenieren, verabschiedete sich Moskau endgültig von der Breschnew-Doktrin.[37] Der

34 Taubman, Gorbachev, S. 337-392.

35 Vgl. Brown: The Human Factor, S. 218-288.

36 Vgl. Hermann Wentker: Die Deutschen und Gorbatschow. Der Gorbatschow-Diskurs im doppelten Deutschland, 1985-1991, Berlin 2020.

37 Zur sowjetischen Entscheidung, die Hegemonie über Osteuropa 1989 aufzugeben, siehe Mark Kramer: The Demise of the Soviet Bloc, in: Journal of Modern History 83 (2011), S. 788-854, hier S. 812-817.

Kreml akzeptierte die Niederlage der Kommunisten und begrüßte den bürgerlichen Ministerpräsidenten Tadeusz Mazowiecki. Mit den Wahlen in Polen öffnete sich ein Ermöglichungsraum für geopolitische Veränderungen, den es so in Europa seit Jahrzehnten nicht gegeben hatte.

Wenn sich 1989 in der DDR und Ostmitteleuropa die Gesellschaft selbst ermächtigte, sich ihre Freiheit erkämpfte, dann musste es dort Rudimente gesellschaftlicher Strukturen gegeben haben und auch Werte und Ziele, die die oppositionellen Gruppen vereinten. In diesen Staaten spielte die Nähe zum Westen ebenso eine Rolle wie die Dissidenten mit ihrer Menschenrechtsrhetorik, die Idee einer »Rückkehr nach Europa« oder in Polen »Solidarność« und die katholische Kirche. Außerdem konnte sich die Opposition in Ostmitteleuropa gewaltlos mit den Regimen einigen. Die Impulse zur Veränderung kamen in Ostmitteleuropa aus der Gesellschaft selbst. In der Sowjetunion hingegen herrschten im Jahr 1989 deutlich andere Voraussetzungen für politischen und sozialen Wandel.

Umrisse der sowjetischen Gesellschaft in der Perestroika

Die sowjetische Führung kannte ihre eigene Gesellschaft nicht, aber auch die sowjetische Gesellschaft selbst wusste wenig über das soziale Leben, den Alltag und die Werte der eigenen Bürgerinnen und Bürger. Was außerhalb der hermetischen Machtstrukturen eigentlich geschah, war für höhere sowjetische Funktionäre häufig *terra incognita*. Der Fokus des KGB lag vor allem auf dem Widerstand und den Dissidenten, die keineswegs repräsentativ für die sowjetische Gesellschaft waren. Im Gegenteil: Die Oppositionellen standen am Rand des sowjetischen Lebens. Sie waren in der Regel ein Teil der Intelligenzija und hatten kaum Kontakt zur breiten Masse der Bevölkerung.[38]

Über den Wertehimmel der sowjetischen Gesellschaft ließ sich lange Zeit nur spekulieren. Die historischen Traditionen Russlands und die Erfahrung des Stalinismus waren in dieser Hinsicht ebenso von Bedeutung wie die konkreten Erfahrungen im Alltag, die allgegenwärtigen Hierarchien und Machtstrukturen, die bis in jeden Betrieb und jede Verwaltung reichten. Regionale und lokale Bosse saßen an den gesellschaftlichen Schalt-

38 Siehe die Fallstudie zum Geschichtsbild der Dissidenten von Barbara Martin: Dissident Histories in the Soviet Union. From De-Stalinization to Perestroika, London 2019. Siehe allgemein: Cécile Vaissié: Pour votre liberté et pour la nôtre. Le combat des dissidents de Russie, Paris 1999; Marco Clementi: Storia del dissenso sovietico, 1953-1991, Rom 2007; B.M. Firsov: Raznomyslie v SSSR. 1940-1960-e gody. Istoriia, teoriia i praktika, St. Petersburg 2008.

stellen, und ihre Netzwerke durchdrangen die Partei, den KGB und den Rest der sowjetischen Gesellschaft. Einer der profundesten Denker des sowjetischen Widerstands, Andrei Amalrik, schrieb bereits 1980, dass er sich eine erfolgreiche demokratische Bewegung in der russischen Gesellschaft kaum vorstellen könne. Amalrik argumentierte, dass sich das Gros der russischen Bevölkerung unter demokratischen Freiheiten kaum etwas vorstellen konnte:

> »As I see it, no idea can ever be understood if it is not understood by the majority of the people. Whether because of its historical tradition or for some other reason, the idea of self-government, of equality before the law and of personal freedom – and the responsibility that comes with these – are almost completely incomprehensible to the Russian people. Even in the idea of pragmatic freedom, a Russian tends to see not so much the possibility of securing a good life for himself as the danger that some clever fellow will make good at its expense. To the majority of the people the word ›freedom‹ is synonymous with ›disorder‹ or the opportunity to indulge with impunity in some kind of anti-social or dangerous activity.«[39]

Wie die sowjetische Sozialwissenschaft zeigen sollte, lag Andrei Amalrik mit seinen Annahmen aus den 1970er Jahren nicht falsch.

Erst die »Perestroika« brachte unter der Führung von Juri Lewada die Anfänge einer sowjetischen Soziologie hervor.[40] Lewada und sein Team stellten sich Ende der 1980er Jahre die Frage, ob es den vielbeschworenen *homo sovieticus* tatsächlich gab und wodurch er sich auszeichnete. Die Ergebnisse ihrer Forschungen sind – obwohl ihre Methoden vielfach an die USA der 1950er Jahre erinnerten –aufschlussreich, wenn man verstehen will, welche gesellschaftlichen Dispositionen nach sieben Jahrzehnten Diktatur in Russland herrschten. 1991 wurden sie unter dem Titel *Sovetskij prostoj čelovek* (Der einfache sowjetische Mensch) veröffentlicht und erschienen 1993 auf Deutsch unter dem Titel »Die Sowjetmenschen«. [41] Es handelte sich um eine Pionierstudie, die versuchte, die soziale Welt sowjetischer Bürgerinnen und Bürger zu beschreiben und sie als

39 Andrei Amalrik: Will the Soviet Union Survive until 1984, New York 1980, S. 37.

40 Neben Lewada spielte auch Tatjana Saslawskaja eine wichtige Rolle, die zunächst von Novosibirsk und später von Moskau aus versuchte, die sowjetische Gesellschaft zu analysieren. Siehe beispielsweise Tatjana Saslawskaja: Zur Strategie der sozialen Steuerung in der Perestroika, in: Juri Afanssjew (Hg.): Es gibt keine Alternative zur Perestroika: Glasnost. Demokratie. Sozialismus. Dreißig aktuelle Beiträge aus der Sowjetunion, Nördlingen 1988, S. 21-72.

41 Vgl. Juri Lewada: Die Sowjetmenschen 1989-1991. Soziogramm eines Zerfalls, München 1993.

sozial-anthropologischen Typus zu verstehen. Bisher war das überwiegend in der Form von Witzen und Anekdoten geschehen, die eine öde Wirklichkeit in ihrer tragischen Komik karikierten.[42] Lewada beschrieb nicht die Intelligenzija, die sich in den Medien oder in Wissenschaft und Kunst artikulieren konnte, sondern er interessierte sich dafür, was sieben Jahrzehnte Kommunismus für die Durchschnittsbürger bedeuteten.

Im Unterschied zu Polen, wo die antikommunistische Opposition bei den ersten halbfreien Wahlen im Juni 1989 einen überwältigenden Erfolg erzielte, war das Ergebnis bei den Wahlen zum Volksdeputiertenkongress im Frühjahr in der Sowjetunion wesentlich gemischter.[43] Die Reformkandidaten erzielten längst nicht überall Erfolge. Zahlreiche konventionelle Funktionäre aus dem Partei-Establishment wurden aufgestellt und auch gewählt. Während in Moskau und Leningrad die Kandidatenauswahl eng kontrolliert wurde, lag die Durchführung in der Weite des Landes in den Händen des Apparats, der versuchte, seine Vertreter nach Moskau zu entsenden. Wer sich gegen die Partei stellte, wurde immer noch drangsaliert.[44] Aus den baltischen Republiken und dem Kaukasus wiederum kamen zahlreiche Deputierte, die für die Sowjetunion selbst keine Zukunft sahen. Das galt auch für die Ukraine, wo das Parteiestablishment 1989 Probleme hatte, die eigenen Kandidaten durchzusetzen. Die Versuche der Partei, die Wahlergebnisse zu beeinflussen, stießen auf Widerstand.[45] Bedeutende Dissidenten wie Andrei Sacharow genossen die mediale Aufmerksamkeit und machten mit ihrer Kritik an Gorbatschow von sich reden.[46] Doch ihre Kritik wurde häufig lautstark zurückgewiesen. Andrej Sacharows harsche Kritik am Afghanistankrieg wurde im Plenum von einem Veteranen vehement zurückgewiesen, der die Mehrheit des Saales dazu brachte, stehend »Staat, Heimat, Kommunismus« zu skandieren.[47] Sacharows Antwort wurde von den Delegierten niedergeschrien. Der Historiker Juri Afanassjew, selbst ein Delegierter, brauchte nur wenige Wochen im Kongress, um das Gros der Deputierten im Mai 1989 als die »aggressiv-gehorsame Mehr-

42 Siehe die Rekonstruktion bei Alexei Yurchak: Everything Was Forever Until it Was No More. The Last Soviet Generation, Princeton, NJ 2005, S. 77-125.

43 Vgl. Taubman: Gorbachev, S. 428-453.

44 Siehe am Beispiel der Stahlstadt Magnitogorsk im Ural anschaulich: Stephen Kotkin: Steeltown, USSR. Soviet Society in the Gorbachev Era, Berkeley, Cal. 1991, S. 161-203.

45 Subtelny: History of Ukraine, S. 575.

46 Siehe: Richard Lourie: Andrei Sakharov. A Biography, Waltham, Mass. 2002. Siehe auch Andrej Sacharow: Mein Leben, München 1991.

47 Lourie: Sakharov, S. 386.

heit« zu charakterisieren.[48] Afanassjew polemisierte auf dem Höhepunkt der Perestroika, dass es sich um einen »stalinistisch-breschnewistischen Sowjet« handele. Die Revanche des Apparates, so Afanassjew, sei bereits in vollem Gange.[49]

Einiges spricht dafür, dass diese »aggressiv-gehorsame Mehrheit« der Volksvertreter durchaus repräsentativ für die spätsozialistische Gesellschaft war. Bereits 1988 hatte der Anthropologe Finn Nielsen in seiner klassischen Studie zu Leningrad erklärt, dass jeder sowjetische Mensch auf seiner eigenen Insel lebe.[50] Seine Vereinsamung, argumentiert Nielsen, lag einerseits am verbreiteten Misstrauen, aber auch daran, dass es neben der Arbeit nur wenige Möglichkeiten der gesellschaftlichen Teilhabe gab. Sowjetische Bürger blieben dem engen Kreis der Familie und Kollegen verhaftet. Diese Erkenntnis teilte auch Juri Lewada, er konstatierte: »Außerhalb der Grenzen des institutionalisierten Lebens herrschen Anomie, Einsamkeit und Verzweiflung […].« Dabei handele es sich um eine Eigenschaft des politischen Systems: »Es formt den einsamen Menschen und gebraucht seine demonstrative Asozialität«.[51] Der Soziologe erkannte in der Ambitionslosigkeit ein typisches Merkmal des sowjetischen Menschen; keine guten Voraussetzungen für revolutionäre Umbrüche oder auch nur ehrgeizige Reformen. Wie vor ihm Afanassjew betonte Lewada die Aggressivität der Machtlosen:

> »Doch etwas anderes scheint noch wesentlicher. Der sozial isolierte Mensch ist schutzlos und wird leicht aggressiv. Ohne das alltägliche funktionierende Rechtssystem, ohne soziale Hilfe und Mitleid bleibt der Mensch mit jedem Elend allein, u. a. auch mit der Kriminalität. Es entsteht die Illusion einer ›feindseligen‹ Umgebung sowohl des Menschen als auch des Landes – und diese wird beständig gefördert […] Die Angst ist ein unerlässliches Attribut der Umgebung und des Weltempfindens des sowjetischen Menschen.«[52]

Während die Überwindung der Angst in Ostmitteleuropa 1989 neue Handlungsmöglichkeiten eröffnete, konservierte die Furcht die Strukturen des repressiven Systems in Russland. Außerdem traten in der Sowjetunion neue

48 Zu Jurij Afanassjew siehe ders.: Russland – Despotie oder Demokratie, Düsseldorf 1992.

49 Vgl. »Outcry in Soviet Congress: Aggressive-Obedient Majority«, in: *The New York Times*, 28.5.1989.

50 Siehe Finn Sivert Nielsen: The Eye of the Whirlwind. Russian Identity and Soviet Nation-Building. Quests for Meaning in a Soviet Metropolis, Oslo 1987.

51 Lewada: Die Sowjetmenschen, S. 51.

52 Ebd.

Ängste hinzu: In den Jahren der Perestroika war dies sowohl die Angst vor sozialem Abstieg als auch die Furcht vor dem organisierten Verbrechen.[53] Dass sich ein großer Teil der Bürger nicht in der entstehenden Marktwirtschaft engagierte, lag auch daran, dass er nicht über die Ressourcen verfügte, sich in dieser von Gewalt dominierten Welt durchzusetzen. Diese Wehrlosigkeit gegenüber den entstehenden informellen Autoritäten führte in die Vereinsamung und Resignation. Durch das Wegbrechen des Staates und seiner Schutzfunktion – wie begrenzt diese im Sozialismus auch war – verstärkte sich die Vereinsamung noch weiter.

In der sowjetischen Gesellschaft mangelte es an horizontalem Vertrauen gegenüber den Mitbürgern und an vertikalem Vertrauen gegenüber der *vlast'*, der Macht, der sich die Bevölkerung ausgeliefert fühlte. Dabei stellten die sowjetischen Soziologen fest, dass die Furcht vor staatlicher Willkür und den Behörden noch ausgeprägter war als die Angst vor den eigenen Mitbürgern: »Staatlich organisierte Ängste prägen die Koordinaten der Existenz.«[54] Dieser Zustand führte in die oft beschriebene Lethargie. Sowjetische Bürger waren daher ambitionslos, sie fürchteten und mieden das Risiko. Die Wissenschaftler um Juri Lewada erkannten, dass die meisten sowjetischen Menschen »an einer Steigerung ihrer Aktivität nichts Anziehendes finden«.[55] Diese Einstellung war keine gute Voraussetzung für gesellschaftliches Engagement. Die Dispositionen resultierten aus den Repressalien eines Parteistaats samt Geheimpolizei, dessen Ziel es war, soziale Aktivitäten zu kontrollieren bzw. zu ersticken. Die eigentliche Aufgabe sozialer und politischer Tätigkeit in der Sowjetunion war die Reproduktion des Machtsystems. Loyalität zur Macht und ihren Vertretern und nicht Vertrauen war der Kitt der sowjetischen Gesellschaft. Das zeigte sich in diesen Jahren des Umbruchs, als sich in Russland große Teile der Gesellschaft den Veränderungen verweigerten.

Die Soziologie Juri Lewadas ist dabei nicht über Kritik erhaben: Einige Urteile über die »Sowjetmenschen« wirken in der Rückschau schablonenhaft und werden der Vielfalt des Landes nicht gerecht. Schließlich waren die Verhältnisse in den großen Metropolen anders als auf dem Lande, und außerdem bildete die Studie eine russische Sicht auf die sozio-politische Lage ab. Wir erfahren bei Lewada nur wenig über die Peripherien und ihre Spezifika. Auch Russlands Schicht prominenter Dissidenten und Künstler von internationalem Format entsprach keineswegs dem

53 Vgl. Mark Galeotti: The Vory. Russia's Super Mafia, New Haven, Conn. 2018, S. 97-108; Svetlana Stevenson: Gangs of Russia. From the Streets to the Corridors of Power, Ithaca, NY 2015.

54 Lewada: Die Sowjetmenschen, S. 52.

55 Ebd., S. 57.

Typ *homo sovieticus*. Doch mit wenigen Ausnahmen gingen die russischen Dissidenten 1989 nicht in die Politik, und diejenigen, die sich engagierten, traten nicht unbedingt für liberale Ideen ein.[56] Die Opposition drang nicht in die Machtapparate vor, die ihre Stellung verbissen verteidigten. Gerade in der Politik fanden sich weiterhin mehrheitlich Vertreter des sowjetischen Regimes. So machten beispielsweise bei den ersten Wahlen zahlreiche Afghanistanveteranen politische Karriere – sie entsprachen eher dem Bild eines politischen Führers als zivile Vorbilder. Die Einstellung dieser Veteranen war nicht nur vom erbarmungslosen Krieg am Hindukusch, sondern auch von ihrer Sozialisation in der sowjetischen Armee geprägt.[57]

Aus der historischen Erfahrung von Revolution, Bürgerkrieg, Terror und Weltkrieg hatten die sowjetischen Bürgerinnen und Bürger gelernt, dass es immer noch schlimmer kommen konnte. Auch mehr als 30 Jahre nach dem Tod Stalins lag der Schatten des Tyrannen über der sowjetischen Gesellschaft. Die Lähmung, die noch in den 1980er Jahren zu spüren war, war auch ein Erbe der blutigen Epoche von 1905 bis 1953, als Russland ein halbes Jahrhundert des Schreckens und der Gewalt durchlebte.[58] Veränderung war für die Bevölkerung kein positiv besetztes Konzept, und es fehlte ein Ziel, auf das man sich verständigen konnte. Die Egoismen der vereinsamten Einzelnen bildeten keine Grundlage für einen gemeinsamen Aufbruch. So waren die Repräsentanten der sowjetischen Gesellschaft ähnlich ratlos wie ihre Führung. Das hohe Interesse der Bevölkerung am Fernsehereignis »Volksdeputiertenkongress« konnte die verfahrene Situation nur notdürftig überdecken: Gorbatschow war eine Minderheit in der eigenen Partei, ein ziviler Denker wie Andrej Sacharow ein Solitär in der sowjetischen Gesellschaft. Auch deshalb verebbte bereits im Laufe dieses Jahres der Reformeifer. Die Kontrollverluste, die Lähmung der Partei und der Verlust an Legitimität führten seit Ende des Jahres 1989 dazu, dass Gorbatschow sich wieder von der Intelligenzija abwandte und sein letztes politisches Projekt begann: den Kampf um den Erhalt der Sowjetunion, notfalls auch unter Anwendung von Gewalt. Dies ging nur zusammen mit den Sicherheitsapparaten: dem KGB und der Armee, die in

56 Vgl. Robert Horvarth: The Legacy of Soviet Dissent. Dissidents, Democratisation and Radical Nationalism in Russia, London 2005.

57 Vgl. Galeotti: Afghanistan.

58 Siehe auch vergleichend: Jan C. Behrends: Legacies of Communism. Comparative Remarks., in: Silvio Pons/Juliane Fürst/Marc Seldon (Hg.): The Cambridge History of Communism. Vol. 3: Endgames? Late Communism in Global Perspective. 1968 to Present, Cambridge 2017, S. 556-580.

der Perestroika nicht reformiert wurden.[59] Sie wurden weiterhin als Garanten der sowjetischen Großmachtstellung gebraucht.

Es gab 1989 keinen russischen Václav Havel oder Lech Wałęsa, die diesen Trend hätten stoppen können. Die Dissidenten nutzen ihre Stunde nicht, befanden sich im Exil oder starben zu früh, wie Andrej Sacharow.[60] Sein Tod am 14. Dezember 1989 war nicht nur tragisch, weil Sacharow seine politische Arbeit an der Demokratisierung gerade erst begonnen hatte. In der Retrospektive ist sein plötzliches Ableben von symbolischer Bedeutung, weil auf der Beerdigung bereits ein guter Teil der Hoffnung auf ein freieres Russland zu Grabe getragen wurde. Ohne Sacharows kritische Stimme, ohne seine moralische Autorität, hatten es die Kräfte der Kontinuität leichter, die autoritäre Renaissance voranzutreiben. Dass niemand in der Lage war, in seine Fußstapfen zu treten, verdeutlicht, dass er eine Ausnahmeerscheinung war. Die Aufmerksamkeit, die Reformer wie Sacharow oder Afanassjew im Westen bekamen, führte zu dem Trugschluss, dass sie die eigentlichen Repräsentanten der russischen Gesellschaft seien. Tatsächlich standen sie allein. Die Autorität der kommunistischen Partei schwand 1989, doch ihr Personal blieb und spielte mit solchen Figuren wie Boris Jelzin, die sich als Reformer verstanden, aber aus dem Apparat stammten, weiter die Hauptrolle.[61]

Mit den Wahlen von 1989 hatte Michail Gorbatschow einige Konturen der sowjetischen Polis freigelegt. Wie andere sowjetische Bürgerinnen und Bürger hatten die Deputierten häufig keinen Begriff davon, was Freiheit für sie bedeuten könnte, wie sie erreicht und gefestigt werden könnte. Die Sehnsucht nach Ordnung war schon bald wesentlich größer als der Wunsch nach rapiden Veränderungen. Die Diskussionen im Volksdeputiertenkongress veranschaulichen, dass es bereits in der Zeit der Perestroika eine Sehnsucht nach autoritärer Politik gab. Das Verlangen nach einer »starken Hand« war eben nicht nur eine Reaktion auf den Zusammenbruch des Kommunismus; es war mindestens ebenso eine Prägung, die aus den Jahrzehnten der Diktatur resultierte. Für Ende 1990 existieren soziologische Daten, die diese These untermauern: Von September bis Dezember dieses Jahres fragte das Institut von Juri Lewada die sowjetische Bevölkerung: »Sind Sie der Meinung, dass ein starker Führer mehr für das

59 Vgl. Evgeniya Albats: The State Within a State. The KGB and its Hold on Russia, New York 1994.

60 Zur Rolle der liberalen Intelligenzija im Umbruch siehe: Guillaume Sauvé: Subir la victoire. Essor et chute de l'intelligentsia libérale en Russie (1987-1993), Paris 2020.

61 Zu Jelzin: Timothy J. Bolton: Yeltsin. A Life, New York 2008. Kritischer: Lilia Shevtsova: Russia, Lost in Transition. The Yeltsin and Putin Legacy, Washington, DC 2007.

Land tun kann als alle Gesetze oder Debatten?« Diese Frage wurde durchschnittlich von 51 Prozent der Befragten bejaht. Mehr als zwei Drittel der Befragten (69 Prozent) befürworteten für die Zukunft eine »strenge Ordnung« – was vor dem Hintergrund der sowjetischen Erfahrung nichts anderes als die Rückkehr zur Diktatur und Gesetzlosigkeit bedeuten konnte.[62] Kompetenz und Ausbildung gehörten dabei nicht zu den Eigenschaften, die einen autoritären Führer auszeichnen sollten. Nur 11 Prozent der Befragten waren 1990 der Meinung, dass eine spezielle Qualifikation für höhere Leitungsaufgaben notwendig sei.[63] Bereits vor dem Zusammenbruch des sowjetischen Imperiums machten sich in weiten Teilen der Bevölkerung Verzweiflung und Nihilismus breit. So glaubten im Sommer 1990 82 Prozent der sowjetischen Bürger, dass »vieles von dem, woran die Väter glaubten, zerstört ist« und »alles zu unbeständig ist, alles Mögliche passieren kann«.[64] In den letzten Monaten der Sowjetunion dominierte die Skepsis gegenüber der Staatsmacht und insbesondere gegenüber dem Reformflügel.

Juri Lewadas Verdienst war es, die soziologischen Ursachen des Scheiterns der Reformen Gorbatschows zu benennen. Der Historiker und Deputierte Juri Afanassjew versuchte 1993 eine Erklärung aus der *longue durée* der russischen Geschichte:

> »Die Hoffnung, alles organisieren und innerhalb des riesigen eurasischen Territoriums bevormunden zu können, schon seit den Anfängen des russischen Staates spürbar, führte zu einer Erschöpfung der Gesellschaft. Es ist merkwürdig, dass nach so einer langen und bitteren Erfahrung in unserer nationalen Geschichte die Perestroika Gorbatschows mit neuen Versuchen begann, das allumfassende Kontrollsystem des Staates zu perfektionieren. Man weiß inzwischen, wohin dieser Weg Gorbatschows führt. Umso erstaunlicher ist, dass Jelzin dieselbe Richtung eingeschlagen hat.«[65]

Afanassjew resümierte, dass weder Gorbatschow noch Jelzin der Ausbruch aus der russischen Geschichte gelang. Die eigentliche Emanzipation von der autoritären Vergangenheit fand an der Peripherie statt: in Ostmitteleuropa, im Baltikum und in der Ukraine.

62 Lewada: Die Sowjetmenschen, S. 111.
63 Vgl. ebd., S. 112.
64 Ebd., S. 113.
65 Affanasjew: Russland, S. 142.

Die sowjetischen Grundlagen des autoritären Roll-Back unter Jelzin und Putin

Das Jahr 1991 war kein sowjetisches 1989. In der Sowjetunion zerstörte sich die Kommunistische Partei im Machtkampf zwischen Zentrum und Peripherie, zwischen Reformern und Apparatschiks, zwischen Russland und der Union selbst.[66] Es gab zwar 1991 auch in der Sowjetunion einige Massendemonstrationen, aber die politischen Entscheidungen wurden in den sprichwörtlichen Hinterzimmern getroffen. Die Macht lag nie auf der Straße, sie blieb in den Händen rivalisierender Gruppen aus dem Apparat. Politische und gesellschaftliche Autonomie erkämpfte sich nur die Peripherie, die damit letztlich auch das Ende des Imperiums einläutete. Ohne die Ukraine konnte es keine Sowjetunion geben.[67] Doch es fehlte ein Runder Tisch, an dem verschiedene gesellschaftliche Gruppen in den politischen Prozess einbezogen und Kompromisse eingegangen werden konnten. Stattdessen wurde das Ende des Imperiums im Dezember 1991 auf einer Regierungsdatscha in den Wäldern von Belarus besiegelt. Es waren keine Vertreter der Gesellschaft anwesend, und die großen Fragen wurden nicht beraten: Es ging nun um die Neuverteilung von Macht und Ressourcen. Auch Gorbatschows letztes großes Projekt – der Erhalt der Union – scheiterte damit.

Allein das Baltikum nutzte nach 1991 die historische Chance. Doch hier hatten die Gesellschaften auch ein gemeinsames Ziel: Souveränität und Demokratisierung. Selbst auf diese Minimalziele konnte man sich in den anderen Republiken nicht einigen. Dies lag auch daran, dass die alten Machtapparate – Armee und Geheimdienst – in ihren Strukturen fortbestanden. Aus ihnen rekrutierten sich in den folgenden Jahren die Skrupellosen, die in der Politik schnell den Ton angaben. Im Unterschied zu Ostmitteleuropa kam es auch nur zu einer partiellen Öffnung der Archive: Die Geheimpolizei durfte ihre Akten weiter hinter geschlossenen Türen verwalten. Zentrale Teile des Erbes der Diktatur blieben unangetastet.

Aus heutiger Sicht ist die Differenz zwischen 1991 in der UdSSR und 1989 in Ostmitteleuropa evident. Erst diese Unterschiede beim Zusammenbruch des kommunistischen Regimes ermöglichten den stillen Putsch des Apparats in Russland, der 1989 bereits in seinen Konturen zu erkennen war und 1993 an Fahrt gewann. Durch den Gewalteinsatz in der Schlacht am Weißen Haus im Oktober 1993 in Moskau wurde der Weg zurück in

66 Vgl. Serhii Plokhy: The Last Empire. The Final Days of the Soviet Union, New York 2014.

67 Vgl. Ebd., S. 275-294.

die Autokratie geebnet. Wieder gab es keinen Runden Tisch, um den Konflikt zwischen Präsident und Oberstem Sowjet zu lösen. Boris Jelzin setzte vielmehr auf das Militär, und bereits 1994 wurde der Krieg gegen das eigene Volk in Tschetschenien zur Realität.[68] Die autoritäre Entwicklung fußte auf den Apparaten und ihren Netzwerken, aber auch auf einem autoritären Konsens in weiten Teilen der Gesellschaft.

Wladimir Putin ist ein Produkt dieser politischen Entwicklung, die sich bereits 1989 in Grundzügen abzuzeichnen begann.[69] Seine politische Leistung bestand darin, Russland in ein Laboratorium eines neuen Autoritarismus zu verwandeln, der in den 2000er Jahren zeitgemäßer war als die sowjetische Variante. Doch ähnlich wie Leonid Breschnew im Spätsozialismus scheint auch Wladimir Putin in der Gegenwart die schleichende Petrifizierung des politischen Systems nicht stoppen zu können. Der späte Putinismus erinnert in vielen Aspekten des politischen und gesellschaftlichen Lebens an die letzten Jahre Breschnews. Es mischen sich Stillstand, Resignation und Aggression.

In den 1990er Jahren träumten Teile der russischen Gesellschaft von einer »starken Hand«, von einem »russischen Pinochet«. Der Hang zum Autoritarismus fußte auch in der sowjetischen Geschichte, die Russland geprägt hat.[70] Einiges spricht dafür, dass die russische Gesellschaft der Gegenwart in der Lage wäre, sich von ihren autoritären Eliten zu emanzipieren – wenn eine neue Perestroika ihr den Raum geben würde.

68 Vgl. Emma Gilligan: Terror in Chechnya. Russia and the Tragedy of Civilians in Civil War, Princeton, NJ 2010.

69 Siehe Steven Lee Myers: The New Tsar. The Rise and Reign of Vladimir Putin, London 2015; für eine soziologische Analyse seiner Herrschaft: Samuel A. Greene: Putin vs. the People. The Perilous Politics of a Divided Russia, New Haven, Conn. 2019. Aufschlussreich zum Selbstbild Putins: Aus erster Hand. Gespräche mit Wladimir Putin, München 2000.

70 Zum historischen Erbe siehe auch Behrends: Legacies of Communism.

Strukturelle Varianz und gesellschaftliche Stagnation

Der Weg der ehemaligen jugoslawischen Staaten seit 1990

Jochen Töpfer

Die Jahre 1989 bis 1991 stehen mit den ersten semi-demokratischen Wahlen in Polen und Ungarn sowie der Auflösung der Sowjetunion und des zweiten Jugoslawiens für den Zusammenbruch des real existierenden Sozialismus und den Beginn einer gesellschaftlichen Öffnung und Liberalisierung in den östlichen Staaten Europas. Dabei wurde allerdings schnell offenbar, dass der Zerfall der alten Staatenwelt begleitet wurde von gegenseitiger Distanzierung und offener Feindschaft zwischen meist ethnisch definierten Gruppen, die vormals einer gemeinsamen politischen und mentalen Sphäre angehört hatten. Ab der Mitte der 1990er Jahre wurde dann in den Staaten Mittel- und Osteuropas die Frage nach einer verstärkten politischen Eingliederung in die Gemeinschaft der Europäischen Union (EU) und militärischen Ausrichtung an der North Atlantic Treaty Organization (NATO) als neue außenpolitische Orientierung immer drängender diskutiert. Spätestens im Verlauf des Annäherungsprozesses an die EU zeigte sich jedoch deutlich, dass die politischen, zivilgesellschaftlichen und ökonomischen Strukturen und Prozesse in den post-sozialistischen Gesellschaften von den erwarteten Grundmerkmalen einer marktwirtschaftlich verfassten Demokratie, wie sie in der Politik und den Sozialwissenschaften des Westens erwartet wurden, teilweise massiv abwichen.[1]

Vor diesem Hintergrund erörtert der vorliegende Essay den Umbruch von 1990 in den Staaten des ehemaligen Jugoslawiens aus der Perspektive einer Problemgeschichte der Gegenwart, die über die historischen Entwicklungen hinaus die Ursachen für die gegenwärtige Stagnation in der Region zu ergründen sucht. Dabei wird die Argumentation weniger aus einem historischen denn aus einem soziologischen und politikwissenschaftlichen Blickwinkel geführt. Grundlage sind sozialwissenschaftliche Erkenntnisse über Entwicklung von Politik und Gesellschaft in Osteuropa nach 1990, die den Wandel von einer kollektivistisch hin zu einer individualistisch orientierten Gesellschaft nicht allein aus der Umstel-

1 Siehe positivistische Einschätzungen, die zum Ende der 1990er Jahre die letzte Phase der »Konsolidierung der Demokratie« in den Staaten Mittelosteuropas postulierten, so insbesondere in Polen und Ungarn; siehe u. a. Wolfgang Merkel: Systemtransformation. Eine Einführung in die Theorie und Empirie der Transformationsforschung, Opladen 1999, S. 485-493.

lung der politischen und ökonomischen Institutionen und deren Gefüge zu erklären suchen, sondern verstärkt aus den konkreten qualitativen Ausgestaltungsprozessen, die von zentralen Akteursgruppen in spezifischen formellen und informellen Strukturen bestimmt wurden.[2]

Gesellschaftliche Umbrüche und Individualisierung

Im Kern versucht dieser Titel des Artikels, Parallelen und Unterschiede in den grundlegenden gesellschaftlichen Prozessen der aus Jugoslawien nach 1991 neu entstandenen Staaten zusammenzufassen: Auf der einen Seite zählen zu den Gemeinsamkeiten von Slowenien bis Nord-Mazedonien die Initiierung und Steuerung der Transformationsprozesse durch relativ ähnliche Akteurskonstellationen, die in den Umbrüchen von 1990 aus sog. »Palastrevolten«[3] innerhalb des sozialistischen Systems, und nicht aus den neu entstehenden politischen Akteuren und Plattformen der Demokratisierung, hervorgingen.

Weiterhin fand eine Hinwendung der Orientierungen bedeutender gesellschaftlicher und politischer Akteure zu europäischen und globalen Prozessen statt, die von einheitlich erscheinenden Entwicklungen der innergesellschaftlichen Stagnation begleitet wurden. Hier sind die Schlagworte der inneren Konflikte, die von politischen Eliten Förderung fanden und finden, und der damit im Zusammenhang stehenden, seit 1990 aufkommenden Perspektivlosigkeit weiter Teile der Bevölkerung kennzeichnend, die sich in den Emigrationszahlen der jungen und gebildeten Bevölkerungsteile aller Staaten des ehemaligen Jugoslawiens, auch für relativ entwickelte Regionen wie Slowenien und Kroatien, nachzeichnen lassen.[4] Demnach teilen diese in Grundzügen eine gemeinsame Entwicklungen seit dem Jahr 1991. Auf der anderen Seite sind jedoch ebenfalls vielfältige differente Entwicklungslinien zu vernehmen: Von Slowenien im Norden des Raumes der ehemaligen jugoslawischen Staaten, über Serbien und Bosnien-Herzegowina bis zu südlichen Staaten wie Kosovo oder Nord-Mazedonien ist eine erhebliche Varianz von gesellschaftlicher Entwicklung und Organisation zu beobachten, die mit (politisch-)institutionell ausgerich-

2 Früh umfassend theoretisch konkretisiert u. a. bei Gil Eyal / Ivan Szelényi / Eleanor Townsley: Making Capitalism without Capitalists. Class Formation and Elite Struggles in Post-Communist Central Europe, London 1998, S. 23, 34.

3 Stefan Troebst: Balkanische Antithesen, in: Aus Politik und Zeitgeschichte 64 (2014), S. 16-21, hier S. 17.

4 Eurostat: Auswanderung, Luxemburg 2021, URL: https://ec.europa.eu/eurostat/de/web/main/data/database [20.2.2021].

teten Messinstrumenten kaum zu erfassen ist: So sind die sieben Nachfolgestaaten nach ihren Verfassungen, die nach 1991 implementiert wurden, formal sämtlich pluralistische, liberale Demokratien mit umfassenden Bürger- und Freiheitsrechten – jedoch entwickelte sich faktisch in den letzten dreißig Jahren ein Kontinuum von diesen Konzepten weitgehend folgenden Modellen (wie überwiegend in Slowenien) bis hin zu gänzlich divergierenden, d. h. kollektivistisch (und teilweise als »neo-feudal«[5]) zu charakterisierenden Gesellschaftskonzepten (Kosovo, Montenegro, Nord-Mazedonien, Serbien), die sich faktisch in Programmen bedeutender Akteure der Politik sowie in den Einstellungen eines Teils der Bevölkerung manifestieren.[6] Diese Gegenüberstellung der Entwicklungen rechtfertigt insgesamt die Bezeichnung als eine »strukturelle Varianz in gemeinsamer gesellschaftlicher Stagnation«. In der Beschreibung dieser Prozesse und des heutigen Zustands der Gesellschaften sind für die Staaten Ex-Jugoslawiens sowohl Kontinuitätslinien als auch gesellschaftlich bedeutende Brüche zu berücksichtigen: Auf die Brüche und Wandlungen innerhalb der ideologischen Ausrichtung des jugoslawischen Sozialismus zwischen 1985 und 1990 folgten jene der starken Umorientierungen ab dem Jahr 1990 (Unabhängigkeit, Demokratisierung, teilweise bewaffnete Konflikte), die im Anschluss von unversöhnlich und in feindlicher Opposition stehenden Interessen- und Parteienstrukturen innerhalb der jeweiligen Staaten abgelöst wurden. Letztere Auseinandersetzungen wirken langfristig und tiefgreifend und erbrachten eine Stagnation in der gesamtgesellschaftlichen Entwicklung, die sich in hohen Migrationsraten sowie in neu aufkommenden Gesellschaftsordnungen und -vorstellungen äußert, die sich oft nur geringfügig mit in Westeuropa erarbeiteten Schemata analysieren lassen. Demnach scheinen Teile der Bevölkerungen in Montenegro, Nord-Mazedonien, oder im Kosovo heute in gesellschaftlichen Strukturen zu leben, die von einer Parallelität von vor- und postmodernen Merkmalen geprägt sind; hier wird die lokale, traditionelle (landwirtschaftlich geprägte) Subsistenzökonomie teilweise verbunden mit, teilweise abgelöst von einer europaweit agierenden Dienstleistungsgesellschaft, deren Standpunkte sowohl formeller (Informationstechnologie) als auch informeller (Handel mit

5 Siehe unter anderem für die Fälle Nord-Mazedonien und Serbien den Bericht von Norbert Mappes-Niediek: Wofür Zoran Djindjic starb. Organisierte Kriminalität in Nationen wider Willen, in: Südosteuropa Mitteilungen 2 (2003), S. 16-27, hier S. 21. Der damals beschriebene Status unterlag bis heute wenig Änderungen.

6 Norbert Mappes-Niediek: Balkan-Mafia. Staaten in der Hand des Verbrechens - eine Gefahr für Europa, Berlin 2003, S. 24-75.

illegalen Gütern) Natur sind.[7] Der heutige Zustand ist von Brüchen in der Gesellschaft gekennzeichnet, die sich als sozietale Konfliktlinien tief in ihrer Struktur verankert haben: politische Blockaden aufgrund unverrückbar dargestellter Differenzen, ökonomische Fehlentwicklungen durch einen hohen politischen, staatlichen und/oder informellen Eingriff (Kriminalität) und eine kulturelle Sphäre, die aufgrund der finanziellen Lage nur sehr eingeschränkt und teilweise politisch abhängig existiert. In Zusammenhang mit dem in diesen Gesellschaften ebenfalls wirkenden globalen Trend der Individualisierung manifestierten sich als bedeutende Konsequenzen auf der Ebene des Individuums politische, ökonomische und kulturelle »Anomisierungstendenzen«[8], die weite Teile der Bevölkerung bis heute betreffen (hervorgebracht durch Staatsferne und die Vernachlässigung des Allgemeinwohls).[9]

Reform und Entwicklung ab 1985 in Jugoslawien

Das politische Gefüge des sozialistischen Jugoslawiens war vor 1991 von einer starken Reformdynamik gekennzeichnet. Sie führte zur Ausweitung von Kompetenzen der einzelnen Teilrepubliken sowie zur Aufwertung der sie bezeichnenden Nationen. Mit der wirtschaftlichen Krise in Jugoslawien, die sich in der zweiten Hälfte der 1980er Jahre verschärfte, nahmen die Spannungen zwischen den Vertretern der Teilrepubliken innerhalb der Organe des Staates und im Bund der Kommunisten Jugoslawiens zu. Nationalistische Einstellungen bekamen vermehrt Raum in öffentlich-politischen Diskursen, und auch die Verfassung wurde zunehmend in einer nicht-kooperativen Ausrichtung interpretiert. Auf der anderen Seite existierten in diesem Rahmen Versuche, die Föderation zu retten, so mit den Verfassungsänderungen auf Bundesebene vom November 1988, die erneut den politischen Gestaltungsraum der Teilrepubliken erweiterten und Möglichkeit zu freien Wahlen eröffneten. Anschließend kamen im Jahr 1989 weitere Reformen der Verfassung und des ökonomischen Bereichs hinzu, die unter dem seit März 1989 regierenden Ministerpräsi-

7 Europol: European Monitoring Centre for Drugs and Drug Addiction. EU Drug Markets Report 2019, Luxembourg 2019.

8 »Anomic disorientations of individuals are coupled with organizational pathologies if individualization is not effectively linked to the strengthening of the mechanisms of social responsibility and societal interaction. Nevertheless, individualization is conceived of as a blessing by millions of people, even though it encumbers individuals with duties and uncertainty.«, siehe Nikolai Genov: Global Trends in Eastern Europe, Farnham 2010, S. 29.

9 Ebd., S. 30.

denten Jugoslawiens, Ante Marković (1924-2011), implementiert wurden. Zusammen mit den Änderungen der Verfassungen der Teilrepubliken, exemplarisch für die Teilrepublik Mazedonien im April 1989 (insgesamt 33 Verfassungsänderungen)[10] und im September 1990 (zusätzlich 24 Änderungen)[11], sollten diese grundlegende Bedingungen für die Ausbildung demokratischer und marktwirtschaftlicher Strukturen innerhalb eines Staates legen – damit gehörten die Verfassungstexte nach Umfang und Inhalten jedoch auch zu den komplexesten im europäischen Vergleich.[12]
Die Änderungen der formalen Regelungen in Richtung Liberalisierung gesellschaftlicher Bereiche standen im Kontext einer scharfen gegenseitigen Opposition von Befürwortern einen weiteren Demokratisierung und Dezentralisierung des Staates, die innerhalb des Bundes der Kommunisten Jugoslawiens (BdKJ) vor allem aus dem Kosovo, aus Kroatien, und aus Slowenien stammten, sowie andererseits Unterstützern zentralisierter Staatsstrukturen im Rahmen eines Bundes, vornehmlich artikuliert aus dem Bund der Kommunisten Serbiens um Slobodan Milošević.[13] Letztere organisierten 1988 und 1989 in Städten der sezessionistisch orientierten Teilrepubliken und autonomen Provinzen Massenkundgebungen, um dort die höchsten Partei- und Staatsämter unter Druck zu setzen und unliebsame Politiker zur Aufgabe ihrer Positionen oder Ämter zu zwingen. Diese konfrontative Machtpolitik des Netzwerks um Milošević lief unter dem irreführenden Slogan der »anti-bürokratischen Revolution«. In der Vojvodina, in Montenegro, sowie im Kosovo war dieses Netzwerk zunächst erfolgreich und konnten die Spitzenpositionen in Staat und Partei mit loyalen Personen neu besetzen.

In den in Richtung Unabhängigkeit strebenden Teilrepubliken Kroatien und Slowenien war ein ähnliches Vorgehen anvisiert. Es kamen jedoch aufgrund der Blockade der Mobilität des organisierten Protests von der Seite der Autoritäten der beiden Teilrepubliken hier keine Demonstrationen oder ein Austausch des politischen Personals zustande. Der

10 *SVSRM* (Služben vesnik na Socijalistička Republika Makedonija; offizielles Amtsblatt der Sozialistischen Republik Mazedonien 1963-1991), Nr. 16, vom 15.4.1989, Skopje, S. 277-290.

11 *SVSRM*, Nr. 28, vom 21.9.1990, S. 505-512.

12 Bereits für die den Reformen zugrundeliegende Verfassung Jugoslawiens aus dem Jahr 1974 mit 406 Artikeln wurde bemerkt: »An Umfang, Originalität, aber auch an die Praktikabilität in Frage stellender Kompliziertheit und föderativ-pluralistischer Offenheit übertrifft die geltende Verfassungsurkunde alle Vorgänger«, siehe Herwig Roggemann: Die Verfassung der SFR Jugoslawien, Berlin 1979, S. 23.

13 Eine dritte Position lässt sich in der Haltung der mazedonischen Fraktion erkennen, die für eine weitere Demokratisierung, jedoch weniger für eine Neujustierung des Verhältnisses zwischen Bund und Teilrepubliken stand.

endgültige Bruch in der Einigung über die weitere Orientierung des Staates zeichnete sich innerhalb des 14. Kongresses des Bundes der Kommunisten Jugoslawiens in Belgrad zwischen dem 20. und 22. Januar 1990 ab. Hier wurden alle Reformvorschläge, die von der Seite der Befürworter einer weiteren Dezentralisierung und Demokratisierung aus Kroatien und Slowenien vorgelegt wurden, von der – von Slobodan Milošević organisierten – Mehrheit der Delegierten abgelehnt. Daraufhin zogen sich die kroatischen und slowenischen Vertreter von dem Kongress zurück – und das Ende der staatssozialistischen Partei des Bundes der Kommunisten Jugoslawiens war besiegelt. Die Teilrepubliken bereiteten in der Folge mit großer Energie ihre staatliche Unabhängigkeit vor. So verabschiedete die slowenische Versammlung am 2. Juli eine »Deklaration über die Souveränität des Staates Republik Slowenien«[14] und am 4. Oktober 1990 eine Verfassungsänderung zur Aufhebung von 27 jugoslawischen Gesetzen, die die oberste Exekutive, Legislative und Judikative für die Teilrepublik faktisch auf slowenische Institutionen übertrug.[15] Aus der Perspektive der Verfassung hatte das Scheitern des zweiten jugoslawischen Staates auch eine mentale Dimension, wie Holm Sundhaussen attestierte:

> »[…], dass eine Verfassung […] nur dann funktioniert, wenn sie auf einem politischen Grundkonsens beruht. Letztlich war es immer die außerhalb der Verfassung oder unabhängig von ihr ausgefochtene Machtfrage, die über den Staatserhalt oder Staatszerfall entschied. Nicht die geschriebene Verfassung, sondern die ›Verfassung‹ in den Köpfen der Politiker machte Jugoslawien zu einem ›schwachen Staat‹.«[16]

Insofern lag die weitere Entwicklung der Gesellschaften in den Nachfolgestaaten Jugoslawiens ganz zentral in den Händen der politischen Eliten. Sie waren die entscheidenden Akteure der Ausgestaltung der Transformation und verstanden sich als »Gesellschaftsingenieure«, die die sozietalen Verhältnisse und politischen Institutionen oftmals als »Labor« für ihre eigenen, individuellen Vorstellungen und Ideologien behandelten.[17] Aus diesem Grund ist die These von Stefan Troebst gerade für die Auflösung Jugoslawiens schlüssig, der die Form der Anfänge des Systemwandels in Osteuropa als ausschlaggebend für die weitere Entwicklung ansah: Von Oppositionellen getragene Bürgerrevolutionen in Mitteleuropa standen »Palastrevolten«

14 *ULRS* (Uradni list Republike Slovenije; offizielles Amtsblatt der Teilrepublik Slowenien), Nr. 26, vom 6.7.1990, Ljubljana, S. 1320.

15 *ULRS*, Nr. 37, vom 11.10.1990, S. 1797-1798.

16 Holm Sundhaussen: Der Zerfall Jugoslawiens und dessen Folgen, in: Aus Politik und Zeitgeschichte 32 (2008), S. 9-18, hier S. 10.

17 Troebst: Balkanische Antithesen, S. 16.

in Ost- und Südosteuropa gegenüber, bei der eine zweite Garde von Politikern und Eliten die alten Vertreter der ersten Reihe verdrängte und sich teilweise selbst an die Spitze von demokratischen oder scheindemokratischen Reformbewegungen stellte und anschließend ihre Machtsicherung und -erweiterung betrieb.[18] Diese Eliten passten ihr Programm eher funktional den neuen Gegebenheiten an. Charakteristisch für das politische Machtgefüge wurde die Ausrichtung von Parteien auf jeweils eine zentrale Führungspersönlichkeit, wie die Politikkarriere von Milošević in Serbien zeigt. Ähnliche Tendenzen waren jedoch auch in den zur Demokratisierung drängenden Landesteilen – wie in Slowenien mit Milan Kučan, in Kroatien mit Franjo Tuđman, oder in Mazedonien mit dem hoch integrativ wirkenden Kiro Gligorov – zu beobachten, die die ersten Präsidenten ihrer Staaten wurden.

Ein bezeichnendes Beispiel für noch heute wirkende Pfadabhängigkeiten angesprochener Zusammenhänge ist die Biographie des derzeitigen Ministerpräsidenten des südosteuropäischen Staates Bulgarien, Bojko Borissov, der seine Ausbildung in der Akademie des bulgarischen Innenministeriums erwarb, von 1982 bis 1990 für dieses Ministerium arbeitete und in der Periode nach 1991 mit eigener Sicherheitsfirma den Schutz des ehemaligen Staats- und Parteichefs Todor Schivkov sowie des letzten bulgarischen Zaren, Simeon Sakskoburggotski, organisierte. Diese Biographie spricht illustrativ für die Lesart einer individuell verlaufenden Transformation in Bulgarien, bei der ein Akteursnetzwerk aus ehemaligen sozialistischen Funktionsträgern aus Politik und Sicherheitsdiensten mit Bereichen wie Ringerverbänden Verbindungen einging, deren Einfluss auch das informelle Spektrum einschloss. Hier offenbarten sich zahlreiche Parallelen zum politischen Transformationsprozess in den Nachfolgestaaten Jugoslawiens. Auch dort muss nahezu gänzlich von »Palastrevolten« ausgegangen werden: In Slowenien wandelte sich die ehemalige sozialistische Partei in die im Anschluss im politischen Bereich des Landes dominierenden Sozial- und Liberaldemokraten (SD und LDS). Der zwischen 1986 und 1990 als Vorsitzender des Bundes der Kommunisten Sloweniens amtierende Milan Kučan wurde von 1991 bis 2002 der erste Staatspräsident der Republik. Auch der gegen diese Netzwerke nationalistisch-populistisch agierende, einflussreiche Politiker und derzeitige Ministerpräsident Janez Janša begann seine politische Laufbahn im kommunistischen Jugendverband ZSMS. In Kroatien dominierte in den 1990er Jahren die Partei HDZ unter Franjo Tuđman, der bis 1971 in Jugoslawien hohe Funktionen in Staat und Partei ausfüllte, bis er als Dissident verurteilt wurde. Die Entwicklung Serbiens unter Slobodan

18 Ebd.

Milošević und dessen Werdegang sind weitgehend bekannt; in Montenegro ist seit 1988 die politische Bedeutung von Milo Đukanović stetig angewachsen, der in der Endphase des Sozialismus mit Unterstützung Slobodan Miloševićs[19] seine politischen Gegner in vielfachen (formellen und informellen) Formen ausschaltete. Neben seiner bis heute für das Land prägenden politischen Biographie (Ministerpräsident 1991-1998, 2003-2006, 2008-2010, 2012-2016; Staatspräsident 1998-2002, 2018-heute) erstreckt sich sein Einfluss zudem auf erhebliche Teile der miteinander verflochtenen formellen und informellen Teile der privaten und staatlichen Ökonomie des Landes. Aufgrund der Konsequenzen des Krieges von 1999 entfällt für den Kosovo die Kategorie der »Palastrevolte« zur Charakterisierung des Umbruchs; auch im Fall Bosnien-Herzegowinas ist zu differenzieren, da die beiden Entitäten »Föderation von Bosnien und Herzegowina« und die »Republika Srpska« seit dem Bosnien-Krieg 1992-1995 weitgehend politisch und gesellschaftlich getrennt sind.

Krise, Transformation und Elitenanpassung in Slowenien, Kroatien und Serbien

In Slowenien beschreibt die Periode seit der Unabhängigkeit einen Aufschwung in wirtschaftlicher Perspektive, die Etablierung einer funktionierenden Marktwirtschaft, eine generelle Festigung von Demokratie und Rechtsstaatlichkeit sowie der demokratischen Regierungsführung. Zudem weisen bedeutende Indikatoren zur gesellschaftlichen Entwicklung seitdem eine Steigerung auf.[20] In weiten Teilen unterer und mittlerer Bevölkerungsschichten ist die Wahrnehmung jedoch eine andere: Hier besteht, wenn es um die Bewältigung der generellen Lebenssituation geht, seit den letzten Jahren des Staatssozialismus eine Dauerkrise (slow. *kriza*), die bis heute anhält. Das parteipolitische Klima wurde seit den 1990er Jahren entscheidend von dem von der rechtspopulistischen Seite konstruierten Gegensatz bestimmt, wonach diese als neue »demokratische« Akteursgruppierung gegen alte Seilschaften antreten würde. Dieses Narrativ bestimmt auch gegenwärtig die Aufstellung der verschiedenen Politikfelder durch die Regierung Janez Janša – eine Themensetzung, die die Bearbeitung faktischer gesellschaftlicher Problemlagen verschleppt: Emigration des jungen und hochqualifizierten Teils der Bevölkerung,

19 Siehe so genannte »anti-bürokratische Revolution«.
20 United Nations Development Programme: Global Human Development Indicators 2019, New York 2020, URL: http://hdr.undp.org/en/countries [20.2.2021].

prekäre Lebensverhältnisse der jungen Generation, eine demographische Entwicklung, die sich negativ auf die Finanzierung der Sozialsysteme auswirken wird, sowie drängende Fragen zur Gestaltung der Urbanisierung im ländlichen und städtischen Raum.

In Kroatien, das wie Slowenien Mitglied der EU und NATO wurde, sind infolge des Krieges zwischen 1991 und 1995 die Ausgangsbedingungen andere. Die Auseinandersetzung um die Unabhängigkeit des Staates beanspruchte gesellschaftliche Ressourcen, die zur Entwicklung anderer Felder hätten eingesetzt werden können (dies gilt ebenfalls für Bosnien-Herzegowina, Serbien, Montenegro, Kosovo). Auch nach dem Ende des Krieges hielten sich in Kroatien politische Akteure aus dieser Phase, die zwar einen entscheidenden Beitrag zur Unabhängigkeit, jedoch nicht zur Weiterentwicklung der sozioökonomischen Lebensbedingungen beitrugen. Diese Ausgangslage änderte sich nach dem Jahr 2010 mit der Etablierung einer neuen Generation politischer Eliten, die verstärkt auf eine Verständigung mit dem serbischen Nachbarn setzte. Diese außenpolitische Orientierung darf jedoch nicht darüber hinwegtäuschen, dass, wie im Fall Sloweniens, die inneren politischen Zustände in der Regel von Kämpfen und Konflikten zwischen den Fraktionen der dominanten Parteien geprägt sind (in Kroatien die Parteien HDZ und SDP), was die Lösung drängender gesellschaftlicher Probleme, wie die Emigration von hochqualifizierten Fachkräften, allgemeine prekäre Lebensverhältnisse oder die demographische Entwicklung, verzögerte.

Die Transformation in Serbien begann mit der erwähnten »anti-bürokratischen Revolution« von 1988/89. Sie war als Kampagne von Straßenprotesten gegen angebliche bürokratische und korrupte Regierungsstrukturen von einem Kreis um Slobodan Milošević organisiert, um eine »Säuberung« von moderaten Kräften in den staatlichen Institutionen auf den Ebenen des Bundes und der Teilrepubliken sowie im Bund der Kommunisten Serbiens durchzuführen. Die Proteste veranlassten erfolgreich die Änderung der Regierungsbesetzung der serbischen autonomen Provinzen Vojvodina und Kosovo sowie in der Teilrepublik Montenegro (siehe Milo Đukanović) hin zu Personen, die sich loyal gegenüber Belgrad verhielten. Die (noch) sozialistischen Regierungen der Teilrepubliken Slowenien und Kroatien verurteilten die Ereignisse, widersetzten sich erfolgreich den Versuchen, die Proteste auf ihr Territorium auszudehnen und wandten sich damit offen gegen Milošević. Der zunehmende Antagonismus führte im Januar 1990 zur Auflösung des regierenden Bundes der Kommunisten Jugoslawiens und anschließend zum Zerfall Jugoslawiens. Nun begann das Akteursnetzwerk um Milošević mit Gewalt seine Interessen in jenen Regionen durchzusetzen, in denen serbisch geprägte Sezessionstendenzen vorhanden waren. Die anschließenden Konflikte in Kroatien, in Bosnien-Herzegowina und im Kosovo trugen dazu bei, dass die staatlichen und gesellschaftlichen Ressourcen Serbiens – angesichts der Wirtschaftskrise in Jugoslawien am Ende der 1980er Jahre und der Handelssanktionen der Vereinten Nationen (UNO) gegen Serbien ab 1991 befanden sich diese bereits auf niedrigem Niveau – nicht zur Ankurbelung der Wirtschaft und anderer Gesellschaftsbereiche eingesetzt wurden. Vielmehr etablierte sich in der Logik des autoritären Regimes und im Kontext von Kriegszustand und UN-Handelsembargo ein Netzwerk aus Politikern mit engen Verbindungen zu Militär, Sicherheitsdiensten, Wirtschaft und informellem Sektor (siehe Werdegang des Željko Ražnatović, oder der Mitglieder der sog. »Pink-Panther-Gruppe«),[21] das materielle und machtpolitische Ressourcen bündelte – weite Teil der Bevölkerung waren auf der anderen Seite in den 1990er Jahren einem hohen Armutsrisiko und einem Ordnungssystem ausgesetzt, in dem staatliche und informelle Akteure mit ähnlich umfassenden Handlungsspielräumen agierten. Dieses manifestierte sich in Strukturen der Gesellschaft bis zur Jahrtausendwende und darüber hinaus, die weniger im Abgleich mit dem Idealtypus eines liberal-demokratischen Kapitalismus, sondern plausibel – als kritische und konstruktive Perspektive – mit jenem des Neo-Feudalismus analysiert werden können: enge Verbindungen zwischen Politik, (formeller und informeller) Ökonomie, staatlichen und quasi-staatlichen Akteuren im Bereich Sicherheit und einer hoch politisierten Sphäre der Kultur, die insgesamt eine Trennung der Bevölkerung zwischen einem kleinen, privilegierten Teil mit Zugang zu materiellen Ressourcen sowie der Masse der Bürger ohne langfristige Perspektive auf einen sozio-ökonomischen Aufstieg hervorbrachten.

Mit der Wahl von Zoran Đinđić zum Ministerpräsidenten Serbiens am 25. Januar 2001 war ein erster ernsthafter Versuch einer tiefgreifenden Transformation des Staates und der Veränderung der Gesellschaftsstrukturen unternommen worden. Dieser wurde mit Đinđićs Ermordung am 12. März 2003 erheblich verlangsamt, und es konnten sich erneut Akteure im politischen System etablieren, die einer liberalen Gesellschaftsordnung kritisch gegenüberstanden. Dies zeigte die Stärke der oben beschriebenen Netzwerke auch nach der Ära Milosevic auf. Demnach war der Übergang von einem sozialistischen zu einem quasi-feudalistischen System in Serbien in den 1990er Jahren zu attestieren. Die anschließende allmähliche Annäherung an nachhaltige, demokratische, liberale Gesellschaftsstrukturen, die bis heute andauert, ist jedoch vielfach von Rückschlägen bedroht. Dies

21 Europol: Project Diamond begins where Pink Panther left off, Den Haag 2017, URL: https://www.europol.europa.eu/newsroom/news/project-diamond-begins-where-pink-panther-left [20.2.2021].

zeigen die Zentralisierung der Entscheidungsfindung und die hohen Beschränkungen der Zivilgesellschaft und der Medien unter dem derzeitigen serbischen Staatspräsidenten Aleksandar Vučić, in den Jahren 1998-2000 Informationsminister unter Slobodan Milošević (d. h. bereits in der Phase der Anklage Miloševićs vor dem Internationalen Strafgerichtshof für Jugoslawien),[22] sowie weiterhin ein bleibender gesellschaftlicher Einfluss von politisch nationalistischen Akteuren, wie Verbindungen des Extremisten Vojislav Šešelj oder von kriminellen Organisationen.[23]

Die Entwicklung des Kosovo war nach der sog. »anti-bürokratischen Revolution« in den 1990er Jahren durch eine Form des serbischen Apartheitsregimes geprägt, das unter dem Einfluss von Slobodan Milošević einzig serbischen Interessen, trotz der Minderheitenposition in der Provinz, Vorrang einräumte. Der auf die Unterdrückung folgende Kosovo-Krieg im Jahr 1999 brachte langfristig die bei der albanischen Bevölkerungsmehrheit ersehnte Unabhängigkeit (unter internationaler Aufsicht), die jedoch durch eine tiefgreifende negative sozio-ökonomische Lage weiter Teile der Bevölkerung sowie den Aufbau neuer Konfliktlinien bis heute gekennzeichnet ist: Die Versöhnung mit der serbischen Minderheit erscheint als noch sehr langer Weg, persönliche und informelle Netzwerke stehen hinter einer Vielzahl bedeutender politischer Parteien, und auch außenpolitisch werden alte Trennlinien neu aufgelegt, so u. a. in der Annäherung zwischen dem Kosovo und Albanien als explizite Abgrenzung zu Serbien. Auch in diesem Fall scheint die langfristige Perspektive weiter Teile der Bevölkerung erstarrt, und nur eine gemeinsame Interessenbündelung innergesellschaftlicher und externer Akteure verspricht eine Besserung. Ein illustrativer Indikator, in dem sich die Lage des Individuums in dieser gesellschaftlichen Situation auch aktuell reflektiert, ist die derzeitige Zahl der Asylanträge in der Bundesrepublik Deutschland aus dem Kosovo, die, trotz wenig Aussicht auf Erfolg, in den ersten neun Monaten des Jahres 2020 bei 432 lag; nach Albanien (999 Anträge), Serbien (963) und Nord-Mazedonien (643) der vierthöchste absolute Wert aus der Region.[24]

22 United Nations International Criminal Tribunal for the Former Yugoslavia (ICTY): Milošević, Slobodan (IT-02-54). Case Information Sheet, Den Haag 1999, URL: https://www.icty.org/en/case/slobodan_milosevic#ind [20.2.2021]: »27 May 1999, President Milošević and Four Other Senior FRY Officials Indicted for Murder, Persecution and Deportation in Kosovo.«

23 Siehe u. a. Europol: Project Diamond.

24 Bundesamt für Migration und Flüchtlinge: Asylgeschäftsstatistik (01-09/20), Berlin 2020, URL: https://www.bamf.de/SharedDocs/Anlagen/DE/Statistik/Asylgeschaeftsstatistik/hkl-antrags-entscheidungs-bestandsstatistikl-kumuliert-2020.html [20.2.2021].

National-ethnische Narrative und Feudalisierung der Ökonomie in Mazedonien

Die vormalige Teilrepublik Mazedonien profitierte vor 1991 von der Integration in den jugoslawischen Staat, und deren Repräsentanten versuchten in der Phase des Staatszerfalls zunächst, trotz der aufkommenden Konflikte zwischen den Interessengruppen anderer Teilrepubliken den Staat zu erhalten. Nach den Ereignissen im Januar 1990 bereite die politische Führung aufgrund des Drucks der Nachbarstaaten und innerhalb Jugoslawiens im Vergleich zu Slowenien und Kroatien eher vorsichtig die Unabhängigkeit vor, die im September 1991 gewaltfrei, jedoch unter der Blockade Griechenlands verlief. Die vormalig zweite Reihe der Repräsentanten des Bundes der Kommunisten Mazedoniens konnte sich in Form einer sozialdemokratisch gewandelten, ehemaligen Staatspartei auch nach dem demokratischen Umbruch an der politischen Macht halten[25] (SDSM unter Branko Crvenkovski)[26] und leitete eine verschleppte und intransparente Privatisierung der Staatsbetriebe ein, die aufgrund der massiv ansteigenden Arbeitslosigkeit zu einem hohem Reputationsverlust und anschließend einem Misserfolg des SDSM bei den Parlamentswahlen von 1998 führte. Die gewaltsamen Auseinandersetzungen zwischen staatlichen Sicherheitsorganen und albanischen Separatisten im Frühjahr/Sommer 2001 wurden mit internationaler Vermittlung im August 2001 beigelegt, jedoch um den Preis einer langfristigen (national-)ethnischen Kontraktion, die sich anschließend ebenfalls im Parteiensystem reflektierte: Hier erreichten nach den vier Parlamentswahlen zwischen 2006 und 2014 die in diesem Sinne ausgerichtete Partei VMRO-DPMNE,[27] die mit nationalistischem Programm die slawische Bevölkerungsmehrheit anspricht, sowie die Demokratische Union für Integration (DUI), die sich allein auf Interessen der albanischen Minderheit konzentriert, bis 2016 stabile Regierungsmehrheiten. Fortschritte in der Entwicklung von nachhaltigen Lösungen für die bedeutenden gesellschaftlichen Fragen (siehe Slowenien und Kroatien) waren in dieser Phase mit wenigen Ausnahmen nicht zu verzeichnen.

25 Hans-Joachim Hoppe: Die politische Szene der Republik Makedonien, Köln 1995, S. 14.

26 maz.: »Socijaldemokratski Sojuz na Makedonija« (SDSM), dt.: »Sozialdemokratischer Bund Mazedoniens«.

27 maz.: »Vnatrešna makedonska revolucionerna organizacija – Demokratska partija za makedonsko nacionalno edinstvo« (VMRO-DPMNE), dt.: »Interne Mazedonische Revolutionäre Organisation - Demokratische Partei für die Mazedonische Nationale Einheit«.

Beide Parteien orientierten sich in dieser Periode in ihrer politisch-ideologischen Ausrichtung an den Narrativen einer national-ethnischen Identität, an dem Aufbrechen von alten Netzwerken aus sozialistischer Zeit in Politik und Ökonomie, sowie der Modernisierung der Wirtschaft; faktisch jedoch vor allem an den Zielen und Einstellungen der jeweiligen Vorsitzenden Nikola Gruevski (VMRO-DPMNE) und Ali Ahmeti (DUI), einem früheren Kommandanten der albanischen Separatisten der UÇK.[28] Die Zentralisierung sowie die zwischen 2006 und 2016 eingenommenen Positionen in der Regierung wurden genutzt, um überlebte Netzwerke in Politik und Ökonomie zu entmachten – diese Maßnahmen bedeuteten jedoch nicht den Beginn einer breiten gesellschaftlichen Liberalisierung, sondern die Förderung und Etablierung von eigenen persönlichen Netzwerken in staatlichen Institutionen (siehe Sašo Mijalkov, Cousin Nikola Gruevskis, Direktor des Geheimdienstes UBK 2006-2015)[29] und in der Ökonomie (beispielsweise mit eigenen Sicherheitsdiensten, Medien, Großbetrieben) und den Versuch, die Kultur und Identität des Staates neu auszurichten (Stichwort »Skopje 2014«).

Nach der Abwahl Gruevskis im Jahr 2016 begannen Gerichtsprozesse, die die informellen Maßnahmen seiner Regierungsführung offenlegten und im November 2018 zur Flucht des Verurteilten aus dem Land mithilfe staatlicher Institutionen Ungarns führten.[30] Nach der Ausstellung eines internationalen Haftbefehls und einem Auslieferungsantrag von Seiten der Republik Nord-Mazedonien wurde ihm dort, in einem Staat der EU, politisches Asyl gewährt – eine Entscheidung, die das Vertrauen der mazedonischen Bevölkerung in das Prinzip der Rechtsstaatlichkeit in der EU nachhaltig untergraben hat. Im Ergebnis lässt sich festhalten, dass die beiden großen Regierungsparteien (SDSM, VMRO-DPMNE) während der letzten dreißig Jahre langfristig wenig dazu beigetragen haben, die sozio-ökonomische Perspektivlosigkeit in weiten Teilen der Bevölkerung zu beenden. Die Privatisierung nach 1990 führte weniger zur Entwicklung eines differenzierten Marktes und einer innovativen Wirtschaft als vielmehr zu einer Konzentration von Marktanteilen bei Firmen, die wenigen und zum Teil dubiosen Personen zuzurechnen waren und sind, die sich zudem größtenteils aus der zweiten Reihe der früheren sozialisti-

28 alb.: »Ushtria Çlirimtare e Kosovës«, dt.: »Kosovo-Befreiungsarmee«.

29 Sinisa Marusic: North Macedonia Ex-PM Gruevski Convicted of Inciting Mob Attack, Skopje 2020, URL: https://balkaninsight.com/2020/09/29/north-macedonia-ex-pm-gruevski-convicted-of-inciting-mob-attack/ [20.2.2021].

30 Sinisa Marusic: Hungary Refuses to Extradite Gruevski to North Macedonia, Skopje 2019, URL: https://balkaninsight.com/2019/06/27/hungary-refuses-to-extradite-gruevski-to-north-macedonia/ [20.2.2021].

schen Elite rekrutierten oder zum Netzwerk zählen.[31] Zu Recht lässt sich hier von einer »Feudalisierung der Ökonomie« sprechen, ein Prozess, in den unter neo-liberalen Vorzeichen nach dem Jahr 2006 auch international agierende Konzerne eingebunden waren. Das wohl treffendste Beispiel aus der Vergangenheit war Ljubisav Ivanov-Zingo, Abgeordneter des nationalen Parlamentes (»Sobranie«) zwischen 1986 und 2012, der sich im Nordosten des Landes in der Region um die Kleinstadt Kratovo durch seine Dominanz in allen gesellschaftlichen Bereichen, über Politik, Wirtschaft (Großunternehmen »Sileks«) und Kultur (Sport, Medien), seit der Unabhängigkeit eine auf seine Person zugeschnittene, »territoriale Machtbasis« schuf.[32] Eine weitere Inklusion informeller Bereiche in die Politik bedeutete die Einigung nach den bewaffneten Unruhen im August 2001 zwischen mazedonischen Sicherheitskräften und der albanischen UÇK.[33]

Für den Alltag der Bevölkerungsmehrheit bedeutet dies, dass deren sozio-ökonomische Situation auch in der Gegenwart auf einem konstant niedrigen Niveau stagniert und große Bevölkerungsschichten (insbesondere die Gruppe der Roma) unverändert in Armut leben. Auch der öffentliche kulturelle und Bildungssektor mit seinen Museen, Theatern und Universitäten bleibt mit sehr wenigen Ressourcen vom Staat ausgestattet, was Einsparungen und Privatisierungen mit teilweise dramatischen Folgen für die Kulturschaffenden oder die Ausbildung des akademischen Nachwuchses mit sich bringt (so stehen bei etwas mehr als 2 Millionen Einwohnern sechs staatlichen mindestens sechzehn private Hochschulen gegenüber). Aufgrund der Entwicklungen um die Regierungsführung

31 Siehe Hoppe: Die politische Szene, S. 16 ff.; sowie Jens Reuter: Politik und Wirtschaft in Makedonien, in: Südosteuropa 2 (1993), S. 83-99, hier S. 94.

32 »Mit seinem Sohn unterhält Zingo die beiden einzigen relevanten Produktionsbetriebe in Kratovo. Er ist Parlamentsabgeordneter und hält die Behörden von Kratovo fern. Bei Sileks, dem Konzern des Vaters, werden Löhne teilweise in Bezugsscheinen ausgezahlt, die nur in den konzerneigenen Lebensmittelgeschäften eingelöst werden können. – Der Erfinder dieses System [...] leitet ironischerweise eine ›Sozialistische Partei Mazedoniens‹. Der Familie gehören ein privater Fernsehsender, [...], ein wichtiger Fußballverein, [...]«, siehe Mappes-Niediek: Wofür Zoran Djindjic starb, S. 21.

33 »Der letzte militärische Konflikt [...] in Mazedonien 2001 – ist als inszenierter Krieg beschrieben worden; er gehorchte nach allem, was man weiß, einer Logik, die den Interessen der organisierten Kriminalität und nicht denen der albanischen Minderheit im Land entsprang.«, ebd., S. 17. »Fehlt aber eine zentrale Staatsgewalt und herrschen in einem Mehrheits- oder Minderheitsgebiet Kriminelle, so können die Bandenchefs ganz legal Polizeichefs einsetzen, Gegner verhaften und Steuern erheben. Die UÇK in Mazedonien hat etlichen Gangsterbossen zu einer dauerhaften Amnestie verholfen und ihre Bandenkriege in den Rang einer ethnischen Auseinandersetzung erhoben [...]«, siehe ebd., S. 22.

und die daraus resultierende Stagnation in nahezu allen Lebensbereichen sank in (Nord-)Mazedonien die Wahlbeteiligung zu Parlamentswahlen stetig, von 77,2 Prozent im Jahr 1990 auf 51,3 Prozent zu den Wahlen im Juli 2020.[34]

Das Motiv der Steigerung des individuellen Eigennutzes unter zentraler Anwendung ethnisch-kollektivistischer Narrative ist in der sozialwissenschaftlichen Literatur zu den Beziehungen zwischen Eliten und Bevölkerung in Ost- und Südosteuropa weithin beschrieben worden.[35] Wenn in erster Gruppe der geschlossenen »Elite« der Staat und dessen Institutionen als exklusiv zur Umsetzung der Interessen einer Teilgemeinschaft und/oder ihres persönlichen Netzwerkes angesehen werden, sind sozioökonomischer Fortschritt und gesellschaftliche Entwicklung (*human development*) der Gesamtgesellschaft in Gefahr, und das Konfliktpotential steigt. Da unter den Bevölkerungen aller Staaten des ehemaligen Jugoslawiens aufgrund der Politik der letzten drei Jahrzehnte ein hohes Maß an Misstrauen gegenüber der eigenen politischen Elite aufgebaut wurde, waren die Erwartungen an die Europäische Union als institutioneller Akteur sehr hoch. Doch auch hier wird der Einfluss der EU zunehmend als ambivalent und geringfügig angesehen, da sich die einzelnen Mitgliedsstaaten widersprechen und bisweilen konträr positionieren (beispielweise als es um die staatliche Anerkennung des Kosovo ging), die EU-Erweiterungspolitik insgesamt nicht als kohärent wahrgenommen wird (wie beim EU-Beitritt Bulgariens), und ökonomische Akteure aus den EU-Mitgliedsstaaten in den Ländern des ehemaligen Jugoslawiens aktiv sind, sich dort mit den autoritären Machtstrukturen arrangiert haben und diese damit stützen. Trotzdem bleiben die Bevölkerungen der Staaten des ehemaligen Jugoslawiens erstaunlich EU-freundlich, da eine Integration in die Gemeinschaft als einziger Ausweg aus der nicht enden wollenden Stagnationsphase betrachtet wird.

34 Državna izborna komisija: Resultati, Skopje 2020, URL: https://rezultati.sec.mk/ [20.2.2021].

35 Siehe für Südosteuropa unter anderem Vjekoslav Perica: Balkan Idols. Religion and Nationalism in Yugoslav States, Oxford 2002; Sabrina P. Ramet: Whose democracy? Nationalism, Religion, and the Doctrine of Collective Rights in Post-1989 Eastern Europe, Lanham 1997; dies.: The three Yugoslavias. State-building and Legitimation, 1918-2005, Bloomington 2006, S. 341-470.

Verzögerter Wandel und Stagnation

Der vorliegende Artikel konzentrierte sich darauf, den Umbruch von 1990 in den Staaten des ehemaligen Jugoslawiens als Ausgangspunkt einer ihrer genauen Bestimmung noch harrenden Problemgeschichte der Gegenwart anzunehmen. »Problemgeschichte« hieß in diesem Kontext, sich auf die grundlegenden gesellschaftlichen Verwerfungen zu konzentrieren, die eine nachhaltige Entwicklung der angesprochenen Gesellschaften wesentlich hemmen. Trotz der pessimistischen Analyse sind jedoch auch gemeinsame und integrative Entwicklungen zu vernehmen, die durch ein Annähern der Gesellschaften innere Dynamiken in und zwischen ihnen auslösen können und damit Perspektiven für die Zukunft aufzeigen: An dieser Stelle kann im politischen Bereich das Prespa-Agreement von 2018 zwischen Griechenland und Nord-Mazedonien genannt werden, weiterhin wissenschaftliche und sportliche Vereinigungen, die sich über den gesamten ex-jugoslawischen Raum erstrecken, oder auch religiöse Organisationen als jenseits nationaler Narrative agierende Multiplikatoren von gegenseitigem Verständnis und von gesellschaftlicher Vielfalt. In diesen Räumen werden, oft mit wenig medialer Aufmerksamkeit, selbstverständlich verbindende und integrative Strukturen in und zwischen Gesellschaften aufgebaut. Neue Arten der Vernetzung durch das Internet ermöglichen neue Verbindungen und Vereinigungen der Zivilgesellschaft (siehe im Bereich der Medien das Balkan Investigative Reporting Network – BIRN), die aufzeigen, in welch hohem Maße Integrationswillen und -leistungen der Bevölkerung in Südosteuropa abseits der Zirkel der Machteliten und ihrer Narrative vorhanden sind.

So sind an diesen Stellen Initiativen der Selbstbemächtigung, Demokratisierung und Liberalisierung in der Region zu erkennen. Welche Schritte könnten unternommen werden, um die Situation nachhaltig zu ändern? Bereits zwanzig Jahre zuvor wurde von Beobachtern der Region aufgrund der Stagnation in der sozio-ökonomischen wie auch in der außen- und innenpolitischen Entwicklung attestiert:

> »[…] stünden im Hinblick auf den Balkan grundsätzlich drei Ausrichtungen zur Verfügung: a) […] ein starker Verbund der Balkan-Staaten […]; b) eine […] vollwertige Integration der gesamten Region in die Union; c) eine Verbindung von äußerer und innerer Klammer […].«[36]

36 Magarditsch Hatschikjan: Die ›großen Fragen‹ in Südosteuropa. Ein Balkan-Locarno für stabile Strukturen, in: Aus Politik und Zeitgeschichte 13 (2001), S. 17-26, hier S. 24f.

Das Zitat verdeutlicht, dass auch heute, zwanzig Jahre nach dieser Einschätzung, nachhaltige integrative Schritte für die Entwicklung der einzelnen Gesellschaften sowie für die Region allein in Ansätzen begonnen sind, auch in der Reflexion der selbst entworfenen Ziele der Staatengruppen des Brdo-Brijuni-Prozesses[37] sowie des Berliner Prozesses.[38] Eine Verständigung und ein Verbund von Balkan-Staaten mit den Hauptkontrahenten der Auseinandersetzungen der 1990er Jahre ist bisher ausgeblieben. Vielmehr zeigen politische Initiativen der jüngeren Vergangenheit, dass Bündnisse entlang von Linien der Auseinandersetzung, die in der Vergangenheit zu Konfrontationen führte, wiederbelebt werden: Auf der einen Seite Überlegungen der Führung des Kosovo und Albaniens, staatliche Strukturen enger zu verbinden, auf der anderen Seite die (symbolische) Auffrischung der Beziehungen zwischen Serbien und Russland, die in vielen Punkten den Zielsetzungen der EU widerspricht. Auch wurden Lösungen von Seiten der EU inkohärent gestaltet; eine umfassende wirtschaftliche Unterstützung für die Staaten des westlichen Balkans wurde angestoßen, dringt jedoch nicht bis zur breiten Bevölkerung vor, der hohe Grad an wirtschaftlicher Integration in west- und mitteleuropäische Handels- und Investitionsströme ist der politischen weit voraus und war unter den beschriebenen gesellschaftlichen Strukturen dort wenig in der Lage, insgesamt zu Rechtsstaatlichkeit und Liberalisierung beizutragen. Den gewaltigen Ressourcenzuwendungen der EU in ökonomische Projekte (u. a. zu Verbesserung der Infrastruktur) in Südosteuropa stehen die im Vergleich geringen Beträge gegenüber, um die sich *autochthone* zivilgesellschaftliche Akteure, die in ihrer Integrationsfunktion für Teilbereiche der jeweiligen Gesellschaft eine bedeutende Rolle einnehmen, in umfassenden Formalitätsprozeduren bewerben können (siehe Medien, Kunst, Wissenschaft, allgemeine Bildung, Versöhnung und Aufarbeitung).

Die Entwicklungen auf zwischenstaatlicher Ebene verliefen parallel zur ernüchternden Bilanz für die politischen Eliten innerhalb der jeweiligen Länder, die es (mit Ausnahme Sloweniens) in den letzten drei Jahrzehnten nicht vermochten, eine nachhaltige und perspektivenorientierte Gesellschaftsordnung zu etablieren. Die übergeordneten Linien der Entwicklung seit 1990 in den Staaten des ehemaligen Jugoslawiens verlangen substantielle und konstruktive Änderungen in der Ausgestaltung der politischen Systeme, die zwar heute mit demokratischen Institutionen

37 Präsident der Republik Slowenien 2021, URL: https://www.predsednik.si/up-rs/uprs-eng.nsf/pages/5EFD21E96D4E7F73C12586D300545D8E?OpenDocument [20.2.2021].

38 The Berlin Process Information and Resource Centre, URL: https://berlinprocess.info/ [20.2.2021].

ausgestattet sind, hinter denen jedoch die Logik individueller und informeller Nutzenmaximierung vorherrscht. Die gesellschaftlichen Strukturen, innerhalb derer die Mehrheit der Bevölkerung prekären Lebensverhältnissen ausgesetzt ist und zusammen mit der Mittelschicht einem kleinen, geschlossenen Kreis einer (sich auch in Erblichkeit äußernden) Elite gegenübersteht, können demnach nicht mit dem nötigen politischen Druck einer nachhaltigen Änderung unterzogen werden. In dieser derzeitigen Phase der Stagnation wiederholen sich die Problemstellungen für die jüngeren Generationen mit hohem Handlungsbedarf; so kann nur gehofft werden, dass nach der derzeitigen Periode der politischen Apathie und passiven Ablehnung der stagnierenden Verhältnisse eine Phase der aktiven politischen Selbstermächtigung in den Staaten Ex-Jugoslawiens folgt, die die Aufmerksamkeit auf eine zukunftsfähige Orientierung des jeweiligen Staates für alle Mitglieder der betreffenden Gesellschaften lenkt. Noch wird der politische Raum allzu oft von Akteuren der Stagnation geprägt.

Dies bedeutet ebenso, dass die aus westlicher Perspektive angenommene Linearität des Wandels von Gesellschaften in Ost- und Südosteuropa bisher nicht eingetreten ist; eine Feststellung, die die These eines »begrenzten sozialwissenschaftlichen Voraussagepotentials über den Verlauf sozietaler Prozesse« von Renate Mayntz untermauert.[39]

39 Renate Mayntz: Historische Überraschungen und das Erklärungspotential der Sozialwissenschaft, Heidelberg 1995, S. 28.

Politische Kultur im Wandel?

Der Populismus in Ostmitteleuropa und seine Vorgeschichte

Dieter Segert

Seit 2005, der ersten Regierung der polnischen Partei Prawo i Sprawiedliwość (PiS), kam es in Ostmitteleuropa insgesamt zum Aufstieg populistischer Parteien, die meist als »nationalpopulistisch« bezeichnet werden. Sie sind aber mehr als das: Jede dieser Parteien profitierte von der Vernachlässigung der sozialen Interessen breiter Bevölkerungsgruppen durch die politischen Klassen ihrer Länder. Ihr Sieg ist insofern auch Ausdruck eines breiten Protestes gegen die bisherige Regierungspolitik liberaler und sozialdemokratischer Parteien.

Nachfolgend soll der Zusammenhang zwischen dieser Entwicklung und dem Epochenjahr 1989 analysiert werden. Ist der Aufstieg der Populisten möglicherweise eine nichtintendierte Folge der osteuropäischen Transformation? Welche Rolle spielen dafür frustrierte, teilweise vielleicht unrealistische, Hoffnungen der ostmitteleuropäischen Bevölkerungen aus den Anfangsjahren nach 1989? Was kann aus diesem Aufstieg über die Natur des siegenden Kapitalismus neoliberaler Prägung gelernt werden? Was hat die spezifische politische Kultur dieser Gesellschaften damit zu tun?

»Populismus« – ein ambivalenter Begriff

Der in den Medien genutzte Begriff »Populismus« weist eine gewisse Schwammigkeit auf. Deshalb wird am Anfang kurz umrissen, was aus meiner Sicht unter Populismus *nicht* zu verstehen ist: Es geht nicht allein um eine bestimmte Art der Mediennutzung, auch nicht um die kaum ernst zu nehmenden Versprechungen von Politikern während der heißen Wahlkampfphasen, die bewusst überzogen formuliert werden, um möglichst viele Interessen von Wählern anzusprechen, und nach der Wahl regelmäßig wieder in der Versenkung verschwinden.

Populismus soll an dieser Stelle, anknüpfend daran, ebenfalls nicht mit einem bestimmten Kommunikationsstil gleichgesetzt werden und lässt sich schon gar nicht auf die bloße Mobilisierung von Emotionen im Wahlkampf reduzieren. Solche Kommunikationsstile weisen zwar auf eine populistische politische Praxis hin, sind aber nicht mit ihr identisch.[1] Im gleichen Sinne scheidet Volksnähe in der Rhetorik von Politikern als Merkmal für Populismus aus. Schließlich sind alle Politiker angehalten, sich in ihren Reden auf das jeweilige Publikum und seine Weltsicht einzulassen, sonst können sie ihren Aufgaben im Rahmen einer repräsentativen Demokratie nicht gerecht werden.

Was aber ist stattdessen unter »Populismus« zu verstehen? Ich folge der Auffassung von Frölich-Steffen und Rensmann, die ihn – an Cas Mudde anknüpfend – als eine »thin-centered ideology« definieren, in der ein als widerspruchsfrei angenommenes »Volk« (wir hier unten) einer korrupten »Elite« (die da oben) sowie Außenstehenden, Fremden (die da draußen) entgegengesetzt wird.[2] Jan-Werner Müller verweist auf den anti-pluralistischen Charakter des Populismus, sowie darauf, dass die populistischen Politiker davon ausgehen, dass sie als einzige in der Lage sind, den moralisch reinen Volkswillen zu erkennen und zu repräsentieren.[3] Ther ergänzt noch einen inhaltlichen Aspekt des gegenwärtig dominierenden Typs von Rechtspopulismus. Er arbeite mit einem »Bündel von Schutz- und Sicherheitsversprechen« und stütze sich auf »ein traditionelles Familienbild mit einer klar festgelegten Rollenverteilung der Geschlechter«.[4]

Aber auch diese beiden inhaltlichen Definitionen bedürfen der sich aus der Beobachtung der Entwicklung in Ostmitteleuropa ergebenden Ergänzung, dass in bestimmten politischen Situationen auch die Nachfrage in der Bevölkerung nach solchen Weltsichten steigt. Jede Definition von Populismus scheint mir dann zu eng zu sein, wenn sie nicht gleichzeitig die wichtigsten Ursachen seiner zunehmenden Verbreitung

1 Populismus ist immer mit Zuspitzungen, Vereinfachungen, reichlichem Gebrauch grober Symbole und Begriffe sowie einem Sittenverfall in politischen Auseinandersetzung verbunden. Die grobe Argumentation in der Kommunikation der polnischen PiS (»Prawo i Sprawiedliwość«, dt.: Recht und Gerechtigkeit), besonders ihres Vorsitzenden Jaroslaw Kaczynski, wurde berechtigt kritisiert. Die Partei und ihr Umfeld machten reichlich Gebrauch von Verschwörungstheorien, wie etwa in Bezug auf die Flugzeugkatastrophe von Smolensk. V. Orbán wird bezüglich seines Argumentationsstils sogar der Demagogie bezichtigt. Verbreitet ist eine Auffassung des Populismus als Politik- und Regierungsstil, der eine Reaktion auf die Komplexität politischer Entscheidungen darstellt. Vgl. u.a. Uwe Jun: Populismus als Regierungsstil in westeuropäischen Parteiendemokratien. Deutschland, Frankreich und Großbritannien, in: Frank Decker (Hg.): Populismus in Europa, Bonn 2006, S. 233-254; sowie Kornelia Magyar/Gabor Filippov: Der Populismus von Viktor Orbán, Budapest 2010.

2 Siehe Susanne Frölich-Steffen/Lars Rensmann (Hg.): Populismus an der Macht, Wien 2005, S. 6f.

3 Jan-Werner Müller: Was ist Populismus?, in: Zeitschrift für Politische Theorie 7.2 (2016), S. 187-201, hier S. 191.

4 Philipp Ther: Das andere Ende der Geschichte. Über die Große Transformation, Berlin 2019, S. 40.

zu erfassen erlaubt. Die analytische Einbeziehung der gesellschaftlichen Situation, in der jene populistische Weltsicht in größeren Teilen der Bevölkerung nachgefragt wird, gehört demzufolge zur Analyse des Phänomens Populismus dazu.

Die Plausibilität der vorgestellten Frontstellung von Bevölkerung und politischer Klasse ist kein Produkt allein einer politischen Ideologie, sondern wurzelt in spezifischen Problemen einer repräsentativen Demokratie, in der die Repräsentation der Interessen und Sichtweisen größerer Teile der Wählerschaft durch die bisher etablierten Parteien misslingt.

In diesem Sinne wird im Weiteren »Populismus« als eine Politik verstanden, die von der Entfremdung zwischen der politischen Klasse und der von ihr repräsentierten Bevölkerung zu profitieren versucht. Dabei ist das Verhältnis von Populismus und Demokratie ambivalent, denn zwei gegensätzliche Wirkungen können mit dem Aufstieg populistischer Politik einhergehen.[5]

Einerseits ist populistische Politik geeignet, antidemokratische Ressentiments in der Bevölkerung zu vergrößern. Sie tendiert dahin, den jeweiligen politischen Gegner zum unversöhnlichen Feind zu stilisieren, der im Interesse eines als homogen dargestellten »Volkes« (einer Nation) vernichtet oder zumindest politisch neutralisiert werden müsse. Populistische Politik schmarotzt in diesem Sinne an den Gefährdungen und Krisen der repräsentativen Demokratie und vertieft sie auf diese Weise. Sie hat keinen Anteil an einer Lösung der Probleme und trägt nicht zur Rückgewinnung der demokratischen Funktionsfähigkeit bei. Das Misstrauen der Bevölkerung gegenüber den Politikern wird durch eine populistische Politik gesteigert. An die Stelle der in der Demokratie unabdingbaren, anhaltenden Kompromisssuche zwischen den verschiedenen Interessen und Identitäten einer politischen Gemeinschaft tritt ein unversöhnlicher Kampf um die eine »Wahrheit«.

Andererseits, um nun auf die oben angekündigte zweite potentielle Wirkung von populistischer Politik zu kommen, kann der Erfolg populistischer Politiker aber auch auf bisher durch die Mehrheit der politischen Klasse vernachlässigte, demokratisch nicht repräsentierte Interessen insbesondere

5 Vgl. u.a. Frank Decker, der schon im Titel eines Buches auf diese zwei gegensätzlichen Wirkungen hinweist: Frank Decker (Hg.): Populismus in Europa. Gefahr für die Demokratie oder nützliches Korrektiv?, Bonn 2006; oder Anton Pelinka: Die FPÖ. Eine rechtspopulistische Regierungspartei zwischen Adaption und Opposition, in: Frölich-Steffen/Rensmann (Hg.): Populisten an der Macht, S. 87-104, hier S. 90. Pelinka bemerkt, dass Populismus »eine Variation legitimer Auffassungen von Demokratie« sein kann und verweist dabei auf den Begriff der »populist democracy« von R. Dahl.

von politisch und sozial schwächeren Akteuren hinweisen. Die steigende Anziehungskraft populistischer Parolen bestimmter Parteien und Politiker kann also auch als Hinweis auf einen Korrekturbedarf in der etablierten Politik verstanden werden. Insofern stellt sie für demokratisch orientierte Akteure eine Chance dar, zur Überwindung einer Demokratie-Krise beizutragen.

Gerade in Ostmitteleuropa lassen sich für diesen zweiten Aspekt von Populismus etliche Belege finden. Der Aufstieg der Populisten erfolgte hier auf Grundlage einer (berechtigten) Unzufriedenheit eines Teils der Bevölkerung mit den Leistungen der liberalen und sozialdemokratischen Parteien, die die Politik in der Periode der Transformation der Gesellschaften seit 1989 bestimmt haben.[6]

Populistische Parteipolitik in Ostmitteleuropa: Ursachen ihres Aufstiegs und ihrer Dauerhaftigkeit

Allgemein formuliert, kam es nach 2005 in den vier hier betrachteten Ländern Polen, Tschechien, Slowakei und Ungarn zu einem Aufstieg populistischer Parteien zur Regierungsmacht, wobei der ungarische Fall der Politik von Fidesz und seines Vorsitzenden V. Orbán nach den Parlamentswahlen von 2010 von besonderer Bedeutung für die Wahrnehmung des Phänomens in den westeuropäischen Gesellschaften war.[7] Entgegen der medialen Erwartung handelt es sich beim Sieg populistischer Parteien weder um eine Ausnahme in der betreffenden Region noch um eine kurzfristige Erscheinung in jedem einzelnen Land.

In Polen wurde die 2005 nach den Wahlen gebildete Regierung der allgemein als populistisch bezeichneten Partei PiS schon nach zwei Jahren wieder abgelöst. 2007 fanden vorgezogene Parlamentswahlen statt, bei denen zwar PiS dazu gewann, aber in der Opposition blieb, weil ihre bisherigen Koalitionspartner keinen Erfolg hatten. 2015 jedoch kam PiS auf eine absolute Mandatsmehrheit und bewahrte sie auch in den Parlamentswahlen 2019.

Auch in Ungarn sitzt die Regierungspartei Fidesz fest im Sattel und hat bereits drei Mal hintereinander die absolute Mehrheit der Parlamentsmandate gewonnen. In Tschechien ist die populistische Partei ANO 2011 des

6 Siehe dazu Frank Decker: Der neue Rechtspopulismus, Opladen 2004, S. 25ff.; sowie Ivan Krastev: What's wrong with East-Central Europe? Liberalism's failure to deliver, in: Journal of Democracy 27.1 (2016), S. 35-39.

7 Der genaue Parteiname lautet: »Fidesz – Magyar Polgári Szövetség«, dt.: Fidesz – Ungarischer Bürgerbund.

Unternehmers Andrej Babiš trotz öffentlicher Proteste der Opposition gegen die vermutete Korruption des Regierungschefs 2017 mit ca. 30 Prozent der Sitze die stärkste Partei geworden.[8] In der Europawahl 2019 war ANO wiederum die stärkste Partei des Landes (wenn auch nur mit 21 Prozent). Im März 2020 lag ANO in den Umfragen bei 33 Prozent vor der ODS mit 14,5 Prozent.[9] Die bisherigen Versuche, ein Misstrauensvotum gegen Babiš zu organisieren, sind gescheitert. Einzig in der Slowakei hat die seit 2012 regierende populistische Partei Smer-SD seit 2018 deutlich an Einfluss verloren. Dieser Absturz war teilweise Ergebnis öffentlicher Proteste gegen den Mord an einem Journalisten und dessen Freundin im März 2018. Bei den Parlamentswahlen 2020 brach ihre Unterstützung auf 18 Prozent ein, und sie ging in die Opposition.

Worin liegen die Ursachen der Dauerhaftigkeit jener Unterstützung durch die Wählerschaft der betreffenden Gesellschaften? Auf den ersten Blick scheinen sie in einer verbreiteten ethnisch-nationalistischen Orientierung der Bevölkerungen begründet zu sein. In allen Ländern gibt es eine allgemeine Fremden- und speziell Islamfeindlichkeit. Woher diese kommt, ist nicht einfach zu verstehen. Es handelt sich bei der Ablehnung des Islam jedenfalls nicht um religiöse Überzeugungen. Die Tschechen sind nicht durch ihre engen Bindungen an eine christliche Religion geprägt. Zur religiösen Orientierung der Bevölkerung lassen sich die folgenden statistischen Daten für das Jahr 2011 finden: römisch-katholisch 10,1 Prozent, protestantisch (einschließlich hussitisch) 1,1 Prozent, andere oder unspezifisch 54 Prozent, ohne Glaubensbekenntnis 34,5 Prozent.[10] Von einer christlichen Bindung der tschechischen Mehrheit kann also nicht die Rede sein.

Die Abneigung gegen die Zuwanderung entsteht also *nicht* deshalb, weil das »christliche Abendland in Gefahr« wäre. Trotzdem existiert gerade in Tschechien eine deutliche Ablehnung gegen einwandernde Fremde. In der Standardumfrage des Eurobarometers wurde im Frühjahr 2017 gefragt, was aus Sicht der Befragten die zwei wichtigsten Probleme seien, die die EU herausforderten. Im Durchschnitt der 28 Staaten zählten 38 Prozent die Immigration dazu, bei den befragten Tschechen waren es jedoch mit 53 Prozent deutlich mehr. Im Herbst 2016 waren es noch 63 Prozent gewesen.[11]

8 Der tschechische Langname für ANO lautet »akce nespokojených občanů«, dt.: Aktion unzufriedener Bürger, 2011 ist das Jahr ihrer Gründung.

9 Die Umfrage ist durch das renommierte Institut CVVM am 30. März 20 veröffentlicht worden, URL: https://cvvm.soc.cas.cz/cz/tiskove-zpravy/politicke/volby-a-strany/5183-volebni-model-na-zacatku-brezna-2020 [7.5.2021].

10 World Factbook, Czechia – people and society, URL: https://www.cia.gov/library/publications/resources/the-world-factbook/geos/ez.html [7.5.2021].

11 In den anderen Visegrádstaaten wurden folgende Werte gemessen: Polen 53 % (Herbst 2016: 50%), Slowakei: 40 % (51%), Ungarn: 60 % (65 %).

Zur Frage: »Bitte sagen Sie mir, ob folgende Aussage ein positives oder negatives Gefühl bei Ihnen hervorruft: Einwanderung von Menschen von außerhalb der EU« ist die emotionale Reaktion der tschechischen Bevölkerung deutlich negativer als die des EU-Durchschnitts: 81 Prozent äußern sehr oder ziemlich negative Gefühle.[12]

Die Ursachen solcher fremdenfeindlichen Stimmungen in Ostmitteleuropa zu finden, ist sicher keine einfache Aufgabe. Für die Bereitschaft, eine völkisch-nationale Politik zu unterstützen, scheinen jedoch insbesondere vier Momente eine beherrschende Rolle gespielt zu haben:

Das erste ist die nationale Karte in der Zeit des Staatssozialismus. In der späten Zeit des Staatssozialismus wurde in allen Staaten versucht, eine größere Unterstützung für die herrschende Politik durch das Ausspielen der nationalen Karte zu erlangen. Für Polen ist das bereits für die Zeit nach 1956 belegt und als »Nationalkommunismus« bezeichnet worden. Aber auch in anderen Staaten waren die kommunistischen Führungen bemüht, Legitimation dadurch zu erlangen, dass sie sich auch als Verteidiger der nationalen Interessen darstellten. In der Tschechoslowakei war diese Politik verbunden mit der Mobilisierung der Angst vor dem (west-)deutschen Nachbarn, welche in einer langen Konfliktgeschichte wurzelte, die bis auf das Münchener Abkommen von 1938, die deutsche Besetzung 1939 und den »Abschub«/ »odzun«, die Vertreibung der Deutschen nach 1945 und die spätere Aktivität der deutschen Vertriebenenverbände zurückgeht. In Ungarn wurden nationale Emotionen ab 1988 in einer demonstrativen Kritik der Behandlung der ungarischen Mitbürger in Rumänien mobilisiert.

Das zweite Moment bildet die Suche nach einer neuen Identität während der Neukonstituierung der Staaten nach 1989. Die alte Legitimation der staatssozialistischen Herrschaft war Ende der 1980er Jahre in der Krise, die Suche nach einer neuen Identität des Staates führte in den 1990er Jahren überall zu einer gewissen Idealisierung der vorsozialistischen nationalen Geschichte und zur Berufung auf eine sicher scheinende nationale Identität. In Polen wurde in den 1990er Jahren die polnische Geschichte der Zwischenkriegszeit mit der autoritären Herrschaft Piłsudskis und den Traditionen der nationalistischen Nationaldemokratie gefeiert. Antisemitische Traditionen jener Zeit blieben hingegen tabuisiert, die wissenschaftliche Erhellung des Pogroms in Jedwabne im Buch von Jan Tomas Gross[13] führte zu teilweise wütenden Protesten. In Tschechien wurde nach 1990 die Erste Republik von

12 Auch hier wieder ein Blick auf die Ergebnisse für die anderen Visegrádstaaten: Polen 71 % (64 %), Ungarn 78 % (81 %), Slowakei 81 % (83 %). Alle Angaben aus: Europäische Kommission: Eurobarometer 78 (Frühjahr 2017), engl. Annex, S. T30, T106.

13 Jan T. Gross: Nachbarn. Der Mord an den Juden von Jedwabne, München 2001.

1919 bis 1939 glorifiziert. Dieser historische Gegenstand war zwar eher als der des Nachbarlandes mit liberal-demokratischen Werten zu verbinden, aber auch in der Ersten Republik gab es autoritäre und nationalistische Tendenzen, die nicht zum Bild eines »goldenen Zeitalters« passten.[14] In der Slowakei bezog sich die Suche nach der Identität des neuen Staates mit einer gewissen Notwendigkeit auf die Zeit zwischen 1939 und 1945, weil es sich bei diesem autoritären, mit dem nationalsozialistischen Deutschland verbundenen Staat um die einzige Form eines slowakischen Nationalstaates in der bisherigen Geschichte handelte, wenn man vom Großmährischen Reich im 9. Jahrhundert absieht. In Ungarn bezog sich der historisch-nationalistische Diskurs sowohl unmittelbar nach 1990, also in der Regierungszeit des Ungarischen Demokratischen Forums, als auch verstärkt nach 2010, dem Sieg von Fidesz bei den Parlamentswahlen, in positiver Weise auf die Zwischenkriegszeit und die Regentschaft Horthys bis 1944.

Drittens sind die Verunsicherungen zu nennen, die in der radikalen Transformation von Wirtschaft- und Gesellschaft wurzeln. Während die ersten beiden Faktoren einer Abgrenzung des Eigenen vom Fremden, das für den Nationalpopulismus charakteristisch ist, sich als langwirkende kulturelle Phänomene charakterisieren lassen, die zudem mit dem Staatssozialismus verbunden waren, ist dieser dritte Faktor ein Ergebnis von sozialen Überlastungen großer Teile der Bevölkerung durch den sozialen und wirtschaftlichen Systemwechsel. Als These lässt sich, etwas vereinfacht, wie folgt formulieren: In Zeiten, in denen fast jedes Mitglied eines Gemeinwesens sich beruflich, sozial, in seinen Überzeugungen neu orientieren musste, gelangte eine größere Gruppe von Bürgern an eine Grenze, hinter der jede neue Anforderung an Veränderung als übergroße Zumutung empfunden wurde. Die Migrationskrise war eine solche neue Zumutung, die selbst bei denen Ängste produzierte, die die Migrationsströme nur aus den Medien kannten.

Viertens spielte die Diskreditierung etablierter politischer Parteien im Verlaufe der Transformation eine wesentliche Rolle. In allen vier Ländern gab es einen Moment der politischen Auseinandersetzung, in dem die bisherigen politischen Parteien sich in den Augen größerer Bevölkerungsgruppen diskreditiert hatten. Das zeigte sich meist in Wahlen: 2005 in Polen, 2006 in der Slowakei, 2010 in Ungarn (die Vorgeschichte reichte ins Jahr 2006), relativ spät erst in Tschechien, hier 2013.

14 Vgl. etwa den Text von Peter Bugge: Czech Democracy 1918-1938. Paragon or Parody, in: Bohemia 47.1 (2006), S. 3-28.

Nachwirkungen der Transformation im Wahlverhalten der Bevölkerung – der Aufstieg des Populismus und die Krise der repräsentativen Demokratie

Die postsozialistische Transformation nach 1989 weckte anfangs große Hoffnungen und produzierte später ebenso große Enttäuschungen. Die Frustrationen sind aber nur zu einem Teil grassierenden Illusionen über die mögliche Verbesserung des Alltagslebens geschuldet, wie auch in der Literatur oft angenommen wird.[15] Der Wechsel des Wirtschaftssystems, die grundlegende Umorientierung innerhalb der Weltwirtschaft, die Rezession in der ersten Hälfte der 1990er Jahre sowie die umfangreiche Privatisierung produzierten nicht nur Spannungen und Dynamik auf volkswirtschaftlicher Ebene, sondern schlugen auch auf das Alltagsleben der Menschen durch. Sie mussten sich grundlegend umorientieren, und das gelang ihnen – abhängig vom Lebensalter und den vorhandenen Handlungsressourcen – unterschiedlich gut. Beispielhaft für die oft existenziellen Herausforderungen sind die extrem hohe Inflationsrate von mehreren Hundert Prozent im Polen der Jahre 1989/90, die Arbeitslosigkeit, die mit der Ausnahme Ungarns überall eine neue Erfahrung darstellte, oder die radikale Vergrößerung der sozialen Ungleichheit im Prozess der Transformation, in dem auch eine kleine Gruppe Superreicher entstand, die die Gunst der Stunde genutzt hatten.[16]

Nicht nur die Sparguthaben wurden durch die Inflation vernichtet, die Löhne sanken im Rahmen der Rezession, früher faktisch unkündbare Arbeitsverhältnisse wurden befristet und teilweise prekär, die Arbeitslosigkeit erreichte in einigen Ländern erhebliche Ausmaße, so lag sie in Polen im Jahrzehnt zwischen 1995 und 2005 bei 15 Prozent, in der Slowakei erreichte sie nach dem Jahr 2000 diese Größenordnung, wobei die Langzeitarbeitslosen die größte Gruppe darstellten. Zudem wurden Arbeitslosenhilfen in geringerem Umfang und kürzer gezahlt als im Westen.

In jenen Jahren mussten sich zudem alle Menschen in ihren Strategien für die Bewältigung der Alltagsprobleme radikal umstellen. Der Systemwechsel betraf eben nicht nur die »hohe Politik«, sondern auch die Arbeitswelt, in der ganz andere Regeln galten, die man erst kennenlernen musste. Gänzlich veränderte sich auch die gesellschaftliche Funktion von Geld, die Bedeutung von Steuern, Versicherungen, Vermögen. Auch wenn der »Staatssozialismus« eine halbmoderne Gesellschaft war, so war doch vieles ganz

15 Vgl. Janos Kornai: The great transformation of Central Eastern Europe. Success and disappointment, in: Economics of Transition 14.2 (2006), S. 207-244, hier S. 235.

16 Siehe Dieter Segert: Transformationen in Osteuropa im 20. Jahrhundert, Wien 2013, Kap. 7.3.; sowie ders.: Elend und Glamour. Soziale Ungleichheit in Osteuropa seit 1989/90, in: Zeithistorische Forschungen 10.2 (2013), S. 297-306.

anders als in einer neoliberalen kapitalistischen Gesellschaft. Die Erinnerung an die Härten der Transformation hat nicht nur bei den erwachsenen Betroffenen, sondern auch bei deren Kinder weitergewirkt. Philipp Ther hat in seinem Essayband »Das andere Ende der Geschichte« anhand eines Memoirenwettbewerbs junger Polen dieses kollektive Gedächtnis von jungen Osteuropäern 30 Jahre nach dem Umbruch wie folgt beschrieben:

> »Obwohl sich die Ausstattung mit Konsumgütern verbesserte und sich manche Polen an das erste Auto oder an andere materielle Errungenschaften erinnerten, berichten viele Texte über Arbeitslosigkeit, soziale Probleme und die allgemeine Verunsicherung durch den Umbruch. Eine schöne Kindheit sieht anders aus – das haben sich diese Menschen gemerkt.«[17]

Auch wenn ein Teil der Bevölkerung (und nicht nur die Superreichen) zu Gewinnern der wirtschaftlichen Transformation wurden, ein anderer, größerer Teil wurde es nicht.[18]

Claus Offe hatte frühzeitig vermutet, dass die großen Härten der wirtschaftlichen Transformation mit der gleichzeitigen Ermächtigung der Bürger durch Wahlen dazu führen würde, dass weitergehende wirtschaftliche Reformen blockiert werden würden. Dass ein solcher Aufstand der Reformverlierer zunächst nicht stattfand, ist durch Wolfgang Merkel in einem interessanten Artikel aus dem Jahr 2007 unterstrichen worden. Er hat dann auch einige Gründe dafür angeführt, u. a. verwies er auf die von Offe unterschätze Modernisierungsleistung des Staatssozialismus, die die Gesellschaften auf die radikale Transformation nach seinem Ende nichtintendiert vorbereitet hätte[19]. 2008 brach die weltweite Finanzkrise aus, die auf die Staaten Ostmitteleuropas teilweise erhebliche Auswirkungen hatte. Unter den besonders betroffenen Staaten Osteuropas, die unter hoher Verschuldung und Abwertung ihrer Währung litten, war mit Ungarn auch einer der vier Visegrádstaaten. Die Arbeitslosigkeit erreichte hier erstmals seit 1995 hier wieder mehr als 10 Prozent.

17 Philipp Ther: Das andere Ende der Geschichte. Über die Große Transformation, Berlin 2019, S. 28.

18 Branko Milanović hat errechnet, dass ein Fünftel der Bevölkerung in Osteuropa von der Transformation profitiert hat, zwei Fünftel hingegen in ihr Wohlstand einbüßten. Dazwischen liegt die Gruppe, die weder gewonnen noch verloren hat. Siehe Branko Milanović: Reform and inequality in the transition. An analysis using panel houshold survey, in: Gérard Roland (ed.): Economies in Transition. The Long Run View, London 2013, S. 84-108, hier S. 101.

19 Siehe Wolfgang Merkel: Gegen alle Theorie? Die Konsolidierung der Demokratie in Ostmitteleuropa, in: Politische Vierteljahresschrift 48 (2007), S. 413-433, hier S. 428.

In einem gewissen Sinne findet mit dem Aufstieg der populistischen Parteien dann doch noch jener »Aufstand der Reformverlierer« statt, den Offe prognostiziert hatte. Die Verspätung erklärt sich vielleicht aus psychologischen Momenten: Erst nach dem Beitritt zur EU und den Auswirkungen der Weltfinanzkrise wurde auch den größten Optimisten klar, dass es mit dem Ziel, in der westlichen Wohlstandsgesellschaft anzukommen, zu ihren Lebzeiten nichts mehr werden konnte.

Die Wahrnehmung der Ungerechtigkeiten der Transformation zeigt sich auch in einer Umfrage des »Pew Research Centers« aus dem Herbst 2009, in der nach den drei wichtigsten gesellschaftlichen Problemen gefragt wurde: Korruption war das Problem, das von den meisten Befragten als wichtigstes bezeichnet wurde.

Bulgarien *Korruption (76)* Kriminalität (76) Illegale Drogen (74)	**Tschechien** *Korruption (71)* Kriminalität (55) Illegale Drogen (51)	**Ostdeutschland** Illegale Drogen (50) Immigration (49) Kriminalität (47)
Ungarn *Korruption (76)* Kriminalität (69) Pollution (58)	**Litauen** *Korruption (78)* Kriminalität (76) Illegale Drogen (66)	**Ukraine** *Korruption (70)* Umweltverschmutzung (64) Kriminalität (56)
Russland Illegale Drogen (54) *Korruption (52)* Umweltverschmutzung (52)	**Slowakei** Kriminalität (55) *Korruption (52)* Illegale Drogen (46)	**Polen** *Korruption (59)* Kriminalität (49) Illegale Drogen (49)

Tabelle: Die drei wichtigsten gesellschaftlichen Probleme in ausgewählten Ländern Ost- und Mitteleuropas nach den Antworten in Prozent[20]

Diese Meinung über die Korruption als wichtigstes politisches Problem der Länder wird in jenen Jahren auch durch die Aufdeckung korrupter Handlungen von Politikern befestigt. Das gilt in besonderem Maße für Polen 2005, wo die bis dahin mit Mehrheit regierende sozialdemokratische Partei unter den Vorwürfen fast in sich zusammenbrach und ihr Stimmenanteil von 41 auf 11 Prozent zurückging. In Ungarn spielten Korruptionsvorwürfe in der politischen Krise ab 2006 ebenfalls eine Rolle. 2013 wurde dann in

20 Siehe den Bericht vom Pew Research Center: Two Decades after the Wall's Fall. End of Communism Cheered but now With More Reservations, 2009, URL: https://www.pewresearch.org/global/2009/11/02/end-of-communism-cheered-but-now-with-more-reservations/ [7.5.2021], S. 7.

Tschechien auch deshalb vorfristig gewählt, weil gegen Politiker der Mitte-Rechts-Partei ODS, auch gegen den Regierungschef selbst, Korruptionsvorwürfe laut wurden. Während in Polen und Ungarn die siegreichen populistischen Parteien PiS und Fidesz diese Kampagnen gegen die Korruption der bis dahin regierenden Parteien selbst führten, war die Lage in Tschechien anders. Hier hatte der Unmut über die Selbstbedienungsmentalität der Politiker fast aller etablierten Parteien die Gründung neuer Parteien unter Einschluss auch populistischer Akteure erleichtert.

Neben den Frustrationen über die ausbleibenden Wohlstandsgewinne und der Empörung über die Selbstbedienungsmentalität einiger Politiker wirkten sich in der Migrationskrise der EU 2015/16 auch noch diffuse Ängste vor einer erneuten umfassenden Veränderung der eigenen sozialen Lage durch Ereignisse, die von außen in den Alltag einbrechen könnten, aus. Was in diesen Ländern im Vergleich etwa mit Deutschland auffällt, ist allerdings, dass der erfolgreiche Auftritt populistischer Akteure selten von der Steigerung der Wahlbeteiligung begleitet war. Eher im Gegenteil, in den meisten Fällen führte die Krise der traditionellen Parteien, die den Aufstieg der populistischen Akteure begleitete oder auch provozierte, zu einem Abfall oder bestenfalls zur Stagnation der Beteiligung.

Die Regierungsmacht der populistischen Parteien in allen vier Staaten Ostmitteleuropas begünstigte eine Ablehnungsfront der Visegrádstaaten gegen verschiedene Beschlüsse der EU. Der Beschluss über die Umverteilung von 120.000 Asylsuchenden aus Italien und Griechenland in die anderen EU-Staaten im September 2015 wurde von Ungarn, Tschechien und der Slowakei nicht mitgetragen. Österreich und Italien schlossen sich dieser Position später an. In der Folge kam es zu einer größeren Abstimmung aller vier ostmitteleuropäischen Staaten untereinander, mit der sie erreichen wollten, dass sie nicht mehr wie bisher von den großen Mitgliedsstaaten Westeuropas (v.a. Frankreich und Deutschland) dominiert werden.

»1989« und der Aufstieg des Populismus – Nachdenken über den Zusammenhang von Kapitalismus und Demokratie

Mitunter wird die Kritik des Populismus in Ostmitteleuropa in der westlichen Öffentlichkeit als Bestätigung der eigenen moralischen Überlegenheit angelegt, also mit der Vermutung verbunden, die entsprechende Wählerschaft bedürfe dringend einer Aufklärung über ihre Fehlentscheidungen und die ihr zugrundeliegenden Wertedefizite. Diese Herangehensweise, die auf die politische Unreife der anderen verweist, wird dem Problem aber nicht gerecht. Substantielle Kritik des Populismus muss auf die Frage zu antworten versuchen, was gegen die Auswirkungen dieser Gefährdung der repräsentativen Demokratien getan werden kann. Und es ist ja auch nicht mehr eine Krise nur der anderen. Sie ist seit 2017 auch in Deutschland manifest geworden.

»1989« schien zunächst den vollen und endgültigen Sieg der demokratischen Werte zu bedeuten. Die Transformation, die 1989 im Osten begann, hat aber erneut gezeigt, dass Demokratie ein System ist, das kein Innehalten auf Dauer kennt, sondern ein unvollendetes Projekt ist, das immer wieder der Prüfung seiner Funktionsfähigkeit und einer Anpassung an gewandelte Bedingungen bedarf. Der neoliberale, globalisierte Kapitalismus hat überall bestimmte Grundlagen der Demokratie untergraben, vor allem hat er aber die Fähigkeit breiter Schichten der Bevölkerung geschwächt, die eigenen Interessen selbstbewusst zu vertreten. In der osteuropäischen Transformation sind die Wirkungen einer ungezügelten Wettbewerbsgesellschaft am deutlichsten sichtbar geworden. Die in ihr entstandene tiefe Entfremdung zwischen der liberalen politischen Klasse und jenen Wählerschichten hat den Erfolg national-populistischer Parteien erst möglich gemacht.

Ein politisches System, das auf der aktiven Teilhabe der Mehrheit beruht, bedarf bestimmter sozioökonomischer Voraussetzungen, die nicht automatisch entstehen. Mehr noch, die für die aktive Partizipation erforderlichen sozialen und kulturellen Handlungsbedingungen werden durch die aus dem unbegrenzten wirtschaftlichen Wettbewerb hervorgehende soziale Ungleichheit ständig untergraben. Der Zusammenhang von Kapitalismus und Demokratie ist widersprüchlicher, als es 1989 schien. Die Transformation, die von dem Umbruch 1989 ausgegangen ist, hat uns gezeigt, dass positive Synergien zwischen beiden gesellschaftlichen Phänomenen nicht naturhaft gegeben sind.

Was kann für eine nachhaltige Demokratie daraus gelernt werden? Es sind aus meiner Sicht zwei Dinge. Wer an nachhaltiger liberaler Demokratie und politischer Freiheit interessiert ist, muss sich für eine Stärkung der sozialen Grundlagen der Demokratie einsetzen. Eine starke politische Partizipation der Bevölkerung wird nur möglich, wenn diese durch eine angemessene Beteiligung an den Resultaten der wirtschaftlichen Entwicklung sozial so abgesichert ist, dass nicht ständig Abstiegsängste aufsteigen. Demokratische Gesellschaften vertragen nur einen bestimmten Grad an sozialer Unsicherheit und Ungleichheit. Die in den letzten Jahrzehnten aufgerissene tiefe Kluft zwischen Einkommen und Vermögen verschiedener Bevölkerungsgruppen birgt die Gefahr einer anhaltenden Schwächung der politischen Demokratie als einer politischen Ordnung von Gleichen in sich.

Zweitens gibt es keine nachhaltige Demokratie ohne mündige Bürgerschaft. Wie aber bildet sich diese heraus? Nicht allein durch die Beteiligung an politischen Wahlen. Wahlkämpfe folgen mitunter dem Modell eines Volkes, das sich nur bewegt, soweit es durch Anreize der Politiker angetrieben wird. Josef Schumpeter hat ein dazu passendes Modell von Demokratie entwickelt, das er »realistisch« nennt: Subjekt der Demokratie sei nicht etwa das Volk, sondern eine politische Elite. Eine den Politikern und ihren emotionalen Stimuli nahezu blindlings folgende Masse kann natürlich kein starkes Subjekt der Demokratie sein. Bürgerinnen und Bürger werden nur dann zu aktiven Trägern der Demokratie, wenn sie über ein ausreichendes Interesse an Politik verfügen, sich ausgehend von sicheren Informationen um eine eigenständige Sicht auf die anstehenden politischen Entscheidungen bemühen und sich auch in anderen gesellschaftlichen Bereichen an Entscheidungsprozessen beteiligen können. Auf Grundlage einer breiten Beteiligung an Entscheidungen öffentlicher Angelegenheiten bilden sich bei immer mehr Menschen Selbstvertrauen, kommunikative und analytische Fähigkeiten heraus. In der Politikwissenschaft ist der Weg dahin als »Demokratisierung der Demokratie« (C. Offe) oder als Ergänzung der politischen Demokratie durch eine lebendige »gesellschaftliche Demokratie« (N. Bobbio) bezeichnet worden. Eine solche Transformation würde dem Populismus die Grundlage nehmen.

Von der bipolaren zur globalisierten Welt

Das Ende des Staatssozialismus und die internationale Ökonomie

André Steiner

Es ist heute unbestritten, dass sich seit den 1970er Jahren die transnationalen wirtschaftlichen Interdependenzen zwischen den entwickelten Industrieländern und einigen Schwellenländern, aber auch zwischen diesen und den Ostblockländern verstärkten, die ebenso weitere gesellschaftliche Bereiche, wie den Konsum und die Massenkultur erfassten. Für diese Entwicklung wurde ab den 1980er und verstärkt in den 1990er Jahren der Begriff der »Globalisierung« genutzt.[1] Grundsätzlich soll in dem vorliegenden Aufsatz danach gefragt werden, welchen Einfluss die Globalisierung auf die politischen und sozialökonomischen Umbrüche in den ostmitteleuropäischen Ländern und der DDR Ende der 1980er beziehungsweise Anfang der 1990er Jahre – für die hier die Chiffre »1989« stehen soll – hatte. Dazu muss zunächst auf den Platz der Volkswirtschaften des Ostblocks in den weltwirtschaftlichen Zusammenhängen eingegangen werden. Abschließend soll beleuchtet werden, welche Konsequenzen die Ereignisse von 1989 für die Globalisierung hatten.

Der Globalisierungsschub seit den 1970er Jahren

Als »Globalisierung« soll hier der Prozess zunehmender wirtschaftlicher Verflechtung über nationale Grenzen hinweg verstanden werden, der in der Tendenz die gesamte Welt erfasst. Davon sind alle Produktionsfaktoren, wie Kapital, Arbeit, Wissen und Informationen sowie die Produktionsergebnisse wie Güter, Dienstleistungen und deren Ver- und Gebrauch, in mehr oder weniger starkem Maße betroffen. Die sich daraus ergebenden verschiedenen Dimensionen der Globalisierung – die weltweite Integration von Güter-, Arbeits- und Kapitalmärkten ebenso wie sich weltweit ausdehnende Konsummuster, Modewellen und Trends der Massenkultur – waren und sind vielfältig miteinander verwoben. Globalisierung war und ist aber keine naturgegebene Entwicklung, sondern entsteht letztlich aus dem Handeln der relevanten Akteure – also der Unternehmen und privaten Haus-

1 Zur Begriffsgeschichte siehe: Olaf Bach: Die Erfindung der Globalisierung. Entstehung und Wandel eines zeitgeschichtlichen Grundbegriffs, Frankfurt am Main 2013.

halte als Arbeitskräfte und/oder Konsumenten sowie der Politik in Gestalt von nationalen Regierungen und internationalen Organisationen. Intentional gestaltete und förderte oder behinderte letztere den Globalisierungsprozess[2]; der sich jedoch letztlich auch hinter ihrem Rücken durchsetzen konnte, indem die Akteure ihre Interessen verfolgten. Dabei handelte es sich beispielsweise um wirtschaftliche Gewinninteressen ebenso wie um das Ziel, politische Stabilität und Frieden zu sichern. So gesehen handelte es sich auch nicht um einen linearen und vor allem irreversiblen Prozess. Zudem hat er zwar nach dem Zweiten Weltkrieg geographisch mehr und mehr Gebiete der Welt, aber selbst bis heute nicht alle erfasst; so sind beispielsweise große Teile Afrikas noch immer nur rudimentär in ihn einbezogen. Da aber der ganz überwiegende Teil des erwirtschafteten Produktes der Welt von den grenzüberschreitenden Transaktionen beeinflusst wird, stellt – räumlich gesehen – der Term »Globalisierung« trotzdem eine angemessene Beschreibung dar.

In den angesprochenen Interessen lag der Ausgangspunkt für die nach der mit dem Ersten Weltkrieg abgebrochenen, ab den 1970er Jahren aber erneut Fahrt aufnehmenden Globalisierungswelle, deren Grundlagen bereits nach dem Zweiten Weltkrieg gelegt worden waren. Die USA rückten damals von ihrer bis dahin auf Isolationismus gerichteten Politik ab und versuchten eine auf Stabilität gerichtete politische und wirtschaftliche Weltordnung zu gestalten.[3] Im Mittelpunkt standen dabei internationale Institutionen wie die Vereinten Nationen (UNO) und ihre Unterorganisationen sowie der Internationale Währungsfonds (IWF) und die Weltbank, die einen politischen und wirtschaftlichen Rahmen setzen sollten. Die beiden letzteren hatten zunächst das 1944 geschaffene System von Bretton Woods zu garantieren und repräsentierten es zugleich. Damit wurden die Regeln für die künftige Weltwirtschaftsordnung festgeschrieben, die verhindern sollten, dass sich die katastrophalen Entwicklungen der Zwischenkriegszeit wiederholen könnten. Mit festen Wechselkursen und konvertierbaren Währungen sowie der Goldeinlösepflicht für die Leitwährung sollten außenwirtschaftliche Gleichgewichte und eine Ausweitung des internationalen

2 Wirsching zeigte kürzlich, wie die Politik den Globalisierungsprozess im letzten Drittel des 20. Jahrhunderts gestaltete, und Eckel demonstrierte, wie die Rede von der Globalisierung genutzt wurde, um umgekehrt Politik zu gestalten. Vgl. Jan Eckel: Politik der Globalisierung. Clinton, Blair, Schröder und die Neuerfindung der Welt in den 1990er und 2000er Jahren, in: Vierteljahrshefte für Zeitgeschichte 68 (2020), S. 451-480; Andreas Wirsching: Kaiser ohne Kleider? Der Nationalstaat und die Globalisierung, in: ebd., S. 659-685.

3 Stellvertretend für eine Vielzahl von Darstellungen zu diesem und dem Folgenden siehe Peter E. Fäßler: Globalisierung. Ein historisches Kompendium, Köln/Weimar/Wien 2007, S. 123.

Handels gesichert werden. Die USA dominierten durch die Festlegung des US-Dollars als Leitwährung und durch ihre Stimmrechtsanteile bei IWF und Weltbank das gesamte System. Da eine Welthandelsorganisation zunächst nicht zustande kam, wurde 1947 das *General Agreement on Tariffs and Trade* (GATT) von 23 Staaten unterzeichnet, in dessen Rahmen das von den USA geforderte weltweite Freihandelsregime erreicht werden sollte, indem Handelszölle reduziert, mengenmäßige Handelsbeschränkungen abgebaut und die Anwendung der Meistbegünstigungsklausel garantiert werden sollten. Tatsächlich wurden im Rahmen des GATT in acht mehrjährigen, multilateralen Verhandlungsrunden die durchschnittlichen Zölle auf Industriegüter von 40 Prozent 1950 auf rund 10 Prozent Ende der 1960er Jahre und auf knapp 4 Prozent zum Abschluss der Uruguay-Runde 1993 gesenkt.[4] Allerdings betrafen die Regelungen nur die Mitgliedsländer des GATT – zu denen die Ostblockländer nur teilweise zählten – und das ist nur eine der Grenzen, die in der bis Anfang der 1970er Jahre herrschenden Weltwirtschaftsordnung der Zunahme der internationalen Verflechtung entgegenstanden. Zwar waren Barrieren für den Handel gesenkt worden, aber er blieb stark auf die jeweiligen Wirtschaftsblöcke konzentriert. Zudem wurde im System von Bretton Woods der Kapitalverkehr strikt national kontrolliert, was eine Integration internationaler Märkte auch in diesem Sektor behinderte.

Erst mit dem Zusammenbruch dieses Systems Anfang der 1970er Jahre nahm die Internationalisierung und zunehmende Verflechtung des Wirtschaftslebens – damals noch als *interdependence* bezeichnet – zu. Sie gewann durch politisch vorangetriebene Handels- und Kapitalverkehrsliberalisierung im Rahmen der von den USA dominierten Weltwirtschaftsordnung sowie durch technische Entwicklungen in den 1970er und 1980er Jahren beträchtlich an Fahrt, war aber ökonomisch auch eng mit Tendenzen der industriekapitalistischen Entwicklung verbunden. Letztlich war sie also politisch gewollt. Angesichts der industriekapitalistischen Prägung dieser Globalisierung stellt sich die Frage, welchen Platz in ihr der Ostblock einnahm, der sich einem alternativen Wirtschaftssystem verschrieben hatte. Mitunter wird heute auch darüber diskutiert, ob er eine alternative – quasi eine sozialistische – Globalisierung ausprägen konnte.[5]

4 Fäßler: Globalisierung, S. 149.

5 Vgl. beispielsweise: James Mark/Artemy M. Kalinovsky/Steffi Marung (Hg.): Alternative Globalizations: Eastern Europe and the Postcolonial World, Bloomington 2020.

Eine »sozialistische Weltwirtschaft«?

Im Ostblock sollte ein zur Marktwirtschaft alternatives und überlegenes Wirtschaftssystem geschaffen werden, was durch die Einparteienherrschaft und das planwirtschaftliche System realisiert wurde. In ihm waren die binnenwirtschaftlichen Aktivitäten mittels eines Plans bewusst im Vorhinein zu gestalten und der Einfluss der Unwägbarkeiten des kapitalistischen Marktes mit einem staatlichen Außenhandels- und Devisenmonopol zu minimieren. So konzentrierte man anfangs den grenzüberschreitenden Handel auf Länder mit dem gleichen Wirtschaftssystem. Sie sollten zunehmend zusammenarbeiten und sich wirtschaftlich integrieren, wofür der Rat für Gegenseitige Wirtschaftshilfe (RGW) diente. Mehr noch, die kommunistischen Führer wollten sich nicht vom vermeintlich überlebten Kapitalismus abhängig machen oder gar von diesem erpressbar sein. Verstärkt durch die Systemkonfrontation im Kalten Krieg, resultierte daraus eine Tendenz, sich vom Weltmarkt abzuschotten. Sie wurde kaum irgendwo so deutlich offiziell und programmatisch vertreten wie in der von der SED im Januar 1961 eingeleiteten Aktion »Störfreimachung«.[6] Die Volkswirtschaften des Ostblocks sollten sich nicht voll in die kapitalistisch dominierte Weltökonomie integrieren, was ihnen ohne Konvertibilität ihrer Währungen auch gar nicht mit allen Konsequenzen möglich war. Ideologisch wurde das mit dem auf Stalin zurückgehenden Theoriekonstrukt vom sich einander gegenüber stehenden »sozialistischen Weltmarkt« und »kapitalistischen Weltmarkt« untermauert, und es deutete schon semantisch darauf hin, dass das eine mit dem anderen nichts zu tun haben sollte.[7]

Damit vertrat man den Anspruch, ein eigenes internationales Wirtschaftsgebiet *sui generis* zu bilden, wie dies der KPdSU-Chef Nikita Chruschtschow 1956 explizit machte: »Das gleichzeitige Bestehen zweier gegensätzlicher Weltwirtschaftssysteme – des kapitalistischen und des sozialistischen –, die sich nach verschiedenen Gesetzen und in entgegengesetzte Richtungen entwickeln, ist zu einer unumstößlichen Tatsache geworden.«[8] Jedoch war man andererseits doch auf den wirtschaftlichen Austausch mit dem »kapitalistischen« Weltmarkt zwingend angewiesen: Lücken in der Rohstoffausstattung, begrenzte Produktionskapazitäten

6 Siehe dazu: André Steiner: Von Plan zu Plan. Eine Wirtschaftsgeschichte der DDR, Berlin 2007, S. 141 ff.

7 Josef Stalin: Ökonomische Probleme des Sozialismus in der UdSSR, Berlin (Ost) 1952, S. 31 ff. Vgl. auch: Weltmarkt, in: Ökonomisches Lexikon, Bd. 3: Q-Z, Berlin (Ost) 1980, S. 602 f.

8 Nikita S. Chruschtschow: Rechenschaftsbericht des Zentralkomitees der KPdSU an den XX. Parteitag, Berlin (Ost) 1956, S. 4.

und der technologische Rückstand machten den wirtschaftlichen Austausch jenseits der eigenen Blockgrenzen immer erforderlich. Deshalb blieb das Streben nach Autarkie nur eine Tendenz, die mit fortschreitender Existenzdauer des Ostblocks immer weniger relevant war.[9]

Das Bestreben, eine »eigene« Weltwirtschaft zu etablieren, hatte bei den kommunistischen Führern seine Wurzeln in ihrem internationalistischen Anspruch, wonach letztlich der Sozialismus den Kapitalismus überall auf der Welt ablösen werde, auch wenn das selbst in ihren Augen nicht unmittelbar auf der Tagesordnung stand. Dieser Drang griff über den RGW hinaus, der faktisch den Kern eines »sozialistischen Weltmarkts« bilden sollte. Man meinte, wie es SED-Chef Walter Ulbricht 1952 formulierte, dass

> »die Länder, die dem Rat für gegenseitige wirtschaftliche Hilfe angeschlossen sind und die zum sozialistischen Weltwirtschaftssystem gehören, [...] gegen alle Störmaßnahmen durch die kapitalistischen Monopole und gegen die Wirkung kapitalistischer Krisen geschützt [sind].«[10]

Jedoch zogen Planwirtschaft, Außenhandels- und Devisenmonopol sowie fehlende gemeinsame konvertible Währung nach sich, dass man – trotz aller Reformdiskussionen seit den 1960er Jahren – bei Bilateralität und reinem Handelsaustausch stehen blieb und eine Integration der nationalen Volkswirtschaften zu einem einzigen Wirtschaftsraum nicht erreichte.[11]

Das entscheidende Hindernis für eine engere Integration lag in dem Fehlen untereinander konvertibler Währungen und damit einer einheitlichen Preisbasis. Es mangelte an multilateralen Austauschmedien, und deshalb mussten bei der Preisbildung die Preise des eigentlich verpönten »kapitalistischen« Weltmarkts herangezogen werden, denn eine eigene dynamische Preisbasis jenseits von staatlich dekretierten Stopppreisen war oft gefordert geworden, aber aus systemimmanenten Gründen nicht realisierbar. Der Umstand, dass die Preise für den »sozialistischen« dem »kapitalistischen« Weltmarkt entlehnt werden mussten, entbehrte nicht

9 Vgl. János Kornai: The Socialist System. The Political Economy of Communism, Oxford 1992, S. 333-355; Ralf Ahrens: Gegenseitige Wirtschaftshilfe? Die DDR im RGW – Strukturen und handelspolitische Strategien 1963-1976, Köln 2000, S. 42 ff.

10 Walter Ulbricht: Referat auf der II. Parteikonferenz der SED, 9.–12.7.1952, in: ders.: Zur Geschichte der deutschen Arbeiterbewegung. Aus Reden und Aufsätzen, Bd. IV, Berlin (Ost) 1958, S. 371-499, hier S. 374.

11 Gerd Neumann: Probleme der osteuropäischen Wirtschaftsintegration in vier Jahrzehnten RGW-Entwicklung, in: Josef Wysocki (Hg.): Wirtschaftliche Integration und Wandel von Raumstrukturen im 19. und 20. Jahrhundert, Berlin 1994, S. 159-187, hier S. 173; Ahrens: Gegenseitige Wirtschaftshilfe, S. 100 f.; André Steiner: The Council of Mutual Economic Assistance: An Example of Failed Economic Integration?, in: Geschichte und Gesellschaft 39 (2013), S. 240-258.

einer gewissen Ironie.[12] Um die Hindernisse bei der Integration der RGW-Volkswirtschaften abzubauen, unternahmen einige Länder in der zweiten Hälfte der 1980er Jahre noch einmal den Versuch, das Bündnis stärker zu einem gemeinsamen Markt mit konvertiblen Währungen umzustrukturieren. Insbesondere die DDR stemmte sich, neben Rumänien, dieser Entwicklung mit aller Kraft entgegen. Die SED-Spitze erkannte – zumindest instinktiv – die potenziell systemsprengende Dimension solcher Vorschläge und handelte insofern von ihrer Warte aus konsequent. So brachen sich die systemüberwindenden Kräfte auf nationaler Ebene Bahn. Nach den politischen Umbrüchen in den ostmitteleuropäischen Ländern und dem Umbau in der Sowjetunion kündigte Moskau im Juni 1990 an, ab 1991 den Handel mit den RGW-Partnern nur noch in konvertiblen Währungen und zu aktuellen Weltmarktpreisen abzuwickeln. Damit war das östliche Wirtschaftsbündnis am Ende, und es löste sich auf einer Ratstagung in Budapest im Juni 1991 auf.[13]

Der internationalistische Anspruch der Kommunisten begründete jedoch auch eine Form der »Landnahme« des Ostblocks, mit der sie versuchten, in der damals noch so genannten »Dritten Welt« Fuß zu fassen, wobei diese ebenfalls zu einem Austragungsort des Kalten Kriegs wurde. Der antikoloniale Kampf im globalen Süden bot der sowjetischen Führung auch ein Feld für ihre Auseinandersetzung mit dem Kapitalismus. Zunächst konzentrierte man sich auf Staaten oder Befreiungsbewegungen, die im direkten Konflikt mit dem Westen standen.[14] Viele politische Führer der im Zuge der Dekolonialisierung unabhängig gewordenen Entwicklungsländer sahen in den westlichen Ländern die ehemaligen Kolonialmächte, die nach neuen Ausbeutungsmöglichkeiten suchen würden. Sie fürchteten ebenfalls, dass freie Märkte ihre zurückgebliebenen Volkswirtschaften dazu zwingen würden, vor allem Rohstoffe zu verkaufen und zugleich bei verarbeiteten Gütern von den entwickelten Ländern abhängig zu bleiben. Deshalb sahen sie eine staatlich gesteuerte, mit Schutzzöllen und Subventionen unterstützte Industrialisierung als einen Weg zur Importsubstitution.[15] In diesem Kontext faszinierten sie auch die Erfahrungen der Sowjetunion und

12 Auf diese Ironie verwies bereits Christoph Buchheim: Wirtschaftliche Folgen der Integration der DDR in den RGW, in: ders. (Hg.): Wirtschaftliche Folgelasten des Krieges in der SBZ/DDR, Baden-Baden 1995, S. 341-361, hier S. 355.

13 Randall W. Stone: Satellites and Commissars. Strategy and Conflict in the Politics of Soviet-Bloc Trade, Princeton 1996, S. 204-227.

14 Roger E. Kanet: Vier Jahrzehnte sowjetische Wirtschaftshilfe, in: Bernd Greiner/Christian Th. Müller/Claudia Weber (Hg.): Ökonomie im Kalten Krieg, Bonn 2010, S. 45-62, hier S. 46ff.

15 Jeffrey D. Sachs: Twentieth-century Political Economy: A Brief History of Global Capitalism, in: Oxford Review of Economic Policy 15.4 (1999), S. 90-101, hier S. 96.

anderer Ostblockländer. Deren Vorliebe für Bartergeschäfte kam den Entwicklungsländern entgegen, weil diese sie von den Zwängen der Devisenerwirtschaftung befreiten, die sich als der Schwachpunkt ihrer Strategie erwies. Zudem war der Aufbau von Beziehungen mit den Ostblockstaaten auch ein Mittel, um den Westen zu besseren Handelskonditionen zu zwingen.[16] Die wirtschaftliche Hilfe der Sowjetunion erfolgte meist in Form niedrig verzinster Kredite, mit denen sowjetische Investitionsgüter und technische Hilfe erworben wurden. Dafür erwartete Moskau in den 1950er und 1960er Jahren gewöhnlich, dass die bedachten Länder dem sowjetischen Modell folgen würden. Insbesondere in den 1960er Jahren nahm dieses Engagement – neben militärischer Unterstützung – in den Entwicklungsländern stark zu, wobei mehr und mehr auch Länder einbezogen wurden, die nicht einen Sozialismus sowjetischer Prägung anstrebten. Vor allem konnte man dorthin Maschinen und Ausrüstungen exportieren, die auf den westlichen Märkten nicht konkurrenzfähig waren, und zugleich Rohstoffe importieren. Der Anteil dieses Handels blieb aber immer bescheiden. Trotzdem meinte die sowjetische Führung noch Mitte der 1970er Jahre, dass die »sozialistische Staatengemeinschaft«, zu der sie neben den Ostblockländern Vietnam und Kuba und einige sich selbst als marxistisch-leninistisch bezeichnende Staaten in Afrika und Nahost zählte, in der Lage sei, die wirtschaftlichen Beziehungen untereinander zu intensivieren und schließlich den kapitalistischen Weltmarkt zunehmend zurückzudrängen.[17]

In diese Zeit fiel auch die Anbahnung einer neuen Art von Geschäften, bei denen Firmen aus dem Westen gemeinsam mit Außenhandelsbetrieben aus dem Ostblock in Entwicklungsländern Fabrikanlagen und Infrastrukturprojekte realisierten.[18] Wirtschaftlich waren die dreiseitigen Vorhaben für die Ostblockländer vor allem vorteilhaft, weil sie (ebenso wie die beteiligten Entwicklungsländer) über Kompensations- und Clearingvereinbarungen ihren Devisenmangel umgehen und zugleich an den Kreditmöglichkeiten und dem technologischen Know-how der westlichen Kooperationspartner partizipieren konnten. Im Hintergrund spielte auch die zunehmende eigene wirtschaftliche Schwäche eine Rolle. Zugleich wurden solche Vorhaben im

16 Oscar Sanchez-Sibony: Red Globalization. The Political Economy of the Soviet Cold War from Stalin to Khrushchev, Cambridge 2014, S. 247 f.

17 Kanet: Vier Jahrzehnte, S. 48-52.

18 Zu dem gesamten Absatz siehe: Patrick Gutmann: Westöstliche Wirtschaftskooperationen in der Dritten Welt, in: Bernd Greiner/Christian Th. Müller/Claudia Weber (Hg.): Ökonomie im Kalten Krieg, Bonn 2010, S. 395-415; Patrick Gutmann: The East and Tripartite Industrial Cooperation in the Cold War Era, in: Eastern European Economics 49.2 (2011), S. 82-99.

Westen als Zeichen dafür gesehen, dass die Ostblockländer bereit waren, sich in die kapitalistische Weltwirtschaft zu integrieren.

Seit Ende der 1970er Jahre zeigten sich aber die Grenzen des Potenzials der Sowjetunion und der anderen Ostblockländer in der Zusammenarbeit mit den Entwicklungsländern. Die Kosten waren insbesondere von der Sowjetunion nicht mehr zu schultern. Zudem zweifelten sowjetische Experten bereits in den frühen 1980er Jahren am Erfolg ihrer Politik auf dem Weg zum Sozialismus in den unterstützten Entwicklungsländern, und die realisierten Projekte erwiesen sich als nicht ausreichend effizient oder international nicht konkurrenzfähig. In der Konsequenz schwand der ein knappes Jahrzehnt zuvor noch bei den sowjetischen Analysten anzutreffende Optimismus. Außerdem hielt sich die Sowjetunion bei der Unterstützung der Entwicklungsländer zunehmend zurück, und im Grunde verabschiedete sich die sowjetische Führung bereits vor dem Machtantritt von Michail Gorbatschow 1985 von der Idee einer »eigenen« Weltwirtschaft oder Globalisierung. Der neue KPdSU-Chef zog daraus nur die politischen Konsequenzen.[19]

Der Ostblock und die »kapitalistische« Globalisierung

Jedoch bleibt zu klären, welchen Platz die Ostblockländer in der »eigentlichen«, der kapitalistisch dominierten Globalisierung einnahmen. Das westliche Bündnis und der Ostblock standen in einer Konkurrenz, die politisch und militärisch, aber auch wirtschaftlich als Kalter Krieg ausgetragen wurde, der auch die Globalisierung prägte: Einerseits wurden durch seine Anforderungen wesentliche technologische Entwicklungen angestoßen – mit denen später die Globalisierung beschleunigt und ermöglicht wurde –, wie sie sich in den modernen Informations- und Kommunikationstechnologien und der Revolution im Massentransport niederschlugen.[20]

Andererseits waren schon die Unterstützung des Wiederaufbaus in Westeuropa und die damit verbundenen Schritte zur Handelserleichterung durch die USA auch dadurch motiviert, dass die weitere Ausbreitung des Kommunismus in Europa abgewehrt werden sollte. Ebenso wurde der freie Welthandel von der amerikanischen Politik in den 1950er Jahren als wichti-

19 Kanet: Vier Jahrzehnte, S. 54-57.

20 Vgl. Hyung-Gu Lynn: Globalization and the Cold War, in: Richard Immerman/Petra Goedde (Hg.): The Oxford Handbook of the Cold War, Oxford 2013, S. 584-604.

ger Teil dieses Kampfes verstanden.[21] US-Präsident John F. Kennedy begründete später die Erleichterungen und die Förderung des Handels in der nach ihm benannten Zollsenkungsrunde im GATT unter anderem damit, auf diesem Weg den Wettbewerb mit der »kommunistischen Hilfs- und Handelsoffensive« in den Entwicklungsländern zu gewinnen. Das bedeutete aber für die USA ebenfalls, den Handel mit den Ostblockländern und damit verbundene Aktivitäten nicht zu fördern und nach Möglichkeit gar zu unterbinden. So gewährten die USA den Ostblockländern – mit Ausnahme Polens ab 1960 – die Meistbegünstigung nicht, weshalb letzteren die im GATT vereinbarten Zollsenkungen nicht zugute kamen. Für die von dort importierten Waren mussten (mit einigen Ausnahmen) die Zölle des berüchtigten Smoot-Hawley-Tarifs von 1930 bezahlt werden. Mehrere Versuche scheiterten, diese diskriminierende Handelspolitik gegenüber den Ostblockländern im Zuge der Entspannungspolitik aufzugeben. Diese Zollpolitik begrenzte im Zusammenspiel mit dem Außenhandelsmonopol der Ostblockländer deren Handel mit den USA. Außerdem gewährten staatliche oder halbstaatliche Finanzinstitute der USA den Ostblockländern auch nicht – wie sonst üblich – Kredite beim Kauf amerikanischer Produkte.[22]

Noch symbolträchtiger war allerdings das Exportverbot für westliche Hochtechnologie, das das von den USA und anderen nichtkommunistischen Staaten 1949 geschaffene *Coordinating Comittee on Multilateral Export Controls* (CoCom) regulierte, indem es die strategisch und militärisch wichtigen Güter und Technologien festlegte, die nicht in den Ostblock geliefert werden durften. In der Praxis wurde dieses Embargo im Zeitverlauf unterschiedlich streng gehandhabt. Seine Effekte waren daher auch ambivalent: Einerseits konnte der Westen seinen technologischen Vorsprung behaupten; andererseits gab es von Anfang an Wege, das Embargo zu unterlaufen, darüber hinaus zwang es die Ostblockländer, Technologien selbst zu entwickeln. Unter dem Strich behinderte die CoCom-Liste trotzdem nicht nur den Handel, sondern auch die Kommunikation zwischen West und Ost.[23] Gleiches galt für die vielfältigen Beschränkungen, die in den Ostblockländern für Unternehmen und Bevölkerung beim Austausch mit dem Westen bestanden. Gleichwohl nahmen vor allem in der Zeit der Entspannungspoli-

21 Douglas A. Irwin: Clashing over Commerce: A History of U.S. Trade Policy, Chicago 2017, S. 495, 497f., 518f.

22 Richard N. Cooper: Economic Aspects of the Cold War, 1962-1975, in: Melvyn P. Leffler/Odd Arne Westad (Hg.): The Cambridge History of the Cold War, Vol. 2: Crises and Détente, Cambridge 2010, S. 44-64, hier S. 52-57.

23 Michael Mastanduno: Economic Containment: CoCom and the Politics of East-West-Trade, Ithaca 1992; Eric H. Noehrenberg: Multilateral Export Controls and International Regime Theory: The Effectiveness of COCOM, Sinzheim 1995.

tik die Interaktionen zwischen West und Ost Ende der 1960er beziehungsweise Anfang der 1970er Jahre zu und die Lücken im »Eisernen Vorhang« wurden größer, wenngleich letzterer selbst bestehen blieb.[24]

Um im Systemwettstreit mithalten und der eigenen Bevölkerung einen an den eigenen Ansprüchen gemessenen respektablen Lebensstandard bieten zu können, wurde in nahezu allen Ostblockländern ab Anfang der 1970er Jahre – also fast zur selben Zeit, als im Westen mit dem Fall von Bretton Woods die Globalisierung Fahrt aufnahm – die Konsum- und Sozialpolitik ausgeweitet, was die zunehmende Einfuhr von Konsumgütern erforderte. Außerdem importierten einige Länder verstärkt moderne Technologien, die die Produktivität so anheben sollten, dass später aus den Gewinnen die Anlagen bezahlt werden konnten. Sowohl die zusätzlichen Konsumgüter als auch die Ausrüstungen konnten nur aus dem Westen kommen und erforderten von dort Kredite. Da westliche Unternehmen in der Zeit der Krise der 1970er Jahre neue Absatzmöglichkeiten suchten, nahmen sie – unterstützt von der politischen Entspannung zwischen West und Ost – diese Chancen wahr. Tatsächlich konnten aber mit den importierten Technologien unter den in den Ostblockländern gegebenen Systembedingungen nicht die erhofften Fortschritte erzielt werden. Die Konkurrenzfähigkeit ihrer eigenen Exportprodukte wurde nicht durchgreifend angehoben, und für die wachsenden Importe mussten zunehmend Kredite aufgenommen werden. Das wurde wiederum dadurch begünstigt, dass im Westen bei hoher Inflation die Zinsen zunächst niedrig waren und für die Petrodollars Anlagemöglichkeiten gesucht wurden. Damit zog diese Strategie eine Spirale zunehmender Westimporte bei sinkenden Exporterträgen nach sich, was die Westverschuldung bei zugleich wachsender Auszehrung der wirtschaftlichen Substanz steigerte und letztlich in die osteuropäische Schuldenkrise der beginnenden 1980er Jahre führte.[25]

Entsprechend stieg zwar der Anteil der »kapitalistischen Welt« am Außenhandel der Ostblockländer deutlich an, aber das war paradoxerweise Ausdruck der sinkenden Konkurrenzfähigkeit ihrer Produkte, weil immer mehr Exporte benötigt wurden, um die erforderlichen Importe unabhängig von der Schuldenaufnahme bezahlen zu können.[26] Das strukturelle Dilemma

24 Lynn: Globalization, S. 591 f.

25 Vgl. Steven Morewood: The Demise of the Command Economies in the Soviet Union and Its Outer Empire, in: Derek H. Aldcroft/Michael J. Oliver (Hg.): Economic Disasters of the Twentieth Century, Cheltenham 2007, S. 258-311, hier S. 268 ff.; Stephen Kotkin: The Kiss of Debt: The East Bloc Goes Borrowing, in: Niall Ferguson/Charles S. Maier/Erez /Manela/Daniel J. Sargent (Hg): The Shock of the Global. The 1970s in Perspective, Cambridge/London 2010.

26 Ahrens: Gegenseitige Wirtschaftshilfe, S. 64-69.

der Ostblockländer bestand darin, dass sie einerseits mehr Importe und damit neue Kredite benötigten und sie ihre Produkte andererseits aufgrund sinkender Wettbewerbsfähigkeit nur unzureichend und mit sinkenden Erlösen auf westlichen Märkten absetzen konnten. Deshalb blieb die Verschuldung trotz einer zwischenzeitlichen Reduzierung bis Ende der 1980er Jahre hoch, und ein wachsender Teil der Exporterlöse musste für den Schuldendienst eingesetzt werden.[27]

Die Verschuldung bildete ein Element der Einbeziehung des Ostblocks in die »eigentliche« Globalisierung. Sie war das finanzwirtschaftliche Pendant zur (ungleichgewichtig) wachsenden Handelsverflechtung. Die Außenhandelsintensität der Ostblockländer insgesamt stieg wahrscheinlich bis zur Wende von den 1970er zu den 1980er Jahren an, um danach zu fallen, während der Teil, der dabei auf den »kapitalistischen« Weltmarkt entfiel, aber zunahm. Gleichwohl sank der Anteil der Ostblockländer am Welthandel insgesamt, was wohl darauf zurückzuführen war, dass dieser schneller als der Außenhandel der Ostblockländer wuchs. Insofern partizipierten die Ostblockländer an der Globalisierung – bezogen auf den Güterhandel – zumindest in den 1980er Jahren nicht.[28]

Interessant ist jedoch ebenfalls die Kapitalmarktverflechtung der Ostblockländer über die Verschuldung hinaus, wobei der Kapitalmarkt bei den kommunistischen Machthabern in besonderem Maße als Symbol des abzulösenden Kapitalismus betrachtet und deshalb der Einsatz ausländischen Kapitals zunächst besonders verteufelt wurde. Das hielt sie aber nicht davon ab, ihn zu nutzen, wenn es ihnen – wie im Fall des Eurodollar-Marktes – ökonomisch opportun erschien.[29] Allerdings führten auch hier die systemimmanenten Wirtschaftsprobleme zu einem Umdenken: Zwar blieben ausländische Direktinvestitionen in ihrer klassischen Form in den Ostblockländern bis Ende der 1980er Jahre vergleichsweise gering, aber sie nahmen im Verlauf dieses Jahrzehnts auf niedrigem Niveau zu, wobei Ungarn eine Vorreiterrolle zukam. Dort waren entsprechende gesetzliche Regelungen – ebenso wie in Rumänien – bereits in den 1970er Jahren geschaffen worden, die zunächst sehr restriktiv waren und dann nach und nach gelockert wurden.[30] Als ein funktionales Äquivalent für ausländische Direktinvestitionen

27 André Steiner: The Globalisation Process and the Eastern Bloc Countries in the 1970s and 1980s, in: European Review of History 21.2 (2014), S. 165-181, hier S. 172.

28 Zur Problematik der Daten und den Ergebnissen siehe: Steiner: Globalisation Process, S. 169 f.

29 Carlo Edoardo Altamura: The Paradox of the 1970s: The Renaissance of International Banking and the Rise of Public Debt, in: Journal of Modern European History 15.4 (2017), S. 529-553, hier S. 534 f.

30 Ádám Török/Ágnes Györffy: Ungarn in der Vorreiterrolle, in: Jutta Günther/Dagmara JajesniakQuast (Hg.): Willkommene Investoren oder nationaler Ausverkauf?

unter den speziellen Bedingungen des Ostblocks können jedoch die seit den 1970er Jahren vereinbarten Kompensationsvorhaben verstanden werden. Dabei wurde die Lieferung von Investitionsgütern aus dem Westen für mehrere Jahre kreditiert, und diese Kredite wurden dann mit Gegenlieferungen von den Produkten refinanziert, die mit den importierten Maschinen und Anlagen produziert wurden. Auf diese Weise nutzten westliche Unternehmen den Ostblock als »verlängerte Werkbank« und reagierten auf den sich für sie erhöhenden Kostendruck (Rohstoffpreise, Kreditzinsen).[31] Schließlich lassen sich auch Ost-West-Joint Ventures als ein Phänomen der Einbeziehung in die »kapitalistische« Globalisierung sehen. Erstere wurden in der zweiten Hälfte der 1980er Jahre nicht nur in Ungarn und Polen, sondern auch in der Sowjetunion und der Tschechoslowakei zugelassen. Diese Unternehmensform stieß allerdings bei westlichen Unternehmen nur auf begrenztes Interesse, weshalb sie zunächst ein vereinzeltes Phänomen blieb. Erst 1988 wendete sich das Blatt, als in den genannten Ostblockländern Mehrheitsbeteiligungen für ausländische Investoren möglich wurden und sich die Zahl der Ost-West-Joint Ventures dort vervielfachte, vor allem in der Sowjetunion.[32]

Die angesichts der sich vergrößernden eigenen wirtschaftlichen Probleme zunehmenden Verflechtungen und Geschäfte mit dem Westen brachten schließlich auch bei den letzten kommunistischen Führern die auf Stalin zurückgehende Überzeugung ins Wanken, dass es zwei getrennte Weltmärkte gebe. Ebenso änderten sich die Positionen zu den Institutionen der »kapitalistischen« Globalisierung, wobei auffällig war, dass die Zurückhaltung gegenüber dem GATT als einer mit dem Handel befassten Institution eher als die gegenüber dem IWF aufgegeben wurde, was ebenfalls in der erwähnten besonderen Verdammung des Kapitalmarkts wurzelte.[33] Die damit verbundenen Reformschritte der späten 1980er Jahre waren von den Führungen der kommunistischen Parteien zwar mit der Absicht in die Wege geleitet oder zugelassen worden, den Sozialismus überlebensfähig zu machen. Doch ihre Eigenlogik und Dynamik wiesen letztlich den Weg in die Transformation zu einer marktwirtschaftlichen Ordnung.

Alles in allem beeinflusste die mit der Globalisierung verbundene Intensivierung der Handelsbeziehungen und der Kapitalmarktverflechtung die

Ausländische Direktinvestitionen in Ostmitteleuropa im 20. Jahrhundert, Berlin 2006, S. 253-274, hier S. 255ff.

31 Steiner: Globalisation process, S. 170f.

32 Patrick Gutman: Joint Ventures in Eastern Europe and the Dynamics of Reciprocal Flows in East-West Direct Investments: Some New Perspectives, in: Patrick Artisien/Matija Rojec/Marjan Svetlicic (Hg): Foreign Investment in Central and Eastern Europe, Basingstoke 1993, S. 54-81.

33 Vgl. im Detail: Steiner, Globalisation Process, S. 172-176.

Ostblockländer nur partiell. Ihre vorsichtige Öffnung und die sich intensivierenden Ost-West-Geschäfte waren aber nicht einem – wie auch immer gearteten – »Globalisierungsdruck« geschuldet, sondern resultierten in erster Linie aus den eigenen wirtschaftlichen Schwierigkeiten. Auch Migrationsbeziehungen beschränkten sich im Wesentlichen auf den Austausch mit verschiedenen Ländern des globalen Südens (Experten oder »Vertragsarbeiter«) und blieben quantitativ bescheiden. Jedoch konnten sich die Ostblockländer den mit der Globalisierung verbundenen Entwicklungen nicht vollständig entziehen: Zum einen betraf das die Entstehung und Ausbreitung von neuen Technologien, beispielsweise der Mikroelektronik, die die Ostblockländer in ihren Produkten auch verwenden mussten, wenn sie diese auf westlichen Märkten verkaufen wollten. Zum anderen bezog sich das auf die sich mit der Massenkonsumgesellschaft verändernden und ausbreitenden Konsummuster und -güter im Westen, wie etwa neue Unterhaltungselektronik, man denke an Videorekorder und CD-Player, die gerade für die Jugend im Osten von Interesse waren, die davon schließlich durch die Massenmedien und Besuchsreisen erfuhr. Jedoch konnten und teils wollten die kommunistischen Parteiführungen diesen Notwendigkeiten und Wünschen angesichts der mangelnden Innovationsfähigkeit und der sinkenden Wettbewerbsfähigkeit der eigenen Wirtschaft nicht gerecht werden. Insofern waren sie nicht in der Lage, ihren Anspruch als dem Kapitalismus überlegene Alternative zu erfüllen sowie die wachsenden und sich verändernden Konsumansprüche der Bevölkerung zu befriedigen. In erster Instanz scheiterte der Ostblock nicht an der Globalisierung oder – allgemeiner gesprochen – an der Veränderung der weltwirtschaftlichen Rahmenbedingungen, sondern daran, dass dort weder technisch-technologisch und in der Produktivität noch beim Konsum tatsächlich Alternativen zum kapitalistischen Westen geboten wurden, geschweige denn, dass der Ostblock dessen Niveau erreichte oder gar übertraf. Er scheiterte also an seinem eigenen, systemisch verursachten Unvermögen.

Letztlich konnte der Anspruch der Führungen der Ostblockländer, einen »sozialistischen« Weltmarkt oder eine »eigene« Globalisierung zu entwickeln, sowohl aus systemischen Gründen als auch wegen der unzureichenden wirtschaftlichen Potenz nicht realisiert werden, wobei letztere gerade durch die Aporien des Systems beschränkt blieb. Schon deshalb waren der östliche Intra-Block-Handel ebenso wie die wirtschaftlichen Aktivitäten in den Entwicklungsländern weder quantitativ noch qualitativ ausreichend, um damit eine »eigene« Globalisierung zu begründen, geschweige denn die »kapitalistische« Globalisierung zu beeinflussen. Schleichend wurde in den Ostblockländern die Idee einer alternativen Globalisierung aufgegeben und sie nahmen allmählich, wenn auch nur partiell, Anteil an der »eigentlichen«, der kapitalistischen Globalisierung. Letztere konnte durch den Ostblock selbst kaum jemals aktiv bestimmt werden. Allerdings setzte seine Existenz der »eigentlichen« Globalisierung Grenzen: nicht nur im Raum, sondern auch durch sein eigenes Handeln und durch die Abwehrreaktionen des Westens. Die Ambivalenz – sich der Globalisierung nicht entziehen zu können und ihr zugleich eine Grenze zu setzen – trug ebenfalls ihren Teil dazu bei, dass der Ostblock unterging, weil dadurch beispielsweise in den Osten diffundierte Konsumbedürfnisse nicht befriedigt werden konnten.

Konsequenzen von »1989« für die weitere Globalisierung

Eben diese Umbrüche von »1989« verliehen der Globalisierung in den 1990er Jahren einen weiteren kräftigen Impuls und stellten insofern eine Zäsur dar. Nun konnten sich die ehemaligen Ostblockländer auf Grundlage der Liberalisierung ihrer Wirtschaftsordnungen stärker in den internationalen Handel und die weltweiten Kapitalmärkte integrieren bzw. wurden inkorporiert. Diese Prozesse verliefen für die verschiedenen Länder allerdings unterschiedlich: Die DDR bzw. dann die ostdeutschen Bundesländer wurden mit der deutschen Wiedervereinigung automatisch Mitglied der Europäischen Gemeinschaften, wohingegen die anderen Länder des ehemaligen sowjetischen Machtbereichs weiter mit deren Protektionismus und dem auch anderer Länder zu kämpfen hatten. Jedoch war der neue Globalisierungsschub nicht allein den Ereignissen von »1989« in Ostmitteleuropa geschuldet. Auch damit im Zusammenhang stehende Öffnungsprozesse in anderen Teilen der Welt – vom südlichen Afrika (Angola, Namibia, Mosambik, Südafrika) bis zu Lateinamerika – trugen ihren Teil dazu bei, wohingegen die Entwicklung in China zur gleichen Zeit deren Ambivalenz zeigte: Der wirtschaftlichen Öffnung seit Ende der 1970er Jahre stand 1989 die Niederschlagung der Demokratiebewegung auf dem Tiananmen-Platz gegenüber. Diese Entwicklungen wurden jedoch von den Bemühungen der USA und anderer westlicher Industriestaaten gerahmt, den internationalen Handel mit Gütern und Dienstleistungen in der Uruguay-Runde des GATT und der nachfolgenden Gründung der Welthandelsorganisation (WTO), aber auch die internationalen Kapitalmarktbewegungen weiter zu liberalisieren.[34] Infolge dieses komplexen Ursachenbündels zeitigten die grenzüberschreitenden wirtschaftlichen Transaktionen, die vor den 1990er Jahren noch in hohem Maße eine Regionalisierung – also beispielsweise in

34 Auf diesen Punkt wies jüngst Wirsching noch einmal hin. Vgl. Wirsching: Kaiser, S. 669 ff.

Westeuropa eine Westeuropäisierung – begründet hatten, in ihrer räumlichen Ausdehnung tatsächlich globale Effekte.[35]

In Ostmitteleuropa schlossen die den neuen Globalisierungsschub konstituierenden wirtschaftlichen Verflechtungsprozesse durchaus an frühere Entwicklungen an. Jedoch waren auch hier erhebliche Differenzen zwischen den einzelnen Ländern zu verzeichnen. In Ungarn und Polen war der Mechanismus wohl am stärksten ausgeprägt, dass von ausländischen Unternehmen in den 1990er Jahren vor allem dort investiert wurde, wo schon unter dem sozialistischen Regime ausländische Direktinvestitionen getätigt worden waren. Aber auch Kontakte aus den gemeinsamen Entwicklungsvorhaben im globalen Süden dienten jetzt als Anknüpfungspunkte für Investoren.[36]

Im Bereich der Migration waren jedoch infolge von »1989« paradoxe Entwicklungen zu beobachten: In den ehemaligen Ostblockstaaten nahm mit »1989« die Freiheit, in den Westen zu reisen, zu, aber zugleich wurden von den westeuropäischen Staaten innerhalb kurzer Zeit nach dem Fall des Eisernen Vorhangs die Beschränkungen für eine entsprechende Arbeitsmigration erhöht. Ebenso schickten die ostmitteleuropäischen Länder Arbeitskräfte aus dem erweiterten Bereich des sozialistischen Einflussbereichs (wie Vietnam, Angola, Mosambik oder Kuba) in ihre Heimatländer zurück und erhöhten die Hürden für entsprechende Einwanderungen aus außereuropäischen Ländern. Es wurde also die Nord-Süd-Migration stärker als zur Zeit des späten Staatssozialismus beschränkt, während zugleich mehr Freiheit für die Ost-West-Migration eingefordert wurde. Westeuropa nutzte die Staaten Ostmitteleuropas ab den frühen 1990er Jahren als Puffer gegen Flüchtlinge und Migranten, und es zeichnete sich ein Tauschhandel ab, bei dem Migrationsbeschränkungen gegenüber Nichteuropäern gegen Freiheiten bei der Ost-West-Migration aufgewogen werden sollten.[37]

Alles in allem bleibt festzuhalten, dass »1989« für die Länder Ostmitteleuropas und ihre Integration in die Weltwirtschaft, aber ebenso für die Globalisierung selbst eine Zäsur darstellte. Gleichwohl setzten sich auch längerfristige Entwicklungen – mitunter mit paradoxen Ergebnissen – fort, was ebenfalls darauf verweist, dass die erneute Beschleunigung des Globalisierungsprozesses ab den frühen 1990er Jahren nicht nur den Umbrüchen in Ostmitteleuropa geschuldet war.

35 Vgl. u. a. Hans-Hagen Härtel/Rolf Jungnickel u. a.: Grenzüberschreitende Produktion und Strukturwandel. Globalisierung der deutschen Wirtschaft, Baden-Baden 1996, S. 81 ff.

36 Vgl. dazu Besnik Pula: Globalization Under and After Socialism. The Evolution of Transnational Capital in Central and Eastern Europe, Stanford 2018, S. 118 ff.

37 Vgl. James Mark/Bogdan C. Iacob/Tobias Rupprecht/Ljubica Spaskovska: 1989. A Global History of Eastern Europe, Cambridge u. a. 2019, S. 164 ff.

Astrofuturismus und Zukunftsmacht

Der Weltraum in der entgrenzten Systemkonkurrenz

Tilmann Siebeneichner

Als im August 2018 in der sächsischen Provinz des vierzigjährigen Jubiläums von Sigmund Jähns Weltraumflug gedacht wurde, schaltete sich auch Alexander Gerst von der Internationalen Raumstation (ISS) dazu. Beifall brandete auf, als aus dem Weltall die Worte »Hallo Morgenröthe-Rautenkranz« erklangen, und hielt an, als Deutschlands gegenwärtig bekanntester Astronaut Deutschlands bekanntestem Kosmonauten seine Reverenz erwies. Den Höhepunkt von Gersts Grußbotschaft bildete eine »Überraschung«: der »Nachbau der Sojus 31, mit der Jähn geflogen ist. Die Finger gehen auseinander, die Kapsel schwebt durch den Raum, sie tanzt den Walzer der Erinnerung. Jähn in Rautenkranz ist überwältigt, Worte fallen ihm schwer, der Kopf nickt. So viel erreicht«, bilanzierte *Die Zeit*.[1]

»Der erste Deutsche im All ein Bürger der DDR«, hatte das *Neue Deutschland* am 26. August 1978 triumphiert, nachdem Jähn für fast acht Tage zur russischen Raumstation Saljut 6 aufgebrochen war. Rechtzeitig zum bevorstehenden 30. Republikgeburtstag war das »bessere« Deutschland dem »großen Bruder« BRD an der wohl symbolträchtigsten Front des Kalten Krieges zuvorgekommen. Der Weltraum stellte nicht nur ein vielbeachtetes Schaufenster der globalen Systemkonkurrenz dar, sondern zugleich einen zentralen Sehnsuchtsort des 20. Jahrhunderts – dass die Zukunft die Menschheit nicht nur unweigerlich in den Weltraum führen, sondern dort auch gleichsam entschieden würde, bezeichnet eine Grundüberzeugung des Astrofuturismus, der im 20. Jahrhundert über alle Grenzen und politischen Lager hinweg die »Eroberung des Weltraums« beflügelte.[2]

1 »Der fliegende Vogtländer«, in: *Welt*, 27.08.2018, URL: https://www.welt.de/vermischtes/article181313206/Sigmund-Jaehn-Zum-40-Jubilaeum-gruesst-Alexander-Gerst-aus-ISS.html [25.4.2021]. Für wertvolle Hinweise und Anregungen ist der Verfasser den beiden Mitherausgebern Matin Sabrow und Peter Ulrich Weiß sowie Alexander Geppert und Hanno Hochmuth zu großem Dank verpflichtet.

2 »Der erste Deutsche im All – ein Bürger der DDR«, in: *Neues Deutschland*, 27.8.1978. Zur Systemkonfrontation im Weltraum bzw. zum Astrofuturismus vgl. Walter A. McDougall: The Heavens and the Earth. A Political History of the Space Age, New York 1985; Alexander C. T. Geppert, European Astrofuturism, Cosmic Provincialism: Historizing the Space Age, in: ders. (Hg.), Imagining Outer Space. European Astroculture in the Twentieth Century, Basingstoke 2012, S. 3-24.

Ob in globaler oder nationaler Perspektive – Macht war in Zeiten der Systemkonkurrenz immer auch Zeit- bzw. Zukunftsmacht. Die »Politisierung und Beherrschung« der Zeit stellte einen Schlüssel zur Bemächtigung der Menschen beiderseits des Eisernen Vorhanges dar, und die Verfügbarkeit über Vergangenheit, Gegenwart und nicht zuletzt Zukunft hatte entscheidenden Einfluss auf Legitimität und Attraktivität des jeweiligen Systems.[3] Warum aber reichte auch Sigmund Jähns gefeierter Triumph nicht, den Legitimationsverlust des SED-Regimes abzuwenden? Und warum ist der »erste Deutsche im All« 30 Jahre nach dem Untergang der DDR »kein Held« mehr, wie Jana Hensel zum 40. Jubiläum seines Weltraumfluges im August 2018 beklagte? Gersts umjumbelter Gastauftritt zum vierzigjährigen Jubiläum von Jähns Weltraumflug zeigt, dass sein Triumph heutzutage weniger marginalisiert ist, als es gern behauptet wird.[4] Der seinerzeit noch im Westen als »fliegender Vogtländer« Verspottete avancierte nach 1989 zu einer Ikone der Ostalgie-Bewegung, aber auch zum Idol deutscher Astronauten der zweiten Generation. Wer erinnert sich 30 Jahre nach dem Ende des Kalten Krieges dagegen noch an die weitaus umfangreicheren Weltraum-Aktivitäten der alten Bundesrepublik, an Ulf Merbold – den einzigen Deutschen, der bislang dreimal im Weltall gewesen ist und 1983 das erste ausländische Crew-Mitglied einer US-amerikanischen Raumschiffes war –, an Reinhard Furrer oder an das Spacelab? Und das, obwohl die BRD das Wettrennen um den ersten Deutschen im All zwar verlor, der Westen aber als schlussendlicher Sieger aus der Systemkonkurrenz hervorging?

In der Zeitgeschichte ist das Bild der 1970er Jahre als eines krisengeschüttelten und zukunftsverdrossenen Jahrzehnts mittlerweile fest etabliert und wird mithin auch für astrofuturistische Horizonte geltend gemacht.[5] Sofern man den Wettlauf um den ersten Deutschen im Weltraum, der seit Beginn des Jahrzehnts ausgetragen wurde, nicht von vornherein als nachholende propagandistische Inszenierung des globalen *Space Race* abtut, scheint

3 Vgl. dazu Martin Sabrow: Chronos als Fortschrittsheld: Zeitvorstellungen und Zeitverständnis im kommunistischen Zukunftsdiskurs, in: Igor J. Polianski/Matthias Schwartz (Hg.): Die Spur des Sputnik: Kulturhistorische Expeditionen ins kosmische Zeitalter, Frankfurt am Main 2009, S. 119-134.

4 Jana Hensel: Sigmund Jähn: Warum ist dieser Mann kein Held? In: *Die Zeit*, 22.08.2018, URL: https://www.zeit.de/wissen/geschichte/2018-08/sigmund-jaehn-astronaut-held-erinnerung-deutsche-einheit [25.4.2021].

5 Vgl. dazu nur Anselm-Doering-Manteuffel/Lutz Raphael: Nach dem Boom: Perspektiven auf die Zeitgeschichte seit 1970, Göttingen 2008; Konrad H. Jarausch (Hg.): Das Ende der Zuversicht? Die siebziger Jahre als Geschichte, Göttingen 2008 sowie Alexander C. T. Geppert: The Post-Apollo Paradox: Envisioning Limits During the Planetized 1970s, in: ders. (Hg.): Limiting Outer Space. Astroculture After Apollo, Basingstoke 2018, S 3-26.

er nicht so recht in dieses Bild zu passen, ist indes noch nicht eingehender auf mit ihm verbundene Zukunftshoffnungen und -horizonte untersucht worden. Wenn die Beobachtung zutrifft, dass sich seit 1945 auch im geteilten Deutschland politische Legitimität mit einem spezifischen Zukunftsentwurf verband, der auf bis dahin ungekannte Art und Weise mit dem Weltraum und seiner Erschließung zusammenhing, liegt es nahe, nach entsprechenden Querverbindungen, Rückbezügen und Wechselwirkungen zu suchen, wobei es darüber hinaus aber auch gilt, letztere auf ihre politische und kulturelle Wirkmächtigkeit zu befragen.[6] Während die Genese und Geltungskraft konkurrierender astrofuturistischer »Erwartungshorizonte« zu Zeiten der Systemkonkurrenz im Mittelpunkt der folgenden Ausführungen steht, erlaubt der Blick auf das Nachleben seiner Ikonen Merbold und Jähn zugleich, nach systemsprengenden bzw. systemstabilisierenden Wirkungen des deutsch-deutschen Astrohelden-Diskurses zu fragen. Der Kult um Jähn und Merbold vermittelte vor, aber auch nach 1989 zwischen politischen Inszenierungen und alltäglichen Erfahrungswelten und lässt somit auch jene so unsichtbaren wie wirkmächtigen Sinnwelten hervortreten, in denen Herrschende und Beherrschte, »Sieger« und »Verlierer«, das Ende der Systemkonkurrenz und den Vereinigungsprozess nach 1989 begriffen.

»Kompromisslos, mutig und mit Einsatzfreude«. Astrofuturismus im real existierenden Sozialismus

Weltraumfaszination konnte in Deutschland auf eine lange Tradition zurückblicken. Schon in den 1920er Jahren hatten Raketenpioniere wie Wernher von Braun (1912-1977) mit ihren Experimenten für großes Aufsehen gesorgt. Aufgrund ihrer späteren Beteiligung am Vernichtungswaffen-Programm der Nationalsozialisten, in dessen Verlauf zugleich wichtige Grundlagen für die moderne Raumfahrt gelegt wurden, wurde diese Tradition in der DDR jedoch diffamiert und dem Klassenfeind zugeschrieben.[7]

6 Alexander C. T. Geppert: Die Zeit des Weltraumzeitalters, 1942-1972, in: ders./Till Kössler (Hg.): Obsessionen der Gegenwart. Zeit im 20. Jahrhundert, Göttingen 2015, S. 218-250, hier S. 223.

7 Zum deutschen Astrofuturismus der Zwischenkriegszeit vgl. Daniel Brandau: Raketenträume. Raumfahrt- und Technikenthusiasmus in Deutschland 1923 bis 1963, Paderborn 2019; zur Einbindung deutscher Raketenpioniere in das Vernichtungswaffen-Programm der Nationalsozialisten vgl. Michael Neufeld: The Rocket and the Reich: Peenemünde and the Coming of the Ballistic Missile Era, New York 1995; zur Diffamierung dieser Tradition in der DDR vgl. Michael Neufeld: ›Smash the Myth of the Fascist Rocket Baron‹: East German Attacks on Wernher von Braun in the 1960s, in: Geppert (Hg.): Imagining Outer Space, S. 106-126.

Stattdessen begriff sich der »Arbeiter-und-Bauern-Staat« in der Tradition des russischen Astrofuturismus, feierte sowjetische Raketenpioniere wie Sergej Koroljow (1907-1966) und pries die Oktoberrevolution dafür, den Aufbruch zu den Sternen praktisch ermöglicht zu haben. Tatsächlich schien die Reihe erfolgreicher *Space-firsts* seit 1957 aller Welt zu zeigen, dass die Zukunft dem Sozialismus gehöre. Sie »gave Soviet cosmic enthusiasm a forward motion geared towards a singular goal that conflated the utopia of Socialism with the utopia of spaceflight«.[8] In der DDR, etwa in Aschersleben oder Fürstenwalde, entstanden »Kosmonautenviertel«, in denen Straßen und Schulen die Namen bekannter Weltraumfahrer (wie auch der bis dahin einzigen Frau im Weltraum, der russischen Kosmonautin Valentina Tereschkowa) trugen, zwischen 1957 und 1989 gab die DDR insgesamt 83 Briefmarken mit Weltraum- bzw. Raumfahrtmotiven heraus, die als (astro-)kulturelle Visitenkarten fungierten, und in Berlin-Treptow wurde nach Sigmund Jähns Rückkehr aus dem Weltraum sogar ein »Hain der Kosmonauten« errichtet, der die kultische Verehrung der eigenen Astrohelden illustriert. Wer im Staatssozialismus der 1960er Jahre aufwuchs, so erinnert sich Svetlana Boym, rechnete seinerzeit fest damit, eher in den Weltraum als in den Westen zu reisen.[9]

Derart optimistische Zukunftserwartungen erhielten im Verlauf der 1970er Jahre jedoch einen Dämpfer. Im Zuge internationaler Anerkennung und im Hinblick auf das dreißigjährige Bestehen der Deutschen Demokratischen Republik wurde Herkunft genauso wichtig wie Zukunft. Mit Blick auf die anhaltende deutsch-deutsche Systemkonkurrenz war ein starkes Bemühen der SED zu erkennen, die DDR zum Höhepunkt der Nationalgeschichte aller Deutschen zu stilisieren.[10] Ganz in diesem Sinne wurde Jähn im *Neuen Deutschland* nach seinem geglückten Start in den Weltraum im August 1978 in eine Reihe mit Nationalgrößen wie Johannes Kepler, Gottfried Wilhelm Leibniz und Alexander von Humboldt gerückt. Bewusst und im Bruch mit bislang gängigen Sprachregelungen – erst im

8 So Asif Siddiqi: From Cosmic Enthusiasm to Nostalgia for the Future. A Tale of Soviet Space Culture, in: Eva Maurer/Julia Richers/Monica Rüthers/Carmen Scheide (Hg.): Soviet Space Culture. Cosmic Enthusiasm in Socialist Societies, Basingstoke 2011, S. 283-306, hier S. 284.

9 Svetlana Boym: The Future of Nostalgia, New York 2001, S. 60; zur Kosmonautenverehrung in der DDR vgl. die Beiträge von Gerhard Kowalski, Monika Gibas und Ronald Hirte in: Rainer Gries/Silke Satjukow (Hg.): Sozialistische Helden: Eine Kulturgeschichte von Propagandafiguren in Osteuropa und der DDR, Berlin 2002.

10 Edgar Wolfrum: Die Preußen-Renaissance: Geschichtspolitik im deutsch-deutschen Konflikt, in: Martin Sabrow (Hg.): Verwaltete Vergangenheit. Geschichtskultur und Herrschaftslegitimation in der DDR, Leipzig 1997, S. 145-166, hier S. 147.

September 1974 hatte die Volkskammer beschlossen, fortan von der »Deutschen Demokratischen Republik« nicht mehr als einem »sozialistischen Staat deutscher Nation« zu sprechen, wie es bis dahin im Artikel 1 der Verfassung geheißen hatte, sondern von einem »sozialistischen Staat der Arbeiter und Bauern« –, feierte die SED den »ersten Deutschen« im Weltraum und reklamierte auf diese Weise eine nationale Tradition für das »bessere Deutschland«, die weit über das bevorstehende dreißigjährige Jubiläum des »Arbeiter-und-Bauern-Staates« hinausreichte.[11] »Wenn Ihr wissen wollt, wie es vorwärtsgeht, müsst Ihr Goethes ›Faust‹ und das ›Kommunistische Manifest‹ von Marx und Engels lesen«, zitierte Sigmund Jähn Otto Grotewohl und ergänzte nach seiner Rückkehr aus dem Weltraum: »Es ist daher nicht zufällig, dass beide Werke zu unserem Reisegepäck in den Kosmos gehörten. Wir wollten damit symbolisieren, dass zur Bezwingung des Kosmos nicht nur die gebündelte Energie von Triebwerken, sondern vor allem gebündelte Energie humanistischen und revolutionären Geistes gehören.«[12]

Seit der zweiten Hälfte der 1960er Jahre war der Zeithorizont des Staatssozialismus in der DDR weniger durch »innenpolitische Attribute einer idealen Zukunftsgesellschaft aufgeladen, sondern vielmehr durch außenpolitische: Nicht vom Aufblühen des Kommunismus« war fortan mehr die Rede, sondern vor allem von der »unüberwindlichen Stärke des sozialistischen Weltsystems«, so Rainer Gries.[13] Das beeinflusste auch die Wahrnehmung und Darstellung des Weltraums: Die *Space Frontier* stellte nicht länger die ultimative Grenze dar, an der sich die Zukunft entscheiden würde, sondern war zu einer neuen Front der Systemkonfrontation geworden, wie etwa die *Stunde des Skorpions* (R: Horst Zaeske, DDR 1968), ein dreiteiliges Fernsehspiel des Deutschen Fernsehfunks aus dem Jahre 1968, vermittelte. Mit dieser im Jahre 2038 spielenden »Geschichte einer Möglichkeit« beabsichtigten die Verantwortlichen erklärtermaßen, einen wissenschaftlich fundierten Blick auf die Zukunft zu werfen und zugleich »das große Thema unserer Tage« aufzugreifen, »dass nämlich durch unser aller Wirken sich das Kräfteverhältnis in der Welt zugunsten des Humanismus, des Sozialismus verändert«. Wichtig war bei aller Siegesgewissheit jedoch die »Verdeutlichung der Aggressivität, die den Gefährlichkeitsgrad des eigentlich schon aus seinen Machtpositio-

11 »Ein historisches Ereignis im Leben unseres Volkes« , in: *Neues Deutschland*, 27.8.1978.

12 »Sigmund Jähn – Der erste DDR-Bürger im Kosmos«, in: Autorenkollektiv (Hg.): Der Sozialismus – Deine Welt, Berlin (Ost) 1975, S. 242-244, hier S. 244.

13 Rainer Gries, »…und der Zukunft zugewandt«. Oder: Wie der DDR das Jahr 2000 abhanden kam, in: Enno Bünz/Rainer Gries/Frank Möller (Hg.): Der Tag X in der Geschichte. Erwartungen und Enttäuschungen seit tausend Jahren, Stuttgart 1997, S. 309-333, hier S. 324.

nen geworfenen Gegners deutlich macht«.[14] Wie Jörg-Uwe Fischer gezeigt hat, war das Science Fiction-Genre des real existierenden Sozialismus geprägt von »direkte[r] Konfrontation mit dem Klassengegner, [...] obligatorischen Störversuchen imperialistischer Agenten im sozialistischen Lager« und präsentierte eine Zukunft in den Sternen, die ganz in der »Tradition des Klassenkampfes« stand.[15]

Die spektakulären Erfolge des *Space Age* trugen ihren Teil dazu bei, öffentlichkeitswirksam davon abzulenken, dass die »Eroberung des Weltraums« seit 1945 in erster Linie militärstrategischen Kalkülen folgte. Von Beginn an fielen sämtliche Raumfahrtaktivitäten der UdSSR in die Verantwortlichkeit des Militärs, das in den 1970er Jahren u.a. mit bewaffneten Raumstationen experimentierte. Eine Reihe von Kosmonauten, die auf diesen Stationen Dienst verrichteten, wurden nach ihrer Rückkehr mit der im Juli 1950 gestifteten Medaille »Für den Schutz der Staatsgrenze der UdSSR« ausgezeichnet, die für selbstlosen und tapferen Einsatz an den Grenzen des staatssozialistischen Einflussgebietes verliehen wurde, das nun offenkundig auch den Erdorbit mit einschloss.[16] Die militärische Überformung des sowjetischen Raumfahrtprogramms war jedoch nicht ausschließlich eine Folge der Systemkonfrontation des Kalten Krieges, sondern gründete gleichermaßen in staatssozialistischer Identitätspolitik. Seit den 1950er Jahren wuchs auch in der DDR eine Generation heran, die über keinerlei persönliche Erinnerungen an die kommunistische »Kampfzeit« verfügte und der erst noch vermittelt werden musste, dass nur diejenige Revolution etwas wert sei, die sich auch zu verteidigen wisse, wie es Lenin bereits 1916 programmatisch formuliert hatte.[17] Indem seinerzeit bereits Aviatoren (und in ihrer Folge

14 A.R.. Spannung, Finessen und ein großes Thema. Das Fernsehspiel »Stunde des Skorpions«, in: *Nationalzeitung*, 24.12.1968.

15 Jörg-Uwe Fischer: Feinde im Orbit. Die Welt des 21. Jahrhunderts im Science Fiction-Film der DDR, in: Silke Satjukow/Rainer Gries (Hg.): Unsere Feinde. Konstruktionen des Anderen im Sozialismus, Leipzig 2004, S. 277-295, hier S. 293f.

16 Vgl. dazu Cathleen Lewis: Space Spies in the Open: Military Space Stations and Heroic Cosmonauts in the Post-Apollo Period, 1971-1977, in: Alexander C.T. Geppert/Daniel Brandau/Tilmann Siebeneichner (Hg.): Militarizing Outer Space. Astroculture, Dystopia and the Cold War, London 2021, S. 313-341; zur militärischen Überformung der sowjetischen Raumfahrt vgl. auch Asif Siddiqi: Soviet Space Power during the Cold War, in: Paul G. Gillespie/Grant T. Weller (Hg.): Harnessing the Heavens: National Defense Through Space, Colorado Springs 2008, S. 135-150.

17 Wladimir Iljitsch Lenin: Das Militärprogramm der proletarischen Revolution, in: ders.: Über sozialistische Landesverteidigung, Berlin (Ost) 1983 [erstmalig 1916], S. 71-83; zur Bedeutung der nachwachsenden Generationen in der DDR vgl. Dorothee Wierling: Die Jugend als innerer Feind. Konflikte in der Erziehungsdiktatur der sechziger Jahre, in: Hartmut Kaelble/Jürgen Kocka/Hartmut Zwahr (Hg.): Sozialgeschichte der DDR, Stuttgart 1994, S. 404-425.

Kosmonauten) zu »neuen (Sowjet-)Menschen« par excellence stilisiert worden waren, wurden aus der Kampfzeit stammende, ideologisch motivierte Vorgaben nach Tatkraft, Opfermut und absolutem Gehorsam mit den Erfolgen sowjetischer Kosmonauten gleichsam in den Weltraum extrapoliert.[18]

Weil der Flug in den Weltraum gefährlich, körperlich anspruchsvoll und voller Unwägbarkeiten war, eigneten sich Kosmonauten im *Space Age* ganz besonders, den »Elan Vital« der kommunistischen Kampfzeit vor 1945 in ein zeitgemäßes Gewand zu kleiden; ihre Verehrung war ein wichtiger Aspekt staatssozialistischer Identitätspolitik und richtete sich insbesondere an die nachrückenden Generationen. So verfügte der nach Ernst Thälmann benannte Pionierpalast in der Berliner Wuhlheide auch über ein Kosmonautentrainingszentrum, in dem Jugendliche sich auf ihre Weltraumtauglichkeit testen lassen konnten; gefeierter Ehrengast der Eröffnungszeremonie im Oktober 1979 war niemand Geringerer als Sigmund Jähn.

Die Vorbildfunktion gegenüber nachrückenden Generationen kommt nicht zuletzt im Sammelwerk »Der Sozialismus – Deine Welt« zum Ausdruck, das ab 1975 dem am weitesten verbreiteten Druckwerk der DDR, »Weltall, Erde Mensch«, nachfolgte und landesweit zu Jugendweihen verschenkt wurde.[19] Programmatisch wurden darin Thälmanns berühmte Zeilen an einen Mitgefangenen zitiert, »unverbrüchliche Treue zur Sache [zu] halten, […], unbedingte Verlässlichkeit, Zuversicht, Kampfesmut und Tatkraft in allen Situationen [zu] zeigen«. Ihnen vorweg gestellt war eine Erklärung Juri Gagarins vor seinem Aufbruch ins All, in der er bekundete, dieses Wagnis auf sich zu nehmen,

> »weil ich Kommunist bin, weil ich den beispiellosen Heroismus meiner Landsleute, der Sowjetmenschen, vor Augen habe. […] Ich werde alles tun, was in meinen Kräften steht, um den Auftrag der Kommunistischen Partei und des Sowjetvolkes auszuführen.«[20]

Auch Jähn hatte Zeit seines Lebens für sich in Anspruch genommen, nur einem Auftrag seiner Partei nachgekommen zu sein. Im demonstrativen Schulterschluss von Klassenkämpfern und Kosmonauten zeigt sich, dass

18 Vgl. dazu Slava Gerovitch, »New Soviet Man« Inside Machine: Human Engineering, Spacecraft Design and the Construction of Communism, in: Osiris 22 (2007), S. 135-157; Jay Bergmann/Valerii Chkalow: Soviet Pilot as New Soviet Man, in: Journal of Contemporary History 33 (1998), S. 135-152.

19 Vgl. dazu Igor J. Polianski: Von Sputniks und Trabis: Die DDR als weltanschauliches Feld, in: ders./ Schwartz (Hg.): Die Spur des Sputnik, S. 95-118.

20 »Unser Kampf fordert den ganzen Menschen«, in: Autorenkollektiv (Hg.): Der Sozialismus – Deine Welt, S. 17; »Meinen Raumflug widme ich den Menschen des Kommunismus«, in: ebd., S. 15.

der staatssozialistische Astrofuturismus der 1970er und 1980er Jahre immer auch ein Astrobellizismus war: Der Weltraum war nicht mehr nur der Ort, an dem Frieden und Fortschritt ihre Vollendung finden würden, sondern avancierte zum zentralen Kriegsschauplatz der Zukunft. Dass der Sozialismus siegen würde, stand weiterhin außer Frage, wurde nun jedoch in verstärktem Maße an »unbedingte Verlässlichkeit, Zuversicht, Kampfesmut und Tatkraft« insbesondere der nachwachsenden Generationen gekoppelt.

Die Geschichte der Jugendarbeitsgruppe Kosmos, die seit 1971 regelmäßige Tagungen, Exkursionen und Arbeitsaufenthalte im In- und Ausland veranstaltete und dabei auch Kontakte zu westeuropäischen und US-amerikanischen Gleichgesinnten pflegte, zeigt, dass der staatlich verordnete Dezisionismus in der »durchherrschten« DDR-Gesellschaft mit eigensinnigen astrofuturistischen Horizonten konkurrierte, die auf den utopischen Momenten der Raumfahrt beharrten. Ihre Geschichte zeigt aber auch, dass jedes tiefergehende Interesse an der Raumfahrt zu Zeiten des Kalten Krieges unweigerlich in das Dickicht politischer, geheimdienstlicher und sicherheitstechnischer Interessen führte: Während der militärische Nachrichtendienst der NVA die Jugendlichen für seine eigenen Zwecke zu instrumentalisieren suchte, betrachtete das MfS ihre Tätigkeit als »staatsgefährdend« und betrieb die Auflösung der Jugendgruppe.[21]

Im »historischen Präsentismus« (Martin Sabrow) der Ära Honecker, in der die Zukunft sich von der Gegenwart nicht mehr grundsätzlich unterschied, war »Aufbrechen« gleichbedeutend mit »Sich Einreihen«, wie auch Sigmund Jähn in »Der Sozialismus – Deine Welt« bekräftigte: »Noch steht an unserer Grenze ein militärisch gut ausgebildeter und ausgerüsteter Gegner, der zu allem entschlossen ist und vor nichts zurückschreckt.« Umso bedeutsamer deshalb, »dass jeder, gleich, ob als Grenzposten auf dem Streifenweg, als Funkorter in der Radarstation, als Fla-Raketen-Soldat in der Feuerstellung, als Besatzungsmitglied eines Küstenschutzschiffes oder Raketenschnellbootes auf See oder als Jagdflieger in der Stratosphäre den militärischen Klassenauftrag konsequent und kompromisslos, mutig und mit Einsatzfreude erfüllt.«[22]

21 Zur Geschichte der JAGK vgl. Reinhard Buthmann: Konfliktfall »Kosmos«. Die politische Geschichte einer Jugendarbeitsgruppe in der DDR, Köln/Weimar/Wien 2012.

22 Autorenkollektiv (Hg.): Der Sozialismus – Deine Welt, S. 242f.

»Bemannte Raumfahrt tut offenbar not«. Astrofuturismus in Zeiten zweifelhaften Wachstums

In der bundesdeutschen Presse war Jähns Triumph spöttisch bis missbilligend kommentiert worden. Die *Süddeutsche Zeitung* erklärte unumwunden und noch ganz im Geist des Alleinvertretungsanspruches, dass man auf den ersten »richtigen« Deutschen im All – gemeint war Ulf Merbold, dessen Flug seinerzeit für das Jahr 1980 geplant war – noch warten müsse.

US-Präsident Richard Nixon soll bereits während der Entwicklungsphase der Raumfähre verfügt haben, dass der erste Ausländer, der einmal an Bord eines *Space Shuttles* mitfliegen dürfe, entweder ein Japaner oder ein Deutscher sein solle. Wolfgang Finke, damals ein leitender Beamter des Bundesforschungsministeriums, gab später zu Protokoll, dass die Bundesrepublik in Anbetracht ihrer Ostpolitik seinerzeit nach Möglichkeiten gesucht habe, um sich als verlässliche Partnerin im westlichen Lager profilieren zu können. Tatsächlich war es in erheblichem Maße ihrem Einfluss zuzuschreiben, dass sich die westeuropäische Weltraumgemeinschaft 1973 schließlich zur Beteiligung am sogenannten *Post Apollo*-Programm der Amerikaner entschloss. Der Bau eines Weltraumlabors wiederum, das als integraler Bestandteil des *Space Shuttles* konzipiert wurde, erfolgte maßgeblich unter deutscher Federführung, und die Bundesrepublik übernahm zugleich einen Großteil der Kosten – im Gegenzug durfte sie den ersten europäischen Astronauten stellen.[23]

Das *Spacelab*, so der Name des Weltraumlabors, war somit nicht allein das Produkt deutsch-deutscher Rivalität, sondern erfüllte genauso wie das Interkosmos-Programm der Sowjetunion ein wichtige symbolpolitische Funktion in der globalen Systemkonkurrenz. In Anbetracht der weltweiten Kritik und Sorge, die US-Präsident Ronald Reagan im März 1983 mit der Ankündigung seiner berühmt-berüchtigten *Strategic Defense Initiative* in der ganzen Welt ausgelöst hatte, gewann die Kooperation mit der europäischen Weltraumgemeinschaft im Laufe der 1980er zusätzliche Bedeutung. Gegenüber nicht nur jenseits des Eisernen Vorhanges geäußerten Befürchtungen vor einer »Militarisierung des Weltraums« kam dem *Spacelab* nun die Funktion zu, die friedlichen und einem ausschließlich wissenschaftlich verstandenen Fortschritt verpflichteten Absichten des westlichen Lagers zu beglaubigen. Ganz in diesem Sinne – und zugleich als Ausdruck des Bemü-

23 Zu den Hintergründen vgl. John M. Logsdon: After Apollo? Richard Nixon and the American Space Program, Basingstoke 2015; Niklas H. Reinke: Geschichte der deutschen Raumfahrtpolitik. Konzepte, Einflussfaktoren und Interdepenzen 1923-2002, München 2004; John Krige,/Arturo Russo,/Lorenza Sebesta: A History of the European Space Agency, 1958-1897, 2. Bd., Noordwijk 2000.

hens, aus seinem Flug doch noch einen »richtigen« *Space-first* zu machen – wurde der promovierte Physiker Merbold durchgängig als der erste »echte« Wissenschaftler im Weltraum präsentiert.[24]

Inwieweit die Einbindung verbündeter Nationen in die bemannte Raumfahrt der Supermächte ausschließlich symbolpolitischen Motiven folgte oder auch der Technologieabschöpfung diente, ist in der Forschung umstritten. Tatsächlich wurde die »legendäre«, vom VEB Carl Zeiss in Zusammenarbeit mit dem Ost-Berliner Institut für Elektronik entwickelte Multispektralkamera MKF-6 bis 1989 intensiv zur Fernerkundung und -aufklärung auf sowjetischen Raumstationen genutzt. Das *Spacelab*, das für mindestens 50 Missionen konstruiert war, kam bis zu seiner Außerdienststellung 1998 nur zweiundzwanzig Mal zum Einsatz. Beabsichtigt war, es an Universitäten und außeruniversitäre Forschungseinrichtungen zu »vermieten«. Zu seinem Jungfernflug lagen indes gerade einmal 241 Anfragen vor, über hundert davon allein aus der Bundesrepublik, weniger als ein Viertel von ihnen galt jedoch Weltraumwissenschaften im engeren Sinn. Nichtsdestotrotz wurde das *Spacelab* durchgängig als »Schlüsseltechnologie« für die Zukunft gepriesen, dessen gesellschaftliche Relevanz auf der Hand liege, argumentierte beispielsweise der damalige Staatsekretär und spätere Bundesforschungsminister Volker Hauff im März 1977.[25]

Im von Zeitzeug:innen wie Zeithistoriker:innen gleichermaßen vielbeschworenen »Krisenjahrzehnt« sahen sich auch westliche Fortschrittserwartungen einer tiefgreifenden Verunsicherung ausgesetzt. Das Hauptaugenmerk galt hier seit 1972 eher den »Grenzen des Wachstums« als ihrer Überwindung, und ungehemmter technologischer Fortschritt erwies sich zunehmend als Problem, wenn nicht gar als Gefahr für die Zukunft des »Raumschiff Erde«.[26] Auch die Bundesregierung setzte sich seinerzeit intensiv mit den Prognosen des *Club of Rome* auseinander. Infolgedessen rückte sie zunehmend von Vorstellungen eines grundsätzlichen Wachstums ab und bekannte sich stattdessen zu einem »qualitativen«, d. h. stärker an den Bedürfnissen der Menschen ausgerichteten Wachstums- und Fortschrittsbegriff.[27] Dieser gründete weiterhin auf der Entwicklung und An-

24 Vgl. dazu Tilmann Siebeneichner: Spacelab: Peace, Progress and European Politics in Outer Space, 1973-1985, in: Geppert (Hg.): Limiting Outer Space, S. 259-282.

25 Krige: History of ESA, S. 63; Reinke: Geschichte der deutschen Raumfahrtpolitik, S. 147.

26 Geppert: The Post-Apollo Paradox, S. 6; vgl. dazu auch Sabine Höhler: Spaceship Earth in the Environmental Age, 1960-1990, London 2015.

27 Vgl. dazu Elke Seefried: Zukünfte. Aufstieg und Krise der Zukunftsforschung 1945-1980, München 2015, S. 255 ff.; zur berühmten Studie des *Club of Rome* vgl. Nils Freytag: Eine Bombe im Taschenformat? Die »Grenzen des Wachstums« und die öffentliche Resonanz, in: Zeithistorische Forschungen 3 (2006), S. 465-469.

wendung immer leistungsfähigerer Technologien und schrieb der Raumfahrt die Rolle eines alles überwölbenden »Entwicklungsmotors« zu, wurde nun aber in zunehmenden Maße »partizipativ« ausgelegt, wie eine Stellenanzeige, die im Frühjahr 1977 in allen großen deutschen Tageszeitungen erschien, illustriert. Unter der Überschrift »Wissenschaftler im Weltraum« wurde darin um geeignete Kandidaten geworben, die »ab 1980 mit dem amerikanischen Raumtransporter zu wissenschaftlichen Aufgaben in den Weltraum starten« sollten.

Tatsächlich war der Einfluss der Deutschen Forschungs- und Versuchsanstalt für Luft- und Raumfahrt (DFVLR) auf die Nominierung von *Spacelab*-Astronauten beschränkt; diesbezüglich musste sich die Bundesregierung hingegen mit den europäischen und amerikanischen Partnern abstimmen und schon der Nominierung Merbolds war ein langwieriger Prozess komplexer politischer Verhandlungen und Kompromisse vorausgegangen. Die Anzeige suggerierte jedoch, dass in Zukunft grundsätzlich jeder für einen Flug in den Weltraum infrage kam (eine akademische Ausbildung vorausgesetzt) und verklärte den Weltraum zu einem schon in naher Zukunft ganz gewöhnlichen Arbeitsplatz. 2013 würde die planmäßige Auswanderung in den Weltraum beginnen, nur 100 Jahre später könnten dann bereits mehr Menschen im All leben als auf der Erde, hieß es im Hinblick auf die gigantischen Weltraum-Habitate, mit denen der Physiker Gerard K. O'Neill Mitte der 1970er Jahre kurzfristig für erhebliches Aufsehen sorgte.

Populärwissenschaftliche Publikationen der 1970er und 1980er Jahre nahmen häufig Bezug auf O'Neills Kolonisationspläne und präsentierten das *Spacelab* durchgängig als ersten, unverzichtbaren Schritt einer solchen Entwicklung.[28] Selbstverständlich betonten derartige Publikationen die anspruchsvollen Experimente und die technischen Herausforderungen, die sich mit einem Flug ins All verbanden. Zugleich hoben sie aber auch die Annehmlichkeiten hervor, die ein Aufenthalt im *Shuttle* mit sich brachte und die von einem mit Lachs und Steak bestückten Speiseplan über gepflegte Gespräche in guter Gesellschaft bis hin zu komfortablen Schlafkojen reichten, in denen Merbold »nach Feierabend« zu klassischer Musik den einzigartigen Ausblick genoss. O'Neills Pläne wie das *Spacelab*-Programm symbolisierten ein Wachstumsmodell, das sich nicht abgekoppelt von menschlichen Bedürfnissen vollzog, sondern im Einklang mit diesen und in paradiesischen Weltraumkolonien seine Vollendung finden sollte.[29]

28 Vgl. etwa Werner Büdeler/Stratis Karamonlis: Spacelab. Europas Labor im Weltraum, München 1976; Hermann-Michael Hahn (Hg.): D1: Unser Weg ins All, Braunschweig 1985.

29 Vgl. Ryan J. McMillen: Space Rupture: Extraterrestrial Millennialism and the Cultural Construction of Space Colinization, Austin 2004.

»Die USA-Raumfähre ›Columbia‹ ist am Montag von Cape Canaveral aus gestartet«, berichtete das *Neue Deutschland* am 29.11.1983 in einer knappen, auf Seite 5 versteckten Notiz. »An Bord befinden sich Kommandant John Young (53), Pilot Brewster Shaw (38), die Spezialisten Owen Garriott (52) und Robert Parker (46) sowie der Ingenieur Byron Lichtenberg (35) und der BRD-Physiker Ulf Merbold (42).«[30] Eher beiläufig wurde hier über Westdeutschlands Einstieg in die bemannte Raumfahrt berichtet, der in der bundesdeutschen Öffentlichkeit auch viel Kritik provozierte. Für »nutzlos und teuer« befand etwa *Die Zeit* das Weltraumlabor, und auch *Der Spiegel* sah Europa nicht als technologischen Schrittmacher, sondern mit der Rolle des »Lieferanten unbedeutender Komponenten abgespeist«.[31] »Bemannte Raumfahrt tut offenbar not, egal was sie kostet« titelte das Magazin nach einer weiteren, nur noch wenig beachteten, westdeutschen Weltraummission. Für einiges Aufsehen sorgte seinerzeit allerdings die Teilnahme Reinhard Furrers, der sich während seiner Berliner Studienzeit auch als Fluchthelfer betätigt hatte und 1964 in ein Feuergefecht mit DDR-Sicherheitsorganen verwickelt war, bei dem der Grenzpolizist Egon Schultz starb. Dem *Neuen Deutschland* war diese Mission wiederum nur eine kurze Notiz auf Seite 5 wert, vordringlicher, nämlich bereits auf Seite 2, erschien hier der Besuch des Kosmonauten Oleg Atkow im Ost-Berliner Gesundheitsministerium.[32]

Beinahe täglich hatten hingegen die Abendnachrichten im bundesdeutschen Fernsehen von Merbolds Mission im November/Dezember 1983 berichtet. Reagan wandte sich gemeinsam mit Bundeskanzler Helmut Kohl per Live-Schaltung an die Astronauten im Weltraum, um sie als leuchtendes Beispiel dafür zu preisen, »that when people are free and work together, there‘s nothing that can‘t be accomplished. Together the free people of the world with the use of technology are building a world of prosperity and peace never imaginable a few decades ago«. Auch mit Merbolds Debüt wurde seinerzeit ein historisches Jubiläum verbunden: US-Präsident und Bundeskanzler fanden es besonders angemessen, dass sein Flug exakt 300 Jahre nach der Ankunft der ersten deutschen Auswanderer in Amerika erfolge.[33] Im Wettlauf um den ersten Deutschen im

30 *Neues Deutschland*, 29.11.1983.

31 »Nutzlos und teuer«, in: *Die Zeit*, 20.1.1984; »Schräge Sonne«, in: *Der Spiegel*, 21.11.1983.

32 »Raumfahrt: Gegen diese Lobby kommt keiner an«, in: *Der Spiegel*, 3.8.1987; »Klunte und Klunte«, in: *Der Spiegel*, 4.11.1985; *Neues Deutschland*, 31.10.1985.

33 Remarks during a Conference Call with Chancellor Helmut Kohl of the Federal Republic of Germany and Crewmembers of the Space Shuttle Columbia, 5.12.1983,

All – das zeigt sich in der Verknüpfung Jähns mit Kepler, Leibniz und Humboldt genauso wie in der Verknüpfung Merbolds mit den ersten deutschen Amerikanern – wurde um die Deutungsmacht nationaler Vergangenheit genauso gerungen wie um die der Zukunft. So wie die Deutschen ihren Teil dazu beigetragen hatten, Amerika zum Mutterland der »freien Welt« zu machen, würden sie nun dazu beitragen, dass die »freie Welt« auch das All in Besitz nahm, gaben Kohl und Reagan zu verstehen. »Freedom« hieß folglich die Raumstation, mit deren Vorbereitungen in den 1980er Jahren begonnen wurde, und aus der, nach dem Ende des Kalten Krieges, die International Space Station (ISS) erwachsen sollte.[34]

Allerdings erwies sich bereits der Betrieb des ersten wiederverwendbaren Raumgleiters als weitaus wartungsanfälliger und kostenintensiver als erwartet. Ursprünglich hatte die NASA etwa 50 Flüge pro Jahr vorgesehen. Bei einer auf durchschnittlich sieben Tage veranschlagten Missionsdauer hätte sich dann fast durchgängig ein *Shuttle* im erdnahen Orbit befunden. Zwischen dem Jungfernflug der ersten Raumfähre im April 1981 und Merbolds Debüt zweieinhalb Jahre später waren jedoch nur sieben weitere Missionen unternommen worden. Die D-1 Mission vom November 1985, gleichzeitig erst der 22. Flug einer Raumfähre, sollte zugleich die letzte Mission der erst 1983 in Betrieb genommenen *Challenger* sein.[35] Millionen Menschen konnten am 28. Januar 1986 live am Fernsehbildschirm mitverfolgen, wie sie nur 73 Sekunden nach ihrem Start explodierte. Das bis dahin schwerste Unglück in der Geschichte der bemannten Raumfahrt führte nicht nur dazu, dass die NASA ihre Raumflüge für fast zweieinhalb Jahre komplett einstellte. Als kaum vier Monate später der Block IV im Atomkraftwerk Tschernobyl explodierte, verstärkte sich vielerorts der Eindruck, dass jene beiden Technologien, die nach 1945 zu den wichtigsten Garanten wirtschaftlichen Wachstums und wissenschaftlichen Fortschritts gezählt wurden, eine nachgerade apokalyptische Zukunft heraufbeschworen: »Challenger, Tschernobyl, ohne schwarzmalen zu wollen«, gab Rudolf von Woldeck seinerzeit im

The American Presidency Project, URL: http://www.presidency.ucsb.edu/ws/index.php?pid=40834 [25.4.2021].

34 Zur Geschichte der ISS vgl. John Krige/Angelina L. Callahan/Ashok Maharaj: NASA in the World: Fifty Years of International Collaboration in Space, Basingstoke 2013.

35 Insgesamt betrieb die NASA zwischen 1981 und 2011 fünf Space Shuttles: die *Columbia* (1981-2003), die *Challenger* (1983-1986), die *Discovery* (1984-2011), die *Atlantis* (1985-2011) und die als Ersatz für die *Challenger* gebaute *Endeavour* (1992-2011); vgl. dazu David Hitt: Bold They Rise: The Space Shuttle Early Years 1972-1986, Lincoln 2014; Rick Houston: Wheels Stop: The Tragedies and Triumphs of the Space Shuttle Program, 1986-2011, Lincoln 2013.

Kursbuch einem breiten gesellschaftlichen Unbehagen Ausdruck: »Wer weiß, was uns sonst noch erwartet.«[36]

»Unser Gagarin heißt Jähn«? Astrofuturismus und Future Nostalgia nach 1989

Als der Kosmonaut Sergei Konstantinowitsch Krikaljow im Mai 1991 zur russischen Raumstation MIR aufbrach, ahnte noch niemand, dass er mit diesem Flug zu einem »Zeitreisenden« werden sollte. Weil zwischenzeitlich die Sowjetunion auseinanderbrach, zeitweilig keine Rakete vorhanden war, um ihn zurückzuholen, und auch keine Startrampe, blieb Krikaljow doppelt so lange wie ursprünglich geplant im Orbit »gefangen«. Als er im März 1992 schließlich zur Erde zurückkehren konnte, war die Welt eine grundlegend andere geworden. Krikaljows Mission wurde seinerzeit von einem Dokumentarfilm begleitet; eindringlich kontrastieren darin irdische Ausnahmezustände und außerirdische Routinen. Während sich die Zäsur von 1989/91 kaum tiefgreifender hätte gestalten können als in Form des im All gestrandeten »letzten Sowjetbürgers«, schien sie von dort aus betrachtet jedoch geringfügig und unbedeutend: »Wir Wissenschaftler beobachten nach wie vor die Sterne«, gab Krikaljow nach seiner Rückkehr zu Protokoll. »Für uns ist es eher bedeutungslos, wer Präsident ist. Es gibt Dinge, die fundamentaler sind als politische Ereignisse.«[37]

In Anbetracht der strategischen wie symbolischen Bedeutung, die der Weltraum in der Systemkonkurrenz des Kalten Krieges besaß, wirkt Krikaljows Kommentar seltsam weltfremd. Tatsächlich aber wich das fast vierzig Jahre währende »Gleichgewicht des Schreckens« im All nach 1991 rasch und weitgehend reibungslos einer intensiven Kooperation der ehemaligen Systemgegner, etwa im Rahmen der damals noch im Bau befindlichen ISS. Ulf Merbold, der im Rahmen der D-2 Mission im April 1993 erneut mit dem *Spacelab* ins All geflogen war, avancierte im Oktober 1994 auch zum ersten ESA-Astronauten an Bord einer russischen Raumstation. Nach seiner Karriere als aktiver Astronaut war Merbold bis 2004 in administrativer Funktion für die ESA tätig, u.a. leitete er zeitweilig das Europäische Astronautenbüro in Köln und arbeitete im Direktorat für bemannte Raumfahrt. Auftritte vor größerem Publikum waren seitdem eher selten, 1999 erschien

36 Rudolf von Woldeck: Warnung vor der Wahrscheinlichkeit, in: GAU – Die Havarie der Expertenkultur, Kursbuch 85 (1986), hrsg. von Karl Markus Michael und Tilmann Spengler, Berlin 1986, S. 63-80, hier S. 63.

37 Sergei Krikaljow, zit. nach: »Gefangen auf der MIR«, URL: https://www.mdr.de/heute-im-osten/sergej-krikaljow-gefangen-auf-der-mir-100.html [25.4.2021].

Merbold jedoch noch einmal auf großer Bühne, um Sigmund Jähn den größten (ost-)deutschen Publikumspreis, die »Goldene Henne«, für dessen »Lebenswerk« zu überreichen. Wie Jähn stammte auch Merbold ursprünglich aus Thüringen. Im nur 30 Kilometer von Morgenröthe-Rautenkranz gelegenen Greiz geboren, war er 1960 jedoch in den Westen geflohen. Schon vor dem Untergang der DDR hatten die beiden freundschaftliche Bande geknüpft; nach 1989 betonten beide jene »Einsichten, die man nur als Raumfahrer gewinnen kann«, dass nämlich »die Grenzen, die in den Landkarten so überdeutlich eingezeichnet sind [...], nur in unseren Köpfen existieren. In Wirklichkeit gibt es sie gar nicht«, so Merbold und Jähn 1993 im Technikmuseum Bonn.[38] Weniger die gemeinsame Herkunft als das Erlebnis der Schwerelosigkeit schien hier das Zusammenschweißende. Als Jähn nach 1989 arbeitslos wurde, soll ihm Merbold persönlich zu einer Beratertätigkeit für die ESA im russischen Raumfahrtzentrum Swjosdny Gorodok (»Sternenstädtchen«) bei Moskau verholfen haben.

Gleichwohl gilt 30 Jahre nach dem Ende des Kalten Krieges und der deutschen Vereinigung nicht Merbold, sondern Jähn weithin als »Vater und Großvater aller deutschen Raumfahrer«.[39] Zwar wird der ehemalige Kampfpilot der Nationalen Volksarmee infolge des Traditionserlasses der Bundeswehr aus dem Jahre 2018 weiterhin nicht als traditionswürdig für die Streitkräfte des vereinigten Deutschlands erachtet, das Deutsche Zentrum für Luft- und Raumfahrt feierte Jähn zum vierzigjährigen Jubiläum seines Weltraumfluges jedoch mit den Worten: »Unser Gagarin heißt Jähn«. Sein Raumanzug wird mittlerweile zu den 100 wichtigsten Objekten der deutschen Geschichte gezählt und ist seit geraumer Zeit im Haus der Geschichte in Bonn ausgestellt.[40]

Einem breiteren Publikum auch im Westen bekannt geworden war Jähn nicht zuletzt durch den Film *Good Bye, Lenin!* (R: Wolfgang Becker, D 2003). Auf dem Höhepunkt der sogenannten Ostalgie-Welle im Frühjahr

38 Deutsches Museum Bonn (Hg.): Technikdialog 2. Ulf Merbold und Sigmund Jähn sprechen über die Entwicklung der Raumfahrt in beiden Teilen Deutschlands während des Kalten Krieges und nach der Vereinigung, Bonn 1993, S. 13.

39 Reinold Ewald, zit. nach: *Raumfahrer News*, 10.9.2018, URL: http://m.raumfahrer.net/news/10092018154012.shtml [25.4.2021].

40 »Unser Gagarin heißt Jähn«, in: *DLR-Magazin*, Nr. 157 (2018), S. 52; zu seinem Raumanzug vgl. Hermann Schäfer: Deutsche Geschichte in 100 Objekten, München 2015, S. 556-561; im Traditionserlass der Bundeswehr vom März 2018 heißt es hingegen: »Die NVA begründet als Institution und mit ihren Verbänden und Dienststellen keine Tradition der Bundeswehr. In ihrem eigenen Selbstverständnis war sie Hauptwaffenträger einer sozialistischen Diktatur.« Der neue Traditionserlass vom 28.3.2018, URL: https://www.bmvg.de/de/aktuelles/der-neue-traditionserlass-23232 [25.4.2021].

2003 in die Kinos gekommen, ist der Film um eine dem Anschein nach überzeugte Sozialistin Christiane Kerner, die kurz vor der Implosion ›ihres‹ Regimes einen schweren Unfall erleidet, und ihren Sohn Alex, der auf einfallsreiche Weise den Fortbestand der SED-Herrschaft zu suggerieren versucht, um ihren Genesungsprozess nicht zu gefährden, reich an astrokulturellen Reminiszenzen und Verweisen.[41] Einen Höhepunkt des Films bildet Alex' Inszenierung einer Ausgabe der »Aktuellen Kamera«, in der Sigmund Jähn zum 41. Jahrestag der DDR die Nachfolge Erich Honeckers antritt und als eine seiner ersten Amtshandlungen die Öffnung der Grenze verkündet, um endlich auch die Menschen aus dem nicht-sozialistischen Ausland an den Segnungen des Sozialismus teilhaben zu lassen. Jähn wird hier zum Inbegriff einer *Future Nostalgia,* die Asif Siddiqi in Anlehnung an Svetlana Boym als »a longing for the fantasies and desires that once were possible in the past« definiert.[42] Die DDR, die Alex für seine Mutter (re)inszeniert, »wurde immer mehr die DDR, die ich mir vielleicht gewünscht hätte«, sagt er an einer Stelle aus dem Off, und in der Figur des Kosmonauten Jähn schien die Möglichkeit eines besseren Sozialismus ihre wirkmächtigste Verkörperung gefunden zu haben.

Jähn blieb eine gefeierte Identifikationsfigur für all diejenigen, die nicht aufhören wollten, daran zu glauben, dass eine bessere DDR möglich gewesen wäre, und auch er selbst nahm nach 1989 all diejenigen in Schutz, die »den für uns glaubhaften Sozialismus vielleicht länger als nötig mitgetragen haben, auch dann noch, als er sich schon erschöpft hatte«.[43] Dass Jähn dennoch zu einem gesamtdeutschen Astrohelden geworden ist, den auch Raumfahrer der zweiten Generation mit bundesrepublikanischer Sozialisation vorbehaltslos als ihr Idol bezeichnen, spricht indes weniger für einen gelungenen Vereinigungsprozess als vielmehr für einen gelungenen Imagewandel Jähns. Aus dem ehemaligen Generalmajor und ostentativen Klassenkämpfer war schon bald nach 1989 der »Dr. rer. nat. Sigmund Jähn, Forschungskosmonaut« geworden, den das Deutsche Zentrum für Luft und Raumfahrt anlässlich seines Todes im September 2019 als einen »weltweit anerkannte[n] […], Wissenschaftler und Ingenieur« rühmte, der sich stets für die »friedliche Nutzung des Weltraums« eingesetzt habe.[44] Eine

41 Vgl. dazu Seán Allan: *Good Bye, Lenin!* Ostalgie und Identität im wiedervereinigten Deutschland, in: German as a foreign language Journal 1 (2006), S. 46-59; Sabine Moller: Zeitgeschichte sehen. Die Aneignung von Vergangenheit durch Filme und ihre Zuschauer, Berlin 2018.

42 Siddiqi: From Cosmic Enthusiasm to Nostalgia for the Future, S. 296 f.

43 Deutsches Museum Bonn (Hg.): Ulf Merbold und Sigmund Jähn sprechen über die Entwicklung der Raumfahrt, S. 13.

44 So bspw. in dem von ihm verfassten Vorwort in: Horst Hoffmann: Die Deutschen im Weltraum. Zur Geschichte der Kosmosforschung in der DDR, Berlin 1998,

»seltene Einmütigkeit, ja öffentliche Einstimmigkeit« kritisierte Ilko-Sascha Kowalczuk nach Jähns Tod im September 2019 und versuchte die Aufmerksamkeit auch darauf zu lenken, dass Jähn sich als Achtzehnjähriger dem Militär angeschlossen habe, nicht weil »er ein naiver Waffennarr oder ein skrupelloser Militarist war, sondern weil er als Kommunist das SED-Regime mit allen Mitteln verteidigen wollte«.[45]

In der Tat geriet Jähns Rolle als Protagonist eines realsozialistischen Astrobellizismus nach 1989 schnell in Vergessenheit. Ihn jedoch auf die Rolle eines »Aushängeschildes« des real existierenden Sozialismus zu reduzieren, wird seiner historischen Bedeutung und der sich mit ihr verknüpfenden Vergangenheits- und Zukunftshorizonte nur bedingt gerecht. Während in der Raumfahrt des Kalten Krieges historisch zwischen militärischem und zivilem Nutzen nicht zu unterscheiden ist – auch die MKF-6 und das *Spacelab* wurden seinerzeit sowohl zu militärischen als auch zu zivilen Zwecken verwendet –, verschwand mit dem »Gleichgewicht des Schreckens« die stets ambivalente Bedeutung astrokultureller Helden und machte Platz für eine unpolitische, utopische Wahrnehmung, die Krikaljow mit seinem Verweis auf »Dinge, die fundamentaler sind als politische Ereignisse« beschrieb und die zugleich Jähns Anschlussfähigkeit im Westen erklärt. Der »fliegende Vogtländer« war eben nicht nur das Aushängeschild eines Unrechtstaates, sondern fungierte zugleich als Symbolfigur für all den utopischen Überschuss, der weder im »historischen Präsentismus« des real existierenden Sozialismus noch in der Transformationsgesellschaft des vereinigten Deutschlands seinen Platz fand. So zeigt es zumindest *Good Bye, Lenin!*: Christiane erliegt am Ende ihrer Krankheit, aber statt sie auf der Erde zu begraben, schießt Alex die Asche seiner Mutter mit einer selbstgebauten Rakete in den Himmel.

Für den deutschen Astrofuturismus vor wie nach 1989 zeigt sich indes, dass sich eine der zentralen Zukunftshoffnungen des 20. Jahrhunderts, die »Eroberung des Weltraums«, nicht in ein einziges leitmotivisches Narrativ zwängen lässt, sondern als »Interrelation und Konkurrenz heterogener Zukunftserschließungen« begriffen werden muss.[46] Der Streit darüber, ob das

S. 9-11, hier S. 11; »Weltraumpionier Sigmund Jähn verstorben«, in: Deutsches Zentrum für Luft- und Raumfahrt, 22.9.2019, URL: https://www.dlr.de/content/de/artikel/news/2019/03/20190922_weltraumpionier-sigmund-jaehn-verstorben.html [25.4.2021].

45 Ilko-Sascha Kowalczuk: Tod von DDR-Kosmonaut: Sigmund Jähn verkörperte das DDR-System, in: *Der Tagesspiegel*, 24.9.2019, URL: https://www.tagesspiegel.de/politik/tod-von-ddr-kosmonaut-sigmund-jaehn-verkoerperte-das-ddr-system/25048874.html [25.04.2021].

46 Vgl. Rüdiger Graf/Benjamin Herzog: Von der Geschichte der Zukunftsvorstellungen zur Geschichte ihrer Generierung. Probleme und Herausforderungen des Zu-

neue Planetarium in Halle auch in Zukunft den Namen Jähns tragen soll, macht darüber hinaus deutlich, dass in der deutschen Astrokultur seit den 1970er Jahren nicht mehr nur um die Generierung zukünftiger Horizonte gerungen wird, sondern in gleichem Maße auch um vergangene Zeithorizonte.[47] Konsequenterweise führte das nach 1989 dazu, dass – wie die anhaltende Debatte um Jähns Tauglichkeit als gesamtdeutscher Astroheld zeigt – der Streit um eine deutsche »Zukunft in den Sternen« immer auch ein Streit darum ist, wie die DDR erinnert werden soll.

kunftsbezugs im 20. Jahrhundert, in: Geschichte und Gesellschaft 42 (2016), S. 497-515, hier S. 504.

47 »Stasi-Streit um Sigmund Jähn«, in: *Bild*, 5.11.2020, URL: https://www.bild.de/regional/sachsen-anhalt/sachsen-anhalt-news/halle-planetrium-stasi-streit-um-sigmund-jaehn-73785954.bild.html [25.4.2021].

Auf Jahre unschlagbar?

Die deutsche Vereinigung als Sportereignis

Jutta Braun

Jahrzehntelang hatte man neidisch nach »drüben« geblickt: Es war nicht zu leugnen, dass das System des deutschen »Polarisierungszwillings«[1] erheblich erfolgreicher war, dass es einfach besser funktionierte. Kein Wunder bei so viel Innovationsgeist und finanziellem Spielraum. Die Friedliche Revolution von 1989 schien jedoch das Undenkbare möglich zu machen: Man konnte endlich so werden wie die DDR.

Zugespitzt, aber in der Tendenz durchaus zutreffend ist hiermit die Gedankenwelt der führenden Sportfunktionäre der Bundesrepublik beschrieben, als sich 1989 mit dem Mauerfall auch der Eiserne Vorhang vor den gut gehüteten Geheimnissen des DDR-Sportwunders lüftete. Bereits in seiner ersten Rede nach den freien Volkskammerwahlen in der DDR am 18. März 1990 erklärte der bundesdeutsche Innenminister Wolfgang Schäuble, die Erfolge des DDR-Sports müssten für das vereinte Deutschland »gerettet« werden.[2] Tatsächlich war es der DDR seit 1968 stets gelungen, die Bundesrepublik bei Olympia zu schlagen, 1976 gelang es dem kleinen Land sogar, die USA zu überholen, 1984 verwies die DDR in Sarajevo den großen Bruder Sowjetunion auf Platz 2.[3]

Kann der Sport mithin als ein Sonderfall der Vereinigung gelten, da sich hier die Bundesrepublik offenkundig bereitwillig anschickte, »von der Diktatur zu lernen«? Was erblickten die bundesdeutschen Politiker und Sportfunktionäre, als sie in den Jahren 1989/90 erstmals hinter die Kulissen der Kaderschmieden der DDR zu schauen vermochten? Was entzog sich hingegen dem ersten Eindruck – um mittel- und langfristig umso deutlicher Spuren und Handlungszwänge für die deutsche Sportpolitik zu hinterlassen? Nachdem der »War minus the Shooting«, als den der Schriftsteller George Orwell den Kalten Krieg im Sport bezeichnet

1 Begriff bei Hans Günter Hockerts: Einführung, in: ders. (Hg.): Drei Wege deutscher Sozialstaatlichkeit: NS-Diktatur, Bundesrepublik und DDR im Vergleich, München 1998, S. 23.

2 Schäuble will Erfolg des DDR-Sports retten, in: *Frankfurter Allgemeine Zeitung*, 22.3.1990.

3 Jutta Braun: Wettkampf zwischen Ost und West. Sport und Gesellschaft, in: Frank Bösch (Hg.): Geteilte Geschichte. Ost- und Westdeutschland 1970-2000, Göttingen 2015, S. 411-448.

hatte,[4] an ein symbolisches Ende gekommen war, keimten zudem ernsthafte, wenn auch trügerische Hoffnungen auf, zu einer neuen Fairness im Sport zu gelangen. Der Beitrag rekapituliert die rasanten Entwicklungen der ersten Jahre nach dem Mauerfall, in denen maßgebliche Weichenstellungen erfolgten. Aus der Perspektive von 30 Jahren Sporteinheit ist anschließend zu ermessen, ob sich Impulse und Grundsatzentscheidungen der frühen Monate wie erhofft auswirkten, oder ob die deutsche Sportpolitik »am Ziel vorbei«[5] führte.

Aufbrüche 1989: Große Erwartungen und erste Erkundungen

Mit der »Freigabe« des Sportverkehrs durch die Sportführungen in Ost und West wenige Tage nach dem Mauerfall endete am 17. November 1989 der Zwang, bilaterale Sporttreffen vorab in diplomatisch ausgehandelten »Sportkalendern« anzumelden.[6] Während diese jährlichen Kalender vom Deutschen Sportbund (DSB) seit 1974 als Teil eines Grundlagenvertrages im Sport zur Sicherung eines Mindestmaßes an Austausch gedacht waren, hatten die SED und ihre für den Sport zuständige Massenorganisation, der Deutsche Turn- und Sportbund (DTSB), diese Pläne stets restriktiv gehandhabt, um genau das, was der bundesdeutsche Sport beabsichtigte, nämlich den innerdeutschen zwischenmenschlichen Kontakt aufrechtzuerhalten, nach Kräften zu unterbinden. Verbände und Vereine nutzten im November 1989 deshalb sogleich die neue Reisefreiheit – so dass Tausende Leistungs- und Freizeitsportler bereits in den ersten Monaten gesamtdeutsch Fußball, Handball und Schach spielten. Zudem konnten zahlreiche Großveranstaltungen bald erstmals eine grenzüberschreitende Streckenführung erproben: So führte am 1. Januar 1990 der 1. Gesamtberliner Neujahrslauf seine 20.000 Starter von der Straße des 17. Juni in Tiergarten durch das Brandenburger Tor und über die Straße Unter den Linden entlang zum Fernsehturm. Geöffnet wurden auch die Wege für den Wassersport. Am 1. April 1990 warteten zahlreiche Ruderer und Freizeitpaddler ungeduldig auf den Moment, in dem die Wasserstraßen an der Glienicker Brücke offiziell geöffnet wurden. Einen besonderen symbolischen Akt unternahmen die Veranstalter des Ersten Gesamtdeutschen Rennsteiglaufs,

4 Peter J. Beck: »War Minus the Shooting«: George Orwell on International Sport and the Olympics, in: Sport in History 33.1 (2013), S. 72-94.

5 Hannes Bahrmann/Christoph Links (Hg.): Am Ziel vorbei? Die deutsche Einheit – eine Zwischenbilanz, Berlin 2005.

6 Jutta Braun: Klassenkampf nach Kalenderplan. 30 Jahre deutsch-deutsches Sportprotokoll, in: Deutschland Archiv 37.3 (2004), S. 405-414.

der nun erstmals von Thüringen nach Bayern führen konnte und die ehemalige Demarkation sechsmal querte. Dem Sieger winkte als Trophäe ein Stück Stacheldraht des ehemals die Läuferschar in Ost und West trennenden Grenzzauns.[7]

Doch begann nun auch die Zeit gezielter Erkundungsreisen im Sport, die von West nach Ost führten und durchaus unterschiedlich motiviert waren. Zum einen nutzten nun bundesdeutsche Sportler und Politiker die Möglichkeit, selbst einen Blick auf die legendären DDR-Kaderschmieden – die Sportclubs, Trainingsstätten sowie die Kinder- und Jugendsportschulen – zu werfen.[8] Verschiedene Delegationen aus der Bundesrepublik reisten zu den Sport-Hochburgen der DDR. So besuchte etwa Ralf Holtmeyer, Bundestrainer des Deutschland-Achters aus Dortmund, bereits in den ersten Tagen nach der Grenzöffnung das Ruderleistungszentrum der SG Dynamo in Potsdam, wo er von seinen ostdeutschen Sportkameraden herzlich empfangen wurde:

> »Es war ja eine sehr offene Atmosphäre zur Wendezeit. Also wir waren aus dem Westen natürlich froh, mal gucken zu können, wo die Goldmedaillen gemacht werden. Das war sehr interessant für uns. Aber es war natürlich auch im Osten eine gewisse Befreiung, hatte ich das Gefühl, dass die einfach mal sagen konnten, wie sie es denn machten.«[9]

Beeindruckt zeigten sich die Gäste vor allem von den personellen und finanziellen Dimensionen. So erfuhr man, dass die DDR im Rudersport insgesamt über 200 hauptamtliche Trainer, Funktionäre und Betreuer verfügte, allein im Leistungszentrum Potsdam waren es 70. Dem Potsdamer Stützpunkt hatten zudem jährlich rund zwei Millionen Ostmark zur Verfügung gestanden. »Da traf der Hobbyruderverband West auf ein hochprofessionelles System«, kommentierte Ralf Holtmeyer rückblickend den augenfälligen Unterschied in der organisatorischen Größenordnung.[10]

Mit einem grundsätzlichen Anliegen entsandte auch der Bundesausschuss Leistungssport (BAL) im Herbst 1990 eine eigene Arbeitsgruppe zu den führenden Sportstandorten der DDR. Die Tour, die als Grundlage für die Ausrichtung des künftigen vereinten Spitzensports und finan-

7 Die Trophäe wurde 2008 in der Ausstellung »Wir gegen uns« des Hauses der Geschichte der Bundesrepublik Deutschland gezeigt.

8 Zum DDR-Leistungssportsystem vgl.: Hans Joachim Teichler: Das Leistungssportsystem der DDR in den 1980er Jahren und im Prozess der Wende, Schorndorf 1999.

9 Michael Barsuhn: Tagungsbericht der Erinnerungskonferenz »Die Vereinigung im Sport 1989/1990« am 21./22. Oktober 2005 an der Universität Potsdam, hrsg. von der Friedrich-Ebert-Stiftung, Bonn 2006, S. 13.

10 Ebd., S. 14.

zielle Förderentscheidungen des Bundes dienen sollte, führte die Abgesandten nach Thüringen und Sachsen, mit Stippvisiten in Suhl, Oberhof, Erfurt, Jena, Oberwiesenthal und Chemnitz.[11] Hierbei empfand das Delegationsmitglied Ferdinand Kösters von der Sportabteilung des Bundesministeriums des Innern eine gewisse Skurrilität der Situation:

> »Es war schon ein eigenartiges Gefühl, hier in einem Sportleistungszentrum der DDR zu sitzen und der gegenübersitzenden Seite, von der wir uns früher eigentlich immer die Geheimnisse des Leistungssports erhofft hatten, nun klar zu machen, wo es künftig lang gehen sollte. Während der gesamten Reise dachte ich immer: da sitzen vor dir die Weltmeister, die Profis im Sport und jetzt, wo ihr System untergegangen ist, kommen wir, vergleichsweise Amateure, und erzählen hier, wie man den Sport fördern sollte.«[12]

Doch waren die Eindrücke auch von einer gewissen Ambivalenz gekennzeichnet: So gerieten die Besucher zwar über die Superlative der DDR-Sportarchitektur ins Schwärmen, etwa im Angesicht eines Biathlon-Stadions im Wintersportzentrum Oberhof, wie man »im Westen noch keines gesehen hatte.« Zudem war man immer wieder »zutiefst von den Ausmaßen« der Anlagen beeindruckt, »bei denen es sich fast immer um riesige ›Objekte‹ auf ebenso riesigen ›Territorien‹, wie die DDR-Gastgeber die Gelände nannten«, handelte. So erschien das Chemnitzer Sportforum als »eine Sportstadt für sich«. Doch an jeder der aufgesuchten Stationen mischte sich in die Begeisterung über innovative Konstruktionen wie hydraulische Schwimmbäder, überdachte Ganzjahres-Wurfhallen oder Laufschläuche doch auch ein Befremden über die Baufälligkeit der Einrichtungen: »So genial die Technik war, so marode sah das Ganze aus.« So wirkte nicht nur die Ammoniak-Anlage zur Versorgung der Eisschnelllaufbahn in Erfurt so, »als würde sie jeden Augenblick in die Luft fliegen«. Auch war die dortige »Facettendecke nicht mehr sicher, einzelne Teile hatten sich schon gelöst und hingen wie Damoklesschwerter über den Sportlern«. Keine Gnade fanden in den Augen der West-Delegation auch die Zimmer des Sportinternates, in denen man besuchsweise nächtigte und die mit ihren abgenutzten Möbeln und Bädern »in einem erbarmungswürdigen Zustand«

11 Die Reise fand vom 11. bis 14. November 1990 statt. Zur Delegation gehörte neben Kösters der Leitende Direktor des BAL Prof. Rolf Andresen. Begleitet wurden sie von zwei Abgesandten des DTSB aus Ost-Berlin. Dazu Ferdinand Kösters: Verschenkter Lorbeer. Sportpolitik in Deutschland zur Zeit der Wende 1989/90, Münster 2009, S. 118-119.

12 Dieses und die folgenden Zitate entstammen dem Kapitel »Der Besuch der Sportzentren«, in: Kösters: Verschenkter Lorbeer, S. 118-141, bes. S. 121, 126-128, 131, 137.

erschienen. Am Frühstückstisch fragten die Besucher mithin wenig taktvoll ihren Erfurter Gastgeber, »ob denn in diesen Räumen wirklich Spitzensportler und Olympiasieger wie Renate Stecher, Marlies Göhr, Heike Drechsler, Ruth Fuchs oder Petra Felke geschlafen hätten, und er bejahte diese Frage.«

Waren die Spitzen der bundesdeutschen Sportverantwortlichen also hin- und hergerissen zwischen Faszination und Überheblichkeit, hatte ein anderer langjähriger Beobachter des DDR-Sports eine sehr präzise Vorstellung von dem, was er bei seiner Exploration im Osten vorzufinden gedachte: Der Heidelberger Molekularbiologe Professor Dr. Werner Franke[13] unternahm gemeinsam mit seiner Ehefrau, der ehemaligen Leichtathletin und scharfen Doping-Kritikerin Brigitte Berendonk,[14] einen Abstecher nach Bad Saarow. Die Fahrt in den brandenburgischen Kurort vier Tage vor Heiligabend 1990 diente der Sicherung von Beweismaterial zu den Doping-Vergehen der DDR. Franke vermutete, dass in der dortigen Militärmedizinischen Akademie streng vertrauliche wissenschaftliche Dissertationen und Habilitationen zur Dopingforschung verwahrt wurden. Der Einblick in die Geheimstudien ergab »Ungeheuerlichkeiten: Betrug en gros, illegale Menschenversuche«, darunter Anabolikaexperimente an Jugendlichen.[15] Obgleich Werner Franke und Brigitte Berendonk »exzerpierten, so schnell und gut es ging«, war eine sinnvolle Auswertung in der Eile nicht möglich; auch eine in einem Buch versteckt eingebaute Minikamera kam unter den Argusaugen der Sekretärinnen nicht zum Einsatz. Zwar konnte das Ehepaar eine Genehmigung des Verteidigungsministeriums vorweisen, alle Dissertationen, auch die Verschlusssachen, gegebenenfalls zu entleihen, doch gelang dies schließlich – wie befürchtet – nur gegen den erbitterten Widerstand der örtlich Zuständigen:

> »Selbst der schreiende Verschlusssachenoberst, Verteidiger der DDR-Betrugs-Fachliteratur bis zum letzten Atemzug (›Sie geben sofort die Arbeiten zurück!‹ […] ›Ich bring das heute Abend ins Fernsehen! Das hat's ja noch bei keiner Armee der Welt gegeben!‹) konnte nicht verhindern, dass die Wahrheit über den DDR-Sport sichergestellt und mit dem ordnungs-

13 Werner Willhelm Franke, geb. 31.1.1940; Studium der Biologie, Chemie und Physik in Heidelberg, als Student Autor u.a. für die Kabaretts Kom(m)ödchen und Bügelbrett, seit 1973 Professor für Molekularbiologie in Heidelberg.

14 Brigitte Berendonk, geb. 2.5.1942; 1958 DDR-Vierkampf-Meisterin; 1971 Deutsche Meisterin im Diskuswurf. Als wichtiger Markstein der öffentlichen Doping-Kritik gilt ihr Artikel »Züchten wir Monstren? Die hormonale Muskelmast« in: *Zeit*, 5.12.1969.

15 Vgl. das Kapitel »Die Reise nach Bad Saarow«, in: Brigitte Berendonk: Doping-Dokumente. Von der Forschung zum Betrug, Berlin 1991, S. 68-72.

gemäßen Stempel ›Geheimhaltung aufgehoben‹ in einer bundesdeutschen Reisetasche landete, gerettet für die Geschichte.«[16]

Noch im Jahr 1991 erschien die aktengestützte Darstellung aus der Feder von Berendonk und Franke »Doping-Dokumente: Von der Forschung zum Betrug«, die bis heute ein Standardwerk der Aufklärung in diesem Bereich geblieben ist und eine lodernde Anklage gegen Doping-Vergehen in Ost und West darstellt. Und der Heidelberger Professor beließ es nicht bei akademischen Abhandlungen: Ebenfalls 1991 erstattete er Strafanzeige gegen zahlreiche Verantwortliche des DDR-Sportsystems wegen »Körperverletzung«.

Dass ein Teil der Doping-Machenschaften relativ früh öffentlich wurde, war jedoch nicht allein Franke zu verdanken, sondern ausgerechnet auch einem der wichtigsten Funktionäre des Staatsdopings: Denn der Vizechef des Sportmedizinischen Dienstes der DDR, Manfred Höppner, hatte sein Insiderwissen, gestützt durch detaillierte Unterlagen, Ende des Jahres 1990 an den *Stern* verkauft.[17] Mitten in die daraufhin aufwallende Empörungswelle über die Manipulationen des einstigen Sportwunderlandes DDR platzte wenige Tage später *Der Spiegel* mit einem Artikel, der massive Dopingverstöße im bundesdeutschen Sport mit Zeugenaussagen und schriftlichem Beweismaterial untermauerte. Die westdeutsche Athletin Claudia Lepping, eine der wesentlichen Initiatorinnen der *Spiegel*-Publikation, hatte sich aus Frustration über die Dysfunktionalität westdeutscher Dopingkontrollen, vor allem aber durch die Enthüllungen über die Methoden des DDR-Dopings zu diesem Schritt ermutigt gefühlt.[18] Wie in keinem anderen gesellschaftlichen Bereich sorgte der Vereinigungsprozess im Sport somit dafür, nicht allein die Untaten des SED-Regimes aufzudecken, sondern ebenso die Abgründe eines illegalen Schattenbereichs im westdeutschen System sichtbar zu machen.

Dementsprechend geriet der Zeitraum seit dem offiziellen Vollzug der Sporteinheit am 15. Dezember 1990 bis zum Ende 1991 zum »Jahr der Kommissionen« im Sport, die sich ausdrücklich mit Doping in Ost *und* West befassen sollten.[19] Doch stellte sich heraus, dass die Abschlussbe-

16 Ebd., S. 72.

17 »Wie die DDR Sieger machte«, in: *Stern*, 29.11.1990; »Ich stehe heute noch dazu«, in: *Stern*, 29.11.1990.

18 Im Mittelpunkt standen die Machenschaften von Leichtathletik-Bundestrainer Jochen Spilker in Hamm, der Athleten zu »Anabolika-Kuren« angeleitet habe; vgl. dazu *Der Spiegel*, 4.12.1990.

19 Jutta Braun: »Dopen für Deutschland«: Die Diskussion im vereinten Sport 1990-1992, in: Klaus Latzel/Lutz Niethammer (Hg.): Hormone und Hochleistung. Doping zwischen Ost und West, Köln 2008, S. 151-70, hier S. 152f.

richte der beiden beauftragten Gremien vor allem die Schwerpunkte der Dopingpraxis in der DDR analysiert, jedoch kaum den Blick nach Westen gerichtet hatten. Auch DSB-Präsident Hans Hansen bedauerte die »Schlagseite« aufgrund der »besseren Beweislage« im Osten.[20] Bereits hier deutete sich an, dass die künftige Dopingdiskussion sich vor allem auf die DDR-Vergangenheit und das aus Ostdeutschland übernommene Personal konzentrieren würde, die Aufklärung der Verantwortlichkeiten in der alten Bundesrepublik demgegenüber für lange Zeit in den Hintergrund trat.

Dabei hatten dopingkritische Athleten und Sportfunktionäre auch im Westen für kurze Zeit gehofft – nun, da der politische »Wettkampf der Systeme« ein Ende gefunden hatte – dass sich künftig auch die Dopingpraxis im vereinten Deutschland entschärfen werde. So wurde in den Jahren 1990/91 erstmals von Athleten und Verbänden offen und medial breit debattiert, dass auch der bundesdeutsche Sport einen, wenn auch zumeist indirekten, Zwang auf seine Athleten ausübte, zu verbotenen Mitteln zu greifen. Zahlreiche Aktive kritisierten vor allem die überhöhten Qualifizierungsnormen, die ohne pharmakologische Unterstützung nicht zu erfüllen seien. Die DSB-Führung signalisierte kurzzeitig Reformwillen, so sprach sich DSB-Präsident Hans Hansen im Januar 1991 dafür aus, noch im Frühjahr die Qualifikationskriterien für internationale Meisterschaften und Olympische Spiele zu erleichtern.[21] Doch blockte der Bundesausschuss Leistungssport schließlich eine Änderung des bisherigen Verfahrens, das den Nachweis der sogenannten »Endkampfchance« bei den Sportler verlangte, kategorisch ab.[22]

Somit zeigte sich am Ende des Jahres 1991 im Sport ein sehr ambivalentes Bild: Hinsichtlich des Verfahrens hin zur »Einheit« orientierte sich der organisierte Sport an »Artikel 23« des Grundgesetzes, der auch den Modus der staatlichen Einheit vorgegeben hatte.[23] So bildeten sich unmittelbar nach Gründung der neuen Länder entsprechend fünf neue Landessportbünde in Thüringen, Sachsen-Anhalt, Sachsen, Mecklenburg-Vorpommern und Brandenburg als neue »Korporativakteure«, die schließlich Ende des Jahres 1990 dem Deutschen Sportbund beitraten.[24]

20 »Keine gemeinsame Elle«, in: *Sächsische Zeitung*, 16.12.1991.

21 »DSB-Präsident Hansen fordert erleichterte Wettkampfnormen«, in: *Frankfurter Allgemeine Zeitung*, 14.1.1991.

22 »Ein Arbeitspapier zieren wolkige Beschlüsse«, in: *Süddeutsche Zeitung*, 20.7.1991.

23 »Die Methode des Artikels 23 als Favorit«, in: *Süddeutsche Zeitung*, 6.4.1990.

24 Raj Kollmorgen: Das ungewollte Experiment. Die deutsche Vereinigung als »Beitritt«: Gründe, Prozesslogik, Langzeitfolgen. Arbeitsbericht Nr. 65, Otto-von-Guericke-Universität, Magdeburg 2013, S. 10.

In den Spielsportarten stürzte man sich zudem in das Novum von »Geisterligen« für die Saison 1990/91, um eine halbwegs faire Integration der Spielsysteme zu erreichen. Das Geisterhafte ergab sich hierbei nicht – wie bei den »Geisterspielen« der 1950er Jahre[25] und in einem Teil der Spielzeit anno 2020 – aus dem Fehlen von Zuschauern. Vielmehr lag das Gespenstische darin, dass sich Staat und Verbände des zweiten deutschen Staates im Verlauf dieser letzten Saison auflösten. So konnten im Fußball die beiden besten Klubs dieser letzten »DDR-Oberliga« – Hansa Rostock als Meister und Vizemeister Dynamo Dresden – in der nächsten Spielzeit in der ersten Bundesliga antreten, sechs weitere Teams aus dem Osten wurden für die zweite Bundesliga zugelassen.[26]

Noch unklar war jedoch, inwieweit sich die Absicht der bundesdeutschen Sportpolitik, einzelne strukturelle Bausteine des Sportsystems der DDR adaptieren zu können, würde verwirklichen lassen. Aber kurzfristig schien dies auch nicht so entscheidend, war der Bundesrepublik doch gleichsam über Nacht bereits das ostdeutsche Athletenpotenzial in den Schoß gefallen. Wie hatte Bundestrainer Franz Beckenbauer es im Moment der Euphorie so selbstsicher formuliert, als er als strahlender Sieger der Fußball-Weltmeisterschaft in Rom 1990 über den Rasen schritt: Die deutsche Mannschaft werde, auch durch den Zuwachs der ostdeutschen Spieler, auf Jahre nicht zu besiegen sein.[27] Was im Fußball nur vages Gedankenspiel war, rückte im olympischen Sport bald in greifbare Nähe: Bei den Olympischen Winterspielen von Albertville im Jahr 1992 sollte das bundesdeutsche Team erstmals als vereinte Mannschaft der west- und ostdeutschen Spitzenkader antreten. Als der letzte Wettkampf in den französischen Alpen vorüber war, stand der Triumph fest: Erstmals überhaupt in der olympischen Geschichte hatte es eine Mannschaft unter der Flagge der Bundesrepublik geschafft, sich unangefochten auf Platz 1 der Medaillenliste zu setzen.

25 Jutta Braun/René Wiese: Deutsch-deutsche Geisterspiele. Vor 50 Jahren traten erstmals zwei deutsche Nationalmannschaften gegeneinander an – doch kein Zuschauer war im Stadion, in: *Der Tagesspiegel*, 18.9.2009.

26 Die Folgesaison 1991/92 in der ersten Liga wurde ausnahmsweise auf 20 Mannschaften aufgestockt, von denen wiederum einmalig vier abstiegen – darunter Hansa Rostock – so dass die Ursprungsformation mit 18 Tabellenplätzen wieder erreicht war.

27 Das vollständige Zitat in: Uwe Karte: Die Absage von Leipzig. Die Pläne für das deutsch-deutsche Duell, in: DFB (Hg.): Spiel ohne Grenzen. 20 Jahre Fußball-Einheit, Gütersloh 2010, S. 35-45, hier S. 35.

»Elitenwechsel« vor und nach 1989

Die Sportstars galten als das »Porzellan«[28] der DDR-Führung, dementsprechend war der Umgang mit ihnen von zahlreichen Vorsichtsmaßnahmen gekennzeichnet. Seit 1969 erstreckte sich die Überwachung durch die Staatssicherheit nicht allein auf den Trainingsalltag, sondern auch auf das Privatleben der Spitzenathleten. War »Republikflucht« ohnehin das zentrale Trauma des SED-Staates, so galt dies in verstärktem Maße mit Blick auf die »Diplomaten im Trainingsanzug«. Jeder unerlaubte Seitenwechsel brachte hier nicht allein einen sportlichen Verlust, sondern es bedeutete immer auch einen erheblichen politischen Imageschaden, wenn eines der Aushängeschilder des Sozialismus es vorzog, den weiteren Lebensweg im Land des Klassenfeindes fortzusetzen. Dementsprechend betrieb die DDR eine konsequente »Damnatio Memoriae« gegenüber ihren »Verrätern«. Die Sportführung übte sich in vielgestaltiger Weise in einem symbolischen Vernichtungsfeldzug, wenn es um das Auslöschen der öffentlichen Erinnerung an republikflüchtige Sportler ging: Als Leichtathlet Jürgen May in den Westen flüchtete, wurde er als gewählter »Sportler des Jahres« 1965 sang- und klanglos durch den Fußballer Peter Ducke ersetzt. Den Schwimmer Jens Peter Berndt, der 1985 über die USA nach Westdeutschland gelangte, strich das *Deutsche Sportecho* fortan aus seinen Rekordlisten. Der Fußballer Peter Kotte von Dynamo Dresden wurde wegen Mitwisserschaft an einer geplanten Republikflucht nicht nur inhaftiert, sondern sein Kopf nachträglich aus einem Mannschaftsfoto retuschiert.[29] Ein ähnliches Schicksal widerfuhr dem geflüchteten Trainer Jörg Berger, der die Manipulationen allerdings erst nach dem Mauerfall zur Kenntnis nahm, als er bei seinem früheren Heimatverein Carl Zeiss Jena die Galerie der Mannschaftsfotos abschritt: »Nur meine Krawatte war noch da.«[30] Auch der Redakteur der ostdeutschen *Fußballwoche* Günter Simon erinnert sich gut an die rigide Praxis:

> »Immer, wenn irgendjemand wieder weggeblieben war, dann kriegten wir das zunächst nur dadurch mit, dass uns eine Mitteilung auf den Tisch flatterte: Sofort die und die Bilder aus dem Verkehr ziehen. Da wussten wir sofort: Der ist nicht mehr da.«[31]

28 »Honeckers Porzellan«, in: *Der Spiegel*, 10.1.2015.

29 Zur Damnatio Memoriae vgl. Jutta Braun/Michael Barsuhn: Der Platz blieb leer. »Kaltstellung« und »damnatio memoriae« im Fußball der DDR, in: Markwart Herzog (Hg.): Memorialkultur im Fußballsport. Medien, Rituale und Praktiken des Erinnerns, Gedenkens und Vergessens, Stuttgart 2013, S. 421-434.

30 Interview mit Jörg Berger, in: *Der Tagesspiegel*, 15.3.2009.

31 Erik Eggers: Die »Privilegierten« und der »Annex«. Der Sportjournalismus und seine Akteure im geteilten Berlin (1945-1989), in: Jutta Braun/Hans Joachim Teich-

Nach der Flucht des Fußballers Lutz Eigendorf mussten nicht nur seine Bilder, sondern auch jegliche Souvenirartikel radikal aus dem öffentlichen Verkehr verschwinden – allein 1000 Klubgläser mit Eigendorfs Schriftzug wurden auf Geheiß der Sportleitung zertrümmert.[32] Bis heute ist nicht klar, wie weit der Staat hier mit seiner Rache ging und in den Unfalltod des BFC-Dynamo Stars verwickelt war.

Ebenso erlitten Familie und Umfeld der Geflüchteten in der DDR harsche Repressionsmaßnahmen, von öffentlicher Ächtung bis bin zur Beendigung der beruflichen Laufbahn.[33] Als der Skispringer Hans Georg Aschenbach 1988 das Weite suchte, wurde nicht nur ein ihm zu Ehren errichtetes Denkmal in seiner Heimatstadt geschleift, sondern auch seine Frau und Kinder bedrängt.[34] Ausgerechnet der erfolgreiche DDR-Schütze zum 1:0 im Hamburger Volksparkstadion bei der WM 1974, Jürgen Sparwasser, hatte sich noch 1988 bei einem Altherrenturnier im Saarland in die Bundesrepublik abgesetzt. Als letzter DDR-Star war die mehrfache Goldmedaillengewinnerin, die Schwimmerin Kornelia Ender, mit Ehemann und zwei Töchtern im August 1989 in den Fängen der ungarischen Grenztruppen hängengeblieben – nicht zufällig, denn ihr parteitreuer Vater hatte sie verraten.[35] Somit wagten nur wenige DDR-Sportler den riskanten Schritt, da ihnen die unabsehbaren Konsequenzen für ihre Angehörigen und sie selbst vor Augen standen. Dabei träumten gerade viele Fußballer davon, einmal in der erfolgreichen Bundesliga zu spielen, und viele Spitzenathleten, für die sich der Eiserne Vorhang im Unterschied zum Normalbürger bereits ein wenig gelüftet hatte, da sie zu Wettkämpfen nach Paris und Tokio reisen durften, betrübte umso mehr die Perspektive, nach ihrer aktiven Zeit wieder im Käfig des SED-Staates eingesperrt zu sein.

Mit dem Mauerfall setzte dementsprechend wenig überraschend ein »Go West« zahlreicher ostdeutscher Spitzensportler ein. Im Januar 1990 titelte der *Kicker* »Thom macht das Tor auf«; denn der Ost-Berliner Fußballer Andreas Thom war der Erste, der in der Bundesrepublik bei Bayer

ler (Hg.): Sportstadt Berlin im Kalten Krieg. Prestigekämpfe und Systemwettstreit, Berlin 2006, S. 184-238, hier S. 225.

32 Heribert Schwan: Tod dem Verräter. Der lange Arm der Stasi und der Fall Lutz Eigendorf, München 2000, S. 150.

33 Jutta Braun/René Wiese: Historische Einführung, in: René Wiese/Jutta Braun/Claudia de la Garza: ZOV Sportverräter. Spitzenathleten auf der Flucht, Berlin 2011, S. 73-116.

34 Hans Georg Aschenbach: Euer Held. Euer Verräter. Mein Leben für den Leistungssport, Halle 2012.

35 Jutta Braun: Thüringer Sportler in der Diktatur, in: dies./Michael Barsuhn (Hg.): Zwischen Erfolgs- und Diktaturgeschichte. Perspektiven der Aufarbeitung des DDR-Sports in Thüringen, Göttingen 2015, S. 19-145, hier S. 111 ff.

Leverkusen anheuerte.[36] Den Verantwortlichen des BFC Dynamo war es offenkundig unangenehm, dass ausgerechnet ein Star des staatstreuen und hochprivilegierten »Stasi-Klubs« nun als Erster dem »Lockruf des Geldes« gefolgt war. So kündigte der Klubvorsitzende öffentlich an, einen Teil der Ablösesumme anstelle der Klubkasse dem Gesundheitswesen der DDR zukommen zu lassen; ob dies tatsächlich geschah, ist nicht überliefert.[37] Bundeskanzler Helmut Kohl persönlich versuchte 1990 durch einen Anruf bei Reiner Calmund, dem Manager von Bayer 04 Leverkusen, die Headhunter im Fußball zu bremsen.[38] Der Kanzler wies die Vereinsführung zurecht: »Sie können die DDR nicht einfach leerkaufen.«[39]

Doch selbst der einflussreiche Kanzler der Einheit konnte die Entwicklung nicht aufhalten, die ab sofort den Gesetzen des Marktes gehorchte. Hier machte der DDR-Sport schockhaft eine Erfahrung durch, die in der Vereinigungsforschung als »nachholende Modernisierung«[40] bezeichnet wird: Die ostdeutschen Klubs mussten sich an das System von nationalen und internationalen Spielerkäufen und -transfers gewöhnen, wie sie für die Bundesrepublik bereits seit Jahrzehnten üblich waren. Für viele westdeutsche Klubs eröffnete sich so die willkommene Chance, ihre Reihen mit den Talenten der DDR zu schmücken, Stimmen im Osten hingegen beklagten einen »Ausverkauf«, wenn nicht gar ein »Ausbluten« des DDR-Sports. Somit stellten die »Aktiven«, also DDR-Sportler und ihre Erfolgstrainer, eine durchaus begehrte Elite im vereinten deutschen Sport dar. Auch dies war ein markanter Unterschied zu anderen gesellschaftlichen und staatlichen Bereichen, in denen ostdeutsches Personal mangels »formaler Qualifikation« oder »informeller Kompetenzen« häufig wenig gefragt war.[41] Der Boxer Henry Maske aus Frankfurt/Oder stieg, unterstützt durch das aufkommende Privatfernsehen, sogar zum gesamtdeutschen Sportsymbol auf und verhalf dem Boxsport in der Bundesrepublik zu einem neuen Boom. Gemeinsam mit Max Schmeling ließ er sich zudem für Plakate unter dem Slogan ablichten:

36 »Thom macht das Tor auf«, in: *Kicker Sportmagazin*, 15.1.1990.

37 »Thom-Transfer-Anteil für Gesundheitswesen: BFC Dynamo realisiert einen Vorschlag des ND«, in: *Neues Deutschland*, 18.12.1989.

38 Reiner Calmund: fußballbekloppt! Autobiographie, München 2008, S. 121.

39 Ebd.

40 Raj Kollmorgen: Zwischen »nachholender Modernisierung« und »doppeltem Umbruch«: Ostdeutschland und deutsche Einheit im Diskurs der Sozialwissenschaften, in: Raj Kollmorgen/Frank Thomas Koch/Hans-Liudger Dienel (Hg.): Diskurse der deutschen Einheit. Kritik und Alternativen, Wiesbaden 2011, S. 27-67.

41 Kollmorgen: Experiment, S. 12.

»Kaum war die Mauer geöffnet, haben wir Freundschaft geschlossen.«[42] Der Symbolgehalt der Sportheroen zweier unterschiedlicher sportlicher Glanzzeiten sollte hier dem Anliegen der inneren Einheit dienen.

Gleichzeitig setzte jedoch nicht geringe Kritik daran ein, dass mit dem ostdeutschen Personal – vor allem bei Trainern – auch eine massive Doping- und Stasi-Belastung Eingang in den vereinten Sport gefunden hatte. Vor allem die Recherchen von Berendonk und Franke, aber auch das öffentliche »Auspacken« einiger früherer Sportler brachte erfolgsverwöhnte Trainer in Bedrängnis: In verschiedenen Gerichtsverfahren misslang es Trainern und Sportlern, die von Franke und Berendonk erhobenen Doping-Vorwürfe zu widerlegen.[43] Ganze Gruppen von ostdeutschen Trainern suchten nun in Ehrenerklärungen ihr Heil, indem sie Verfehlungen eingestanden und für die Zukunft Besserung gelobten.[44]

Bald erkannte zudem die Nachfolgeorganisation der SED das politische Kapital des DDR-Sports: So wurde im Februar 1992 bekannt, dass die ostdeutschen Sprinterinnen Katrin Krabbe und Grit Breuer aufgrund einer manipulierten Urinprobe vom Deutschen Leichtathletikverband suspendiert wurden. Die PDS nutzte die Diskussion zur Bekräftigung einer neuen Ost-Identität, indem sich ihr Vorsitzender Gregor Gysi schützend vor die überführte Katrin Krabbe aus Neubrandenburg stellte und argumentierte, mit den Doping-Vorwürfen gegen ehemalige DDR-Athleten sollten Errungenschaften der Arbeiter- und Bauernmacht diskreditiert werden.[45] Der Ehrenvorsitzende der PDS schließlich, Hans Modrow, schrieb einen demonstrativen Brief an die Leichtathletinnen und ermutigte sie, dem vermeintlichen Druck zu widerstehen, mit dem »jede Erinnerung an die DDR in den Schmutz gezogen« werden solle.[46] Der Sport als Arena und Projektionsfläche von Ost-West-Ressentiments, so schien es, war mit dem Kalten Krieg nicht ad acta gelegt, sondern gewann, wenn auch unter veränderten Vorzeichen, nun erneut an Konturen.

42 Die Plakate waren eine Aktion von Wir für Deutschland e. V. und Aktion Gemeinsinn e. V.
43 Zu den Auseinandersetzungen vgl. Braun: »Dopen für Deutschland«, S. 160.
44 »Ost-Schwimmtrainer bestätigen DDR-Doping«, in: *Frankfurter Allgemeine Zeitung*, 3.12.1991.
45 Braun: »Dopen für Deutschland«, S. 163.
46 »Modrows herzlicher Gruß an Katrin Krabbe«, in: *Die Welt*, 22.2.1992.

Rückkehr der Zivilgesellschaft im Sport

Der wichtigste und grundlegendste Akt der gesellschaftlichen Transformation im Sport vollzog sich allerdings weit abseits des Scheinwerferlichts olympischer Arenen und medialer Schlammschlachten. Dieser stille Prozess ereignete sich tausendfach in der sich in Auflösung befindlichen DDR, unter der häufig tatkräftigen Mithilfe zahlreicher »Sportfreunde« aus dem Westen. Denn am 21. Februar 1990 wurde das »Parteien- und Vereinigungsgesetz« der DDR verabschiedet. Es ist bislang vor allem hinsichtlich seiner Bedeutung für die politischen Parteien der DDR gewürdigt worden. Tatsächlich legte das Gesetz jedoch zugleich die entscheidende Grundlage, um den Staatssport der DDR in einen vereinsbasierten, autonomen Sport zu überführen, wie er in der Bundesrepublik das Gesicht und die Verfassung des Sports bestimmte. Denn während nach den Überformungen des NS-Systems ein zivilbürgerliches Vereinswesen als Basis des Sporttreibens nach 1945 im Westen erneut Fuß gefasst hatte, war in der SBZ/DDR ein hierarchisch strukturierter, parteilich gelenkter Staatssport installiert worden. Vereine wurden durch »staatlich organisierte Körperschaften«,[47] die so genannten Betriebssportgemeinschaften (BSG) oder Sportclubs (SC) ersetzt. Klubs standen zudem nicht selten in der Trägerschaft staatlicher Einrichtungen oder bildeten – wie die Armeesport- und die Dynamo-Clubs – sogar militärische Einheiten, auch dies ein Import sowjetischer Vorbilder. Der emanzipative Impuls des deutschen Vereinswesens war damit zugunsten einer staatlichen Lenkung im Osten radikal abgeknickt worden.

Zudem hatte das SED-Regime die Pflege der bürgerlichen Vereinskultur im Zuge ihrer Neumodellierung der Sportlandschaft untersagt. Sportler, die an der überkommenen Sportkultur festhalten wollten, sahen sich häufig über Nacht als »Feinde der neuen demokratischen Ordnung« diffamiert. Hierbei wurde nicht nur die »Bürgerlichkeit« des Sports kritisiert, sondern auch der Gedanke eines »unpolitischen« Sporttreibens angegriffen. Die Sportverbände warnten zwar vor diesem radikalen Überbordwerfen von Traditionen, so klagte der Fußballverband (DFV) 1964, man habe »einen großen, entscheidenden Faktor nicht beachtet: Man hat die Mitarbeit hunderttausender, ehrenamtlicher Kader und passiver Mitglieder in den Gemeinschaften negiert und durch einen Beschluss einfach

47 Giselher Spitzer: Die Ersetzung von Vereinen und Verband durch politisch gesteuerte Körperschaften, in: Giselher Spitzer/Hans Joachim Teichler/Klaus Reinartz: Schlüsseldokumente zum DDR-Sport. Ein sporthistorischer Überblick in Originalquellen, Aachen 1998, S. 15-28.

von der Mitarbeit ausgeschlossen.«[48] Doch verhallten die Warnungen ohne Resonanz, denn einen Weg zurück gab es schon aus ideologischen Gründen nicht. Die Folgen sind bis heute nicht ausgemessen: Die in der DDR forcierte Entbürgerlichung speziell im Vereinswesen ist von der historischen Forschung bislang vornehmlich für akademische Zirkel und wirtschaftliche Interessenvertretungen untersucht worden – der Sport blieb hier bislang gänzlich außerhalb des Blickfelds der Geschichtswissenschaft.[49]

Allenfalls zu etwas Kosmetik konnte sich die DDR entschließen, als der DFV Mitte der 1960er Jahre dafür plädierte, alte Vereinstraditionen zumindest partiell zu reanimieren und klassische Vereinsnamen wie »FC« und »VfB« wieder zuzulassen. Zudem drängte man auf eine Tilgung der Bezeichnungen für die Produktionszweige, wie »Traktor« und Ähnliches, in den Team-Namen. Mit der Neugründung von zehn Fußballklubs im Jahr 1965/66 wurden diese Vorschläge zum Teil verwirklicht. Das traditionelle Kürzel »FC« für Fußball-Club erlebte eine Wiedereinführung, so dass etwa aus dem SC Motor Jena der FC Carl Zeiss Jena wurde. Auch einige der »Industriekürzel«, wie »Motor« und »Empor«, verschwanden aus dem Fußball-Oberhaus, so dass aus dem SC Empor Rostock nun Hansa Rostock wurde. Nicht nur die Fans, sondern auch die Spieler begrüßten diese Reform, denn zumindest einige der DDR-Klubs klangen nun ähnlich wie bundesdeutsche Erfolgsvereine. Die, wenn auch eher oberflächlichen, Reformen von 1965/66 zeigten, wie stark das Sporttreiben im geteilten Deutschland aufeinander bezogen blieb.

Doch erst nach dem Mauerfall, aufgrund des »Vereinigungsgesetzes« vom 21. Februar 1990, konnte nun überall in der DDR erstmals seit 1945 wieder ein freies bürgerliches Vereinswesen entstehen – eine Zäsur, deren Bedeutung für den Aufbruch der ostdeutschen Zivilgesellschaft nicht überschätzt werden kann.[50] Es meldeten sich Tausende neue gemeinnützige Vereine an, darunter die Sportvereine. In der Praxis mussten die einzelnen Sportgemeinschaften nun unter hohem Zeitdruck den Wandel vom Staats-

48 DFV, Generalsekretariat, (Michalski): Gliederung über Probleme des Fußballs in der DDR, 20.5.1964 1. Entwurf. Archiv Zeitgeschichte des Sports Potsdam.

49 Vgl. Thomas Großbölting: SED-Diktatur und Gesellschaft. Bürgertum, Bürgerlichkeit und Entbürgerlichung in Magdeburg und Halle, Halle 2001; sowie ders.: Bürgertum, Bürgerlichkeit und Entbürgerlichung in der DDR. Niedergang und Metamorphosen, in: Aus Politik und Zeitgeschichte 52 (2008), S. 17-25.

50 Konrad H. Jarausch: Kollaps des Kommunismus oder Aufbruch der Zivilgesellschaft? Zur Einordnung der Friedlichen Revolution von 1989, in: Eckart Conze/Katharina Gajdukowa/Sigrid Koch-Baumgarten (Hg.): Die demokratische Revolution 1989 in der DDR, Köln 2009, S. 25-45, hier S. 31 und 35-40.

sport zur Selbstorganisation bewältigen.[51] Nach einem Einbruch bei den Mitgliederzahlen, bedingt durch die unsicheren Lebenslagen, bis um das Zehnfache erhöhte Mitgliedsbeiträge oder das Scheitern der Selbstfinanzierung, setzte seit 1995 eine Konsolidierungsphase ein, wie beispielhaft im Land Thüringen gezeigt wurde.[52]

Der Neustart ging zugleich häufig mit einer Wiederbelebung alter Traditionen einher, die vom SED-Regime unterbunden worden waren. Als Beispiel sei die ehemalige BSG Chemie Schwarza genannt, die sich im Sommer 1990 auf der Grundlage des Vereinigungsgesetzes eine neue Satzung gab und in »Sportverein Schwarza 1883« umbenannte – in Anlehnung an einen im Kaiserreich gegründeten lokalen Turnverein.[53] Ähnliches geschah vielerorts; so entstand in Potsdam am 31.Dezember 1990 mit der Potsdamer Ruder-Gesellschaft e.V. der Nachfolger der SG Dynamo Potsdam, der sich namentlich nun auf einen bürgerlichen Ruder-Traditionsverein aus dem Jahr 1928 berief.[54] Auf diese Weise eigneten sich Vereine im Osten des zusammenwachsenden Deutschlands vielerorts eine Vergangenheit wieder an, die nach 1945 in Vergessenheit geraten war. Nicht zuletzt der BFC Dynamo wollte möglichst rasch sein Image als »Stasi-Klub« abstreifen und trat seit 1990 unter der bürgerlichen Bezeichnung »FC Berlin« an.

Dopingopfer und Sporthelden

Ein bemerkenswertes Kapitel stellt die Dopingvergangenheit der DDR im Rahmen der Aufarbeitung von SED-Unrecht dar. Denn die Zentrale Ermittlungsstelle für Regierungs- und Vereinigungskriminalität (ZERV), die als Berliner Polizeidienststelle seit 1991 mit ihren Untersuchungen ans Werk ging, verfolgte nicht nur die Spuren von Wirtschaftskriminalität, von Rechtsbeugung durch DDR-Gerichte, MfS-Auftragsmorden und den Taten von Mauerschützen. Aufgrund der Strafanzeige von Werner Franke wurde auch ehemaligen Trainern, Ärzten und Funktionären des Sportsystems der DDR wegen »Körperverletzung« der Prozess gemacht.

51 Jürgen Baur/Sebastian Braun: Die Wiederentdeckung des engagierten Bürgers, in: Deutschland Archiv 37.3 (2004), S. 940-51, hier S. 941.

52 Michael Barsuhn: Transformation und Aufarbeitung des Sports im Bundesland Thüringen, in: Braun/Barsuhn: Erfolgs- und Diktaturgeschichte, S. 241-309, hier S. 259f.

53 Barsuhn: Transformation, S. 262.

54 Jutta Braun: Enquete-Gutachten zum Themenfeld Sport für die Enquete-Kommission 5/1 des Brandenburger Landtages, Potsdam, 13.1.2013, URL: www.landtag.brandenburg.de/media_fast/5701/Gutachten%20Dr.%20Braun_Sport_11%2002%202013.pdf [7.5.2021], S. 76.

Den Auftakt bildete Ende der 1990er Jahre der »Moabiter Prozess«, der auch den ehemaligen Sportchef der DDR, Manfred Ewald, und den verantwortlichen Leiter des Sportmedizinischen Dienstes, Manfred Höppner, aburteilte; es folgten Verfahren auf Länderebene, in denen ebenfalls Geld- und Bewährungsstrafen verhängt wurden. Der Sport gehörte damit zu den Bereichen der SED-Diktatur, die als »Geschichte vor Gericht«[55] verhandelt wurden. Zugleich fand hiermit durch die bundesdeutsche Justiz die weltweit einmalige Ahndung von Gewaltverbrechen eines ehemaligen kommunistischen Staatssports statt.[56]

Doch nicht nur bei der Verfolgung der Täter, auch hinsichtlich der Behandlung der »Opfer« brachte die Aufarbeitung des DDR-Sports eine Innovation hervor. So wurde durch das Bundesverwaltungsamt eine neue, sportbezogene Opferkategorie eingeführt, die des »Dopingopfers der DDR«. Sportler, die »unwissentlich« gedopt wurden, konnten demnach eine einmalige Entschädigungszahlung erhalten.[57] Zudem konstituierte sich im Jahr 1999 ein Hilfeverein für die Doping-Geschädigten. Die im Vergleich zu anderen Opfergruppen relativ späte Selbstorganisation ist wohl auch darauf zurückzuführen, dass es sich bei den Doping-Geschädigten in der Regel nicht – wie im Fall anderer Betroffener von SED-Unrecht – um Opfer politischer Verfolgung handelte. Ganz im Gegenteil hatten zahlreiche Betroffene in ihrer Funktion als Leistungssportler als populäre Aushängeschilder des Systems agiert.

Im Jahr 2018 entbrannte eine heftige Debatte um die Berechtigung ihrer Ansprüche, die sich jedoch nicht an ihrer politischen Indienstnahme, sondern an der Frage ihrer wissentlichen Teilnahme am Sportbetrug entzündete. In diesem Zusammenhang geriet auch ein Begriff der historischen Forschung in die Kritik: der des »Zwangsdopings«, der im Kern den Umstand erfasst, dass Sportler der DDR aufgrund ihrer Einbindung in ein repressives System in erheblich höherem Maße einem Zwang zum »Mitmachen« ausgesetzt waren als ihre westlichen Kollegen.[58] Dopingaufklärer Werner Franke appellierte hingegen jüngst dafür, mit der Begrifflichkeit des Zwangsdopings nicht die Pflicht zur Eigenverantwortung – auch unter

55 Norbert Frei/Dirk van Laak/Michael Stolleis (Hg.): Geschichte vor Gericht. Historiker, Richter und die Suche nach Gerechtigkeit, München 2000.

56 Klaus Marxen/Gerhard Werle/Petra Schäfter: Die Strafverfolgung von DDR-Unrecht. Fakten und Zahlen, Berlin 2007.

57 Es handelt sich hierbei um eine Kategorie, die nur auf ehemalige DDR-Sportler angewendet wird. Das zweite Doping-Opfer-Hilfegesetz ist 2020 außer Kraft getreten.

58 Vgl. zum Begriff Giselher Spitzer: Wunden und Verwundungen. Sportler als Opfer des DDR-Dopingsystems. Eine Dokumentation, Köln 2007, S. 19 f.

Diktaturbedingungen – zu suspendieren.[59] Provoziert worden war die öffentliche Diskussion durch den ehemaligen Olympioniken Christian Schenk, der nach jahrelangem Leugnen eine freiwillige und wissentliche Dopingeinnahme in der DDR zugegeben, aber dennoch aufgrund seiner körperlichen Beeinträchtigung eine Entschädigung als »Dopingopfer« erwogen hatte.[60] Das Wertesystems des Sports, in dem er eindeutig als Sportbetrüger und damit als »Täter« gilt, kollidierte hier mit den Maßstäben der Bewertung von SED-Unrecht, anhand derer er zumindest aufgrund seiner Einbindung in eine Sportdiktatur möglicherweise auch als Opfer gelten konnte. Die Debatte darüber, welche Handlungsfreiheit DDR-Sportler grundsätzlich besaßen, kann als ein Echo der zentralen Frage der DDR-Sozialgeschichte gelten, wie sich Zwang, Mitmachen und Eigensinn in der Gesellschaft unter dem SED-Regime zueinander verhielten.

Ein ähnlich heftiger Streit wie der um die »Opfer« der Sportdiktatur ist mittlerweile um die »Helden« des Sportsystems der DDR entbrannt. Während die Aufnahme von ehemaligen NSDAP-Mitgliedern in die »Hall of Fame« des deutschen Sports[61] in der Vergangenheit kaum Probleme bei der Kanonisierung hervorrief, wurde eine heftige Debatte um eine entsprechende Ehrung von DDR-Idolen geführt. So war im Jahr 2017 die geplante Aufnahme von Sportlegenden wie der Leichtathletin Heike Drechsler und der Friedensfahrt-Ikone Gustav-Adolf »Täve« Schur in die »Hall of Fame« des deutschen Sports von wochenlangen medialen Diskussionen begleitet. Während die Olympionikin schließlich trotz ihr vorgeworfener Stasi- und Dopingverstrickungen in die Ehrenhalle einziehen durfte, konnte das Radsportidol – dessen Vita und Leistung große Resonanz in der Populärkultur, aber auch eine kritische Rezeption in der literarischen Verarbeitung durch Uwe Johnson erfahren hatte[62] – aufgrund seiner als apologetisch geltenden Haltung gegenüber der DDR keinen Konsens zu seinen Gunsten finden.[63]

59 Siehe zur grundlegenden Kritik von Werner Franke: DDR-Doper sollen keine Entschädigung mehr erhalten, in: *Spiegel-Online* vom 15.11.2018, URL: https://www.spiegel.de/sport/sonst/doping-experten-fordern-aenderung-von-dopingopferhilfegesetz-a-1238550.html [7.5.2021].

60 Christian Schenk/Fred Sellin: Riss. Mein Leben zwischen Hymne und Hölle, München 2018.

61 Seit 2006 werden Sportler in diese von der Stiftung Deutsche Sporthilfe gestiftete Ehrengalerie aufgenommen. Vgl. hierzu auch: Karl-Heinrich Bette: Sporthelden. Spitzensport in postheroischen Zeiten, Bielefeld 2019.

62 Uwe Johnson: Das dritte Buch über Achim, Frankfurt am Main 1961; Norbert Rossbach: »Täve«. Der Radsportler Gustav-Adolf Schur, in: Silke Satjukow/Rainer Gries (Hg.): Sozialistische Helden. Eine Kulturgeschichte von Propagandafiguren in Osteuropa und der DDR, Berlin 2002, S. 133-146.

63 »Gäb lehnt Täve Schur ab«, in: *Süddeutsche Zeitung*, 25.4.2017.

Asymmetrien

Manche Asymmetrien haben auch nach Jahrzehnten im vereinten Sportdeutschland Bestand: So unterhalten nahezu alle Fachverbände nach wie vor ihren Hauptsitz in den alten Bundesländern. Ein weiteres, gesellschaftlich gravierenderes Ungleichgewicht besteht im Vereinswesen fort. Denn der Breitensport weist noch immer ein deutliches West-Ost-Gefälle auf. Während in den alten Bundesländern im Jahr 2013 im Durchschnitt ein Organisationsgrad von 32 Prozent der Bevölkerung in Sportvereinen zu verzeichnen war, rangierte der entsprechende Wert in den östlichen Bundesländern bei lediglich circa 15 Prozent.[64] Diese Differenz gehört offenbar zu den langfristigen Spuren in Verhaltensweisen und Mentalitäten, die vier Jahrzehnte unterschiedlicher Entwicklung hinterlassen haben. Bei der Erforschung der Ursachen wäre auch zu klären, inwieweit diese Abweichungen in der Sportvereinsbindung ähnliche Gründe wie die Differenzen im Engagement bei Parteien, Gewerkschaften und Verbänden aufweisen.[65]

Doch gab es auch andere Hypotheken des ostdeutschen Sportsystems, von denen die schwerste wohl der marode Zustand der Sportanlagen vor allem im Breitensport war.[66] Es existierten zwar mehr als 37.000 Sportstätten in der DDR, doch erfüllten viele nicht die Mindestanforderungen für den Breitensport, da sie für den Spitzensport konzipiert und ausgestattet waren. Es fehlten Heizungen und Sanitäreinrichtungen, 92 Prozent der Hallen waren zu klein für den Ballsport. Bei der Suche nach einer Finanzierung der Vereine nach 1989 kam es zudem zu Zweckentfremdungen: So zog in die Laufhalle des SC Cottbus ein Supermarkt auf Zeit ein. Dementsprechend hatte bereits im Jahr 1990 der Vorsitzende des Sportausschusses des Deutschen Bundestages, Ferdi Tillmann (CDU), einen Sportentwicklungsplan nach dem Vorbild des »Goldenen Plans« von 1959 zum Aufbau der Sportstätten in der Bundesrepublik gefordert, um den Verkauf und Verfall der Sportanlagen in der ehemaligen DDR aufzuhalten.[67] In einer

64 Statistische Ämter des Bundes und der Länder (Hg.): 25 Jahre deutsche Einheit, Wiesbaden 2015, S. 109. Dieses Bild hat sich auch im 30. Jahr der Einheit nicht geändert, vgl. Warum treiben wenige Menschen im Osten Sport, in: *Sächsische.de* vom 12.5.2020, URL: https://www.saechsische.de/plus/sport-mitglieder-sportvereine-ost-west-ungleichheit-sportmuffel-statistik-petra-tzschoppe-rossweiner-sv-5188214.html [7.5.2021].

65 Vgl. Frank Bösch: »Sonderfall Ostdeutschland«? Zum Demokratieverständnis in Ost und West, in: ZeitRäume. Potsdamer Almanach 2019, S. 55-64, hier S. 55.

66 »Sporthallen klein, kalt und ohne Duschen: Freizeitsportler haben im Osten kaum Platz«, in: *Frankfurter Allgemeine Zeitung*, 6.10.1990.

67 »90.000 Sportvereine und 400 Leistungszentren«, in: *Frankfurter Allgemeine Zeitung*, 25.9.1990.

Vorstudie des DSB wurde 1992 konstatiert, dass in der Tat nur 11,3 Prozent der Sportplätze, 10,6 Prozent der Turnhallen, 17,5 Prozent der Hallen- und 8,6 Prozent der Freibäder in einem »gebrauchsfähigen Zustand« seien.[68] Im Jahr 1998 wurde der »Goldene Plan Ost« forciert, der über Jahre die Sportstättenlandschaft in den neuen Bundesländern sanierte und erweiterte.

Hatte sich der olympische Dauererfolg durch das Erbe der DDR nicht eingestellt, so sah die Situation noch betrüblicher im Fußball aus. Vielmehr drohten die populären Klubs in den Hochburgen des Ostens an der Transformation zu scheitern. Bereits Ende des Jahres 1992 gaben Fachleute verheerende Prognosen für den Fußball in den neuen Ländern ab und beklagten das »Ausbluten der Vereine«, und das nicht allein aufgrund des Spieler-Exodus gen Westen.[69] Schwierig war die Suche nach potenten Sponsoren, die es aufgrund des wirtschaftlichen Zusammenbruchs und noch nicht konsolidierten Aufbaus in Industrie und Handel der Region kaum gab. Hinzu trat die sich vielerorts wiederholende Geschichte rasch wechselnder Vereinsführungen und unseriöser Klubmanagements: Hasardeure aus West und Ost trieben viele ostdeutsche Mannschaften in den sportlichen und finanziellen Ruin.[70] Misserfolg, Betrug, Unregelmäßigkeiten, Strafzahlung, Zwangsabstieg – mit diesem oder ähnlichen Teufelskreisen hatten zahlreiche Klubs des ehemaligen Fußball-Oberhauses der DDR zu kämpfen.

Die desolate Lage war allerdings nicht allein das Resultat einer schwierigen Anpassungsleistung an das bundesdeutsche System. Den finanzschwachen Vereinen fiel es zudem schwer, mit zwei internationalen Entwicklungen Schritt zu halten, die seit den 1990er Jahren als »Brandbeschleuniger« der Kommerzialisierung im Fußball wirkten:[71] Hierzu gehörte erstens der Aufstieg des Privatfernsehens, mit dem die Preise für Übertragungsrechte und Werbung explodierten. Hierzu zählte zweitens das als Zäsur wirkende »Bosman-Urteil« des Europäischen Gerichtshofs im Jahr 1995, das den Transfermarkt über Nacht liberalisierte, so dass die sich nun rasant internationalisierenden Fußball-Ligen in Europa selbst als »Triebkraft der Globalisierung« wirkten.[72] Mit den in der Folge sprunghaft und zuweilen ins Astronomische steigenden Spielergehältern konnten die fragilen Ost-Klubs

68 Deutscher Sportbund (Hg.): Goldener Plan Ost, Frankfurt am Main 1992.

69 »Noch kein Licht am Ende des langen Tunnels. Fachleute geben düstere Prognose für Fußball in den neuen Ländern«, in: *Berliner Zeitung*, 6.10.1992.

70 Nils Havemann: Samstags um halb 4. Die Geschichte der Fußballbundesliga, München 2013, S. 495, 520.

71 Hannah Jonas: Fußball in England und Deutschland von 1961 bis 2000. Vom Verlierer der Wohlstandsgesellschaft zum Vorreiter der Globalisierung, Göttingen 2019, S. 220.

72 Ebd., S. 209.

nicht mithalten, auch fehlten ihnen die Rahmenbedingungen, um den Kommerzialisierungsschub zu ihren Gunsten zu nutzen. Insgesamt gelang in den letzten 30 Jahren nur vier ehemaligen DDR-Klubs der Einzug in die erste Liga. Zum 25. Jahrestag des Mauerfalls konstatierte die *Frankfurter Allgemeine Zeitung* dementsprechend, dass der Lieblingssport der Deutschen, der einiges für die »emotionale Angleichung der Lebensverhältnisse« hätte tun können, im Osten mittlerweile ein »versunkenes Kulturgut« sei, »rettungslos verloren«.[73]

Seit 2014 in der 2. Bundesliga spielend, gelang hingegen überraschend dem 2009 gegründeten RB Leipzig in der Saison 2016/17 nicht allein der Einzug in die Erstklassigkeit, sondern sogar der Saisonabschluss als Vizemeister – seitdem glückte der Klassenerhalt. Dass ausgerechnet der hoch erfolgreiche RB Leipzig als vermeintlich kommerzfixierter »Fremdkörper« in die öffentliche Dauerkritik geriet und nicht selten von Fangruppierungen angefeindet wird, ist allerdings nicht primär eine Folge von »Ostalgie«, die Newcomern im Osten eine Chance verwehren möchte. Vielmehr steht diese Kritik in der Kontinuität eines längeren Trends innerhalb der Konsumkultur der alten Bundesrepublik: Denn die »Moralisierung von Konsum und Kommerzialisierung«[74] führte seit Mitte der 1980er Jahre zur Forderung einer verstärkten Orientierung an Werten wie Ökologie, Tradition, Lokalität sowie Authentizität.[75] Auch die Fankultur im Fußball wurde, zunächst in England und später in Deutschland, von dieser Welle erfasst, die »Kommerz« gegen »Sympathie für den Verein« ausspielte und eine vermeintliche »Dichotomie zwischen authentischen und nicht-authentischen Formen der Fußballverbundenheit« behauptete.[76] Lokal verwurzelte Fans wurden in dieser Weltanschauung in Kontrastellung gegen rein »konsumistische Neu-Zuschauer mit schwacher Vereinsbindung« gebracht: Dieses wirkungsmächtige Narrativ prägt bis heute weite Fankreise sowie die Fußballkulturszene in Deutschland und England.[77]

Doch wirft gerade der Fußball im Osten durchaus die Frage auf, was denn der »wahre«, »authentische« Fußball tatsächlich sein soll. Die DDR selbst, so haben wir gesehen, ging mit überkommenen Traditionen respektlos und ruppig um, indem sie bedenkenlos Fußballvereine umbe-

73 Michael Horeni: Ost-Fußball. Versunkenes Kulturgut, in: *Faz.net* vom 12.5.2014.

74 Anselm Doering-Manteuffel/Lutz Raphael: Nach dem Boom. Perspektiven auf die Zeitgeschichte seit 1970, Göttingen 2010, S. 249.

75 Ebd., S. 124-126; Robert Sassatelli: Consumer Culture. History, Theory and Politics, London u. a. 2007, S. 183.

76 Jonas: Fußball, S. 267

77 Leon Davis: Football, Fandom and Authenticity. A critical discussion of Historical and Contemporary Perspectives, in: Soccer and Society 2.3 (2015), S. 422-436.

nannte oder sowjetische Strukturen wie ASK (Armee-Sport-Klub) und Dynamo in die Fußballlandschaft implantierte. Der Fußballbegeisterung der Basis tat das keinen Abbruch, weder zeitgenössisch noch retrospektiv.[78] Die Sportführung schreckte auch nicht davor zurück, ganze Fußballteams aus politischen Gründen auf der Landkarte zu verschieben. In der Logik heutiger Puristen des Fußballsports war dies eigentlich ein unverzeihlicher Frevel, doch gewöhnten sich Spieler wie Fans erstaunlich schnell an die neuen Verhältnisse.

Nach 1990 setzte die Welle der Rück- und Umbenennungen im ehemaligen DDR-Sport entlang der Vorkriegstraditionen ein. Doch als der Erfolg ausblieb, besannen sich einige Fußballklubs wieder auf ihre DDR-Geschichte, die im Vergleich zur Transformationszeit die glanzvollere gewesen war: So musste sich Lok Leipzig, seit 1991 als »VfB Leipzig« antretend, nach zwei Konkursverfahren in den Jahren 2000 und 2004 auflösen, bevor der ehemalige Europacup-Finalist von 1987 unter dem alten Namen aus DDR-Zeiten »Lokomotive Leipzig« einen mühsamen Neustart in der Kreisklasse begann.[79] Selbst dem ehemaligen Rekordmeister der DDR, dem BFC Dynamo, seit 1990 in »FC Berlin« umbenannt, blieb es nicht erspart, in die vierte Liga abzurutschen. Auch dieser Verein »besann« sich im Jahr 1999 wieder auf die Klub-Bezeichnung aus DDR-Zeiten – ohne jedoch an den Erfolg des Vorgängers anknüpfen zu können. Das bemerkenswert große Engagement, mit dem ostdeutsche Fans ihre in Bedrängnis geratenen Klubs zu retten suchen – von der eigenhändigen Stadionsanierung in Berlin-Köpenick bis hin zum Jersey-Verkauf in Dresden[80] – zeugt jedenfalls von einer durchaus lebendigen Vereins- und Memorialkultur[81] im Fußballsport, in der die DDR-Zeit ein wichtiger und über die Jahre aufs Neue animierter Bezugspunkt bleibt.

78 Zur boomenden Erinnerungsliteratur an den DDR-Fußball sei stellvertretend genannt: Frank Willmann (Hg.): Zonenfussball. Von Wismut Aue bis Rotes Banner Trinwillershagen, Berlin 2011.

79 Schicksale des DDR-Fußballs. Misswirtschaft, rechtsradikale Fan-Übergriffe, erfolglose Mannschaften: Die einstigen Spitzenklubs der DDR kämpfen mit Realität und Anspruch, in: *Zeit online* vom 8.7.2009, URL: https://www.zeit.de/online/2007/43/ddr-fussball-teil-1 [7.5.2021].

80 Karte: Glücksritter, S. 232.; Jörn Luther: 1. FC Union Berlin. Fußballfibel. Berlin 2015, S. 123 ff.

81 Markwart Herzog (Hg.): Memorialkultur im Fußballsport. Medien, Rituale und Praktiken des Erinnerns, Gedenkens und Vergessens, Stuttgart 2013.

Fazit

Nach dem »Vereinigungsgewinn« der Spiele von Albertville 1992 waren auch die Olympischen Sommerspiele 1992 in Barcelona für die Bundesrepublik mit Platz drei in der Gesamtwertung erfolgreich verlaufen. Doch ließ sich dieses Niveau auf Dauer nicht halten. Insbesondere nach enttäuschenden olympischen Jahren wurden deshalb drängende Rufe laut, die »DDR-Methodik« wenigstens anhand einzelner Bausteine wiederzubeleben.[82] Während der »Institutionentransfer« im Prozess der deutschen Einheit ganz überwiegend von West nach Ost verlaufen war, gehörte der Sport somit zu den wenigen Bereichen der Vereinigungs-Gesellschaft, in denen eine Imitation institutioneller Lösungen der DDR – wenn auch abgewandelt – erwogen wurde.[83] Am konsequentesten geschah dies im Bereich der Kinder- und Jugendsportschulen,[84] die zunächst als diktatorische Kaderschmieden in Verruf geraten waren. Doch schon 1998 breitete sich ein Netz von 29 Sportbetonten Schulen, davon 21 in den neuen Bundesländern, aus, von denen 17 den neuen Titel »Eliteschule des Sports« erhielten.[85] »Nach der ›Entrümpelung‹ und internen ideologischen Entlastung der aus dem DDR-Sportsystem ›geerbten‹ Kinder- und Jugendsportschulen«, so der Vizepräsident des LSB Berlin, Dietrich Gerber, verhießen diese Eliteschulen des Sports nun den »Königsweg« der Talentausbildung – immerhin stammten 75 Prozent der Medaillengewinner bei den Winterspielen in Turin 2006 bereits aus deren Schülerschaft.[86] Zuletzt forderte nach den Olympischen Spielen 2012 in London die Kanutin Birgit Fischer, zu einem System der Talentauslese wie in der DDR zurückzukehren.[87] Doch wäre eine »Einheitliche Sichtung und Auswahl«, also das verpflichtende Messen und Wiegen aller Schulkinder zur leistungssportlichen Prognostik und ihre Kanalisation in

82 Willi Knecht: Mit DDR-Methodik vom Tiefpunkt *Sydney* zu neuen Höhen in Salt Lake City? Deutschland Archiv 34.3 (2001), S. 450-456.

83 Im Bereich des Gesundheitswesens ist dies bei den Medizinischen Versorgungszentren der Fall, die sich seit 2004 an Prinzipien der Polikliniken orientieren.

84 René Wiese: Kaderschmieden des »Sportwunderlandes«. Die Kinder- und Jugendsportschulen der DDR, Hildesheim 2012.

85 Deutsches Olympisches Institut (Hg.): Eliteschulen des Sports? Aufgabenfeld für eine erfolgreiche Kooperation von Sport, Schule und Wirtschaft! Ziele, Erfahrungen und Probleme. DOI-Symposium am 17. und 18. November 1999, Berlin 1999.

86 Vgl. Dr. Dietrich Gerber: LSB Berlin. Eliteschulen des Sports, der Königsweg für den Nachwuchsleistungssport?, 21.05.2008, URL: https://germanroadraces.de/?p=58008 [7.5.2021].

87 »Birgit Fischer will Sichtungssystem der DDR reanimieren«, in: *Süddeutsche Zeitung*, 12.9.2012.

medaillenintensive Sportarten, aus bildungspolitischen Gründen nicht durchsetzbar.

Eine Kopie des DDR-Erfolgs war und ist auch deshalb unmöglich, weil ein politisch gelenktes und repressiv abgesichertes Staatsdoping – paradigmatisch festgehalten im berüchtigten Staatsplan 14.25 der DDR – in einem freiheitlich-demokratischen System undenkbar wäre.[88] Für Befremden hatte aber immerhin die Eilfertigkeit gesorgt, mit der eine maßgeblich für das geheime Dopingsystem der DDR verantwortliche Einrichtung – das Forschungsinstitut für Körperkultur und Sport (FKS) in Leipzig – bereits in Artikel 39 des Einigungsvertrages eine förmliche Bestandsgarantie erhalten hatte.[89] Die Befürchtung, dass hier illegale Dopingforschung der DDR nahtlos für bundesdeutsche Zwecke nutzbar gemacht werden sollte, stellte sich schließlich jedoch als unbegründet heraus.[90] Mittlerweile ist das hieraus hervorgegangene Institut für angewandte Trainingswissenschaft eine geachtete und effiziente Einrichtung. Was der organisierte Sport dem Institut zugute hält – und dies bewusst auch als Erbe der DDR –, ist die athleten- und praxisnahe Trainings- und Wettkampfforschung. Den Ruch einer Doping-Giftküche, der die Neugründung begleitet hatte, konnte die Einrichtung durch eine personelle und programmatische Erneuerung dauerhaft abstreifen.

Eine kaum wahrgenommene Spätfolge der deutschen Einheit ist hingegen ein parallel erfolgender Niedergang in der ehemals ost- und westdeutschen Universitätslandschaft: Denn als sich in den späten 1960er und 1970er Jahren die Sportwissenschaft als interdisziplinäres Fach an deutschen Universitäten zu etablieren begann, weil der Sport im Systemkampf nun auch »wissenschaftlich aufgerüstet«[91] wurde, hatte sich auch die akademische Sportgeschichte als »Kind des Kalten Krieges«[92] entwickelt. Die hochgradige Ideologisierung der Sportgeschichte der DDR

88 Vgl. hierzu Giselher Spitzer: Doping in der DDR. Ein historischer Überblick zu einer konspirativen Praxis. Genese, Verantwortung, Gefahren, Köln 1998.

89 Auch die Forschungs- und Entwicklungsstelle für Sportgeräte (FES) in Berlin (Ost) wurde hier benannt.

90 Reinhard Daugs: 10 Jahre IAT – Ein Zentralinstitut im Spannungsfeld zwischen Sportpolitik und Sportwissenschaft, in: dvs-Informationen 17.2 (2002), S. 29-33, hier S. 29.

91 Michael Krüger: Zehn Thesen zur Entwicklung der deutschen Sportgeschichte, in: Sport und Gesellschaft 1 (2004), S. 84-91, hier S. 86.

92 Jutta Braun: Zeitgeschichte des Sports. Der Arbeitsbereich Zeitgeschichte des Sports der Universität Potsdam, in: Historische Sozialforschung 119 (2007) 32.1, Special Issue; Jutta Braun/René Wiese (Hg.): Sport und Diktatur: Zur politischen und sozialen Rolle des Sports in den deutschen Diktaturen des 20. Jahrhunderts, S. 249-251, hier S. 249.

wurde ihr nach 1989/90 zum Verhängnis; sämtliche Professuren und Dozenturen wurden abgewickelt. Doch auch in der Bundesrepublik geriet die Sportgeschichte unter die Räder ihrer Verortung im »anwendungsbezogenen« Bereich der Sportwissenschaften, in dem die wenigen Historiker erfolglos mit Sportmedizinern und Trainingswissenschaftlern um Kapazitäten buhlen: Dies illustriert eindrucksvoll die Welle von Schließungen und Herabstufungen entsprechender Lehrstühle und Arbeitsbereiche, die bis heute anhält. Umso erfreulicher ist es, dass die Geschichte des Sports mittlerweile dennoch einen Platz in der Zeitgeschichtsschreibung der Bundesrepublik gefunden hat.

Das Erbe des DDR-Natur- und Umweltschutzes im vereinten Deutschland

Astrid Mignon Kirchhof

Die von Bärbel Bohley und Katja Havemann vorbereitete und initiierte Bürgerbewegung »Aufbruch 89 – Neues Forum« forderte am 11. September 1989 in ihrem Gründungsaufruf einen demokratischen Dialog zwischen Staat und Gesellschaft, um gemeinsam Wege aus der krisenhaften Situation in der DDR zu finden. Die Erstunterzeichner plädierten

> »für die Abkehr von ungehemmtem Wachstum. Wir wollen Spielraum für wirtschaftliche Initiative, aber keine Entartung in eine Ellenbogengesellschaft. Wir wollen das Bewährte erhalten und doch Platz für Erneuerung schaffen, um sparsamer und weniger naturfeindlich zu leben. Wir wollen geordnete Verhältnisse, aber keine Bevormundung. Wir wollen freie, selbstbewußte Menschen, die doch gemeinschaftsbewußt handeln.«[1]

In der zitierten Passage des Aufrufs sprechen sich die Unterzeichner unter anderem dafür aus, »sparsamer und weniger naturfeindlich« zu leben. Die Aktivisten klagten hiermit die Wirtschafts- und Umweltpolitik der DDR an, die sich offenbar wenig von derjenigen kapitalistischer Staaten unterschied, weil auch hier ein wirtschaftliches Akkumulationsmodel, Konsumdenken, eine tayloristische Arbeitsorganisation und ein utilitaristisches, weil ausbeuterisches Verständnis von Natur vorherrschten.[2] Sie stellten mithin die Frage, wie ein ›gutes‹ Leben und dadurch das Verhältnis von Mensch und Natur im Sozialismus zu gestalten sei.[3] Ein ›gutes Leben für alle‹ zielte in diesem Zusammenhang auf eine Gesellschaftsform, die die Natur und ihre Ressourcen erhält, auf einer solidarischen, gerechten Gesellschaft aufbaut und wirtschaftsethische Standards im Blick behält. Statt Ausbeutung der Natur und Wegwerfmentalität klagte

1 Irena Kukutz: Die Gründung des Neuen Forums. Eine Initialzündung. Der Gründungsaufruf »Aufbruch 89 – Neues Forum«, in: Heinrich-Böll-Stiftung (Hg.): Grünes Gedächtnis 2009, Berlin 2009, S. 10-22, hier S. 12.

2 Raul Zelik: »Grüner Sozialismus«. Reparatur, Reorganisation und Umbau der gesellschaftlichen Naturverhältnisse: Auswege aus der Krise des neoliberalen Kapitalismus?, in: LuXemburg 3 (2012), S. 78-83.

3 Reinhard Piechocki: Landschaft, Heimat, Wildnis. Schutz der Natur – aber welcher und warum?, München 2010, S. 27-35.

das Neue Forum eine ökologische Politik ein, die nicht gegen die Natur arbeitete, sondern die Harmonie mit dieser in den Vordergrund stellte.

Umweltthemen spielten während der ersten Mobilisierungsphase der DDR-Bürger im Herbst 1989 bis zur Öffnung der Mauer eine zentrale Rolle. Auf den Montagsdemonstrationen in Leipzig wurden die Offenlegung von Umweltdaten, der Ausstieg aus der Kernenergie, die Senkung der Luft- und Wasserbelastungen und die Beendung der Landschaftszerstörung durch den Braunkohlebergbau verlangt. Diese Forderungen wurden in der Folgezeit zwar schnell vom Thema »Wiedervereinigung« verdrängt, waren aber weiterhin in der Öffentlichkeit präsent, und DDR-Umweltaktivisten waren an den sich nach dem Mauerfall überall im Land formierenden Runden Tischen und dadurch auch an umweltpolitischen Entscheidungen beteiligt.[4]

Die Umweltaktivisten der 1980er Jahre waren allerdings durchaus nicht die Ersten, die Umweltgerechtigkeit einforderten, vielmehr hatten dies DDR-Naturschützer schon Jahrzehnte vor ihnen getan. Häufig werden Natur- und Umweltschützer in einem Atemzug genannt, obwohl es sich hierbei um unterschiedliche Personengruppen, Ziele und Diskurse handelt. Umweltschützern, wie jenen der 1980er Jahre in der DDR, geht es um den Schutz der Umweltmedien, wie Wasser, Boden und Luft als Lebensgrundlage des Menschen, seiner Gesundheit und Reproduktion. Im Gegensatz zu den Umweltschützern fokussieren Naturschützer nicht vordringlich auf den Menschen, sondern auf die Natur. Sie stellen den Schutz natürlicher Objekte – etwa Tier- und Pflanzenarten oder Biotope – und Landschaften als ästhetische und kulturgeschichtliche Konzepte in den Mittelpunkt ihrer Besorgnis.[5] Während die Wurzeln des Naturschutzes in das 19. Jahrhundert reichen, entstand die Umweltbewegung erst zu Beginn der 1970er Jahre.[6]

In diesem Beitrag werden beide Bewegungen gemeinsam behandelt, um ihre je unterschiedliche Genese und Entwicklung im ostdeutschen Staat bis 1989 zu skizzieren und ihre Hinterlassenschaften im vereinten Deutschland anhand von drei Beispielen zu diskutieren. Ziel ist es, zu zeigen, dass 1989 für die Natur- und Umweltbewegung insofern keine Zäsur war, als bestimmte Ideen der Natur- und Umweltschützer im Zuge des Einigungsprozesses zwar politisch verankert werden konnten, allerdings nicht als originäre »DDR«-Ideen, sondern durch Adaption an westliche Entwicklungen,

4 Eine kritische Würdigung der Runden Tische findet sich bei Francesca Weil: Die runden Tische in der DDR 1989/1990, Erfurt 2014.

5 Thomas Potthast/Uta Eser: Naturschutzethik. Eine Einführung für die Praxis, Baden-Baden 1999, S. 15.

6 Kai F. Hünemörder: Die Frühgeschichte der globalen Umweltkrise und die Formierung der deutschen Umweltpolitik (1950-1973), Stuttgart 2004.

die dort seit Jahrzehnten bereits bestanden. Gezeigt wird somit der Ideen-Transfer von natur- und umweltpolitischen Vorstellungen in der DDR durch ihre Anschlussfähigkeit an bundesdeutsche Phänomene.

Natur- und Umweltschutz in der DDR

Die seit dem 19. Jahrhundert in Deutschland existierende Naturschutztradition wurde in der Sowjetischen Besatzungszone (SBZ) – ähnlich wie in den Westzonen – sofort nach Kriegsende wiederaufgenommen, so dass es bereits in den ersten anderthalb Jahrzehnten des Bestehens der DDR eine Reihe vielversprechender Ansätze im Naturschutz gab. So wurde eine Naturschutzverwaltung aufgebaut, ein entsprechendes Ministerium eingerichtet und das erste Naturschutzgesetz erlassen; desgleichen wurden wissenschaftliche Institute gegründet und Naturschutzgruppen gebildet. Viele dieser Neuerungen wurden hier sogar zügiger auf den Weg gebracht als in der Bundesrepublik, da sich die Systemkonkurrenz zum westlichen deutschen Staat in innen- wie außenpolitischer Hinsicht häufig motivierend für den Natur- und Umweltbereich auswirkte. In den entsprechenden wissenschaftlichen, gesellschaftlichen und Verwaltungsinstitutionen trafen Personen sehr unterschiedlicher Natur- und Gesellschaftsvorstellungen aufeinander, die sich in zwei Gruppen einteilen lassen. Die eine Fraktion schrieb der Natur einen Nutzwert zu. Sie plädierte dafür, sich durch den Einsatz moderner Technologien die Natur anzueignen, dadurch die Produktion zu steigern und die Gesellschaft zu Wohlstand und letztlich in den Kommunismus zu führen. Die andere Gruppe lehnte es ab, die Natur als materielles Gebrauchsobjekt zu betrachten, und hing einer idealistischen, statischen Naturvorstellung an, die den Menschen als eingebundenen Teil einer ganzheitlichen Gemeinschaft interpretierte. Demgemäß konnte sich der Mensch nicht außerhalb der Natur stellen und sie beherrschen, sondern war ein Teil derselben. Personengruppen dieser beiden Lager arbeiteten häufig in einer Organisation zusammen, so im Ministerium für Land- und Forstwirtschaft (MLF) und später im Ministerium für Umweltschutz und Wasserwirtschaft, in Forstbehörden und Naturschutzämtern, in der Deutschen Akademie für Landwirtschaftswissenschaften, vor allem dem Institut für Landesforschung und Naturschutz (ILN, ab 1971 Institut für Landschaftsforschung und Naturschutz), an verschiedenen universitären Instituten und Lehrstühlen[7] so-

7 In der universitären Landschaft der DDR trafen Hochschullehrer aufeinander, deren Natur- und Gesellschaftsbild stark divergierte und die sich in Debatten darüber auseinandersetzten, wie beispielsweise Georg Bela Pniower (Landschaftsarchitekt, Direktor der Landwirtschaftlich-Gärtnerischen Fakultät der Humboldt Uni-

wie im Kulturbund zur demokratischen Erneuerung, insbesondere der Sektion Natur- und Heimatfreunde.[8]

1950 wurde im Kulturbund die »Zentrale Kommission Natur- und Heimatfreunde« (NuH) gegründet und ein Jahr später wurden die Fachausschüsse Naturschutz und Landschaftspflege, Denkmalpflege, Botanik, Geologie, Wegemarkierung, (Naturkunde-)Museen, Heimatgeschichte und Ortschroniken sowie Ur- und Frühgeschichte eingerichtet. Die Mitglieder der Natur- und Heimatfreunde waren in beratender Funktion mit verschiedenen Aufgaben betraut, wie der Inventarisierung, Zustandserfassung und Pflege von Naturschutzgebieten, Flächen- und Naturdenkmalen, der Mitwirkung bei der biogeografischen Kartierung ausgewählter Arten, mit Öffentlichkeitsarbeit in Gestalt von Vorträgen, Exkursionen, Ausstellungen, der Durchführung von Landeskulturtagungen und der Arbeit in Fachgremien und Arbeitskreisen.[9] Ab 1952 wurden alle Bezirksräte in der DDR angewiesen, ehrenamtliche Naturschutzbeauftragte in den Bezirken und Kreisen in enger Zusammenarbeit mit der Kommission Natur- und Heimatfreunde des Kulturbundes und dem Institut für Landschaftsforschung und Naturschutz einzusetzen, die mit den Naturschutzstellen in der Verwaltung zusammenarbeiteten.[10] Zu dieser Zeit arbeiteten die hauptamt-

versität zu Berlin) und Hermann Meusel (Botaniker und Pflanzengeograph an der Universität Halle, Leiter des Instituts für Systematische Botanik und Pflanzengeographie sowie erster Leiter des Instituts für Landschaftsforschung und Naturschutz in Halle).

8 Der Kulturbund stellte ein Angebot für Menschen dar, die auf der Suche nach nützlicher Betätigung, gesellschaftlichem Kontakt und Wiederaufnahme von Beziehungen und Interessensgemeinschaften waren. So fanden sich im Kulturbund schon bald nicht nur Akademiker und Künstler, sondern auch Wanderfreunde, Naturschützer und Volkstanzgruppen zusammen, siehe Thomas Schaarschmidt: Heimat in der Diktatur. Zur Relevanz regionaler Identifikation im Nationalsozialismus und in der frühen DDR, in: Manfred Seifert (Hg.): Zwischen Emotion und Kalkül. »Heimat« als Argument im Prozess der Moderne, Leipzig 2010, S. 127-142, hier S. 135; Ulrike Köpp: Heimat DDR. Im Kulturbund zur demokratischen Erneuerung Deutschlands, in: Berliner Blätter. Ethnographische und ethnologische Blätter, Berlin 2003, S. 97-107, hier S. 97.

9 Hermann Behrens: Wurzeln der Umweltbewegung. Die »Gesellschaft für Natur und Umwelt« (GNU) im Kulturbund der DDR, Marburg 1993, S. 30 ff. Eine ausführliche Liste der Aufgaben der NuH findet sich bei Hermann Behrens: Die ersten Jahre. Naturschutz und Landschaftspflege in der SBZ/DDR von 1845 bis Anfang der 60er Jahre, in: Hermann Behrens/Regine Auster (Hg.): Naturschutz in den neuen Bundesländern. Ein Rückblick, Marburg 1998, S. 15-86, hier S. 42.

10 Bundesarchiv, Arbeitsanweisung über die Durchführung der Aufgaben des Naturschutzes, 27.9.1952, BArch, DK 1, Nr. 3759, Bl. 25, zit. in: Behrens: Wurzeln der Umweltbewegung, S. 24; siehe auch Rita Gudermann/Andreas Dix: Naturschutz in der DDR. Idealisiert, ideologisiert, instrumentalisiert?, in: Bundesamt für Naturschutz (Hg.): Natur und Staat. Staatlicher Naturschutz in Deutschland 1906-

lichen Kreis- bzw. Bezirks-Naturschutzbeauftragten noch vorwiegend auf sich allein gestellt, im Laufe der Zeit bildete sich jedoch ein breites Netz von ehrenamtlich arbeitenden Naturschutzhelfern, die im Wesentlichen die Naturschutzarbeit trugen.

Hatte sich der Naturschutz vor allem mit der belebten Natur, den Tier- und Pflanzenarten und ihren Lebensräumen beschäftigt, so sollten sich seine Schutzziele Anfang der 1970er Jahre auch auf die unbelebte Natur ausdehnen. Der in der DDR nun eingeführte Begriff »Landeskultur« wurde fortan zu einem Synonym für Umweltpolitik und umfasste neben den Bereichen Naturschutz/Landschaftspflege nun auch den Schutz von Böden, Wäldern, Gewässern und Luft, den Umgang mit Abfällen, die bei der industriellen Produktion entstanden, und die Einhaltung von Lärmbeschränkungen.[11] Das hierfür erlassene Landeskulturgesetz war das zweite seiner Art in Europa – die Bundesrepublik legte beispielsweise erst 1971 ein Umweltschutzprogramm auf, richtete 1974 das Umweltbundesamt ein und erließ erst 1976 das Bundesnaturschutzgesetz, das das bis dahin geltende Reichsnaturschutzgesetz von 1935 ersetzte.[12]

Einerseits war die DDR-Führung also durchaus darum bemüht, die Natur zu schützen. Andererseits führten sowohl die Technikeuphorie als auch ökonomische Notwendigkeiten zur permanenten Industrialisierung der Landwirtschaft. Nachdem Honecker am 3. Mai 1971 als Nachfolger Ulbrichts Erster Sekretär des Zentralkomitees der SED geworden war, legte er ambitionierte Sozialprogramme auf, für die die Wirtschaftskraft der DDR jedoch bei Weitem nicht ausreichte. Im Verlauf der 1980er Jahre verschärfte sich das Problem der steigenden sozialpolitischen Ausgaben weiter, unter anderem deshalb, weil die Preise für Mieten und Grundnahrungsmittel staatlich bezuschusst wurden und bis zum Ende der DDR auf dem Stand von Anfang der 1970er Jahre blieben. Finanziert wurden die Sozialpolitik

2006, Münster 2006, S. 535-624, hier S. 552; ebenso: Uwe Wegener: Ohne sie hätte sich nichts bewegt. Zur Arbeit der ehrenamtlichen Naturschutzhelfer und -helferinnen, in: Hermann Behrens/Regine Auster (Hg.): Naturschutz in den neuen Bundesländern, S. 89-107, hier S. 105.

11 Tobias Huff: Über die Umweltpolitik der DDR. Konzepte, Strukturen, Versagen, in: Geschichte und Gesellschaft 40 (2014), S. 523-554, hier S. 537, FN 63.

12 Beispielsweise Michael von Berg: Zum Umweltschutz in Deutschland, in: Deutschland Archiv 17.3 (1984), S. 374-383; ebenso: Hans-Hermann Höhmann/Gertraud Seidenstecher/Thomas Vajna: Umweltschutz und ökonomisches System in Osteuropa. Drei Beispiele: Sowjetunion. DDR. Ungarn, Stuttgart 1973. Auf diese positiven Wertungen verweist Tobias Huff: Natur und Industrie im Sozialismus. Eine Umweltgeschichte der DDR, Göttingen 2015. Zu Inhalt und Entstehungsgeschichte des Gesetzes siehe Ellenor Oehler: Zur Entwicklung des Umweltrechts, in: Hermann Behrens (Hg.): Umweltschutz in der DDR. Analysen und Zeitzeugenberichte, Bd. 1, München 2007, S. 99-128.

und die bessere Versorgung der Bevölkerung in hohem Maße durch Auslandskredite, obwohl der Staat sich dadurch verschuldete, kaum investierte und von der wirtschaftlichen Substanz lebte.[13] Die DDR geriet in eine immer prekärere Situation. Einerseits sollte der Konsum nicht sinken, andererseits konnte die Außenverschuldung nicht unbegrenzt weiter steigen, vor allem bei weltweit steigenden Zinsen seit Ende der 1970er Jahre. Um dennoch Investitionen tätigen zu können, verschuldete sich der Staat jedoch weiter.[14] Darüber hinaus war durch die Erdölkrise Mitte der 1970er Jahre die weltweite Konjunktur im Abschwung, und die DDR konnte ihre Produkte nicht mehr wie ehedem erfolgreich auf den Weltmärkten absetzen. Es war ihr nicht möglich, ihr Plansoll zu erfüllen, und um die Raten für zuvor aufgenommene Staatschulden zu tilgen, musste die Regierung weitere Devisenkredite aufnehmen. Die Schulden, die die SED im Westen hatte, stiegen ab Mitte der 1970er Jahre in nur fünf Jahren von neun Milliarden Valuta-Mark auf das über dreifache, nämlich 25 Milliarden Valuta-Mark.[15] Zur selben Zeit entzog die Sowjetunion der DDR ihre indirekte finanzielle Unterstützung. Ursprünglich hatte sie der DDR Rohöl zu ›Bruderschafts-Preisen‹ verkauft. Durch die zweite Ölkrise war die UdSSR selbst in wirtschaftliche Schwierigkeiten geraten und verlangte nun den Weltmarktpreis für Rohöl in US-Dollar, außerdem drosselte sie 1982 das Liefervolumen an die DDR um 2 Mio. Tonnen. Daraufhin entschied sich die SED dafür, wieder verstärkt in die Braunkohleverwertung zur Energiegewinnung einzusteigen.[16] Die Folge dieser Politik waren katastrophale Umweltbedingungen, die in den kommenden Jahren rasch sichtbar wurden: Es kam zu einer hochgradigen Verschmutzung der Gewässer sowie zu einer anhaltenden Intensivierung der land- und forstwirtschaftlichen Landnutzung, beispielsweise waren über die Hälfte der Wälder in der DDR geschädigt.[17] Um keine Drosselung der Energieerzeugung in Kauf nehmen zu

13 Huff: Über die Umweltpolitik der DDR, S. 543.

14 André Steiner: Zwischen Konsumversprechen und Innovationszwang. Zum wirtschaftlichen Niedergang der DDR, in: Martin Sabrow/Konrad Jarausch (Hg.): Weg in den Untergang. Der innere Zerfall der DDR, Göttingen 1999, S. 153-194, hier S. 176. Ebenso: Ilko-Sascha Kowalczuk: Endspiel. Die Revolution von 1989 in der DDR, Bonn 2009, S. 109-117; und Holle Grünert: Arbeitsmarkt, Beschäftigung und Erwerbsverläufe, in: Burkart Lutz/Hildegard M. Nickel/Rudi Schmidt/Arndt Sorge (Hg.): Arbeit, Arbeitsmarkt und Betriebe, Wiesbaden 1996, S. 17-68, hier S. 25-37.

15 Jan Philipp Wölbern: Der Häftlingsfreikauf aus der DDR 1962/63-1989. Zwischen Menschenhandel und humanitären Aktionen, Göttingen 2014, S. 322-329.

16 Steiner: Zwischen Konsumversprechen und Innovationszwang, S. 178-179.

17 Astrid M. Eckert: Geteilt, aber nicht unverbunden. Grenzgewässer als deutsch-deutsches Umweltproblem, in: Vierteljahreshefte für Zeitgeschichte 62 (2014), S. 69-99, hier besonders: S. 73, 78. »Giftsuppe aus dem Osten. Eine geheime Studie

müssen, wurde der hohe SO_2-Gehalt der Luft akzeptiert. Zur Luftverschmutzung trug aber auch die Abgasbelastung durch den Kraftverkehr bei. So wurde in den Spitzenverkehrszeiten der Großstädte bis zum Zehnfachen der als ungefährlich angesehenen Mengen Blei in der Luft freigesetzt. Es war nun eine Abwärtsspirale in Gang gesetzt, die durch die extreme Umweltverschmutzung und den nicht mehr aufzuhaltenden wirtschaftlichen Erosionsprozess des Staates die DDR in schnellen Schritten dem Abgrund zuführte. Als Ausdruck politischer Erstarrung und fehlender Dialogbereitschaft der SED-Führung mit der Gesellschaft erteilte das Präsidium des Ministerrates der DDR am 16. November 1982 die »Anordnung zur Gewinnung oder Bearbeitung und zum Schutz von Informationen über den Zustand der natürlichen Umwelt in der DDR«, mit der Umweltdaten unter Verschluss gestellt wurden.[18]

Nachdem der ostdeutsche Staat mit dieser Verordnung faktisch aus dem Umweltschutz ausgestiegen war, hatte er die ausschließliche Verantwortung in den vorstaatlichen, insbesondere ehrenamtlichen Bereich verlagert, für den sich seit 1980 Mitglieder der neu gegründeten Gesellschaft für Natur und Umwelt (GNU) im Kulturbund engagierten. Gegründet wurde die GNU, um der »Bedrohung« durch die beginnenden umweltpolitischen Aktivitäten engagierter Bürgerinnen und Bürger vorzubeugen.[19] Wie der Minister für Umweltschutz und Wasserwirtschaft, Hans Reichelt, bei der Eröffnung der Gesellschaft ausführte, sollte die GNU »die wachsenden Bedürfnisse der Bürger, an der Leitung, Planung und praktischen Gestaltung der Aufgaben von Landeskultur und Umweltschutz aktiv mitzuwirken«, befriedigen.[20] Mit der Gründung der neuen Organisation wollte die SED somit die anwachsenden Umweltschutzbestrebungen von DDR-Bürgern kanalisieren und integrieren, um das sich abzeichnende und wachsende Unruhepotential von engagierten Umweltschützern in kontrollierbaren Bahnen zu halten. Die neue Orga-

Ost-Berlins beweist, daß die DDR die Elbe zur Kloake verkommen läßt«, in: *Der Spiegel*, 13.11.1989.

18 Dix: Naturschutz in der DDR, S. 594. Zur Bilanz der Umweltschäden am Ende der DDR siehe Ulrich Petschow/Jürgen Meyerhoff/Claus Thomasberger: Umweltreport DDR. Bilanz der Zerstörung, Kosten der Sanierung, Strategien für den ökologischen Umbau. Eine Studie des Instituts für Ökologische Wirtschaftsforschung, Frankfurt am Main 1990.

19 Hermann Behrens: Umweltbewegung, in: Institut für Umweltgeschichte und Regionalentwicklung (Hg.): Umweltschutz in der DDR. Analysen und Zeitzeugenberichte, Bd. 3, München 2007, S. 131-148, hier S. 132.

20 Peter Wensierski: Kirchliche Umweltaktivitäten in der DDR, in: ders./Wolfgang Büscher: Beton ist Beton. Zivilisationskritik aus der DDR, Hattingen 1981, S. 9-37, hier S. 31.

nisation führte die Umwelt zwar im Namen, widmete sich aber dennoch vor allem traditionellen Naturschutz- und nicht Umweltthemen. Dass es sich bei der Mehrzahl der GNU-Mitglieder um traditionelle Naturschützer und nicht um politisierte Umweltschützer handelte, lässt sich am Tätigkeitsprofil der Mitglieder ablesen, die Aufgaben wie Inventarisierung, Pflege und Auswahl von Naturschutzgebieten, Naturdenkmälern und Flächendenkmälern wahrnahmen. Sie führten auch Bestandsaufnahmen von Parks durch, leisteten Zuarbeit zu Landschaftspflegeplänen und biogeographischen Kartierungen. Mit ihren Kulturbundaktivitäten verfolgten sie somit ein fachwissenschaftliches, jedoch kein politisches Interesse. Die fehlende politische Schlagseite der überwiegenden Mehrheit von GNU-Gruppen war von den Autoritäten gewollt, die zu verstehen gaben, dass sie »keine Bedenken gegen die Aktivitäten von Umweltgruppen hätten, wenn sie sich auf Naturschutzaktivitäten oder Aufräumen von Wäldern beschränkten.«[21] Eine Ausnahme waren die stadtökologischen Gruppen, die sich innerhalb der GNU gegründet hatten und deren Netzwerktätigkeiten gerade nach dem Verschluss der Umweltdaten bedeutsam waren, weil sie zur Verbreitung von umweltpolitischer Information beitrugen und auch zu neuen Umweltgruppen, wie beispielsweise dem Neuen Forum, Kontakte aufnahmen.[22]

Parallel zur GNU und mit explizit politischen Zielen bildete sich unter dem Dach der evangelischen Landeskirchen ein Netzwerk unabhängiger Umweltgruppen, deren Anfänge zwar in die 1970er Jahre zurückreichten, die aber seit den 1980er Jahren verstärkt Zulauf erhielten.[23] Das kirchliche Forschungsheim Wittenberg (KFHW) entwickelte sich hierbei unter der Leitung des Theologen Hans-Peter Gensichen zum intellektuellen Zentrum und Kristallisationspunkt der entstehenden kirchlichen Umweltkreise in der DDR, die durch das KFHW bei der Gründung neuer Gruppen und der Durchführung umweltbezogener Aktionen gefördert und bei ihrer landesweiten Vernetzung unterstützt wurden. Seit 1982 entstanden sogenannte Umweltbibliotheken, die versuchten, entsprechende Informationslücken auszugleichen und nicht-systemkonforme Literatur (Samisdat) verbreiteten. Besonders die 1986 in Ost-Berlin entstandene Umweltbibliothek fungierte als DDR-weites Netzwerk, indem dort Dokumente,

21 Erhart Neubert: Geschichte der Opposition in der DDR 1949-1989, Berlin ²1998, S. 585.

22 Anne Steinmetz: Mit Argus-Augen. Politisch-alternativer Umweltschutz im DDR-Kulturbund am Beispiel Potsdams, in: Jutta Braun/Peter Ulrich Weiß (Hg.): Agonie und Aufbruch. Das Ende der SED-Herrschaft und die Friedliche Revolution in Brandenburg, Potsdam 2014, S. 212-231, hier S. 215.

23 Neubert: Geschichte der Opposition, S. 446.

Zeitschriften und Bücher archiviert wurden und interessierte Gruppen sowie Einzelpersonen zum Thema Natur- und Umweltschutz Beratung fanden. Darüber hinaus gab sie seit ihrer Gründung Samisdat-Zeitschriften wie die *Umweltblätter* heraus, die 1989 in *Telegraph* umbenannt wurden.[24] 1987 spaltete sich eine Gruppe von der Umweltbibliothek ab und eine zweite Initiative entstand: das grün-ökologische Netzwerk Arche (Arche). Beide Gruppen, sowohl die Umweltbibliothek als auch das Netzwerk Arche, signalisierten mit ihren Aktivitäten eine neue Qualität unabhängigen gesellschaftlichen Engagements in der DDR.[25] Der Umweltschutz politisierte sich bald, richtete sich gegen die herrschenden politischen Verhältnisse und formulierte radikale Kritik an Industrialismus und wirtschaftlichem Wachstum, ähnlich wie die westdeutsche Ökologiebewegung.

Das Jahr 1989

Angesichts einer immer weiter fortschreitenden Mobilisierung von Bürgerinnen und Bürgern in puncto Umweltschutz forderte der Zentralvorstand der GNU die SED zu einem Umdenken auf. Diese Weichenstellung kam jedoch zu spät, und der Sekretär des Kulturbundes für Natur und Umwelt, Rolf Caspar, selbst ein scharfer Kritiker der Umweltpolitik der Regierung, gestand im November 1989 eine »hausgemachte« Umweltkrise ein.[26] Der Mauerfall kam für die GNU offenbar überraschend, und der Verband zerfiel innerhalb kürzester Zeit. Nachvollziehbar wird die Verwunderung der GNU-Mitglieder mit Blick auf die beschaulichen Aktivitäten einzelner Kreisverbände, von denen noch im April 1989 einige Gruppen gesellige Naturausflüge unternahmen, während andernorts die Fluchtbewegung aus der DDR dramatisch zunahm.[27] Auf der 6. Tagung des Zentralvorstandes der GNU am 15.11.1989 kam es zu einer entscheidenden Diskussion über die Zukunft der Gesellschaft, in der Mitglieder forderten, dass die Gesellschaft aus dem Kulturbund aus-

24 Wolfgang Rüddenklau: Störenfried. DDR-Opposition 1986-1989. Mit Texten aus den »Umweltblättern«, S. 68 ff.

25 Siehe ebd., S. 178 f. Ebenfalls: Carlo Jordan: Akteure und Aktionen der Arche, in: Ders./Kloth (Hg.): Arche Nova, S. 37-79. Auch: Hubertus Knabe: Politischer Umbruch und soziale Bewegungen in der DDR, in: Forschungsjournal Neue Soziale Bewegungen 3.2 (1990), S. 71-78, hier S. 73.

26 Huff: Über die Umweltpolitik der DDR, S. 394.

27 Freilichtmuseum für Volkskunde Schwerin-Mueß (FVS), Deutscher Kulturbund, Bezirksleitung Schwerin der Gesellschaft für Natur und Umwelt, Brief an den Rat des Bezirks Schwerin, FVS, Kb, GNU, 31.9 IX, 1989, 18.4.1989.

scheiden solle. Der Zentralvorstand der GNU erklärte daraufhin seinen Rücktritt. Wichtigste Argumente für diese Entscheidung waren die Zurückhaltung der Umweltdaten, die Reglementierungen und Gängelungen von Umweltschutzinteressierten und die »mangelnde Konsequenz bei der Durchsetzung gesetzlicher Bestimmungen«.[28]

Nicht nur im Kulturbund, auch in den unabhängigen Umweltgruppen schritt der Politisierungsprozess rasch voran. Bis 1987 blieben die Strukturen der Umweltbewegung, die sich in den Jahren zuvor ausgebildet hatten, im Wesentlichen erhalten; Zentren wie die UB in Berlin oder das KFHW blieben wichtige Anlaufstellen der Umweltgruppen. Das änderte sich mit dem Überfall auf die Berliner Umweltbibliothek im November 1987, als das Ministerium für Staatssicherheit die »Aktion Falle« durchführte, die Bibliothek durchsuchte und mehrere Mitarbeiter verhaftete. In der ganzen DDR kam es zu Solidaritätsbekundungen für die Umweltbibliothek und deren Mitarbeiter, und gegen die Razzia begehrten nun auch zunehmend Gruppen auf, die Konflikte ursprünglich vermieden hatten, wie beispielsweise der Ökologiekreis der Domgemeinde Magdeburg. Nun beteiligte sich die Gruppe an Mahnwachen, protestierte im Jahr darauf gegen das Kernkraftwerk Stendal, initiierte Aktivitäten gegen Luft- und Wasserverschmutzung und trat 1989 dem Netzwerk Arche bei.[29]

Besonders wichtig für das Jahr 1989 und den Mauerfall wurden aber vor allem die Umweltgruppen, die sich, wie das Neue Forum, erst jetzt gründeten, weil sie eine verhältnismäßig große Mobilisierungskraft entwickelten, die zur friedlichen Revolution in der DDR maßgeblich beitrug. Hierbei entwickelte sich das Neue Forum innerhalb der DDR-Oppositionsbewegung in wenigen Wochen zur Gruppe mit der größten Breitenwirkung. Obwohl das NF ökologische Fragen nicht in den Mittelpunkt seiner Agenda stellte, gab es Absprachen zwischen der Ko-Initiatorin, Bärbel Bohley, und ehemals kirchlichen sowie staatlichen Umweltgruppen im Kulturbund. Ziel der geplanten Kooperation war es, die ökologischen Interessen innerhalb des NF als eine Sondergruppe, die so genannte Grüne Liste im NF, zu verankern. Diese hatte allerdings keinen langen Bestand, da damit keine Verbesserung gegenüber den bereits existierenden Bewegungsstrukturen erreicht werden konnte. Neben dem Neuen Forum entstanden weitere politische Vereinigungen, wie »Demokratie jetzt«, »Demokratischer Aufbruch«, »Vereinigte Linke« und die »Sozialdemokratische Partei«

28 Mecklenburgisches Volkskundemuseum Schwerin-Mueß (FVS), FVS, Kb, GNU, 31.9.IX, Erklärung des Arbeitsausschusses des Bezirksvorstandes und der Kreisvorsitzenden der Gesellschaft für Natur und Umwelt.

29 Neubert: Geschichte der Opposition, S. 748.

(SDP).[30] Ein Zusammenschluss, der sich explizit ökologischer Themen annehmen wollte und das in seinem Namen verdeutlichte, war das Bündnis »Demokratischer Aufbruch – sozial-ökologisch«. Diese Gruppierung hatte mit ihrer Namensgebung, lange bevor dies in jüngster Zeit durch ›environmental and social justice‹ zu einem breitenwirksamen Begriff wurde, soziale und ökologische Gerechtigkeit[31] auf die Agenda gesetzt. Sie entwickelte sich zu einer Mitte-Rechts-Sammelbewegung für jene Oppositionellen, die sich nicht im sozialdemokratischen Lager verorteten und klarere Strukturen anstrebten, als sie das NF und Demokratie Jetzt anboten. Am 24. November 1989 gründete sich schließlich die Grüne Partei der DDR, womit ökologische Fragen in einer Parteienstruktur aufgenommen und damit ein Schritt in Richtung des westdeutschen Parteienspektrums unternommen war. Parallel zur Gründung der Grünen Partei wurde das Aktionsbündnis »Grüne Liga« aus der Taufe gehoben, an dessen Gründung auch Naturschutzakteure beteiligt waren und die viele GNU Mitglieder integrierte.[32]

Ein Bindeglied zwischen den Natur- und Umweltgruppen war der Biologe und LDPD-Volkskammerabgeordnete Michael Succow, der seit Jahrzehnten Kontakt zu namhaften DDR-Naturschützern hatte. Er war der geistige Ziehsohn der Nestoren des DDR-Naturschutzes, Kurt und Erna Kretschmann, die seit den 1960er Jahren das Haus der Naturpflege betrieben, das für Menschen aus dem In- und Ausland geöffnet war, die an Naturschutz, natürlichem Gartenbau und vegetarischer Lebensweise Interesse hatten. Ebenso war Succow ein enger Weggefährte des Naturschützers Reimar Gilsenbach, der die Natur- und Umweltszene maßgeblich prägte, beispielsweise durch die 1981 initiierten Brodowiner Gespräche, einem Gesprächskreis, den er mit seiner Frau Hannelore organisierte und in dem Umweltthemen offen und kritisch diskutiert wurden. Succow und Gilsenbach fungierten wiederum als Mittler zu anderen Personen, wie Mathias Platzek, dem späteren Ministerpräsident von Brandenburg, oder dem Mitbegründer der unabhängigen Umweltgruppe »Arche«, Carlo Jordan, die beide die Grüne Liga im Februar 1990 mit-

30 Ebd., S. 825-826.

31 Anstatt die Umwelt in einer Weise umzugestalten, dass sie sich den sozialen, wirtschaftlichen und politischen Systemen anpasst, plädiert der amerikanische Umweltethiker Richard Evanoff dafür, dass diese Systeme in einer Weise umgewandelt werden müssen, damit die Sorge um menschliches Wohlergehen und soziale Gerechtigkeit mit einer robusten Unterstützung des Umweltschutzes in Einklang gebracht werden können, vgl. Richard Evanoff: Bioregionalism and global ethics. A transactional approach to achieving ecological sustainability, social justice, and human well-being, New York 2011, Einleitung, S. 3.

32 Die Grüne Partei gründete sich formal am 9.2.1990; vgl. Neubert: Geschichte der Opposition, S. 863.

gründeten. Auch trafen bei Veranstaltungen der GNU, wie der »Ökokirmes«[33] Aktivisten der Naturschutz- und Umweltbewegung der DDR aufeinander.

Nachwirkungen des Natur- und Umweltschutzes im wiedervereinten Deutschland

Die sich in der Umbruchszeit gründenden Umweltorganisationen gingen weitgehend im Parteiensystem der Bundesrepublik, beispielsweise bei der Partei Die Grünen, auf und konnten weniges verankern, das auf eine direkte DDR-Hinterlassenschaft hinweisen würde. Allerdings existieren prominente Ausnahmen zu dieser Feststellung, wie die aus den Umweltschutzgruppen hervorgegangene Grüne Liga (a), das durch Reimar Gilsenbach initiierte Ökodorf Brodowin (b) und das durch Aktivitäten von Naturschützern wie dem Ehepaar Kretschmann angeschobene und durch weitere Umwelt- und Naturschutzaktivisten durchgesetzte Nationalparkprogramm der DDR (c).

a) Die Grüne Liga

Die Grüne Liga wurde im November 1989 als dezentrales Netzwerk ökologischer Bewegungen und damit in Abgrenzung auch zur Parteienpolitik der Bundesrepublik gegründet. »Mit der LIGA konnten wir vielen Gruppen und Mitgliedern ein Podium und ein Dach über den Kopf mit Kopierer geben« wie Leif Miller, Gründungsmitglied und Geschäftsführer der Grünen Liga bis 1998, feststellte.[34] Dabei ging es um zwei wesentliche Schwerpunkte: die Verbreitung von Umweltinformationen und die Vernetzung der verschiedenen Gruppen. Die ostdeutschen Umweltgruppen zusammenzuführen, scheiterte indes an der Ausdehnung der westdeutschen Umweltorganisationen, wie dem Naturschutzbund (Nabu),[35]

33 Das ist eine Art Festival, auf dem zu ökologischen Themen informiert und Ansprachen an die interessierte Öffentlichkeit gehalten wurden.

34 Felix Eick: 20 Jahre Grüne Liga und »Der Rabe Ralf«. Interview mit dem Berliner Landesvorsitzenden der Grünen Liga und Gründungsmitglied Leif Miller, in: Der Rabe Ralf. Dezember 2010/Januar 2011, S. 12f., hier S. 12.

35 Zum Weiterwirken einzelner DDR-Aktivisten im Nabu siehe Astrid Mignon Kirchhof: »Der freie Mensch fordert keine Freiheiten, er lebt einfach.« Die Nestoren des DDR Naturschutzes und die Herausbildung einer reformbewegten Gegenwelt, in: Geschichte und Gesellschaft 41 (2015), S. 71-106, hier S. 98.

dem World Wildlife Fond (WWF), Greenpeace[36] oder dem Bund für Umwelt und Naturschutz Deutschland (BUND).[37] Das heißt, während die Existenz der Umweltorganisationen in der Bundesrepublik durchaus befördernd für DDR-Projekte wirken konnte, wie die nächsten beiden Beispiele zeigen werden, so war sie für die Grüne Liga eher ein Hemmnis. Von ihrer Struktur und Zielsetzung ist die Grüne Liga am ehesten mit dem bereits in den 1970er Jahren gegründeten, westdeutschen Bundesverband Bürgerinitiativen Umweltschutz (BBU)[38] vergleichbar. Beide Organisationen sind aber nur in Teilbereichen vernetzt, und die Grüne Liga ist auch in den neuen Bundesländern unterschiedlich stark vertreten. Während sie in Sachsen-Anhalt und Mecklenburg-Vorpommern nur noch wenige Mitglieder hat, ist sie in Berlin und Sachsen sehr präsent und vielfältig aktiv. So stoßen aktuelle Veranstaltungen der Grünen Liga in Berlin bei ehemaligen DDR-Bürgern ebenso wie bei West-Berlinern auf Interesse und bringen diese zu einem gemeinsamen Umweltdiskurs zusammen. Thematisch befasst sich der Verein mit Umweltthemen wie Braunkohle, Erneuerbaren Energien, Kernenergie, Landwirtschaft und nachhaltiger Regionalentwicklung, Verkehr sowie Wasser. Darüber hinaus konzentrieren sich einige Facharbeitskreise auch auf soziale Themen, Wirtschaft und Frieden. Die vielen kleineren, selbstständig arbeitenden, aber gut vernetzten Gruppen machen Naturschutz- und Bildungsarbeit und führen Aktionen und Kampagnen durch, wobei die Grüne Liga nicht eine einheitliche Position verfolgt, sondern auf Diversität setzt. So engagiert sich die Grüne Liga in Brandenburg beispielsweise gegen neue Braunkohletagebaue und für einen nachhaltigen Umbau des Energiesystems, während die Grüne Liga in Sachsen die Auswirkungen der erneuerbaren Energien auf Natur und Landschaft kritisiert. In der Landschaft der gesamtdeutschen Umweltbewegungen hat die Grüne Liga wohl weniger ihren Platz als Netzwerkorgan gefunden, wie es anfänglich ihre Intention war. Denn diese Funktion übernehmen der BBU und der BUND, zumal die ostdeutschen Gruppen in westdeutschen Organisationen aufgegangen sind. Dennoch konnte sich die Grüne Liga bis heute halten, weil sie sich durch ihre spezifische ostdeutsche

36 Einen Überblick über die Entwicklung von Greenpeace in Deutschland findet sich bei Frank Zelko: Make it a green peace! The rise of countercultural environmentalism, Oxford 2013.

37 Einen Überblick über die Anfänge des BUND in den 1970er Jahren findet sich bei Jens Ivo Engels: Naturpolitik in der Bundesrepublik. Ideenwelt und politische Verhaltensstile in Naturschutz und Umweltbewegung 1950-1980, Paderborn 2006, S. 311-322.

38 Ebd., S. 332-338.

Erfahrung auszeichnet, die dem westdeutschen Bewegungsspektrum fehlt und die vor allem ostdeutsche Naturschutzinteressierte anzieht.

b) Das Ökodorf Brodowin

Nach dem Mauerfall stand das Dorf Brodowin in Brandenburg – ähnlich wie andere Gemeinden – vor der Ungewissheit, wie es weitergehen würde. Die erste frei gewählte Landgemeinde, Landwirte und Brodowiner Bürger suchten nach neuen ökonomischen Möglichkeiten, da die zentrale Planwirtschaft der Brodowiner Landwirtschaftlichen Produktionsgenossenschaft (LPG) »8. Mai« wie auch deren Vermarktungskanäle zusammengebrochen waren. Dass es auf nachhaltige Landwirtschaft hinauslaufen würde, war allen Beteiligten bald klar. Traditionelle Landwirtschaft war keine Option, da das negative Folgen für die ohnehin bereits schlechte Bodenqualität, die im bundesweiten Vergleich im unteren Drittel lag, haben würde. Eine der wichtigsten Personen, die für eine alternative Landwirtschaft plädierten, war Reimar Gilsenbach, der seit Jahrzehnten in der Region lebte und dessen Naturschutz- und Umweltaktivitäten weithin bekannt waren. Die Mehrheit der Landbesitzer und LPG-Bauern entschied sich nach einem langwierigen Prozess für ein ökologisches Modell, und das Dorf verschrieb sich als Ganzes der Produktion von biologisch angebauten Lebensmitteln. Bald übersiedelten Experten aus Westdeutschland nach Brodowin, die im Demeter-Landbau ausgewiesen waren und anthroposophische Ideen im Gepäck hatten.[39] Damit waren die Weichen nicht nur für einen ökologischen, sondern biologisch-dynamischen Landbau gestellt, dessen Erzeugnisse nach den Richtlinien des DemeterVerbandes hergestellt und vermarktet werden. Obwohl sich der Öko-Hof als überlebens- und profitfähig erwies, gab es vielfältige Akzeptanzprobleme der Brodowiner Bevölkerung dem Projekt gegenüber. Beispielsweise argumentierten viele Bürger gegen die auf Rudolf Steiner zurückgehende biodynamische Anbauweise, die sie als esoterisch ablehnten. Gilsenbach hielt aber an seiner Überzeugung fest: »Wie gut der Öko-Hof wirtschaftet, welche Erfolge er erzielt und wie viele Arbeitsplätze er den Brodowinern bietet, wird im Dorfgerangel letztendlich den Ausschlag geben.«[40] Da die ökologische Lebensphilosophie einhergeht mit alternativen Konsumvorstellungen, ist die Kommune heute ökonomisch sehr erfolgreich. Der Hof ist einer der größten biologisch-dynamisch wirtschaftenden Betriebe Europas und der größte Arbeitgeber der Region. Ringsum liegt die

39 Roland Schulz: »Toter Boden reagiert nicht auf den Kosmos«. Grundlagen einer fachgerechten Humuswirtschaft, in: Berlin-Brandenburger Naturmagazin 1 (2002).

40 Reimar Gilsenbach: Wer im Gleichschritt marschiert, geht in die falsche Richtung. Ein biografisches Selbstbildnis, Berlin 2004, S. 260.

Arbeitslosenquote bei rund 20 Prozent, hier beträgt sie 4,7 Prozent. Und auch das Betriebsergebnis ist ausgeglichen.[41] Das Ökodorf wirtschaftet deshalb so erfolgreich, weil es sich sowohl an marktwirtschaftliche Prinzipien anpasste als auch auf der dynamisch-ökologischen Landwirtschaft gründet. Hierbei handelt es sich um ein Verfahren, das in der Bundesrepublik durch den Demeter-Verband seit Jahrzehnten erfolgreich vermarktet wird. Indem sich das Ökodorf sowohl für diese Ideen als auch für Westexperten öffnete und diese ins Boot holte, konnte es von deren Knowhow profitieren und zum eigenen Nutzen umsetzen.

c) Das Nationalparkprogramm der DDR

Eine weitere Hinterlassenschaft, für die DDR-Naturschützer seit den 1950er-Jahren kämpften, sind die Nationalparks, die in der Umbruchszeit auf dem Gebiet der DDR entstanden. Im November 1989 gründeten ein Mitglied des Neuen Forums, der Direktor des Müritz-Museums und ein freischaffender Biologe der Volkskammer die Bürgerinitiative Müritz-Nationalpark und stellten den Vorschlag, einen Nationalpark in der DDR zu gründen, der Öffentlichkeit vor. Auch Michael Succow forderte in einem Brief an den Landwirtschaftsminister die Einrichtung von Nationalparks.[42] Im Dezember 1989 verlangten Succow und weitere Naturschützer im Kulturbund der DDR die Gründung eines eigenen Naturschutzministeriums mit Michael Succow an der Spitze.[43] Im Januar 1990 trat dieser seinen Dienst im neu geschaffenen Ministerium für Naturschutz, Umweltschutz und Wasserwirtschaft der DDR als stellvertretender Minister an. Succow hatte sich bereits länger mit der Schaffung von Nationalparks auseinandergesetzt, vor allem inspiriert durch die Nestoren des DDR-Naturschutzes, Kurt und Erna Kretschmann, die er seit seiner Kindheit kannte.[44] In seinem

41 Carsten Jasner: Ökodorf Brodowin in Brandenburg. Berlins grüne Hof-Lieferanten, in: Greenpeace (2000), S. 72-77.

42 Markus Rösler: Das Nationalparkprogramm der DDR, in: Hermann Behrens/Regine Auster (Hg.): Naturschutz in den neuen Bundesländern, S. 561-595, hier S. 561 f.

43 Da in der DDR nur zwei Mitarbeiter für Naturschutz auf zentraler Ebene im Landwirtschaftsministerium angestellt waren und es auf Kreisebene lediglich eine Planstelle für Naturschutz und Jagd gab, wurde die Einrichtung eines eigenständigen Naturschutzministeriums für dringend notwendig erachtet, siehe Michael Succow: Persönliche Erinnerungen an eine bewegte Zeit, in: Michael Succow/Leberecht Jeschke/Hans-Dieter Knapp (Hg.): Naturschutz in Deutschland, S. 63-70, hier S. 63.

44 Erna und Kurt Kretschmann Archiv, KreA 152, »Prof. Dr. Michael Succow – aktiv und weitsichtig für den Natur- und Umweltschutz tätig«. Aufsatz für den Freienwalder Kreiskalender.

Ministerium bildete er eine Arbeitsgruppe zur Ausarbeitung des Nationalparkprogramms, die dem Runden Tisch in Berlin ihre Idee vorstellte und hierfür grünes Licht bekam.[45] Ein erstes Zwischenziel erreichte die etwa zehnköpfige Initiative um Succow am 16. März 1990. In ihrer letzten Ministerratssitzung fasste die Übergangsregierung von Hans Modrow einen Beschluss, der insgesamt 4,5 Prozent der Landesfläche der DDR vorläufig unter Schutz stellte. Zwei Tage später wählten die DDR-Bürger die erste freie Volkskammer und stellten die Weichen auf die deutsche Vereinigung um, was den Prozess nun enorm beschleunigen sollte. Das Umweltministerium unter Klaus Töpfer kam bei der Ausarbeitung des Programms zu Hilfe, so dass die bundesdeutschen Beamten in der Folge an den Rechtstexten für die ostdeutschen Schutzgebiete mitschrieben. Gegen den Widerstand einflussreicher bundesdeutscher Politiker und Lobbyisten konnten sich die Befürworter des Nationalparkprogramms durchsetzen und damit eines der größten Naturschutzprojekte jener Zeit realisieren.[46] Als die DDR am 3. Oktober 1990 Teil der Bundesrepublik wurde, war das neue Deutschland um die fünf Nationalparks Jasmund, Vorpommersche Boddenlandschaft, Müritz, Hochharz und Sächsische Schweiz sowie sechs Biosphären-Reservate und drei Naturparks reicher.[47] Festgeschrieben im Einigungsvertrag, gelten diese geschützten Landstriche auch heute noch als das »Tafelsilber der deutschen Einheit«, wie es der damalige Bundesumweltminister Klaus Töpfer formulierte.[48] Die Einrichtung von Nationalparks war eine jahrzehntelange Forderung von DDR-Naturschützern gewesen, die allerdings erst im Zuge des Umbruchs 1989/90 und mit der Unterstützung von Politikern aus der Bundesrepublik realisiert werden konnte. Da es in der Bundesrepublik seit den 1960er Jahren Nationalparks gab, sind die genannten jedoch im Gedächtnis des vereinten Deutschland nicht als genuine DDR-Hinterlassenschaft verankert.

45 Carlo Jordan: Ein freiheitlicher Ökologe, in: Horch und Guck 11 (2002), S. 76f.

46 Der Punkt »Nationalparkprogramm« wurde von der Tagesordnung der letzten bundesdeutschen Ministerratssitzung gestrichen. Es war dem beherzten Engagement eines Westbeamten zu verdanken, dass dieser Entschluss rückgängig gemacht wurde, siehe Arnulf Müller-Helmbrecht: »Machen Sie sich nützlich«. Als Westberater in den Osten, in: Succow/Jeschke/Knapp (Hg.): Naturschutz in Deutschland, S. 71-79, hier S. 76.

47 Die ausgewiesenen Biosphärenreservate sind: Südost-Rügen, Schorfheide-Chorin, Spreewald, Mittlere Elbe, Rhön und Vessertal. Die Naturparks heißen: Schaalsee (später umgewandelt in ein Biosphärenreservat selben Namens), Drömling und Märkische Schweiz.

48 Ulrich Messner: Nur einmal im Leben, in: Nationalpark 3 (2010), S. 21-24; Müller-Helmbrecht: »Machen Sie sich nützlich«, S. 71-79.

Fazit

Naturschutz existierte in Ostdeutschland seit dem Ende des Zweiten Weltkrieges durch gesetzliche Regelungen und die Tätigkeit von Naturschützern sowie eine Naturschutzverwaltung, die seit den 1970er Jahren um den institutionellen Umweltschutz, in der DDR als Landeskultur bekannt, erweitert wurde. Der DDR-Natur- und Umweltschutz litt allerdings jahrzehntelang an seiner Unterordnung unter wirtschaftliche Ziele, chronischer Unterfinanzierung, einer flächendeckenden Ehrenamtlichkeit und dadurch fehlenden Professionalisierung sowie zuweilen an der Nichteinhaltung bestehender Gesetze. Viele Entwicklungen und Probleme deckten sich hierbei auch mit dem westdeutschen Natur- und Umweltschutz, wobei die fehlenden demokratischen Instanzen in der DDR, mit denen effektiverer Druck auf die Regierung hätte ausgeübt werden können, den entscheidenden Unterschied zwischen den Naturschutz- und Umweltbewegungen beider Staaten ausmachte. Während die Gruppen der unabhängigen DDR-Umweltbewegung im Parteiensystem der Bundesrepublik aufgingen, fanden bestimmte Vorstellungen der ostdeutschen Natur- und Umweltbewegung durch Ideentransfer Anschluss an bundesdeutsche Entwicklungen und Projekte. Dies gelang durch die Zusammenarbeit mit bundesdeutschen Aktivisten und Politikern, für die in diesem Artikel die Grüne Liga, das Ökodorf Brodowin und das Nationalparkprogramm beispielhaft stehen.

Vorstellungen eines Verhältnisses von Mensch und Natur, das auf dem Ideal einer Lebensführung in Einklang mit der Natur aufbaut, so wie es auch die Natur- und Umweltschützer der DDR forderten, sind heute Allgemeingut. So hat eine breit angelegte Umfrage des Bundesamtes für Naturschutz im Jahr 2009 ergeben, dass 94 Prozent der deutschen Bevölkerung über fast alle schichtbedingten Hintergründe hinweg der Meinung sind, dass der Mensch ein Teil der Natur ist.[49] In den letzten Jahren ist zu beobachten, wie diese Ideen in manchen Gruppen der Umweltbewegung mit wiederentdeckten Elementen der marxistischen Lehre zu Forderungen gegen den globalen Kapitalismus verschmelzen. Obgleich der Raubbau an der Natur und die damit einhergehende Umweltzerstörung Kennzeichen des »real existierenden Sozialismus« in der DDR wie auch in den meisten anderen Ländern des sogenannten Ostblocks waren und teilweise zu deren Zusammenbruch beigetragen haben, scheinen

49 H.-Peter Neitzke/Silke Kleinhückelkotten: Naturbewusstsein 2009. Bevölkerungsumfage zu Natur und biologischer Vielfalt, Hannover 2010, S. 33.

bestimmte Anteile der sozialistischen Idee politisch wieder an Attraktivität zu gewinnen.[50]

Unter dem Slogan »System Change not Climate change« weisen Umweltschützer in vielen Ländern seit einigen Jahren deshalb darauf hin, dass der Klimawandel nicht nur eine Umweltkrise darstelle, sondern vielmehr eine Frage der globalen Gerechtigkeit und des kapitalistischen Wirtschaftens sei. In diesem Zusammenhang fordern Aktivisten »Gesellschaftssysteme, in denen das ›gute Leben für alle‹ im Zentrum steht und nicht die Profite Weniger«. [51] Die Lösung wird in der Überwindung der kapitalistischen Produktionsweise gesucht, da diese Mensch und Natur ausbeute und auf Profit- und Wachstumsstreben beruhe. Hierzu gehören beispielsweise die Anti-Kohlekraft-Kampagne »Ende Gelände« oder die etwas weniger radikale Fridays-for-Future-Bewegung.[52]

Die Kritik und Neuerungsvorschläge dieser Gruppen beziehen sich auf die Wirtschaft, die Umwelt und die Politik. Wichtiger Leitsatz ihrer Bestrebungen ist es, dass die Voraussetzung eines »guten Lebens« die Harmonie des Menschen mit der Natur ist.[53] Manche unter den aktuellen Aktivisten sind daher der Auffassung, dass nachhaltige Entwicklung nicht innerhalb der kapitalistischen Marktwirtschaft zu erreichen sei, da das ökologisch notwendige Schrumpfen mit dem Kapitalismus unvereinbar sei. Aus Gründen der Nachhaltigkeit müsse man sich darauf einigen, in

50 Qingzhi Huan (Hg.): Eco-socialism as Politics. Rebuilding the Basis of our Modern Civilisation, New York 2010, S. 35 f.

51 Siehe beispielsweise Initiative »System Change not Climate Change«, Positionspapier, URL: http://systemchange-not-climatechange.at/de/positionspapier/ [10.5.2021]; Ulrich Brand: Gutes Klima für Eliten, in: *Frankfurter Rundschau* vom 20.12.2015; siehe auch Ben Lilliston: The Climate Cost of FREE TRADE, URL: https://www.iatp.org/sites/default/files/2016_09_06_ClimateCostFreeTrade.pdf [10.5.2021]; sowie den Zusammenschluss von Mitgliedern der Anti-Atom- und Anti-Kohle-Bewegung, Initiative »Ende Gelände«. Kohle stoppen. Systemwandel Jetzt, URL: https://www.ende-gelaende.org/news/ [10.5.2021].

52 Initiative »Ende Gelände«; Albrecht von Lucke: Fridays for Future. Der Kampf um die Empörungshoheit. Wie die junge Generation um ihre Stimme gebracht werden soll, in: Blätter für deutsche und internationale Politik 2019, S. 91-100; Jakob Wetzel: Fridays for Future, München 2019.

53 Beispielhaft steht hierfür das südamerikanische Konzept des »Buen Vivir«, des »guten Lebens«, das ein Gleichgewicht mit der Natur, die Begrenzung sozialer Ungleichheit, eine solidarische Wirtschaft und eine pluralistische Demokratie, die neue Räume zivilgesellschaftlicher Partizipation eröffnet und eine systemkritische Antwort auf das westliche Entwicklungsdenken der letzten Jahrzehnte gibt. Es versteht sich als neues Entwicklungskonzept, das sich vom westlichen Wohlstandsparadigma verabschieden will, siehe Thomas Fatheuer: Buen vivir. Eine kurze Einführung in Lateinamerikas neue Konzepte zum guten Leben und zu den Rechten der Natur, Berlin 2011.

erster Linie erneuerbare Energien zu verwenden und nicht-erneuerbare nur dann einzusetzen, wenn die Deckung des Energieverbrauchs ansonsten nicht sichergestellt werden könne. Eine an bestimmten sozialistischen Idealen angelehnte Gesellschaft sei aber auch durch die ihr zugrundeliegenden moralischen Werte erstrebenswert, wie Gleichheit, Kooperation und Herrschaftsfreiheit.[54]

54 Ulrich Schachtschneider/Frank Adler: Green new deal. Suffizienz oder Ökosozialismus? Konzepte für gesellschaftliche Wege aus der Ökokrise, München 2010, S. 64, 73f.. Siehe auch: Saral Sarkar: Die Krisen des Kapitalismus. Eine andere Studie der politischen Ökonomie, Neu-Ulm 2010, S. 140, 349.

Modi und Blickwinkel

Von Ethnos und Demos

Intellektuelle Perspektiven auf den Umbruch in Ostmittel- und Südosteuropa

Nenad Stefanov

Ein Blick auf die Landkarte und die Grenzverläufe im postjugoslawischen Raum zeigt, dass sich das Versprechen von 1989 – das Ende der Teilung Europas – in sein Gegenteil verkehrt hat. Das frühere Staatsgebiet Jugoslawiens erscheint aufgesplittert in verschiedene territoriale Regime: den Schengen-Raum mit dem EU-Mitglied Slowenien, die EU-Außengrenze zwischen Kroatien einerseits und Bosnien-Herzegowina, Montenegro und Serbien andererseits sowie ein nach dem Dayton-Vertrag von »Entitätsgrenzen« zerklüftetes Bosnien-Herzegowina. Darüber hinaus werden regelmäßig neue Grenzziehungen und Bevölkerungsverschiebungen diskutiert, wenn es um das Kosovo geht. Dabei konnten die Menschen, die zwischen diesen zahlreichen Grenzen leben, noch vor dreißig Jahren ungehindert sowohl nach West als auch nach Ost reisen; für ihren Pass benötigten sie auf keiner Seite des Eisernen Vorhangs ein Visum.

Ein Belgrader Blick auf den Potsdamer Platz 2006:

> »Für einen Moment desorientiert in den Berliner Weiten, in jenem zentralen städtischen Raum, dessen Leere sogar jetzt nachhallt, wenn die Gebäude, Straßen, die Motorfahrzeuge und Menschen wieder da sind und wenn jetzt alles um mich herum so modern und makellos ist, dass ich nicht ganz sicher bin, ob sich meine Augen an die Intensität dieses Strahlens gewöhnen, vollkommen unfähig herauszufinden, wo die einstmalige Mauer stand. […] Vielleicht wäre diese quälende Eifersucht, mit der ich kämpfen muss, nicht so stark, wenn ich mich nicht so gut daran erinnern würde, an jenes sehr unverbindliche und unberechtigte Gefühl der Überlegenheit, der kulturellen Arroganz, mit der wir damals den Ländern begegneten, die sich hinter dem Eisernen Vorhang befanden, gleichzeitig begleitet von einer etwas devoten, vor allem konsumistischen Faszination für die westliche Seite unseres Kontinents. Es ist eine Tatsache, dass während der 60er und 70er und auch eines guten Teils der 80er Jahre des 20. Jahrhunderts man in Jugoslawien sicherlich schlechter als in den westeuropäischen Staaten lebte, aber gleichzeitig wesentlich besser als in Osteuropa, und dies gab ununterbrochen Grund für Stolz und jenes schon erwähnte Gefühl kultureller oder sogar zivilisatorischer Überlegenheit, das wir

so gerne gegenüber all den Staaten hegten, die sich hinter dem Eisernen Vorhang befanden.«[1]

So der Belgrader Schriftsteller Vladimir Arsenijević über die Erfahrung des Umbruchs seit 1989 und die damit einhergehende fundamentale Veränderung aus einer jugoslawischen Perspektive – die offenbar retrospektiv von Trugbildern bestimmt war. Zumindest erscheint jene »kulturelle Arroganz«, von der Arsenijević spricht, im Rückblick als hoffnungslos deplatziert angesichts der grundsätzlich differenten Entwicklungen, die nach 1989 einsetzten. Während sich Jugoslawien in den genannten Grenzziehungen während der 1990er Jahre gewaltvoll selbst provinzialisierte, waren die Staaten des vormaligen Ostblocks ohne große Umwege »nach Europa« unterwegs. Und auf diesem Weg wurden in den letzten beiden Jahrzehnten Grenzen schrittweise abgebaut. Buchstäblich erfahren lässt sich dies, wenn man von Berlin nach Belgrad unterwegs ist. Die erste und einzige Grenzkontrolle nach der Fahrt über Dresden, Prag, Bratislava und Budapest findet an der ungarisch-serbischen Grenze statt – die zudem EU-Außengrenze ist.

Vor diesem Hintergrund erscheint 1989 als eindeutige Zäsur, mit der offensichtlich fundamental verschiedene Entwicklungen in Ostmitteleuropa und Jugoslawien einsetzten. Die Differenz zwischen kriegerischem Zerfall in Jugoslawien, das einst als liberales Vorzeigeland unter den realsozialistischen Staaten galt, und der Transformationsgeschichte der Staaten des vormaligen »Ostblocks« veranlasste dabei zahlreiche Beobachter*innen, nach tiefliegenden kulturellen Trennlinien zwischen beiden Regionen zu suchen, mit denen vor allem die verstörende jugoslawische Erfahrung von Krieg und Zerfall rationalisiert werden sollten. Auch in der medialen Rezeption der Bundesrepublik waren solche kulturalistisch gewendeten Mental Maps schnell zur Hand, um die beunruhigende Frage nach dem Zusammenhang von Nationalismus und Gewalt räumlich zu erklären: hier das zivilisierte Mitteleuropa, dort der unzivilisierte Balkan.

Das wirft die Frage auf, inwiefern sich Unterschiede und Gemeinsamkeiten zwischen beiden Regionen im Hinblick auf Nationalismus, Autoritarismus und Gesellschaft anders fassen lassen als über kulturalistische Mental Maps. Einen Ansatzpunkt hierbei bildet der Vorschlag, die Traditionen des Autoritarismus stärker als bisher unter dem Gesichtspunkt von vergleichenden Beziehungs- und Verflechtungsgeschichten zu untersuchen. Die Kontinuität von Autoritarismus, und vor allem die Revitalisierung und Zirkulation völkischer Denkmuster zwischen Ostmittel- und Südosteuropa mit

1 Vladimir Arsenijević, Zidovi, in: Ivan Čolović: Zid je Mrtav. Živeli Zidovi, Beograd 2009, S 15-36, hier S. 15 f.

einem Fokus auf die Zeit seit den 1980er Jahren, ist allerdings bislang kaum systematisch bearbeitet worden, obwohl das Themenfeld allgemein bereits vielfaches Interesse hervorgerufen hat.[2]

Autoritarismus, Mental Maps und Zentraleuropa-Diskurse

Der aktuelle, neue Autoritarismus, der im Kern die Grenzziehung nach außen und Einhegung eines ethnonationalen Kollektivs nach innen anstrebt und so nicht nur in Ungarn oder Polen auftritt, regt an, noch einmal neu über die »ethnisierende Auflösung« des Realsozialismus nachzudenken. Denn bisher standen für die Deutung der unterschiedlichen Dynamiken in Jugoslawien und den Staaten Ostmitteleuropas oft kulturell definierte Trennlinien im Vordergrund, die weit zurückliegende Vergangenheiten bemühten. Der Blick auf die Epoche des Realsozialismus indes, der ein halbes Jahrhundert lang diese Gesellschaften entscheidend geprägt hat, ermöglicht es, soziales Handeln in den Blick zu nehmen, die Verarbeitung der Erfahrung von Herrschaft, Konformismus, Kollektivismus, Eigensinn und vermittels solcher Analysekategorien in vergleichender Perspektive auch Verflechtungen und wechselseitige Rezeptionsformen von Vorstellungen autoritär gefasster Gemeinschaften zu diskutieren.[3]

Ohne eine falsche Identität zwischen allen diesen Gesellschaften zu postulieren, trägt der Fokus auf die (Dis-)Balance zwischen Ethnos und Demos dazu bei, gesellschaftliche Konflikte auf verallgemeinerbare Begriffe zu bringen und zugleich kulturalistische Essentialisierungen als Legitimationsstrategien autoritärer Herrschaft zu kritisieren (»›Die‹ sind eben so / Das war auf dem Balkan immer schon so / ›Die‹ brauchen einen starken Führer / ›Die‹ sind noch nicht reif für Demokratie«).

2 Für Ostmitteleuropa: Balazs Trencsenyi/Michal Kopecek/Luka Lisjak Gabrijelcic/Maria Falina/Monika Baar/Maciej Janowski (Hg.): A History of Modern Political Thought in East Central Europe. Negotiating Modernity in the Short Twentieth Century and Beyond (1918-1968), Oxford 2018. Mit Bezug zu Südosteuropa: Diana Mishkova/Marius Turda/Balázs Trencsény (Hg.): Discourses of Collective Identity in Central and Southeast Europe (1775-1945), Budapest 2014. Es mangelt jedoch gerade für die Entwicklung in der hier im Mittelpunkt stehenden Zeit an Ansätzen. Im Hinblick auf die Sphäre von Arbeit und Herrschaft sind in jüngster Zeit Forschungsprojekte mit einer vergleichenden Perspektive entwickelt worden, etwa am Beispiel von Arbeitsbeziehungen auf Werften in Danzig und Uljanik (Kroatien), URL: https://www.transformations-from-below.eu/output/ [14.1.2021].

3 Zur Analyse des jugoslawischen Realsozialismus vor einem vergleichenden Hintergrund siehe Wolfgang Höpken: »Durchherrschte Freiheit«? Wie autoritär (oder wie liberal) war Titos Jugoslawien?, in: Hannes Grandits/Holm Sundhaussen (Hg.): Jugoslawien in den 1960er Jahren, Wiesbaden 2013, S. 39-65.

Selbstverständlich bedeutet dies in keiner Weise, eine starre, unveränderte Wirkung des Realsozialismus nach dessen Ende anzunehmen. Im Gegenteil, es geht vor allem darum, wie sich im Fortgang solche kollektivistischen und autoritären Dispositionen immer wieder neu reproduzieren, und das unter sich stetig verändernden gesellschaftlichen Bedingungen. Ein solcher Blickwinkel trägt dazu bei, die Tiefe der Zäsur von 1989 genauer zu bestimmen, gerade auch in Bezug auf das Spannungsverhältnis der beiden rivalisierenden Konzepte von Ethnos und Demos. Voraussetzung dafür ist, sich zunächst der Formen der kulturalisierenden Abgrenzung und gegenseitigen Wahrnehmung zu vergegenwärtigen, um dann anhand der Entwicklungen im sozialistischen Serbien die Veränderung der Konstellation zwischen Ethnos und Demos vergleichend zu analysieren.

Die Vorstellung solcher kulturalisierender Trennlinien kam nicht nur in der Bundesrepublik, sondern auch und gerade in Ostmitteleuropa und dem Balkan selbst zum Tragen. Zugleich wird eine wichtige Gemeinsamkeit sichtbar: Für viele zeitgenössische Akteur*innen sowohl in Ostmitteleuropa als auch auf dem Balkan, für die Volk und Nationalstaat als homogene Einheit Fixpunkt gesellschaftlicher Ordnung war, bedeutete 1989 als Einschnitt nicht in erster Linie den Beginn von etwas Neuem, einen Aufbruch in eine unbekannte Zukunft, sondern vielmehr die Wiederherstellung eines oftmals verklärten, imaginierten vergangenen Zustands. In dieser Wahrnehmung war ganz umgekehrt der Realsozialismus die künstliche, von außen oktroyierte Zäsur, die den natürlichen, weil nationalstaatlichen Lauf der Dinge unterbrochen hatte, an den nun vermeintlich unvermittelt wieder angeknüpft werden konnte. Mit dieser spezifischen Fokussierung auf die nationale Vergangenheit als Zukunft eng verknüpft war die Imaginierung deren räumlicher Dimension, die Aneignung und Rückkehr vormaliger Mental Maps, die in den Umbrüchen von 1989 neue Suggestivität gewinnen konnten und die vor allem neue kulturalistisch begründete Abgrenzungen rechtfertigten.

Geht es um die Genese solcher Mental Maps, wird aus ideengeschichtlicher Perspektive deutlich, dass 1989 keinesfalls eine trennscharfe Zäsur darstellt. Ausgangspunkt war die große Diskussion über Mitteleuropa Mitte der 1980er Jahre, die durch den berühmten Essay des im französischen Exil lebenden tschechischen Schriftstellers Milan Kundera ausgelöst wurde.[4] Die Debatte, in der von der Tragödie die Rede war, dass Mitteleuropa politisch zum Osten und damit zum Herrschaftsbereich der Sowjetunion ge-

4 Rudolf Jaworski: Die aktuelle Mitteleuropadiskussion in historischer Perspektive, in: Historische Zeitschrift 247.3 (1988), S. 529-550; György Konrád: Antipolitik. Mitteleuropäische Meditationen, Frankfurt am Main 1985; Milan Kundera: Un occident kidnappé oder die Tragödie Zentraleuropas, 1983, hier nach clio online, URL: https://www.europa.clio-online.de/quelle/id/q63-28311 [14.1.2021].

höre, doch kulturell substantieller Teil des Westens sei, kann hier nicht im Ansatz resümiert werden. Hier soll es nur um einen Punkt gehen, der für die Beziehungen der Gesellschaften des Balkan und des eben angedeuteten Mitteleuropa von Bedeutung ist.

Selbst diese in aufklärerischer Absicht von Intellektuellen wie Kundera oder György Konrád auch als Herrschaftskritik am Realsozialismus angesetzte Reflexion kam nicht ohne Grenzziehungen aus. Gerade durch die Abgrenzung zur Sowjetunion sollte erstens das Spezifische dieses Mitteleuropas hervorgehoben werden. Ausgangspunkt dieser Reflexion über »Zentraleuropa« war initial die Rettung von Individualität und selbstständigem Denken vor kollektivistischer Einförmigkeit. Zugleich aber wurde diese Reflexion historisch-geographisch essentialisiert: zwischen einem in seiner historischen Substanz kollektivistischem Osten und einem seinem Wesen nach toleranten, vielfältigen Zentraleuropa, auf dem Fundament der Franz-Joseph'schen Doppelmonarchie fußend. Im Zuge dessen entfaltete sich ein weites Spektrum von verschiedensten kulturalistischen Grenzziehungen, die gegenüber der Sowjetunion, genauer: Russlands, als überhistorischem Kern dieser Andersheit gezogen wurden.

Bemerkenswert ist dabei, dass der Balkan in diesen Reflektionen, in dieser spezifischen Form der Essayistik, die mit Istvan Bibo und später Jenö Szücs Anfang der 1980er Jahre gesellschaftliche Herrschaft räumlich reflektierte, ebenso zur Abgrenzung herangezogen wurde.[5] Bei Jenö Szücs in dessen bahnbrechendem historischem Essay von Anfang der 1980er Jahre, der zugleich für seine Zeit hochaktuell war, da er unter anderem den gerade aufkommenden Begriff der »Zivilgesellschaft« in einer bis ins Mittelalter zurückreichenden westlichen Denktradition verankern wollte,[6] kam dem Balkan nicht einmal die Dignität einer europäischen Region zu. Da dieser Szücs zufolge für ein halbes Jahrtausend unter der Herrschaft eines islamischen Imperiums gestanden habe, sei der Balkan damit aus der europäischen Geschichte ausgeschieden.[7] Selbst György Konrád sprach von Gewalt als endemisch balkanischer Erscheinung.[8]

5 Jenö Szücs/Julianna Parti: The Three Historical Regions of Europe. An outline, in: Acta Historica Academiae Scientiarum Hungaricae 29.2 (1983), S. 131-184; vgl. Stefan Troebst: Erinnerungskultur – Kulturgeschichte – Geschichtsregion. Ostmitteleuropa in Europa, Stuttgart 2013.

6 Zur kritischen Analyse des Zentraleuropa-Diskurses siehe Ferenc Fehér: On Making Central Europe, in: East European Politics and Societies 3 (1989), S. 412-447.

7 Jenő Szűcs/Julianna Parti: The Three Historical Regions of Europe, S. 179.

8 György Konrád: Central Europe Redivivus. The Melancholy of Rebirth. Essays from Post-Communist Central Europe 1989-1994, San Diego 1995, S. 177. Zit. n. Maria Todorova: Hierarchies of Eastern Europe. East-Central Europe Versus the Balkans, Washington, D.C. 1996, S. 28.

Es ist erstaunlich, dass ein Kapitel aus dem vieldiskutierten Buch von Maria Todorova »Imagining the Balkans« in der hiesigen Rezeption und der Debatte über die These der Autorin der Balkanisierung als eine Form des Orientalismus überhaupt keine Rolle spielte. Dabei war dieser Teil noch vor dem eigentlichen Buch veröffentlicht worden und von einer besonderen Verve in der Argumentation bestimmt.[9] Es ist eine in Teilen polemische Auseinandersetzung Maria Todorovas mit der Zentraleuropa-Diskussion. Vielleicht mag ein Auslöser für die Heftigkeit der Kritik, die Todorova in diesem Kapitel formulierte, die Form gewesen sein, in der das »gekidnappte Europa« die Kritik an der sowjetischen Hegemonie formulierte. So schien in einer solchen Perspektive auf die sowjetische Dominanz der eigentliche Skandal darin zu bestehen, dass eine derart fortschrittliche und kultivierte Region wie Zentraleuropa den Zurichtungen russischer/sowjetischer Autokratie ausgeliefert war. Die Eingrenzung auf Mitteleuropa konnte dabei auch implizieren, dass es um Rumänien oder Bulgarien weniger schade sei, da diese ohnehin kein derartiges zivilisatorisches Erbe vorzuweisen hätten. Todorova bezeichnete Kunderas Thesen in diesem Zusammenhang gar als rassistisch.[10] Doch der eigentliche Vorwurf, den Todorova den Protagonist*innen der Zentraleuropa-Idee in ihrem 1996 in den USA veröffentlichten Essay machte, war, dass diese im Wettbewerb um eine möglichst schnelle Aufnahme in NATO und EU ihre Zugehörigkeit zu »Mitteleuropa« als Ausweis ihrer Zivilisiertheit und Westlichkeit benutzen würden, um sich somit ihre Eintrittskarte in die westlichen Bündnissysteme zu sichern.[11] Zugleich werde die Botschaft transportiert, dass andere Bewerber, wie etwa Bulgarien, zivilisatorisch minderbemittelt seien, so Todorova.[12] Das, was noch in den 1980er Jahren emanzipatorisch klingen wollte, sei nun wenige Jahre später zu einem schlichten Abgrenzungsmechanismus gegen Russland und den Balkan verkommen. Dieses Kapitel in »Imagining the Balkans«, in dem diverse Mitteleuropa-Konzepte diskutiert wurden, war von einer irritierenden Schärfe geprägt, die ihre Ursache wohl auch in einer Enttäuschung über die »mitteleuropäische« Indifferenz gegenüber Entwicklungen im südöstlichen Teil des vormaligen RGW-Raums mitteilte.[13]

Das neue Primat des Paradigmas des Gedächtnisses, gegenüber jenem der Gesellschaft, die Dan Diner als Charakteristikum des Übergangs in die 1990er Jahre betrachtet, verstärkte die Suggestivität solcher Mental

9 Maria Todorova: Hierarchies of Eastern Europe, S. 28.
10 Ebd., S. 13.
11 Ebd., S. 30.
12 Ebd., S. 31
13 Ebd., S. 29.

Maps.[14] Während in Ostmitteleuropa die Vorstellung präsent war, dass sich im Zuge der europäischen Integration auch ein historisch-kulturell kohärenter Raum rekonstituierte,[15] kam »der« Balkan – wobei in erster Linie allein die Kriege in Jugoslawien gemeint waren – in Gewalt und Grausamkeit scheinbar zu sich selbst. Die Verortung der Gewalt in Jugoslawien in einer in stetiger Wiederkehr begriffenen balkanischen Vergangenheit mochte für die westeuropäischen Zuschauer*innen der Tragödie auch die gesellschaftliche Funktion gehabt haben, beunruhigende Fragen abzuwehren, was denn dieser Krieg, der – wie es seinerzeit oft hieß – nur zwei Flugstunden entfernt war, außer seiner räumlichen Nähe mit ihnen zu tun hätte, oder gar die politischen Implikationen zu reflektieren, wie etwa die einer militärischen Intervention.[16]

Unabhängig von dieser aus Abwehrreflexen heraus entstehenden und zugleich ahistorischen Fixierung auf Gewalt als Signum des Balkan, war es genauso unabdingbar notwendig, im Sinne einer rationalen und kritischen Analyse, nach den für Jugoslawien spezifischen in der Vergangenheit basierenden Strukturen zu forschen, die zu der Gewalt der Gegenwart geführt hatten.[17] Vor allem aber wurde über den Realsozialismus in entlegeneren Vergangenheiten hinweggeblickt. Dabei ist die Zeit des Realsozialismus in allen seinen Varianten die zentrale Phase, in der sich die Gesellschaften, wie Philipp Ther zutreffend bemerkt, grundlegend verändert haben. Dessen Herrschaftsform, das Spannungsverhältnis zwischen proklamierter Konformität, Mitmachen und Eigensinn ist dementsprechend die Voraussetzung für das Verständnis der nachfolgenden Prozesse.[18] Während der Epoche des »real existierenden Sozialismus« konstituierten sich in dieser Form von Herrschaft Gemeinsamkeiten, die es über den kontrastiven Vergleich hinaus ermöglichen, Verflechtungen in den Blick zu nehmen, sei es in den Diskursen, gesellschaftlichen Strukturen oder im alltäglichen Handeln. In den letzten Jahrzehnten standen mit gutem Recht die nationalstaatlichen

14 Dan Diner: Von »Gesellschaft« zu »Gedächtnis«. Über historische Paradigmenwechsel, in: ders.: Gedächtniszeiten. Über jüdische und andere Geschichten, München 2003, S. 7-15.

15 Ferenc Fehér: On Making Central Europe, S. 418.

16 Vgl. Nenad Stefanov: Shared Concepts, Diverging Perceptions. Left-liberal Intellectuals and the Wars in Yugoslavia, in: Xavier Bougarel/Hannes Grandits/Nenad Stefanov (Hg.): Did the Wars in Yugoslavia Change the Perception of Societal Conflicts? Debates in France and Germany, in: Südosteuropa 4 (2013), S. 522-534.

17 Wolfgang Höpken: Gewalt auf dem Balkan – Erklärungsversuche zwischen »Struktur« und »Kultur«, in: ders./Michael Riekenberg (Hg.): Politische und ethnische Gewalt in Südosteuropa und Lateinamerika, Köln/Weimar/Wien 2001, S. 53-95.

18 Philipp Ther: Die neue Ordnung auf dem alten Kontinent. Eine Geschichte des neoliberalen Europa, Frankfurt am Main 2014, S. 119.

Spezifika während des Realsozialismus im Blickpunkt – gerade um jener stereotypen Vereinheitlichung eines »Ostblocks« post factum zu entgehen, die lange der prägende Blick aus dem Westen auf die Gesellschaften Ostmittel- und Südosteuropas war. Gerade in der ethnisierenden Auflösung des Realsozialismus bieten sich nun aber Möglichkeiten, in den Diskursen die zahlreichen Querverbindungen, Beziehungsgeschichten und Verflechtungen zwischen den beiden Regionen neu zu entdecken – und dies in universalisierbaren Kategorien zu tun –, etwa mit dem Blick auf die unterschiedlichen diskursiven Aufladungen des Stichworts »Volk« in den Begriffen von Ethnos und Demos.

Ethnos und Demos

In seinem Beitrag zum »Ethnonationalismus in Aktion«, verfasst angesichts des in Jugoslawien tobenden Krieges, unternimmt Holm Sundhaussen eine analytische Trennung zwischen Ethnos und Demos, um die moderne Dynamik ethnonationaler Zuschreibungen herauszuarbeiten.[19] Ausgangspunkt ist eine idealtypische Unterscheidung zwischen einem, wie es Sundhaussen nennt, »objektiven« und einem »subjektiven« Verständnis von Nation. Das »objektive« Verständnis basiert dabei auf der Imaginierung einer Nation als biologistisch fundierter Abstammungsgemeinschaft, in die es sich weder aus- noch eintreten lässt, die vollständig unabhängig vom subjektiven Befinden und Willen der Einzelnen existiert. Ethnos ist das Stichwort für dieses Konzept einer geschlossenen (Abstammungs)-Gemeinschaft. Demos dagegen steht für ein Verständnis von Nation als Versammlung von Staatsbürger*innen, die auf universalistischen Prinzipien gründet, in der Abstammung irrelevant, der Wille der Einzelnen und deren »subjektives« Bedürfnis nach Zugehörigkeit ausschlaggebend ist.

Demos und Ethnos stehen dabei nicht nur in Südosteuropa in einem permanenten Spannungsverhältnis, wobei dem Konzept des Ethnos zumindest als Eliten-Projekt seit dem 19. Jahrhundert im Hinblick auf das Bestreben der Etablierung von Nationalstaatlichkeit immer wieder eine dominante Position zukommt. Bekanntlich bedeutete der Staatssozialismus in Ostmittel- und Südosteuropa keinen Bruch mit dem Konzept des Ethnos als Grundlage des Verständnisses von Nation. Im Gegenteil: In allen Staaten des sowjetischen Herrschaftsbereichs kam dem Ethnos, nicht zuletzt vor dem Hintergrund der »Korenizacija«, der Affirmation ethnischer Zugehö-

19 Holm Sundhaussen: Ethnonationalismus in Aktion. Bemerkungen zum Ende Jugoslawiens, in: Geschichte und Gesellschaft 20 (1994), S. 402-423.

rigkeit, verstanden als »nationale Emanzipation«, die Voraussetzung für das Ziel der dann umfassenden sozialistischen Emanzipation sei, eine affirmative Position zu.[20] Hinzu kam, dass trotz der scheinbar universalistischen sozialistischen Rhetorik insbesondere seit den 1960er Jahren etwa in Rumänien und Bulgarien der Verweis auf die nationale Gemeinschaft und deren ruhmvolle Vergangenheit zunehmend unverzichtbar wurde, als Machtstabilisator für die kommunistische Herrschaftselite.[21]

Jugoslawien war dabei von einer spezifischen Konstellation charakterisiert: Erstens war ein Wiederaufgreifen des Vorkriegschauvinismus durch die föderale Konstellation blockiert. Jedes offene Wiederanknüpfen an die ethnonationalistischen Konzepte der Zwischenkriegszeit war als »großserbischer, großkroatischer Nationalismus« tabuisiert. Die nationalen Meisternarrative in den einzelnen Republiken[22] – die dennoch ethnisch fundiert waren – hatten sich in einer »Light-Version« in das allgemeine jugoslawische Meisternarrativ der Brüderlichkeit und Einheit einzufügen. Dabei war das Prinzip des Ethnos in der jugoslawischen Staatsordnung zugleich fest verankert. Die Föderalisierung des Staates mit weitgehenden Befugnissen für die Republiken, einschließlich breiter kultureller Autonomie für die nationalen Minderheiten, sollte verhindern, dass sich jemals wieder die Konflikte der Zwischenkriegszeit wiederholen könnten, die unter der nationalsozialistischen Besatzungsherrschaft in grausamer Gewalt eskaliert waren. Holm Sundhaussen spricht von einer »fast genialen Lösung«.[23] *Fast* deshalb, weil die einzige Artikulationsform für gesellschaftliche Konflikte gemäß der föderalen Ordnung und des Prinzips nationaler Gleichberechtigung die akzeptierte »ethnische« war, so dass potentiell jede/r politische Akteur*in in einem gesellschaftlichen Konflikt Ansprüche vor allem in einer ethnonationalen Form zu artikulieren hatte, um Legitimität innerhalb der herrschenden Ordnung zu beanspruchen. So schrumpfte unter autoritären Verhält-

20 Christoph Mick: Die Ethnisierung des Stalinismus. Zur Wirksamkeit ethnischer Kategorien bei der Sowjetisierung der Westukraine 1944-1948, in: Jörg Baberowski (Hg.): Moderne Zeiten? Krieg, Revolution und Gewalt im 20. Jahrhundert, Göttingen 2006, S. 145-173.

21 Für Bulgarien und Nationalismus im Kontext von Realsozialismus vgl. Stefan Troebst: Die bulgarisch-jugoslawische Kontroverse um Makedonien 1967-1982, München 1983.

22 Mit Ausnahme Bosnien-Herzegowinas, das als Republik mit drei »konstitutiven Völkern« galt und dieses Spannungsverhältnis besonders gut veranschaulicht. Ethnische Zuschreibung wurde affirmiert, zugleich wurden klassische ethnozentrische Narrative blockiert.

23 Holm Sundhaussen: Jugoslawien und seine Nachfolgestaaten 1943-2011. Eine ungewöhnliche Geschichte des Gewöhnlichen, Wien 2012, S. 74.

nissen der Raum für politische Auseinandersetzungen auf die Sphäre des Ethnos.

Doch schien in dem Konzept der jugoslawischen Staatsbürgerschaft, neben der Zugehörigkeit zu einer ethnisch definierten Nation (Narod), auch die Möglichkeit eines subjektiven Nationsverständnisses als Demos auf.[24] In diesem Zusammenhang sind auch jene fünf Prozent der Bevölkerung Jugoslawiens zu sehen, die sich in den Volkszählungen als ebensolche »Jugoslaw*innen« deklarierten und der Partei Kopfzerbrechen bereiteten, da es sich ja dabei um keine »echte« Ethnie handelte, diese Gruppe aber doch durch den Willen dieser Menschen existierte. Ebenso war das Konzept des Demos präsent in der Kritik der autoritären Herrschaft, die auch schon in dieser Zeit das destruktive Potential des Primats ethnischer Zuordnung thematisierte. Kristallisationspunkt war die Zeitschrift *Praxis* zwischen 1964 und 1974. Auch nach deren Verbot blieben viele aus diesem Kreis weiterhin aktiv und waren in den 1980er Jahren Teil der entstehenden Zivilgesellschaft.[25]

Wie dieses Spannungsverhältnis zwischen Ethnos und Demos zugunsten des ersteren kippen konnte, zeigte sich in der jugoslawischen Teilrepublik Serbien. Dort entwickelte sich Mitte der 1980er Jahre ein Verständnis von Ethnos als Grundkategorie politischer Ordnung im Zusammenhang eines neuen autoritären Populismus, der später sowohl für Kroatien und dann auch in der Gegenwart in Bosnien-Herzegowina prägend werden sollte. Nicht zuletzt aber erscheinen die Prozesse in Serbien, die zwischen 1987 und 1989 zur Dominanz dieses neuen ethnonationalen (und damit völkischen) Populismus geführt haben, sowohl im Lichte der jüngsten Entwicklungen in Polen und Ungarn als auch im Kontext des Brexit als Vorläufererscheinungen dieses Trends.

Mit der Karriere von Slobodan Milošević als neuem Parteiführer des Savez Komunista Srbije – Bund der Kommunisten Serbiens (SKS) seit 1987 verbindet sich der Aufstieg dieses neuen völkischen Populismus. Wichtig ist hier zunächst die zeitgenössische Erscheinungsebene: Milošević wurde von vielen Menschen als ein jugoslawischer Gorbatschow wahrgenommen, der endlich Bewegung in die erstarrten Reihen der Funktionäre brachte. Sein

24 Igor Štiks: Nations and Citizens in Yugoslavia and the Post-Yugoslav States. One Hundred Years of Citizenship, London 2015, S. 71-81.

25 Zur Zeitschrift *Praxis* und der Sommerschule auf Korčula siehe Gerson S. Sher: Praxis Marxist Criticism and Dissent in Socialist Yugoslavia, Bloomington/London 1977; Nenad Stefanov: Dialektische Phantasie unter Bedingungen autoritärer Herrschaft. Die Philosophische Sommerschule auf der Adria-Insel Korčula 1964-1974, in: Hannes Grandits/Holm Sundhaussen (Hg.): Jugoslawien in den 1960er Jahren. Auf dem Weg zu einem (a)normalen Staat?, Wiesbaden 2013, S. 157-183.

Programm hieß indes nicht Perestrojka, sondern »antibürokratische Revolution«,[26] die sich gegen die »Foteljaši« (Sesselsitzer) richtete und einen demokratischen Sozialismus wieder ins Recht setzen sollte. In der Konsequenz aber zielte diese »Revolution« bekanntlich auf das Gegenteil, auf die Beseitigung reformorientierter Kader.[27] In diesem Prozess wurde auch der für realsozialistische Staaten bis dahin relativ große Spielraum der Medien schrittweise eingehegt.

Belgrader Medienwahrnehmungen des ostmitteleuropäischen Umbruchs

Das Spannungsverhältnis zwischen dieser Regression in autoritäre Verhältnisse und dem noch vorhandenen Manövrierraum einer medial vermittelten Öffentlichkeit wird auch in der Berichterstattung des Jahres 1989 über die Vorgänge in Polen, Ungarn und der DDR deutlich. Die damaligen Berichte und Reflektionen über den Umbruch fanden vor dem politisch-ideologischen Hintergrund der ausgerufenen »antibürokratischen Revolution« statt. Bemerkenswert ist dabei die Differenz zwischen den Leitartikeln, Glossen und Meinungsbeiträgen einerseits und den Reportagen der Korrespondent*innen aus Warschau, Budapest und Ost-Berlin andererseits, die bedeutsame Protagonist*innen des Umbruchs, wie Adam Michnik, György Konrád oder Vertreter*innen des Neuen Forums, interviewten. Dabei vermittelten die Korrespondent*innen ihren Leser*innen voller Empathie die autoritäts-sprengenden Vorgänge, die sich in diesen Ländern vollzogen.

Die Leitartikler insbesondere der auflagenstarken Boulevardzeitungen argumentierten hier vor allem, dass es sich bei den Veränderungen in Polen und Ungarn letztlich um eine nachholende Entwicklung handele, um den Versuch, zu Jugoslawien aufzuschließen und die stalinistische Herrschaftsform durch einen demokratischen Sozialismus abzulösen, wie es seit dem Herrschaftsantritt Miloševićs in der SR Serbien der Fall sei. Dies zeigte sich auch in den Einschätzungen zu den Wahlen in Polen im Sommer 1989. So wurde das Verhalten sowohl der polnischen Arbeiterpartei als auch der Solidarnošć gewürdigt. Einflussreiche Kommentator*innen werteten die laufenden Koalitionsverhandlungen als Beleg, dass beide Seiten die nationale Verantwortung ernst nähmen. Nicht der Konflikt, der politische Wett-

26 Diese Formulierung wurde auch während der Stalinschen Säuberungen der 1930er Jahre verwendet. Vgl. Kevin McDermott: The History of the ComIntern in Light of New Documents, in: Tim Rees/Andrew Thorpe (Hg.): International Communism and the Communist International 1919-1943, Manchester 1998, S. 33.

27 Sundhaussen: Jugoslawien und seine Nachfolgestaaten, S. 244-266.

bewerb, sondern die Harmonie zwischen beiden gleichberechtigten »Partnern« stehe im Mittelpunkt.[28] Nachdrücklich betont wurde zudem, dass es der Solidarnošć keinesfalls um einen Systemwechsel gehe, sondern geradezu an Walesa appelliert, seinen Erfolg weise »zu gemäßigten Forderungen« zu nutzen.[29] Nur im landesweiten Belgrader Nachrichtenmagazin *Nedeljne Informativne Novine* (NIN) wurden die »Betonköpfe« in der Arbeiterpartei kritisiert, weil diese nicht begriffen hätten, dass Opposition auch »gesunde Rivalität« und nicht den Zerfall der Gesellschaft bedeute, so wie von den konservativen Kräften stets beschworen.[30]

Was die politische Entwicklung in der DDR im Spätsommer und Herbst 1989 anbetrifft, vermittelte die Belgrader Presse insgesamt eher das Bild, dass es sich bei der SED-Führung um ein überholtes »stalinistisches« Regime handele, gegen das die Bürger*innen der DDR aus berechtigten Gründen protestieren würden. Ausführlich wurde über brutale Polizeieinsätze in Ost-Berlin berichtet. In manchen Beschreibungen schwang dabei auch ein Ton des Bedauerns mit den (buchstäblich) armen Menschen in »Osteuropa« mit, die ein eingesperrtes, graues Dasein fristen würden. Dies geschah vor dem Hintergrund, dass die jugoslawischen Wirtschafts- und Sozialverhältnisse zwar auch nicht als prosperierend galten, dennoch Shopping-Touren nach Istanbul und Triest ebenso möglich waren wie die vergleichsweise lukrativen Tätigkeiten als »Gastarbajter« in der Bundesrepublik. Aus dieser Wahrnehmung heraus speiste sich lange Zeit öffentlich und privat der Eindruck, wie ihn der eingangs zitierte Vladimir Arsenijević melancholisch wiedergegeben hat, wonach Jugoslawien und »Osteuropa« zwei voneinander getrennte Welten seien und Jugoslawien Teil der besseren Hälfte Europas sei. Wolfgang Höpken hat dies als »negative Loyalität« zu Jugoslawien bezeichnet, die sich aus eben diesem Vergleich mit den RGW-Staaten ableitete.[31] Svetozar Stojanović, regimekritisches Mitglied im *Praxis*-Kreis und Mitte der 1970er Jahre aus der Belgrader Universität entlassen, sah hingegen die Dinge im Oktober 1989 weitaus nüchterner als viele seiner Landsleute:

> »Meiner Ansicht nach ist es dringend erforderlich, kritisch die jugoslawische Innen- und Außenpolitik zu überprüfen. Es hilft hier keine Augenwischerei darüber, dass wir die Veränderungen, die sich jetzt in Osteuropa und der Sowjetunion abspielen, schon lange ausgeführt hätten. Dass wir

28 Aleksandar Prlja: Priznanje u Poljskoj, in: *Politika*, 9.2.1989.

29 Ebd.

30 Slobodanka Ast: Da bi Poljska bila Poljska, in: *NIN*, 11.6.1989.

31 Höpken: »Durchherrschte Freiheit«, in: Hannes Grandits/Holm Sundhaussen (Hg.): Jugoslawien in den 1960er Jahren, S. 39-68.

irgendeine Art von Avantgarde dieses Prozesses sind, das ist einfach nicht wahr. Wir bleiben in vielen Bereichen zurück. Vor allem im Bereich der Institutionalisierung des politischen Pluralismus. Wir haben nur noch einen kleinen Vorteil gegenüber einigen Ländern Osteuropas, und dieser Vorteil ist die Marktwirtschaft. Und das nur aufgrund dessen, was wir auf diesem Gebiet in den 60er und 70er Jahren getan haben, aber nicht in den darauffolgenden Jahren. Das ist der einzige augenblickliche Vorteil.«[32]

Populismus: von Demos zu Ethnos

Anders als Stojanović positionierte sich der Philosoph Mihailo Marković, der ebenfalls dem *Praxis*-Kreis angehört hatte und seinerseits aus der Universität entfernt worden war. Marković entschied sich bewusst für die Unterstützung von Slobodan Milošević und das Parteiprogramm des nun in Sozialistische Partei Serbiens (Socijalistička Partija Srbije – SPS) umbenannten bisherigen Bundes der Kommunisten Serbiens, an dem er maßgeblich mitgearbeitet hatte.[33] Die prominente Unterstützung Miloševićs durch einen Philosophen, der bis dahin universalistischen Prinzipien verpflichtet gewesen war und sich für eine umfassende Demokratisierung Jugoslawiens eingesetzt hatte, stand stellvertretend für die nun einsetzende Verschiebung von Demos hin zu Ethnos, also weg vom Konzept einer auf dem subjektiven Willen der Einzelnen basierenden politischen Gemeinschaft hin zu einer auf einer auf dem »objektiven« Kriterium »Abstammung« gründenden ethnisch homogenen Gemeinschaft.

Ende 1989 konstatierte Marković in einem Beitrag für die *NIN*, dass sich Unvorstellbares ereigne, allem voran in Montenegro. Nach kurzem Rückblick auf die Entwicklungen in der Sowjetunion, Polen und Ungarn kam der Philosoph zu dem vorläufigen Schluss: »Wahrscheinlich war das ungewöhnlichste Ereignis in diesem Jahr ohne Vorbild in der Weltgeschichte, die friedliche Entmachtung der Führungen in zwei föderalen Einheiten, in der Vojvodina und Montenegro.«[34] Das, was Marković hier als globales Schlüsselereignis feierte, nämlich den »friedlichen Sturz« der Parteiführungen in der Autonomen Provinz Vojvodina innerhalb Serbiens sowie in

32 Svetozar Stojanović: Gorbačov. Ruzvelt Komunizma, in: *NIN*, 7.11.1989.

33 Ursula Rütten: Dialektik der Praxis. Das alte und das neue Serbien. Fragen an Mihailo Marković, in: dies.: Am Ende der Philosophie? Das gescheiterte »Modell Jugoslawien«. Fragen an Intellektuelle im Umkreis der Praxis-Gruppe, Klagenfurt 1993, S. 118 f.

34 Mihailo Marković: Smisao zbivajnja u Istočnoj Evropi, in: *NIN*, 17.11.1989.

Montenegro, ist in die Geschichtsschreibung als entscheidende Stärkung der Machtposition Miloševićs in der jugoslawischen Föderation eingegangen, die maßgeblich den Zerfall des Staates beförderte.[35] Dabei handelte es sich um einen Prozess, der maßgeblich durch so genannte »Meetings der Wahrheit« – Protestversammlungen, die seit 1988 in Serbien stattfanden und die die plebiszitäre Unterstützung des Volkes für die Politik Milošević' liefern sollten – befeuert worden war.

Tatsächlich ließ sich aus der Perspektive von Marković auf ein Jahr zurückblicken, in dem, wie es ein Dichter aphoristisch formuliert hatte, »das Volk sich ereignet hatte« (»dogodio se narod«).[36] Aus der Perspektive eines unbeteiligten westlichen Fernsehzuschauers konnte der Eindruck entstehen, dass Serbien tatsächlich den Entwicklungen in Polen, Ungarn und der ČSSR um ein Jahr voraus sei. Das ganze »Volk« erschien auch hier als zentrale*r Akteur*in eines grundlegenden Umbruchs. Darin wurde die autonome Provinz Kosovo zu einer zentralen Metapher der Krise. Die wirtschaftliche und politische Krise wurde umgedeutet in eine nationale und staatliche Krise: Solange Serbien in drei Teile zersplittert war (in die beiden autonomen Provinzen Vojvodina und Kosovo sowie Zentralserbien), würde der schlechte Zustand anhalten; insbesondere die Untaten der (muslimischen) Albaner gegenüber der (christlichen) serbischen Minderheit in der Provinz Kosovo würden mit der Abschaffung der Autonomie des Kosovo ein Ende haben. Die Frage der Reformbedürftigkeit von Wirtschaft und Politik verwandelte sich in eine Frage der Reform der Staatsorganisation und, immer pathetischer, in eine Frage des Fortbestands der Nation. Ende der 1980er Jahre kam für diese Verwandlung die Formulierung »Sie kamen als Arbeiter (zu den Protesten) und gingen als Serben auseinander«[37] in Umlauf.

Dabei handelte es sich um alles andere als um einen von der Führung um Milošević ferngesteuerten, mechanischen Prozess. Entscheidend waren die sozialpsychologischen Dispositionen jener Menschen, die sich diesen »Meetings der Wahrheit« anschlossen. Einerseits konstatierten Soziologen wie Nebojša Popov ein starkes Bedürfnis nach Verbesserungen insbesondere der

35 Sundhaussen: Jugoslawien, S. 259.

36 Dieser Ausdruck, »das Ereignen des Volkes« (»dogadjanje naroda«), wird gewöhnlich dem Schriftsteller Milovan Vitezović zugeschrieben, der bei seiner Rede auf dem größten der »Meetings« in Belgrad am 18. November 1988 sagte: »Unsere Geschichte wird sich an dieses Jahr als das Jahr erinnern, in dem sich uns das Volk ereignet hat [kada nam se narod dogodio]«. Siehe Olivera Milosavljević: Antibirokratska revolucija 1987-1989, URL: https://web.archive.org/web/20120307195830/http://www.cpi.hr/download/links/hr/7292.pdf [14.1.2021], S. 64, 323.

37 Slavoljub Đukić: Kako se dogodio vođa: borbe za vlast u Srbiji posle Josipa Broza, Beograd 1992, S. 266.

sozialen Situation.[38] Andererseits war die Furcht vor einer ungewissen Zukunft sehr groß, denn alles sollte besser werden, aber nichts anders. Milošević und seinen Gefolgsleuten gelang es, diese Dispositionen zu bedienen und zu instrumentalisieren, indem etwa Ängste vor einer »demographischen Explosion« ›der‹ Albaner geschürt wurden, vor denen sich das serbische Kollektiv zu schützen habe. Die verbrauchte Hülle des sozialistischen Kollektivs wurde durch eine neue nationale ersetzt.

Doch für den Erfolg war eine Mischung aus äußerem Druck und innerem Konformismus entscheidend: Im Unterschied zu den Manifestationen der heutigen Pegida-Bewegung in Deutschland kamen nicht alle Teilnehmer*innen der »Meetings der Wahrheit« freiwillig zu diesen Veranstaltungen. Die Menschen wurden betriebsweise mit Bussen abgeholt, wie sie es schon von den sozialistischen Feiertagen her kannten. Gleichzeitig wurden abweichende Meinungen, die 1987 und 1988 immer noch zu hören waren, immer weiter isoliert. Die Symbiose von realsozialistischem Konformismus und neuem Ethnonationalismus veranschaulichte sich gerade in der Kombination der den teilnehmenden Menschen vertrauten Praktiken, so etwa, unter der Organisationsführung von Parteiaktiven in den Betrieben zu den »Meetings der Wahrheit« gebracht und mit Fahnen und Spruchbändern ausgestattet zu werden, deren ethnonationalistische Inhalte zugleich aber einen massiven Bruch mit der bisherigen Rede von »Brüderlichkeit und Einigkeit« der jugoslawischen Nation bedeuteten.[39]

Zudem fällt auf, dass die Protagonist*innen der »Meetings der Wahrheit« nicht als Teil der politischen Macht in Erscheinung traten, der sie angehörten, sondern ganz im Gegenteil sich als Kämpfer*innen gegen das gesamtjugoslawische »Establishment« inszenierten, als »Underdogs«, die sich für eine gerechtere Position Serbiens in der jugoslawischen Föderation einsetzten. Immer wieder prangerten sie an, dass Serbien – wie es später heißen würde – »unfair« behandelt und dessen Wirtschaft zugunsten der anderen Republiken ausgebeutet werde. Die Protagonist*innen des neuen Populismus gerierten sich als Vertreter*innen eines Volkes, das, im Unterschied zu den nördlichen Republiken, ungerechtfertigt zu den Verlierern in diesem Staatenbund gehörte – die Parallelen zu den Polemiken innerhalb der EU in der Gegenwart liegen auf der Hand.[40] Ihren Höhepunkt erreichten die »Meetings der Wahrheit« auf der 600-Jahr-Feier der Schlacht auf dem Am-

38 Nebojša Popov: Srpski populizam. Od marginalne do dominantne pojave, Beograd 1993.

39 Olivera Milosavljević: Antibirokratska revolucija.

40 Vgl. Christian Voss: Einheit in der Vielfalt? Eine Gegenüberstellung der Kulturpolitik in Tito-Jugoslawien und der Europäischen Union, in: Südosteuropa Mitteilungen 48.11 (2008), S. 42-59.

selfeld im Juni 1989, die für das, was die Substanz des serbischen Populismus ausmache, ikonisch wurde: ein homogenes Volk, der Führer und die tiefliegenden, gar ins Mittelalter reichenden Wurzeln der gegenwärtigen Misere, die im unaufhörlichen Abwehrkampf gegen den islamischen Orient ihren Kern habe.

Das Stichwort »antibürokratische Revolution«, dem als Bezeichnung für den populistischen Protest noch stark der graue Parolensprech anhaftete, wurde schließlich abgelöst durch die bereits erwähnte Formulierung vom »Ereignen des Volkes«. Damit war »das Volk« nun in aller Munde. Sei es die Säuberung der Partei von Reformer*innen oder die Re-Zentralisierung der SR Serbien durch die Aufhebung der Autonomie in der Vojvodina und im Kosovo, all dies entsprang in der offiziellen Version nun dem Willen des Volkes, und vor allem des serbischen Volkes.

Wesentlich ist dafür die bewusste Abkehr vom Konzept des Demos. Dies wird vor allem in jener intellektuellen Strömung deutlich, die sich seit den 1950er Jahren kritisch mit dem jugoslawischen Etatismus auseinander- und für die Emanzipation der Individuen von kollektivistischer Bevormundung eingesetzt hatte. Gerade der Bruch innerhalb der undogmatischen Marxist*innen in Jugoslawien zeigt ganz plastisch, dass es für wichtige Stichwortgeber wie Marković eine bewusste Absage an den universalistischen Gehalt des Stichworts »Volk« hin zu einer kollektivistischen, völkischen Fassung war. Die Soziologin Zagorka Golubović, eine weitere Mitstreiterin des *Praxis*-Kreises, die seinerzeit ebenso die Belgrader Universität verlassen musste, merkte kritisch zu Markovićs überraschender Hinwendung zum »serbischen Volk« als neuem Subjekt der Geschichte und dessen vermeintlich »unfairer« Behandlung in Jugoslawien an:

> »Die These von der mangelnden Gleichberechtigung des serbischen Volkes berücksichtigt nicht, dass auch alle anderen Völker Jugoslawiens als Demos, als Bürger nicht souverän sind. Souverän sind allein die nationalen Bürokratien. Die Forderung nach der ›Lösung der serbischen Frage‹ ist deshalb einseitig, es handelt sich dabei eher um das Projekt einer Staatsgründung als das einer möglichen Demokratisierung [...]. Die Situation des serbischen Volkes lässt sich nicht auf die Frage der Gleichberechtigung des serbischen Staates reduzieren, denn alle Staaten [in Jugoslawien] sind undemokratische Staaten.«[41]

41 Zagorka Golubović: Diskusija o saopštenju Mihaila Markovića, in: Gledišta 5-6 (1988), S. 215–222.

Diese Kritik verdeutlicht noch einmal die damals zur Debatte stehenden Optionen: die Forderung nach Gleichberechtigung und Emanzipation, von universalen Prinzipien ausgehend, einerseits, und andererseits die partikular definierte Solidargemeinschaft auf der Grundlage eines ethnisch fundierten serbischen Nationalstaats.

Auch in den anderen Gesellschaften des ehemaligen »Ostblocks« wurden Formen von Ethnos und Demos gleichzeitig in den Monaten des Umbruchs artikuliert. Einerseits als Forderung nach dem Ende autoritärer und paternalistischer Herrschaft und dem Beginn demokratischer Partizipation, andererseits als Zelebrieren nationaler Größe und Wiedergewinnung nationaler Souveränität. Es ist mittlerweile deutlich herausgearbeitet worden, dass die Vehemenz nationalistischer Affekte wenig mit einem Kühlschrank und dessen Auftauen zu tun hatte, sondern in allen staatssozialistischen Ordnungen Nationalismus schon länger als herrschaftsstabilisierendes Element auch von der Partei kultiviert worden war.[42] Es war letztlich der Staatssozialismus selbst, der die Basis dafür schuf, dass ethnisch überhöhte Ideologie überhaupt massenhaft verbreitet wurde und so viel Zuspruch in allen Segmenten der Gesellschaft erhielt.

Die scheinbar archaische Verbindung von Volk, Führer und Geschichte erfüllte Zweck und Funktionen, wie sie grundsätzlich auch im ethnonational fundiertem Autoritarismus der Gegenwart anzutreffen sind:

Erstens wird in Krisensituationen regelmäßig die Vorstellung von einem ethnonationalen Kollektiv als Ersatz für gescheiterte gesamtgesellschaftliche Prosperität dominant, als Kümmerform des verschwindenden Wohlfahrtstaates, die von einer xenophoben Ausrichtung dominiert wird: Wenn schon ein allgemeines Versprechen von Prosperität nicht mehr einlösbar scheint, dann sollen wenigstens nicht die »Anderen« von den bescheidenen Resten des Wohlfahrtstaates profitieren, sondern nur die Angehörigen des »eigentlichen« Volks.

Zweitens: Es handelt sich nicht in erster Linie um einen herkömmlichen Führerkult. Vielmehr ist es ein Kult des Volkes, genauer des serbischen Volkes, der *vox populi*, wie es Ivan Čolović genannt hat. Milošević inszenierte sich nicht als Führer, sondern als Sprachrohr der als überhistorisch geltenden Wahrheiten, die immer aus dem Volk kommen. Volks-Rhetorik wurde konstitutiv für die Wahrnehmung gesellschaftlicher

42 Vgl. Marta Bucholc: Anachronistische Wahrnehmungen. Zur Rolle der Erinnerung in der polnischen Politik, in: Politik und Zeitgeschichte 68 (2018), S. 72-107; Claudia Kraft: Geschichte im langen Transformationsprozess in Polen, in: Helmut Altrichter (Hg.): GegenErinnerung. Geschichte als politisches Argument im Transformationsprozess Ost-, Ostmittel- und Südosteuropas, München 2005, S. 129-150.

Wirklichkeit. Was volkstümlich (»narodno«) war, war authentisch und damit wahrhaftig.[43]

Drittens: Das Prinzip von Abgrenzung und Ausgrenzung hat systematische Bedeutung. Der Treibstoff für den Populismus war die Beschwörung einer islamischen Bedrohung, die im Kosovo ihren Ausgangspunkt hatte. Die 1990er Jahre waren geprägt von einer antimuslimischen Rhetorik, in der Serbien und den Serben die Aufgabe zukam, Europa vor der islamischen Gefahr zu warnen und gerade im Bosnien-Krieg zu schützen, was in den Augen der Protagonist*innen dieser Rhetorik vom Westen tragischerweise nicht erkannt worden sei.[44]

Viertens: Es ist deutlich geworden, dass für die Dominanz des Populismus die Zurichtung der öffentlichen Sphäre eine Grundbedingung war. Chip Gagnon hat betont, dass es irreführend sei, von populistischer Mobilisierung zu sprechen. Was tatsächlich geschehe, sei die Demobilisierung der Öffentlichkeit, das Wirken aller anderen gesellschaftlichen Akteur*innen werde blockiert, marginalisiert und so der Raum für die Dominanz populistischer politischer Praktiken geschaffen.[45] In Jugoslawien ist dies vermittels von Gewalt geschehen. Indem die Akteur*innen des Populismus aktiv die gewaltsame Eskalation politischer Konflikte herbeiführten, die dann in den Krieg führte, wurden alle anderen Akteur*innen, die sich etwa gegen den neuen Autoritarismus wendeten und die auf die Formierung einer Zivilgesellschaft aus waren und damit auch für einen anderen Umgang mit politischen Konflikten, Schritt für Schritt marginalisiert.

Fazit

Die Kriege um ethnisch homogene Territorien in den 1990er Jahren haben in den Gesellschaften der Nachfolgestaaten Jugoslawiens enorme materielle Zerstörungen und langfristige Schäden sowohl des politischen Systems als auch der politischen Kultur hinterlassen. Damit unterscheidet sich die jugoslawische Entwicklung von den Erfahrungen in den anderen ostmitteleuropäischen Staaten. Krieg und Teilung waren dabei nicht das Ergebnis eines vermeintlich schicksalhaften Strudels ewig wiederkehrender Gewalt, der die Menschen in Jugoslawien wieder einmal heimgesucht hatte. Viel-

43 Ivan Čolović: Vox populi – Vox naturae. Folklor kao sredstvo legitimisanja nacionalnog suvereniteta, in: ders.: Bordel Ratnika. Folklor, Politika i Rat, Beograd 1993.

44 Mihailo Marković: Uzroci razbijanja Jugoslavije, in: Sociološki Pregled 28.2 (1994), S. 205-212.

45 V. P. Chip Gagnon: The Myth of Ethnic War. Serbia and Croatia in the 1990s, Ithaca 2004.

mehr wurde die Gewalt gezielt eingesetzt, um ethnische Opfer- und Täterkollektive zu schaffen und Grenzen zwischen ethnonational geschlossenen Gemeinschaften zu ziehen. Bedeutsam für die Genese dieser leidvollen Entwicklung war der bereits Jahre zuvor einsetzende Prozess einer ideologischen Werteverschiebung, in dessen Verlauf Ethnos zur hegemonialen Kategorie gegenüber Demos wurde und als entscheidende Triebkraft einer autoritär-populistischen Politikpraxis wirkte. Einzelne Momente dieses Prozesses, wie sie hier angedeutet wurden, zeigen dabei auch an, dass ethnonationale völkische Abgrenzungsprojektionen letztlich von universaler Strahlkraft sind und stets und überall zerstörerische Kräfte entfalten können, nicht nur in Jugoslawien.

Sozialismus am Ende?

Metamorphosen der deutschen Linken seit den 1980er Jahren

Peter Brandt

Die Zeitenwende um 1990 beinhaltet offenkundig einen tiefen Einschnitt in der Geschichte des Sozialismus. Denn nach mehr als siebzigjähriger Existenz in Russland und über vierzigjähriger im östlichen Mitteleuropa und in Südosteuropa brach das sich selbst als »real existierender Sozialismus« bezeichnende System zwischen Magdeburg und Wladiwostok zusammen. Es war gekennzeichnet durch die Diktatur des obersten Zirkels der führenden Partei und Kommandowirtschaft im Rahmen einer weitgehend verstaatlichten bzw. entprivatisierten Ökonomie sowie einer – von Fall zu Fall und von Periode zu Periode unterschiedlich stark ausgeprägten – Privilegierung der Staats-, Partei- und Wirtschaftsbürokratie sowie bestimmter Berufsgruppen in einer ansonsten relativ egalitären Gesellschaft.[1]

Die oft als »Staatssozialismus« bezeichnete Ordnung war recht erfolgreich gewesen bei der nachholenden Industrialisierung bislang wenig entwickelter Länder, versagte aber letztlich beim Übergang vom extensiven zum intensiven Wachstum, namentlich auf dem Feld der neuen Technologien, so der Mikroelektronik. Auch im östlichen Europa stieg in den 1950er, 1960er und 1970er Jahren der Lebensstandard, der Rückstand gegenüber Westeuropa konnte aber nicht aufgeholt werden. Vielmehr ging die Schere immer weiter auseinander, bis in den 1980er Jahren die Potenzen der bestehenden Zentralverwaltungswirtschaft erschöpft waren und die zunehmende Verschuldung im Westen zu einem drängenden Problem wurde, zu dem nicht zuletzt das Wettrüsten mit den USA beitrug. Nur durch verschärfte Unterdrückung bei gleichzeitiger erneuerter Abschottung

1 Zum System und zur Geschichte des »real existierenden Sozialismus« mit besonderer Berücksichtigung der DDR vgl. Manfred Hildermeier: Geschichte der Sowjetunion 1917-1991. Entstehung und Niedergang des ersten sozialistischen Staates, München ²2017; Isaac Deutscher: Die unvollendete Revolution, Frankfurt am Main 1973; Gerd Koenen: Die Farbe Rot. Ursprünge und Geschichte des Kommunismus, München 2017; Mary Fulbrook: The People's State. East German Society from Hitler to Honecker, New Haven 2005; Hermann Weber: Die DDR 1945-1990, München ⁵2012; Ulrich Mählert: Kleine Geschichte der DDR, München ⁵2007. Vgl. auch Fn. 3. – Zu der in diesem Aufsatz behandelten Problematik vgl. in internationaler Perspektive Peter Brandt: Gesellschaftliche Entwicklung, Arbeiterbewegung und Sozialismus zu Beginn des 21. Jahrhunderts, in: Jahrbuch für Forschungen zur Geschichte der Arbeiterbewegung, Berlin 2012, S. 5-46.

vom Westen hätte die Agonie des Sowjetsystems möglicherweise ein oder zwei Jahrzehnte verlängert werden können.

Auch wenn der Staatsterror nach Stalins Tod im März 1953 einer milderen, schließlich eher autoritären als totalitären Form von Parteidiktatur wich, blieb der Mangel an individueller und kollektiver Freiheit die zweite große Angriffsfläche des Ostblocksystems. Rebellionen und Protestbewegungen verbanden – bis hin zur schleichenden Revolte der polnischen Arbeiter, mündend in die Gründung der Solidarność – materielle und soziale Forderungen mit dem Verlangen nach Demokratisierung und Befreiung von der sowjetischen Vorherrschaft. Die vorrevolutionären bis revolutionären Vorgänge in der früheren Nachkriegszeit, so in der DDR 1953, in Ungarn 1956 und in Polen 1968 und 1970, ebenso die von einer neuen Führung der Kommunistischen Partei jenes Landes initiierte, dann die ganze Gesellschaft ergreifende Reformbewegung des »Sozialismus mit menschlichem Antlitz« in der Tschechoslowakei 1968, waren in den Formen und Inhalten des Aufbegehrens noch stark von der Tradition der sozialistischen Arbeiterbewegung mit beeinflusst. Die Bürgerrechtsbewegungen der 1980er Jahre verstanden sich teilweise ebenfalls als demokratisch-sozialistisch, hatten aber wenig Verbindung zur realen Arbeiterklasse, zu deren objektiven und subjektiven Bedürfnissen, wie überhaupt zu den breiten Schichten der Gesamtbevölkerung. Namentlich in der DDR waren sie indessen in den Formen wie in den pazifistischen und ökologischen Inhalten vom Vorbild der Neuen Sozialen Bewegungen im Westen beeinflusst.[2]

»Rechts« und »links« sind eigentlich relative Termini der politisch-ideologischen Zuordnung. Sie entstanden aus der Sitzanordnung der Parlamente des 19. Jahrhunderts, als eine sozialistische Arbeiterbewegung erst in Ansätzen oder noch nicht existierte. »Links« waren die Liberalen gegenüber den Konservativen und die Demokraten im engeren Sinn gegenüber den gemäßigten Liberalen, dann auch die Sozialisten gegenüber den bürgerlichen Liberalen wie Demokraten. Bis heute werden in Parteien unterschiedlicher Ausrichtung linke und rechte Strömungen unterschieden; die Kriterien werden deren geistig-programmatischen Traditionen wie auch aktuellen gesellschaftlichen Streitfragen, teilweise eher symbolischen Cha-

2 Zu Widerstand und Opposition im Ostblock, namentlich in der DDR, vgl. Henrik Bispinck u. a.: Aufstände im Ostblock. Zur Krisengeschichte des realen Sozialismus, Berlin 2004; Clemens Vollnhals: Jahre des Umbruchs. Friedliche Revolution in der DDR und Transition in Ostmitteleuropa, Göttingen 2011; Klaus-Dietmar Henke u. a. (Hg.): Widerstand und Opposition in der DDR, Köln u. a. 1999; Karl Wilhelm Fricke: Opposition und Widerstand in der DDR. Ein politischer Report, Köln 1984; Ilko-Sascha Kowalczuk: Endspiel. Die Revolution von 1989 in der DDR, München 2009.

rakters, entnommen. Ohne dass das irgendwo klar definiert wäre, werden Kapitalismuskritik und radikale Demokratisierungsforderungen weiterhin als »links« empfunden, daneben aber auch soziokulturelle Einstellungen, die die ethnisch-nationale Bindung des Staates aufgehoben oder gelockert wissen wollen (Multikulturalismus) und auf die Gleichberechtigung bzw. Gleichwertigkeit der Geschlechter und sexueller Minderheiten hinwirken. Hiermit sind allerdings Fragen angesprochen, die für die traditionelle Arbeiterbewegungslinke einst eine weniger bedeutende oder eine andere Rolle spielten.

Während sich die USA und ihre Verbündeten in den Jahrzehnten des Ost-West-Konflikts für die Freiheit zuständig erklärten, beanspruchten die sowjetische Weltmacht und das von ihr geführte »sozialistische Lager«, den sozialen Fortschritt zu repräsentieren. Aus diesem Postulat ergab sich in der Realität nicht unbedingt eine Übereinstimmung oder besondere Nähe zwischen Ostblock-System und den sozialen Bewegungen in den westlichen Metropolen und in der »Dritten Welt« sowie dem Sozialismus als einer gedanklichen Alternative zur kapitalistischen Wirtschafts- und Sozialordnung. Letztere war ihrerseits gekennzeichnet durch Privateigentum an den Produktionsmitteln, den Markt als Steuerungsmechanismus und das Profitprinzip mit Wachstumszwang. Sozialistische Bestrebungen in diesem Sinn reichen bis weit ins 19. Jahrhundert zurück und fanden ihre organisatorische Verkörperung in der klassischen, stark marxistisch geprägten Sozialdemokratie der Periode um 1900. Deren Einheit zerbrach bekanntlich im Ersten Weltkrieg und in den Jahren danach an unterschiedlichen, unvereinbaren Demokratie- und Transformationsvorstellungen. Der bürokratische Kollektivismus sowjetkommunistischen Typs ging fraglos aus den Aktionen eines Flügels der marxistischen Arbeiterbewegung hervor. Ohne diesen Ursprung und Zusammenhang ist er ebenso wenig zu verstehen wie ein Großteil des Aufbegehrens dagegen. Nicht nur aus den reformerischen, auch aus radikalen Strömungen der sozialistischen Arbeiterbewegung erwuchs in der Folge immer wieder grundsätzliche Kritik am und Gegnerschaft zum System des »real existierenden Sozialismus«, sowohl außerhalb als auch innerhalb der betreffenden Staaten.[3]

Eine wertfreie Anwendung der Rechts-Links-Terminologie ist hier kaum möglich: Ob – um bei Deutschland zu bleiben – Wolfgang Harich, Robert Havemann und Rudolf Bahro, die aus der SED kommenden marxistischen

3 Vgl. z.B. Christoph Jünke (Hg.): Marxistische Stalinismuskritik im 20. Jahrhundert. Eine Anthologie, Karlsruhe 2017; Uli Schöler: Otto Bauer und Sowjetrussland, Berlin 1987; Jürgen Zarusky: Die deutschen Sozialdemokraten und das sowjetische Modell. Ideologische Auseinandersetzungen und außenpolitische Konzeptionen 1917-1933, München 1992.

Dissidenten von 1956, 1964 und 1977,[4] rechts oder links von Walter Ulbricht und Erich Honecker standen, ist ohne analytisches wie normatives Urteil über die Staats- und Gesellschaftsordnung der DDR kaum zu beantworten. Als Antikapitalisten und sogar als Kommunisten verstanden sich die einen wie die anderen.

Der »demokratische Sozialismus« der SPD

Von der »Linken« im Hinblick auf den Geschichtsbruch von 1989/90 zu sprechen, ergibt nur Sinn, wenn sie als eine Grundtendenz ins Auge gefasst wird, die ihre emanzipatorischen Ziele nicht allein und nicht in erster Linie (wenngleich längerfristig und prinzipiell durchaus intendiert) auf die Freiheit des Individuums, sondern hauptsächlich auf kollektive, soziale Befreiung richtet. Zur Kennzeichnung dieser Grundtendenz bietet sich der historische, wenngleich belastete Begriff des Sozialismus nach wie vor an. Das gilt in gewisser Weise, stark eingeschränkt, selbst für die heutige Sozialdemokratie. Diese hatte sich in Deutschland schon im Verlauf der 1950er Jahre von der Vorstellung des »demokratischen Sozialismus« als einer Systemalternative zum Kapitalismus gelöst, weil dieser seinerseits nicht mehr als System verstanden wurde. Spätestens seit dem Godesberger Grundsatzprogramm von 1959 ist der »demokratische Sozialismus« im SPD-Verständnis kein definierbares Ziel mehr, sondern eine regulative Idee und eine ständige Aufgabe,[5] wobei er von Teilen des linken Parteiflügels, seit

4 Vgl. Alexander Amberger: Bahro-Harich-Havemann. Marxistische Systemkritik und politische Utopie in der DDR, Paderborn 2014.

5 Text des Godesberger Programms z. B. auf der Webseite der Bibliothek der Friedrich-Ebert-Stiftung. Zum politischen Zusammenhang des bis 1989 gültigen Programms vgl. Kurt Klotzbach: Der Weg zur Staatspartei. Programmatik, praktische Politik und Organisation der deutschen Sozialdemokratie 1945 bis 1965, Berlin/Bonn 1982. – Zum »demokratischen Sozialismus« heißt es in der Einleitung, dieser erstrebe eine »neue und bessere Ordnung«, deren Inhalt darin bestehe, allen Bürgern in Frieden einen gerechten Anteil am gemeinsam geschaffenen Reichtum zu gewährleisten. Im ersten Abschnitt über die »Grundwerte des Sozialismus« werden als geistesgeschichtliche Wurzeln Christentum, Humanismus und klassische Philosophie, aber nicht mehr der Marxismus genannt. Anstelle der Verkündung »letzter Wahrheiten« einigten die SPD ihre Grundwerte und der demokratische Sozialismus; dieser sei nicht zu verstehen als Endziel historischer Entwicklungen, sondern als dauernde Aufgabe, »Freiheit und Gerechtigkeit zu erkämpfen, sie zu bewahren und sich in ihnen zu bewähren«. – Auch die PDS betonte im Wahlprogramm vom Februar 1990 den »demokratischen Sozialismus« nicht mehr als etwas Abgeschlossenes, sondern als einen Weg, eine ständige Aufgabe und Herausforderung sowie als »Vision«. Im Unterschied zur SPD blieb aber die Abgrenzung vom Kapitalismus deutlich.

ihrer Linkswendung 1969 namentlich der Arbeitsgemeinschaft der Jungsozialisten, weiterhin im Sinn einer Systemtransformation verstanden wird. Er ist in allen seitherigen Parteiprogrammen als symbolische Formel wieder aufgenommen worden.

Dabei ließ die SPD vor 1989, namentlich in dem während der späten 1980er Jahre entstandenen Berliner Programm,[6] durchaus eine eigene, ganz spezifische wirtschafts- und gesellschaftspolitische Orientierung erkennen, die gegen weitergehende antikapitalistische Positionen nicht rigoros abgeriegelt war: Erhaltung und Ausbau des Sozialstaats, regulierende Wirtschaftspolitik jenseits eines technokratisch aufgefassten Keynesianismus, demokratische Partizipation der Bevölkerung, auch im Wirtschaftsleben (»Wirtschaftsdemokratie«), Schutz des Friedens und der Natur sowie schon damals sozial-ökologische Weiterentwicklung bzw. Umgestaltung der Industriegesellschaft. Unverbrüchlich schien auch noch die Verbindung der SPD zu den Gewerkschaften, insbesondere auf der oberen Ebene.

Die koordinierte und wohlfahrtsstaatlich abgefederte Marktwirtschaft,[7] die nach dem Zweiten Weltkrieg in der westlichen Welt dominierte, kam in mancher Hinsicht dem nahe, was SPD- und ADGB-Theoretiker in der zweiten Hälfte der 1920er Jahre als »organisierten« (nach damaliger Vorstellung graduell in den angestrebten Sozialismus überführbaren) Kapitalismus gekennzeichnet hatten.[8] Zwar ging das spätere Nachkriegsmodell in seiner

6 Text z. B. auf der Webseite der Friedrich-Ebert-Stiftung. Das neue Grundsatzprogramm vom 20. Dezember 1989, gültig bis 2007, wurde innerparteilich bemerkenswert wenig beachtet und spielte im weiteren Verlauf kaum eine Rolle. Trotz gerade noch rechtzeitig erfolgter Anpassung der deutschlandpolitischen Passagen galt das Programm bald als nicht mehr zeitgemäß. – Zur Entwicklung der SPD in längerer Perspektive vgl. Peter Brandt/Detlef Lehnert: »Mehr Demokratie wagen«. Geschichte der Sozialdemokratie, Berlin 2013; zur SPD, den Grünen und allen im Folgenden genannten parteiförmigen linken bzw. linksradikalen Splittergruppen vgl. die Artikel in den Werken von Richard Stöss (Hg.): Parteien-Handbuch, Opladen 1983; Frank Decker/Viola Neu (Hg.): Handbuch der deutschen Parteien, Wiesbaden 2018.

7 Vgl. zu dieser Phase der Entwicklung der kapitalistischen Gesellschaftsformation Gøsta Esping-Andersen: Three Worlds of Welfare Capitalism, New York 1990; Hartmut Kaelble: Sozialgeschichte Europas. 1945 bis zur Gegenwart, München 2007; Friedrich Lenger/Philipp Kufferath (Hg.): Sozialgeschichte des Kapitalismus im 19. und 20. Jahrhundert, Bonn 2018; Joachim Hirsch/Roland Roth: Das neue Gesicht des Kapitalismus. Vom Fordismus zum Post-Fordismus, Hamburg 1986; Sabine Fromm: Formierung und Fluktuation. Die Transformation der kapitalistischen Verwertungslogik im Fordismus und Postfordismus, Berlin 2004; Jürgen Kocka: Geschichte des Kapitalismus, München 2013; Peter A. Hall/David W. Soskice (Hg.): Varieties of Capitalism. The Institutional Foundations of Comparative Advantage, Oxford 2001.

8 Vgl. Wilfried Gottschalch: Strukturveränderungen der Gesellschaft und politisches

Umsetzung keineswegs nur auf die Sozialdemokratie zurück, doch wurde diese mehr denn andere politische Formationen tangiert, als es, schon im Verlauf der 1970er und 1980er Jahre, gerade in den hochentwickelten Ländern unter Druck geriet: Durch langsamere Steigerungsraten der Arbeitsproduktivität, durch die Sättigung der Märkte und durch die starke Position der Gewerkschaften entstand eine Profitklemme, und die Kapitalseite suchte nach marktliberalen Auswegen.

Allerdings verlief dieser Prozess in der Bundesrepublik erheblich zögernder und weniger durchgreifend als in den angelsächsischen Ländern, wo mit der Regierungsübernahme von Margaret Thatcher 1979 und Ronald Reagan 1981 eine marktradikale, wie man – begriffsgeschichtlich nicht ganz sauber – sagt: neoliberale Politik gezielt vorangetrieben wurde. Sie richtete sich außenpolitisch nicht nur, schärfer als in der Phase davor, gegen die Sowjetunion und ihren Einflussbereich, sondern auch gegen staatsinterventionistische, sozialstaatliche und gewerkschaftsfreundliche Praktiken und Konzepte in der westlichen Welt: Globalisierung, Privatisierung, Steuersenkung, Entfesselung der Finanzmärkte, Deregulierung der Märkte überhaupt und der Sozialsysteme, Flexibilisierung der Arbeitsbeziehungen sind die bekannten Stichworte. Die Anwendung der neuen Mikroelektronik setzte nach und nach ein gewaltiges Rationalisierungspotential frei.[9]

Die Auflösung festgefügter soziokultureller Milieus wie des Arbeitermilieus war schon länger in Gange. Der Anteil der Industriearbeiter an der Erwerbsbevölkerung nahm zugunsten anderer Arbeitnehmergruppen ab. Die traditionelle Linke, ob nun mehrheitlich kommunistisch wie in Frankreich und Italien oder sozialdemokratisch geprägt wie in den germanischen Ländern, verlor gewissermaßen ihre Haupt- und Kerntruppe. Die soziale Polarisierung und die Arbeitslosigkeit nahmen dabei auch in Deutschland seit den mittleren 1970er Jahren wieder zu. Die Migration lieferte das Personal für die Unterschichtung der alten Industriearbeiterschaft und daneben für ein neues Dienstleistungsproletariat.

Die Sozialdemokratie hätte – in Deutschland wie anderswo – ihren Kurs der 1960er und 1970er Jahre nur mit großer Konfliktbereitschaft verteidigen können (vorausgesetzt, das wäre möglich gewesen). Stattdessen erfolgte, wo

Handeln in der Lehre von Rudolf Hilferding, Berlin 1962; Günter Könke: Organisierter Kapitalismus. Sozialdemokratie und Staat. Eine Studie zur Ideologie der Sozialdemokratie in der Weimarer Republik (1924-1932), Stuttgart 1987.

9 Vgl. Herbert Schui/Stephanie Blankenburg: Neoliberalismus. Theorie, Gegner, Praxis, Hamburg 2002; Wendy Brown: Die schleichende Revolution. Wie der Neoliberalismus die Demokratie zerstört, Berlin 2015; Christoph Butterwegge u. a.: Sozialstaat und neoliberale Hegemonie, Berlin 1998; Claus Offe: Disorganized Capitalism. Contemporary Transformation of Work and Politics, London 1985; und wie Fn. 7.

sie an der Regierung war, in Westdeutschland nach der Ablösung von 1982 erst wieder seit 1998, die vermeintlich unausweichliche Anpassung, programmatisch formuliert, aber lange vorher eingeleitet, im sogenannten Schröder-Blair-Papier von 1999.[10] Selbstverständlich wurde der Positionswechsel nicht einfach als Anpassung an Unvermeidliches, sondern als Weiterentwicklung der Sozialdemokratie zu einer »neuen Mitte«, gekennzeichnet durch Modernität und Ausweitung von Freiheitsspielräumen, verstanden und beschrieben.

Der »grüne« Neuansatz sowie die radikale Linke

An dieser Stelle muss daran erinnert werden, dass vor dem Herbst 1989 weithin mit der Abwahl der liberal-konservativen Regierung Kohl-Genscher bei der kommenden Bundestagswahl gerechnet wurde. Neben den Sozialdemokraten saßen seit 1983 Abgeordnete der Grünen im Parlament. Diese ökologisch, sozial, pazifistisch und basisdemokratisch orientierte Gründung von 1980 schloss, zumal anfangs, zwar auch Wertkonservative ein, war aber mehrheitlich linksorientiert im kapitalismuskritischen Sinn.[11] Entgegen einer verbreiteten Annahme befasste sich nach dem Einzug in den Bundestag die Parlamentsfraktion dieser, soziologisch betrachtet, Partei eines Segments der akademischen Mittelschicht intensiv mit wirtschafts-, finanz- und sozialpolitischen Themen. Programmatische Überlegungen für einen ökologischen und sozialen Umbau der Industriegesellschaft nahmen Form an. Viele in der Achtundsechziger-Bewegung und in den Jahren danach politisierte, noch junge Männer und Frauen stießen zur neuen Partei, darunter eine Reihe Sozialdemokraten, nicht nur vereinzelt auch Gewerkschafter und Betriebs- bzw. Personalräte. Schon frühzeitig hatten sich ferner etliche frühere Angehörige sogenannter K-Gruppen »marxistisch-leninistischer«, ursprünglich pro-chinesischer Ausrichtung den Grünen angeschlossen – sie wurden später nicht selten zu besonders entschiedenen Verfechtern der Verbürgerlichung –, ebenso Linksradikale eher

10 Tony Blair/Gerhard Schröder: Der Weg nach vorne für Europas Sozialdemokraten, 08.06.1999, verfügbar als PDF u. a. unter URL: https://www.kuwi.europa-uni.de/de/lehrstuhl/vs/politik3/Lehre_WS_11_12/Schroeder_Blair.pdf [17.5.2021]. Die eigentlichen Verfasser waren Blairs Vertrauter Peter Mandelson und der damalige Kanzleramtsminister Bodo Hombach.

11 Vgl. zum Folgenden Markus Klein/Jürgen W. Falter: Der lange Weg der Grünen. Eine Partei zwischen Protest und Regierung, München 2003; Ludger Volmer: Die Grünen. Von der Protestbewegung zur etablierten Partei, München 2009.

spontaneistischen Charakters; der Bekannteste unter ihnen ist der spätere Außenminister Joseph (»Joschka«) Fischer.

Just in den Reihen der Grünen begann – und zwar schon deutlich vor dem Herbst 1989 – die Infragestellung der Möglichkeit einer humanen sozialistischen Alternative zum Kapitalismus.[12] Auf dem sogenannten Realo-Flügel und dann in der Gesamtpartei setzte sich diese Skepsis mehr und mehr durch. Die marginalisierten sogenannten Fundamentalisten und die Öko-Sozialisten um Rainer Trampert und Thomas Ebermann verließen eine Partei, die sich als bloß ökologische Bürgerrechtspartei eher linksliberalen Charakters nach und nach komplett in den Politik- und Parlamentsbetrieb der erweiterten Bundesrepublik integrierte und alternative Koalitionsmöglichkeiten nutzte. Das minoritäre Linke Forum innerhalb der Grünen mit dem Parteivorsitzenden von 1991 bis 1994, Ludger Volmer, arrangierte sich in Anbetracht der Lage mit einem Teil der Realos und einer Mittelfraktion; einige gingen schon 1990 zur PDS über, so der spätere Berliner Wirtschaftssenator Harald Wolf. Bei der – anders als bei CDU, FDP und SPD – als gleichberechtigt und gleichrangig konzipierten Vereinigung der Grünen-West mit dem Bündnis 90-Ost gelang es nicht, die beiden in unterschiedlicher Weise nonkonformistischen Gruppierungen bruchlos zusammenzuführen: Wer sich unter den ehemaligen Opponenten des alten Regimes in der DDR als dezidiert »links« empfand, schloss sich eher der SPD (wie ein Teil des Demokratischen Aufbruchs), wenn nicht (auch das geschah vereinzelt) der PDS an oder blieb parteilos. Wie in der gesamtdeutschen SPD auch, stieß im vereinigten Bündnis 90/Die Grünen der moralische Rigorismus früherer Dissidenten gegenüber den aktiven und passiven Trägern des SED-Staates mit einem westbundesrepublikanischen Unverständnis für die spezifischen Probleme und Anliegen Ostdeutschlands wenig konstruktiv zusammen. In der historischen Konsequenz beschleunigte die Parteienvereinigung den Marsch der Grünen in die politische Mitte. Als »links« im eingangs definierten, themenbezogenen Sinn kann man inzwischen wohl noch einen beträchtlichen Teil der Mitglied- und Wählerschaft, aber sicher nicht mehr die Partei als Ganze ansehen.

Neben der SPD und den Grünen gab es in der alten und dann in kleinerem Umfang auch in der erweiterten Bundesrepublik ein nicht irrelevantes sozialistisches Spektrum, das im Wesentlichen aus zwei Komponenten bestand: Der Einfluss der DDR-finanzierten Deutschen Kommunistischen Partei (DKP) mit bis zu über 40.000 Mitgliedern vor 1989 war größer, als es

12 Joschka Fischer formulierte schon Anfang 1989 apodiktisch: »Der Kapitalismus hat gewonnen, der Sozialismus hat verloren«; ders.: Der Umbau der Industriegesellschaft. Plädoyer wider die herrschende Umweltlüge, Frankfurt am Main 1989, S. 58.

die immer wieder ernüchternden Bundestagswahlergebnisse im Promille-Bereich anzeigten, wenn man z. B. die Zahl der Betriebsräte und Gewerkschaftsfunktionäre einbezieht, die die Partei unterstützten. Schon von inneren Auseinandersetzungen über Gorbatschows Perestroika tief zerstritten, geriet die DKP durch die Wende im Osten in eine Existenzkrise und konnte sich erst nach Jahren auf erheblich niedrigerem Niveau fangen. Sie schloss sich nicht der PDS an, die sie, ebenso wie heute die Linkspartei, als revisionistisch und reformistisch ansah.[13]

Die beiden relativ größten maoistischen Miniparteien hatten sich schon 1980 bzw. 1985 selbst aufgelöst. Bis 1991 weiterexistieren konnte der besonders in Norddeutschland verankerte Kommunistische Bund (KB), der geistig beweglicher war.[14] Ein großer Teil von dessen Mitgliedschaft trat 1990 der PDS bzw. zunächst dem geplanten Wahlbündnis dieser mit einer »Linken Liste« bei. Schon in der Altbundesrepublik hatte der KB die These von der tendenziellen, ständig drohenden Faschisierung des deutschen Staates vertreten, die die übrigbleibende Rumpforganisation nach 1989 zu einem Ferment der sogenannten Antideutschen machte.

Neben den traditionalistischen bzw. auf Parteiaufbau orientierenden Richtungen existierte das, was man als Bewegungslinke bezeichnen könnte: Frauenbewegung, Anti-Atomkraft- und Umweltbewegung sowie Friedensbewegung als die bedeutendsten der Neuen Sozialen Bewegungen, darunter auch die »Antifa« sowie das Milieu der »Autonomen«.[15] Neben dem Anspruch auf ein selbstbestimmtes Leben in kleinen Kollektiven, nicht selten in besetzten Häusern, sind die Gruppen der Autonomen bis heute durch

13 Zur DKP vgl. Manfred Wilke u. a.: Die Deutsche Kommunistische Partei (DKP). Geschichte, Organisation, Politik, Köln 1990; Georg Fülberth: KPD und DKP 1945-1990. Zwei kommunistische Parteien in der vierten Periode kapitalistischer Entwicklung, Heilbronn 1992. Dazu und zum Folgenden vgl. auch Ulrich Peters: Unbeugsam und widerständig. Die radikale Linke in Deutschland seit 1989/90, Münster 2014; Ulrich Dovermann (Hg.): Linksextremismus in der Bundesrepublik Deutschland, Bonn 2011; Armin Pfahl-Traughber: Linksextremismus in Deutschland. Eine kritische Bestandsaufnahme, Wiesbaden 2014.

14 Zum KB vgl. Michael Steffen: Geschichten vom Trüffelschwein. Politik und Organisation des Kommunistischen Bundes 1971 bis 1991, Berlin 2002. – Die außerdem indirekt angesprochenen maoistischen Parteien waren die Kommunistische Partei Deutschlands (KPD), nicht zu verwechseln mit der sowjetkommunistisch orientierten illegalen KPD, dem Vorläufer der DKP, und der Kommunistische Bund Westdeutschland (KBW). Daneben existierten weitere Organisationen stalinistisch-maoistischer bzw. proalbanischer Ausrichtung, so die Kommunistische Partei Deutschlands/Marxisten-Leninisten (KPD/ML), deren Reste sich 1986 mit der trotzkistischen Gruppe Internationale Marxisten (GIM) zur Vereinigten Sozialistischen Partei zusammenschlossen. Bis heute wirkt eine Marxistisch-Leninistische Partei Deutschlands (MLPD) als letzte der maoistischen Gruppierungen.

15 Vgl. dazu Peters: Unbeugsam, S. 47-63.

eine Art negative Staatsfixierung gekennzeichnet. Wenn in den Medien aus bestimmten Anlässen vom Randalieren linker Demonstranten berichtet wird, sind fast durchweg die Autonomen gemeint, deren Zahl deutlich zunahm.

Die westdeutsche Linke, die »friedliche Revolution« und die staatliche Vereinigung Deutschlands

Obwohl die verstärkten Krisenerscheinungen im Ostblock und namentlich in der DDR während der 1980er Jahre nicht unbemerkt blieben, kam der Umbruch vom Herbst 1989 für alle politischen Akteure im Westen überraschend, und so auch für die gesamte Linke. Die Sozialdemokraten und weite Teile der radikaleren Linken hatten in die Reformpolitik Gorbatschows große Hoffnungen gesetzt. Einer derjenigen führenden Sozialdemokraten, die sich seit jeher für Oppositionsströmungen im Ostblock, z. B. für Solidarność, engagierten, war der bekennende Marxist Peter von Oertzen, der seine Partei wiederholt aufforderte, neben der Entspannung nach Osten Solidarität mit den Regime-Gegnern zu zeigen.[16] Eine demokratische Erneuerung bzw. Transformation des Sowjetsystems und damit des Sozialismus schien 1988/89 vielen möglich: »Radio Moskau sendet wieder!«, hieß es. Und die DDR-Führung würde sich, so nahm man an, nicht mehr lange einer Öffnung und Veränderungen verweigern können. Dass damit fast zwangsläufig auch die deutsche Teilungsproblematik wieder aktuell werden würde, sahen vor dem Herbst 1989 nur wenige Linke.

In der ersten Phase der revolutionär-demokratischen Volksbewegung in der DDR, zumindest bis zur Öffnung der Mauer, ließ sich die Entwicklung noch gut mit linksgerichteten Erwartungen verbinden. Die Oppositionsgruppen und die jetzt deutlicher hervortretenden SED-Reformer, mit einem Großteil der Basis in der SED, sowie nach Meinungsumfragen auch die große Bevölkerungsmehrheit[17] zielten noch auf eine demokratisch-sozialistische DDR. Doch die regelrechte Auflösung des Staates seit Mitte November 1989 in Kombination mit einer anhaltenden

16 Vgl. Konrad Sziedat: Erwartungen im Umbruch. Die westdeutsche Linke und das Ende des »real existierenden Sozialismus«, Berlin/Boston 2019, insb. S. 23 ff.; Philipp Kufferath: Peter von Oertzen (1924-2008). Eine politische und intellektuelle Biografie, Göttingen 2017.

17 Laut einer Erhebung des auch im Westen anerkannten Leipziger Instituts für Jugend- und Marktforschung sprachen sich im November 1989 86 Prozent der DDR-Bürger für den »Weg eines besseren, reformierten Sozialismus« aus. Vgl. Peter Förster/Günter Roski (Hg.): DDR zwischen Wende und Wahl. Meinungsforscher analysieren den Umbruch, Berlin 1990, S. 54.

Ausreisebewegung und einer massiven Medienkampagne ließen die Stimmung in der DDR schnell umschlagen. Forciert wurde diese Entwicklung durch die wenig entgegenkommende Haltung der Bundesregierung Kohl/Genscher gegenüber der neuen, von Hans Modrow geführten Sammlungsregierung in Ost-Berlin, hervorgegangen aus dem Zentralen Runden Tisch. Heilserwartungen, die sich mit einer möglichst raschen und unkomplizierten Wiedervereinigung verknüpften, fielen in Ostdeutschland fortan auf fruchtbaren Boden.[18] Bei der Volkskammerwahl vom 18. März 1990 siegte, für viele trotzdem überraschend, die CDU-geführte »Allianz für Deutschland«, während die SPD und vor allem die im Bündnis 90 vereinigten Oppositionsgruppen eine herbe Niederlage einstecken mussten; die in Partei des Demokratischen Sozialismus (PDS) umbenannte SED durfte ihre 16,4 Prozent unter den gegebenen Umständen als recht passabel betrachten. Das Wahlergebnis ebnete den Weg für die Lösung der deutschen Frage durch Beitritt der DDR zur Bundesrepublik Deutschland.

Vollends in die Defensive geriet die Gesamtlinke mit der ersten gemeindeutschen Bundestagswahl im Dezember 1990: Die SPD (jetzt 33,5 Prozent) mit dem Spitzenkandidaten Oskar Lafontaine büßte prozentual 3,5 Prozent ein, was überwiegend dem erneut schlechten Abschneiden im Osten geschuldet war. Die PDS kam dank der getrennten Berücksichtigung der Wahlgebiete Ost und West in den Bundestag, während der Verbund aus den Grünen und dem Bürgerrechts-Bündnis 90 infolge dieser Teilung allein durch ostdeutsche Abgeordnete vertreten war. Im Lauf des Jahres 1990 schien zudem die Auffassung übermächtig geworden zu sein, dass nun jede Möglichkeit der Überwindung des Kapitalismus als illusorisch erwiesen sei. Dabei war es keineswegs so, dass es keine sozialen und gesellschaftspolitischen Auseinandersetzungen mehr gegeben hätte, die man von linker Seite hätte als Klassenkämpfe verstehen können. Im Osten stach der monatelange, letztlich erfolglose Abwehrkampf der Kumpel des Kali-Bergwerks in Bischofferode 1992/93 hervor; im Westen eskalierte die Auseinandersetzung um die Lohnfortzahlung im Krankheitsfall zu einer starken und durchschlagenden Protestbewegung. Und im Juni 1996 mobilisierte der DGB 350.000 Menschen zu einer Kundgebung gegen das Sparpaket der Regierung Kohl.[19]

18 Zur Veränderung der Machtverhältnisse und der Stimmung in der Bevölkerung der DDR im Winter 1989/90 vgl. Klaus-Dietmar Henke (Hg.): Revolution und Vereinigung 1989/90. Als in Deutschland die Realität die Phantasie überholte, München 2009; sowie im Hinblick auf die Einflussnahme der Ost- und Westmedien Daniela Dahn/Rainer Mausfeld: Tamtam und Tabu. Die Einheit: Drei Jahrzehnte ohne Bewährung, Frankfurt am Main 2020.

19 Vgl. etwa Peters: Unbeugsam, S. 160-185, 427-496.

Dass »die Linke« in Ost- wie in Westdeutschland »gegen die deutsche Einheit« gewesen sei, wie man häufig lesen kann, trifft so pauschal nicht zu. Richtig ist aber, dass sie sich in den entscheidenden Monaten dem zunehmenden Einheitsverlangen gegenüber stets defensiv verhielt, statt frühzeitig mit eigenen deutschlandpolitischen Ideen hervorzutreten. Das trifft auch auf Hans Modrow zu, der – nach Gesprächen in Moskau Ende Januar 1990, die deutlich machten, dass Gorbatschow die DDR abgeschrieben hatte – ein Programm schrittweiser Wiedervereinigung Deutschlands in militärischer Paktfreiheit verkündete. Dieser Alleingang war ein Versuch, anknüpfend an SED-Vorschläge aus den 1950er und 1960er Jahren, das überhandnehmende Einheitsverlangen der DDR-Bevölkerung aufzugreifen und dabei gewissermaßen zu entschärfen, günstigenfalls politisch umzupolen.

Modrows Programm »Deutschland, einig Vaterland« war jedoch für viele PDS-Mitglieder ein Schock, hatte die SED doch zwei Jahrzehnte lang die DDR nicht nur als eigenen Staat, sondern als separate »sozialistische Nation« propagiert. Außerdem war der Kurswechsel nicht vorbereitet worden, kam überraschend und zudem zu spät, um etwas zu bewirken. Die PDS zog insoweit nach, als sie in einer Stellungnahme des Präsidiums für die »deutsche Einigung« als »auf die Überwindung der Spaltung Europas« gerichtet eintrat und zunächst eine Konföderation anstrebte.[20] Gegen eine schlichte Übernahme der bundesdeutschen Ordnung durch die DDR – von Beitritt konnte anfangs noch keine Rede sein – hat sich im Herbst 1989 und Winter 1989/90 die gesamte westdeutsche (wie ostdeutsche) Linke positioniert, einschließlich derjenigen, die eine selbstbestimmte staatliche Einigung Deutschlands grundsätzlich befürworteten oder jedenfalls nicht ausschlossen. Die Haltung zugunsten der DDR und ihrer zumindest vorläufigen Weiterexistenz ergab sich gerade aus der Sympathie für die revolutionär-demokratische Volksbewegung dort und aus den in sie gesetzten Hoffnungen eines »Dritten Weges«, auch im Hinblick auf die vermutete Ausstrahlung auf den Westen Deutschlands.

Ein beträchtlicher Teil des linken Gesamtspektrums empfand darüber hinaus zunehmend Unbehagen über die situationsbedingt kaum vermeidbare nationalpatriotische Komponente des Geschehens. Gegen eine jetzt immerhin wieder denkbare Vereinigung und für den dauerhaften Fortbestand der DDR artikulierten sich schon seit Anfang Dezember 1989 relativ breite Bündnisse. Diese Position fand dann im Jahr 1990 aus Teilen der

20 Das Programm »Deutschland, einig Vaterland«, in: *Neues Deutschland*, 02.02.1990; Hans Modrow: Aufbruch und Ende, Hamburg 1991; vgl. ders. (mit Hans-Dieter Schütt): Ich wollte ein neues Deutschland, Berlin 1998; ders.: Für ein neues Deutschland, besser als DDR und BRD, Berlin 1990.

außerparlamentarischen Linken eine Zuspitzung unter dem bemerkenswerten Motto: »Deutschland? Nie wieder!«, das Zehntausende Menschen auf die Straße brachte.[21] Wie selbstverständlich wurde das aktuelle Geschehen vor der Folie des NS-Faschismus wahrgenommen. Das Bewusstsein dafür, dass nicht nur die Sozialdemokratie, sondern auf ihre Weise auch die SED (unter Walter Ulbricht mit seiner »nationalen Konzeption«) die deutsche Teilungsproblematik lange zentral thematisiert hatte,[22] existierte, wohl auch wegen des fortlaufenden Generationswechsels, nicht mehr. Die Parole vom »Vierten Reich« machte die Runde. Das war durchaus ernst gemeint und gipfelte in einem Aufruf an vermeintliche Freunde im Ausland, ein »Europäisches Komitee gegen Wiedervereinigung« zu bilden und sich entsprechend publizistisch einzuschalten.[23] Hier sind die Wurzeln dessen zu suchen, was dann als »antideutsche« Richtung ins Leben trat.[24]

Die publikumswirksamste Zeitschrift dieser spezifischen Tendenz war die seit Ende der 1950er Jahre existierende, verschiedene Etappen der Entwicklung der westdeutschen Linken begleitende Zeitschrift *Konkret* unter ihrem Chefredakteur Hermann L. Gremliza. Während des zweiten Golfkriegs 1991 stellte sich die Zeitung gegen die vor allem aus Schülern bestehenden Friedensdemonstrationen, die nicht allein lächerlich gemacht, sondern, namentlich von Gremliza selbst und von seinem Autor Wolfgang Pohrt, als quasi neonazistisch attackiert wurden. Die Forderung nach Beendigung des Krieges seitens der PDS sei Teil einer »völkischen Generalmobilmachung« im Stil der NS-Propaganda. Die Bombardierung des Irak durch die von den USA geführte Koalition wurde in *Konkret* ausdrücklich be-

21 Vgl. Jan Gerber: Nie wieder Deutschland? Die Linke im Zusammenbruch des »real existierenden Sozialismus«, Freiburg im Breisgau 2012, hier insb. S. 29 ff.

22 Vgl. dazu die Dokumentensammlung von Peter Brandt/Herbert Ammon (Hg.): Die Linke und die nationale Frage. Dokumente zur deutschen Einheit seit 1945, Reinbek bei Hamburg 1981; Hans-Dieter Schütte: Zeitgeschichte und Politik. Deutschland- und blockpolitische Perspektiven der SED in den Konzeptionen marxistisch-leninistischer Zeitgeschichte, Bonn 1985; Dieter Groh/Peter Brandt: »Vaterlandslose Gesellen«. Sozialdemokratie und Nation 1860-1990, München 1992.

23 Vgl. Peters: Unbeugsam, S. 86 f. Der Autor weist darauf hin, dass der Aufruf fast ohne Resonanz geblieben sei und man bei linken und linksradikalen Gruppen des Auslands mit der grundsätzlichen Ablehnung der nationalen Einheit sogar »auf schieres Unverständnis« gestoßen sei.

24 Zum Folgenden vgl. Peters: Unbeugsam, S. 84-112; Gerhard Hanloser: Die andere Querfront. Skizzen des antideutschen Betrugs, Münster 2019; Hermann L. Gremliza (Hg.): Vorwärts! Nieder! Hoch!! Nie wieder! 40 Jahre Konkret. Eine linke deutsche Geschichte 1957-1997, Hamburg 1997; Christoph Jünke: Vorantreiben, Helfen oder Stören: 40 Jahre Konkret, in: ders., Streifzüge durch das rote 20. Jahrhundert, Hamburg 2014, S. 219-234. – Spezifisch antideutsche Zeitschriften sind die *Bahamas*, gegründet 1992, und die *Jungle World*, 1997 entstanden aus einer Abspaltung von der eher traditionskommunistischen Tageszeitung *Junge Welt*.

grüßt, während die traditionelle Suche der Zeitschrift nach nationalsozialistischen Kontinuitäten in der Bundesrepublik sich nun vorrangig auf die Linke richtete: Man »braucht keine Phantasie mehr, um sich die Antiimpis oder die Autonomen als Volkssturmabteilungen der Hitlerjugend oder als Verbände der Aktion Werwolf vorzustellen«.[25] Darin steckte keine Übernahme der Totalitarismus-Theorie oder des Extremismus-Konzepts – man verstand sich weiterhin als Marxist und Kommunist –, sondern eine Reaktion auf die vermeintliche Konterrevolution im Ostblock. Wie das?

Da keine weltpolitische Alternative mehr existierte, blieb als konkrete Aufgabe, so der Gedankengang, nur noch die vorbehaltlose Unterstützung des jüdischen Staates Israel und – da dessen Existenz letztlich von den USA garantiert werde – der USA, die immerhin persönliche Freiheit und Rechtsstaatlichkeit im Rahmen der bürgerlichen Gesellschaft garantierten. Im Kontrast dazu wurde alles spezifisch Deutsche und wurden »die Deutschen« als untrennbar und unvermeidlich mit dem Nationalsozialismus verbunden betrachtet. Und so erschien bald jede Kapitalismus-Kritik, die nicht den Abstraktionsgrad der Frankfurter Schule erreichte und gar an Erfahrungen der Bevölkerung anknüpfen wollte, als eigentlich antisemitisch. Der universelle Antisemitismus-Vorwurf, vor allem gegen Linke, wurde zum Markenzeichen der antideutschen Strömung. Soziale Kämpfe wurden jetzt zu rassistischen Besitzstandsbemühungen, und nationale Befreiungsbewegungen in der südlichen Hemisphäre, sofern sie noch Erwähnung fanden, mit Hohn überschüttet. Als zahlreiche Menschen hierzulande zu Beginn der 1990er Jahre ihren Abscheu über mehrere rechtsextrem motivierte Anschläge und die pogromartigen Unruhen in Rostock-Lichtenhagen und in Hoyerswerda durch Lichterketten ausdrückten, sahen die Macher von *Konkret* darin »feierliche Dankgottesdienste für die Abschaffung des Asylrechts«.[26] (Gemeint war dessen Einschränkung 1993.) Die Zahl der geradezu absurd wirkenden Zitate ließe sich vermehren. – Die zahlenmäßig kaum festzumachende antideutsche Strömung erreichte den Höhepunkt ihres Einflusses Mitte der 1990er Jahre, manche ihrer Gedanken wirken jedoch in größere Kreise weiter.

25 Wolfgang Pohrt: Musik in meinen Ohren, in: *Konkret* 03 (1991), S. 14. Pohrt hatte schon die Friedensbewegung der frühen 1980er Jahre als »deutschnationale Erweckungsbewegung« charakterisiert.

26 Hermann L. Gremliza: Mens sana in campari soda, in: *Konkret* 03 (1993), S. 9.

Von der SED zur Partei des Demokratischen Sozialismus

Die zahlenmäßig auf einen Bruchteil schrumpfende SED/PDS,[27] wie sie bis Februar 1990 noch hieß, brach weitgehend mit ihrer eigenen Geschichte und veränderte ihr Programm tiefgreifend. In mehreren Wellen hatten sich zuvor frühere Anhänger von ihr abgewendet. Dabei dürfte es sich neben den Desillusionierten und denen, die eine Auflösung der SED anstrebten, vor allem um solche gehandelt haben, die aus opportunistischen Motiven der führenden Partei der DDR angehört hatten. Die drängende Rolle großer Teile der SED-Basis bei der Initiierung dieses politischen Neuausrichtungs-Prozesses wird häufig unterschätzt. Die PDS-Programmarbeit fand einen verbindlichen Niederschlag im Grundsatzprogramm von 1993,[28] das man durchaus als demokratisch-sozialistisch bezeichnen kann, im Unterschied zum »demokratischen Sozialismus« der SPD vielleicht als »demokratisch-linkssozialistisch«.

Das neue, nicht mehr auf ein festgefügtes Modell bezogene Sozialismus-Verständnis der Partei beinhaltete neben dem »Bruch mit dem Stalinismus als System« die Abkehr vom »Marxismus-Leninismus« mit seinem umfassenden Wahrheitsmonopol sowie von der Selbstdefinition der SED als Avantgarde-Partei der Arbeiterklasse. Sozialismus wurde jetzt verstanden als Trinität von Ziel, Bewegung und Wertesystem, der Marxismus als plurale, unabgeschlossene Denkrichtung. Für die jetzt dominierende Weltsicht der PDS war charakteristisch, dass die derzeit gegenwärtigen westlichen Gesellschaften nicht mehr als kapitalistisch (bzw. als solche des staatsmonopolistischen Kapitalismus) schlechthin, sondern als »kapitaldominiert« eingeschätzt wurden. Man warnte vor einer »Totalkritik moderner westlicher Gesellschaften« und attestierte der Bundesrepublik dabei, kein »Kapitalismus pur« zu sein.[29] Dass die regelrechte Auflösung der SED zugunsten einer Neuformierung unterblieb, scheint nicht zuletzt nachdrücklichen Mahnungen aus der Spitze der damals noch in Moskau bestimmenden KPdSU geschuldet gewesen zu sein, wo man um die Fortführung der Perestroika

27 Zur PDS vgl. Manfred Behrend: Eine Geschichte der PDS. Von der zerbröckelnden Staatspartei zur Linkspartei, Köln 2006; Gero Neugebauer/Richard Stöss: Die PDS. Geschichte. Organisation. Wähler. Konkurrenten, Opladen 1996; mit deutlich anderer Beurteilung als in diesem Beitrag: Viola Neu: Das Janusgesicht der PDS. Wähler und Partei zwischen Demokratie und Extremismus, Baden-Baden 2004; ferner Thorsten Holzhauser: Die »Nachfolgepartei«. Die Integration der PDS in das politische System der Bundesrepublik Deutschland 1990-2005, Berlin/Boston 2019; für die erste Phase der Parteientwicklung umfassend: Jochen Weichold: Die PDS in turbulenten Zeiten. Das erste Jahr der PDS, Berlin 2020.

28 PDS (Hg.): Parteiprogramm 1993.

29 Zitate von Michael Brie nach Weichold: PDS, S. 33.

besorgt gewesen sei.[30] Offenkundig war die Furcht der neuen Parteiführung, des gesamten SED-Vermögens verlustig zu gehen.

Der Aufstieg der PDS zur ostdeutschen Regionalpartei im Verlauf der 1990er Jahre, mit einer Wählerunterstützung bis zu 30 Prozent auf regionaler Ebene (nach anfänglichen Verlusten bei Kommunal-, Landtags- und Bundestagswahlen gegenüber dem März 1990), ist ohne die wirtschaftlichen und sozialen Verwerfungen des deutschen Einigungsprozesses kaum vorstellbar. Um diese Feststellung zu treffen, ist es unerheblich, ob der eingeschlagene Weg »falsch« oder »richtig« bzw. – gemessen an den damit verbundenen Zielsetzungen – sogar »alternativlos« war. Die PDS wurde in der Wahrnehmung ihrer selbst, aber auch einer großen Zahl Ostdeutscher (über die eigene Wählerschaft hinaus) zur »Kümmerer-« und Interessenpartei des Ostens. Währenddessen blieb die Partei im Westen eine (in den PDS-Gliederungen der neuen Länder wenig geschätzte) Ansammlung heimatlos gewordener, vielfach untereinander zerstrittener radikaler Linker, bei Wahlen auf früherem DKP-Niveau.

Zweifellos wurde die Westausdehnung der PDS nicht zuletzt durch die SED-Erbschaft behindert. Dazu gehörten Finanzmanipulationen zur Rettung von Teilen des SED-Vermögens. Der Putnik-Finanzskandal im Oktober 1990 verdunkelte die Tatsache, dass die PDS Monate zuvor ihre Finanzreserve in Höhe von über drei Milliarden Mark abgeführt und die Parteibetriebe überwiegend abgegeben hatte.[31] Und trotz aller programmatisch unzweideutigen Abkehr vom sowjetkommunistischen Modell war die Herkunft der Masse der Mitglieder, darunter nicht wenige frühere Angehörige der Repressionsapparate, aus der führenden Partei der DDR offensichtlich. Allerdings war der Personalaustausch in den höheren Rängen gegenüber der SED-Zeit ganz erheblich: Bereits in dem Mitte Dezember 1989 gewählten Parteivorstand der SED/PDS saßen unter insgesamt 101 Personen ganze vier, die schon dem Zentralkomitee der SED angehört hatten. Von 66 auf der Liste der PDS am 18. März 1990 in die letzte Volkskammer der DDR eingerückten Abgeordneten hatten nur fünf bereits der vorigen Volkskammer angehört. Dass unter ihnen kein Landwirt und nicht ein einziger Arbeiter war, während 63 über einen

30 So die nachdrückliche Behauptung von Hans Modrow, in: Lothar Hornbogen u. a. (Hg.): Außerordentlicher Parteitag der SED/PDS. Protokoll der Beratungen am 8./9. und 16./17. Dezember 1989 in Berlin, Berlin 1999, S. 95; vgl. auch Alexandr Galkin/Anatolij Tschernjajew (Hg.): Michail Gorbatschow und die deutsche Frage. Sowjetische Dokumente 1986-1991. Deutsche Ausgabe hg. v. Helmut Altrichter u. a., München 2011; Detlef Nakath u. a.: »Im Kreml brennt noch Licht«. Die Spitzenkontakte zwischen SED/PDS und KPdSU 1989-1991, Berlin 1998.

31 Vgl. Weichold: PDS, S. 37, 54-56.

Hochschulabschluss verfügten, machte deutlich, was die PDS im soziologischen Sinn geworden war und sein würde: eine Milieupartei der, vor allem gehobenen, Dienstklasse der untergegangenen DDR.[32] Erst das Bündnis und dann die Vereinigung mit der Wahlalternative Arbeit und Soziale Gerechtigkeit (WASG) führte der PDS, jetzt Partei Die Linke, wieder überdurchschnittlich Stimmen von Industriearbeitern und Arbeitslosen zu.

Weniger bekannt wurde die intensive selbstkritische Auseinandersetzung, die die Historische Kommission der PDS in den 1990er Jahren entfaltete – natürlich nach eigenen Kriterien und nicht nach denen des politischen Gegners. Allerdings wurde diese in einer Reihe tieferschürfender Papiere niedergelegte Arbeit[33] gegen Ende der 1990er Jahre von der Gesamtpartei einschließlich ihrer Führung nicht mehr nachdrücklich unterstützt. Viele PDSler meinten, da würde schmutzige Wäsche im Interesse des Klassenfeindes gewaschen. Neben der orthodox-kommunistischen Strömung erwuchsen Hemmungen einer rückhaltlosen Aufarbeitung der KPD- und SED-Vergangenheit aus dem eher emotional fundierten Traditionalismus großer Teile der Basis.

Die Beteiligung der PDS an mehreren Landesregierungen seit 1998, namentlich in Berlin, erforderten als eine Art Eintrittsbillett Entschuldigungsformeln, die sich hauptsächlich auf die Zwangsfusion von SPD und KPD 1946 in der Sowjetzone und auf die Errichtung der Berliner Mauer 1961 bezogen.[34] Auffällig war (und ist bis heute), dass diesen Unterwerfungsgesten keine ernsthaften kritischen Debatten folgten, und das gilt nicht nur für die PDS bzw. die Linkspartei intern, sondern auch für ihre jeweiligen Koalitions- bzw. Kooperationspartner. Die genannten Erklärungen und generell das Einfordern von bestimmten Formeln wie »Zwangsvereinigung« und »Unrechtsstaat« haben die gebotene Auseinandersetzung mit der SED-Vergangenheit im Ergebnis kaum vorangebracht, sondern eher behindert, weil sie einen zynischen Umgang mit der Problematik gefördert haben.

Westdeutsche Vorbehalte gegenüber dem SED-Erbe machten sich im Gründungsprozess der Partei Die Linke seit 2004 geltend, spielten aber anderthalb Jahrzehnte nach dem Sturz der politbürokratischen Diktatur in Ostdeutschland und angesichts der mit der Agenda 2010 verbundenen Herausforderungen keine wesentliche Rolle, zumal man die Distanzierung

32 Vgl. ebd., insb. S. 11, 30, 60-62.

33 Vgl. u. a.: Historische Kommission beim Parteivorstand der PDS (Hg.): Der Stalinismus in der KPD und SED. Wurzeln, Wirkungen, Folgen. Materialien der Konferenz der Historischen Kommission beim Parteivorstand der PDS am 17./18. November 1990, Berlin 1991.

34 Vgl. etwa den Bericht in: *Die Welt*, 23.06.2001.

der PDS von diesem Erbe als vollzogen abhaken konnte. Die Verständigungsschwierigkeiten zwischen der PDS und ihren westdeutschen Partnern bezogen sich hauptsächlich auf Fragen der politischen Strategie und Taktik im vereinten Deutschland.

Die demonstrative Abkehr vom Stalinismus »als System« 1989/90 beinhaltete gemäß dem neuen Statut vom Februar 1990[35] zugleich die Abschaffung des sogenannten »demokratischen Zentralismus« und die Anerkennung des Nebeneinanders von verschiedenen, auch organisierten Strömungen in der Partei. Seitens der Gegner wird bis heute gern die Kommunistische Plattform herausgestellt, deren Name die positive Bezugnahme auf den spezifisch kommunistischen Traditionsstrang anzeigt. Auf dem linken Flügel der Partei formierten sich aber auch andere wechselnde Gruppierungen, die den Kurs der Parteiführung als anpasslerisch und zu wenig kämpferisch kritisierten, darunter jetzt z. B. auch Trotzkisten, die ehedem scharfe Gegner des damals bestehenden Systems gewesen waren.[36] Links-Rechts-Kontroversen in der PDS, später der Linkspartei, gemessen am Grad der Radikalität gegenüber der jetzt bestehenden Ordnung, sind also nicht unbedingt identisch mit mehr oder weniger Distanz zur SED-Vergangenheit.

Einer uneinheitlichen Parteilinken standen innerhalb der PDS, grob gesprochen, von Anfang an zwei Tendenzen gegenüber, die unterschieden werden sollten, auch wenn sie oft zusammengingen und so in den Landesverbänden der Partei bestimmend wurden: Das war zum einen eine recht kleine Gruppe von intellektuellen reformstrategischen Denkern um Dieter Klein und die Brüder Brie, die sich schon in der Endphase der SED – vor der friedlichen Revolution – auf der wissenschaftlichen Suche nach einem »modernen Sozialismus« zusammengefunden hatte, der befreiend und lebensfähig sein sollte. Eine zweite Gruppe bildeten die reformorientierten Pragmatiker, hauptsächlich unter den nach und nach Tausenden von Kommunalpolitikern, die im Interesse ihrer Klientel unter den gegebenen Bedingungen zu gestalten versuchten und außerdem häufig Ansichten vertraten, die weit entfernt waren vom Weltbild »prinzipientreuer« Linker, insbesondere derer aus Westdeutschland. Die bekannten Führungsfiguren, wie Gregor Gysi, Lothar Bisky und die meisten Landesvorsitzenden bzw. Fraktionsvorsitzenden in den Landtagen, standen zwischen den

35 Vgl. Statut der SED/PDS-Partei des Demokratischen Sozialismus, in: Außerordentlicher Parteitag (wie Fn. 30); Statut der Partei des Demokratischen Sozialismus. Angenommen auf dem Wahlparteitag der PDS am 25. Februar 1990.

36 Zur Rolle und Bedeutung trotzkistischer Einflüsse in der PDS und der Partei Die Linke vgl. Peter Brandt: »Trotzkismus« in Deutschland. Internationaler Kontext und historischer Abriss, Supplement zu: Sozialismus 4 (2018).

Reformstrategen und den Pragmatikern. Dazu kamen, als weitere Strömung, jüngere Mitglieder ohne SED-Vergangenheit und frei von DDR-Nostalgie, eher antiautoritär im Stil und in den Auffassungen.

Streit gab es immer wieder um die Frage, ob man in der Hoffnung auf eine progressive Dynamik Regierungskoalitionen mit der SPD und den Grünen anstreben sollte.[37] Dabei ging und geht es offenkundig auch um die gesamtgesellschaftliche Akzeptanz der Partei. Mit am entschiedensten vertrat die Berliner PDS/Linkspartei in der Zeit ihrer Mitregierung in der Stadt 2001-2011 den Koalitionskurs (einschließlich der strikten Sparpolitik), was zwischenzeitlich starke Einbußen bei Wahlen zur Folge hatte – und das nicht nur in Berlin.

Hinzufügen sollte man vielleicht, dass die aus der SED kommenden Mitglieder gewohnt waren, der Parteiführung zu folgen, was dieser eine Neupositionierung im vereinten Deutschland erst einmal erleichterte. Einen Mangel an innerparteilicher Demokratie – im formalen Sinn und verglichen mit anderen deutschen Parteien – wird man der PDS, später der Linkspartei nicht bescheinigen können, ungeachtet gelegentlicher Manipulationen der Spitze, wie man sie auch in Konkurrenzparteien findet. Paradoxerweise scheint die Demokratisierung des Parteilebens die inhaltliche Transformation der SED-PDS eher gebremst zu haben, weil immer wieder auf eine zögernde Basis Rücksicht genommen werden musste.

Bei in ganz Deutschland durchgeführten repräsentativen Meinungsumfragen stimmen seit 1991 in den neuen Bundesländern regelmäßig rund drei Fünftel der Aussage zu, der Sozialismus sei eine gute Idee, die schlecht ausgeführt worden sei; in den alten Ländern sind es über zwei Fünftel. Allzu viel lässt sich daraus allerdings nicht ableiten, weil unklar bleibt, was die Zustimmenden genau sagen wollen. Klar und unbestritten ist eine grundsätzlich kritische Haltung zur bestehenden Wirtschafts- und Sozialordnung.[38] Auch bei zurückhaltender Deutung lässt sich zudem feststellen, dass ein großes Bevölkerungssegment dem – wie immer im Einzelnen konkret verstandenen – Begriff »Sozialismus« nicht von vornherein ablehnend gegenüberstand und -steht, anders als nach der veröffentlichten Meinung zu vermuten wäre.

37 Vgl. als Sammlung von Beiträgen der Gegner von Regierungsbeteiligung in Thies Gleiss u. a.: Nach Goldschätzen graben, Regenwürmer finden. Die Linke und das Regieren, Köln 2016.

38 Vgl. Harald Bergsdorf: Die neue »Linke«. Partei zwischen Kontinuität und Kurswechsel, Bonn 2008, S. 183-192; Thomas Petersen: Der Zauberklang des Sozialismus. Die Aussagen der Linken fallen auf fruchtbaren Boden, in: *Frankfurter Allgemeine Zeitung*, 18.07.2007; Carl-Friedrich Hoeck: Der Sozialismus – eine »gute Idee«?, 07.03.2015., URL: http://www.carl-friedrich-hoeck.de/der-sozialismus-eine-gute-idee/ [17.5.2021].

Von der PDS zur Partei Die Linke

Im Frühjahr 2004 bildeten enttäuschte Sozialdemokraten und Gewerkschafter, unterstützt von linken Intellektuellen, die Wahlalternative Arbeit und Soziale Gerechtigkeit (WASG), zu der dann auch der frühere SPD-Vorsitzende Oskar Lafontaine stieß.[39] Im November 2003 hatte der Druck von der Basis den DGB veranlasst, in Berlin eine Massenkundgebung gegen die Politik der angekündigten Agenda 2010, die Arbeitsmarkt- und Sozialpolitik der rot-grünen Bundesregierung, durchzuführen. Die Situation für die Etablierung einer entschieden sozialstaatlich orientierten Partei war günstig: 62 Prozent der repräsentativ befragten Deutschen meinten 2006, dass die Marktwirtschaft keine »soziale« mehr sei, über 80 Prozent beklagten das Ausmaß der Einkommens- und Vermögensunterschiede.[40] Die in einem mehrjährigen Fusionsprozess entstandene Partei Die Linke erreichte 2005 bundesweit 8,7 Prozent, 2009 waren es sogar 11,9 Prozent (Wahlgebiet Ost: 29,1 Prozent); hinzu kam ein jetzt auch in westdeutschen Ländern rasanter Mitgliederzuwachs auf insgesamt fast 80.000 Parteimitglieder (seitdem wieder schrumpfend). Oft vergessen wird jedoch, dass der Vereinigungsprozess keineswegs ganz glatt lief, vor allem in Berlin nicht, wo eine relativ radikale WASG mit der im Senat vertretenen PDS aneinandergeriet. Bei dem Fremdeln der beiden Partner spielte die stark voneinander abweichende politische Sozialisation eine beträchtliche Rolle; dazu gehörte auch das anfangs gänzliche Fehlen eines linksalternativen und anarchisch gefärbten Milieus in den östlichen Bundesländern und die damit verbundene antiautoritäre Mentalität. Insgesamt verstanden sich die WASG-Anhänger, mehr als die PDSler, im doppelten Sinn als Oppositionelle: im parlamentarischen Handeln und in der Gegnerschaft gegen den gesellschaftlichen Status quo, namentlich gegen den »Neoliberalismus«.

Die neue Partei, die sich im Vereinigungsprozess (vor wie nach der Fusion) mit dem Charakter und der Politik ihrer beiden Ursprungsformationen nicht systematisch auseinandersetzte, kannte nun keine Programmatik mehr, die von einer marxistisch inspirierten Analyse ausge-

39 Zur neuen Partei Die Linke vgl. Bergsdorf: »Linke«; Eckhard Jesse/Jürgen P. Lang: Die Linke – eine gescheiterte Partei?, München 2012; Torsten Oppelland/Hendrik Träger: Die Linke. Willensbildung in einer ideologisch zerstrittenen Partei, Baden-Baden 2014; Tom Strohschneider/Wolfgang Hübner: Lafontaines Linke. Ein Rettungsboot für den Sozialismus? Das Buch zur Fusion, Berlin 2007; Jonas Rugenstein: Nach der günstigen Gelegenheit. Die Entwicklung der LINKEN in Westdeutschland nach 2009, Stuttgart 2013.

40 Vgl. Bergsdorf: »Linke«, S. 187.

gangen wäre. Anstößige Termini wie »Klassenkampf« werden seit langem ebenso vermieden wie eine (abgesehen von Demokratie-Erweiterung) Konkretisierung des angestrebten Sozialismus. Die zentrale Frage der Eigentumsverhältnisse in der Wirtschaft wird nur vage dadurch beantwortet, dass privatwirtschaftliche Entscheidungsstrukturen durch »gesellschaftliche Gegenmächte« dominiert werden sollten,[41] der Fokus also nicht mehr auf das Eigentum im juristischen Sinn, sondern auf die Verfügungsgewalt gelegt wird.

Gegen die neoliberale, finanzmarktgesteuerte Phase bzw. Variante des Kapitalismus erhoben sich spätestens mit der Finanz- und Wirtschaftskrise von 2008/09 nun auch in der Bundesrepublik wieder vermehrt und lauter als zuvor kritische Stimmen, keineswegs nur von Linkssozialisten dieser oder jener Sorte. Beispielhaft ist auf diverse Stellungnahmen der Kirchen und von Kirchenvertretern sowie auf die Wahlprogramme von SPD und Grünen zu verweisen, in denen 2013 die Wiedereinführung der Vermögenssteuer, der gesetzliche Mindestlohn usw. gar nicht mehr als unrealistisch oder gar staatssozialistisch galten.[42]

Der jetzt kritische Neoliberalismus-Diskurs in der Gesellschaft ermöglichte es der Partei Die Linke, Kapitalismus-Kritik zu artikulieren und sich dabei positiv auf die Alt-Bundesrepublik vor den 1980er Jahren und ihre »soziale Marktwirtschaft« (ein inzwischen affirmativ übernommener Terminus) zu beziehen. Das machte ihr Agieren anschlussfähig für immer größere Segmente der Politik und der Medien. Die um 1990 weit verbreitete Vorstellung vom Ende des ideologischen Zeitalters begünstigte dabei letztlich die Integration der PDS bzw. der Partei Die Linke in das politische System der Bundesrepublik, zuerst im Osten, dann mehr und mehr auch im Westen.

Das »Ankommen« im bundesdeutschen Staat und in der bundesdeutschen Gesellschaft hat aber seinen Preis: Die Linkspartei ist immer weniger imstande, den Protest der Einigungs- wie der Globalisierungs- und Modernisierungsverlierer zu bündeln und politisch zu artikulieren. Das Ausscheiden Oskar Lafontaines aus der Bundespolitik 2010 hat hier sicher verstärkend gewirkt. Das ist aber nicht der entscheidende Faktor. In etlichen Staaten Europas wird sozialer Protest heute überwiegend durch die Wahl von rechten und rechtsextremen Parteien ausgedrückt, bis tief

41 Vgl. die diesbezüglichen programmatischen Feststellungen der PDS und der Partei Die Linke, zuletzt: Programm der Partei DIE LINKE (Programmatische Eckpunkte). Beschluss des Parteitags von WASG und Linkspartei PDS am 24. und 25. März 2007 in Dortmund.

42 Vgl. Tom Strohschneider: Linke Mehrheit? Über Rot-Rot-Grün, politische Bündnisse und Hegemonie. Eine Flugschrift, Hamburg 2014, S. 33 f.

in die Reihen der gewerkschaftlich organisierten Industriearbeiter.[43] Die Migrations- und Flüchtlingsproblematik spielt eine große Rolle, wie Lafontaine frühzeitig erkannte. Bedeutsam (und bis zu einem gewissen Grad damit verbunden) ist aber ebenso der jüngst viel diskutierte soziokulturelle Konflikt zwischen den häufig als »Kosmopoliten« bezeichneten gebildeten und mobilen großstädtischen Schichten einerseits und den sogenannten »Kommunitaristen«, den im Einkommen und in der formalen Bildung eher schlechter gestellten und eher provinziellen Gruppen andererseits.[44] Zu den Letztgenannten hat die Partei Die Linke ihre in Ostdeutschland zeitweise sehr enge Verbindung weitgehend verloren, gerade weil sie sich etabliert hat und in Ländern mitregiert, und wohl auch aufgrund ihrer Anpassung an linksalternative westdeutsche Milieus.

Wie Grüne und SPD, werden die Vertreter der Linken von den einfachen Menschen, die sich auch früher nicht unbedingt politisch korrekt ausgedrückt haben, heutzutage offenbar als belehrend-überheblich und als Teil des Establishments wahrgenommen. Die SPD hat ein ähnliches Problem, und zwar noch weitaus gravierender, während die Klientel der Grünen seit jeher ohnehin hauptsächlich aus dem Bereich der sogenannten Kosmopoliten stammt. Bei den Einbußen der relativ linken Parteien bei der letzten Bundestagswahl 2017 und in mehreren folgenden Landtagswahlen könnte es sich somit um einen längerfristigen Trend handeln.

SPD und Die Linke verloren bei der Bundestagswahl 2017 zusammen in einer Größenordnung Wähler an die AfD wie die CDU/CSU (ein dritter, noch größerer Anteil kam aus dem Reservoir früherer Nichtwähler). Mit »1989« hat das insoweit zu tun, als die Brüche in der ostdeutschen Gesellschaft und die damit verbundenen Deklassierungsempfindungen eine größere Empfänglichkeit für blinde Rebellion gegen Eliten oder vermeintliche Eliten begünstigen. Ob die Terminologie »Kosmopoliten/Kommunitaristen« stimmig ist oder nicht: Die soziokulturelle Fraktionierung in der Bevölkerung spiegelt sich innerhalb der relativ linken Parteien wider, hauptsächlich in der Linkspartei, in der kritische Meinungen zu den zeitweilig in

43 Am deutlichsten ist die Hinneigung von Arbeitern zur Rechten seit Langem im französischen Fall (Front National, jetzt Rassemblement National). Zum Rechtspopulismus und Rechtsextremismus vgl. Hans-Georg Betz: Radical Right-Wing Populism in Western Europe, New York 1994; Ernst Hillebrand (Hg.): Rechtspopulismus in Europa. Gefahr für die Demokratie?, Bonn 2015; Ruth Wodak u. a.: Right-Wing Populism in Europe. Politics and Discourse, Bloomsbury/London 2013; Alexander Häusler (Hg.): Die Alternative für Deutschland. Programmatik, Entwicklung und politische Verortung, Wiesbaden 2016.

44 Zur gesellschaftlichen Differenzierung zwischen Kosmopoliten und Kommunitaristen vgl. Pieter de Wilde u. a. (Hg.): The Struggle over Borders. The Sociology of Cosmopolitism and Communitarism, Cambridge 2019.

den Vordergrund gerückten Themen Einwanderung und europäische Integration seit jeher geteilt sind.

Das wurde besonders deutlich bei der innerparteilichen Kontroverse zwischen der ehemaligen Ko-Vorsitzenden Katja Kipping und der ehemaligen Ko-Vorsitzenden der Bundestagsfraktion Sahra Wagenknecht während der letzten Jahre, wobei Katja Kipping als Repräsentantin der »Kosmopoliten« angesehen werden darf und Sahra Wagenknecht hauptsächlich die »Kommunitaristen« im Bereich der traditionellen Arbeitnehmer einschließlich der Erwerbslosen als Zielgruppe im Blick hat.[45] Die Fronten sind allerdings nicht mehr identisch mit denen der 1990er Jahre, als Sahra Wagenknecht Sprecherin der Kommunistischen Plattform war.

Gegenüber der weit verbreiteten Vorstellung, zur freiheitlich-demokratischen Grundordnung der Bundesrepublik würden neben Rechtsstaatlichkeit und Demokratie auch Privateigentum an den Produktionsmitteln und Marktwirtschaft gehören, ist festzustellen: Radikale Systemkritik begründet nicht unbedingt die Gegnerschaft zum demokratischen Verfassungsstaat; das Grundgesetz ist in der Frage der Wirtschaftsverfassung keineswegs auf den Vorrang privatwirtschaftlicher Eigentumsverhältnisse festgelegt. Es verbietet das Eintreten für sozialistische Veränderungen ebenso wenig wie die Befürwortung plebiszitärer oder basisdemokratischer Demokratiemodelle, solange dies unter den Verfahrensregeln der Legalität und der demokratischen Grundnormen geschieht. Im Hinblick darauf wird die Partei Die Linke wie auch ihre Vorgängerin PDS hier – anders als in einem Teil der wissenschaftlichen, extremismustheoretisch orientierten Literatur – trotz vieler Kompromissformulierungen in den Äußerungen der Partei als demokratisch legitim und verfassungskonform eingestuft.

Fazit

In den Jahrzehnten des Ost-West-Konflikts und der Teilung Deutschlands, die zugleich ein Aufeinander-Bezogensein der beiden Fragmente beinhaltete, war die Existenz eines deutschen Staates sowjetischen Typs eher eine schwere Belastung sozialistischer Bestrebungen in der Bundesrepublik als ein Aktivposten gewesen – ungeachtet der im Westen progressiven Wirkung der Systemkonkurrenz im Hinblick auf den Ausbau des Wohlfahrtsstaats und die Entwicklung des materiellen Lebensniveaus

45 Vgl. die jeweiligen Internetseiten von Katja Kipping: https://www.katja-kipping.de und Sahra Wagenknecht: https://www.sahra-wagenknecht.de/[17.5.2021].

der Bevölkerung. Es konnte nicht ausgeblendet werden, dass die Umgestaltung des Ostblocksystems in einen lebensfähigen, von den Massen als legitim und erhaltenswert empfundenen Sozialismus ohne Anführungszeichen, wie sie Michail Gorbatschow gegen Ende der 1980er Jahre im Auge hatte, erfolglos blieb und sogar manche Mängel des alten Systems noch deutlicher hervortreten ließ. Es wurde bis weit in die gemäßigte Linke hinein als Scheitern jeder Alternative zum inzwischen marktliberal »erneuerten« Kapitalismus wahrgenommen. Auch früher im östlichen Europa regierende Parteien passten sich »sozialdemokratisiert« in hohem Maß der neoliberalen Wende an, so in Polen und Ungarn. Sie wurden vom Wahlvolk später dafür bestraft, andere schlugen eine »sozialpatriotische« Richtung ein, wie die Kommunistische Partei Russlands.

Die PDS und allemal die Partei Die Linke bildeten insofern eine bemerkenswerte Ausnahme, als sie weder den einen noch den anderen Weg gegangen sind. Die Existenz einer großen etablierten sozialdemokratischen Partei in der Bundesrepublik-West erschwerte eventuelle Bemühungen, deren Platz im Parteiensystem des wiedervereinigten Deutschland einzunehmen. In den östlichen Bundesländern einschließlich Ost-Berlins war dieses hingegen partiell möglich (wenn auch programmatisch weder gewünscht noch ohne Weiteres realisierbar); denn die in den 1950er Jahren noch lebendigen sozialdemokratischen Traditionen waren längst verschüttet, die Zahl der ostdeutschen Mitglieder der SPD lag und liegt im unteren einstelligen Prozentbereich gegenüber der, insgesamt stark gesunkenen, Gesamtzahl der SPD-Mitglieder.[46] Dabei waren die Vorbehalte des aus der Bürgerrechtsopposition kommenden Personals gegenüber früheren SED-Mitgliedern ebenso wie die ursprüngliche soziale Zusammensetzung der SDP bzw. Ost-SPD, vielfach aus der kirchlichen und stark aus der technischen Intelligenz, von Bedeutung. Anders, als von vielen Beobachtern Anfang der 1990er Jahre erwartet und zweimal sich tatsächlich andeutend, verschwand die PDS nicht aus den ostdeutschen Landtagen und nur für eine Legislaturperiode aus dem Bundestag (bis auf zwei direkt gewählte Abgeordnete), sondern etablierte sich im Zusammenschluss mit einem beträchtlichen Teil der westdeutschen Linken als Fünfte Partei (sofern die CDU/CSU als eine Formation gezählt wird).

Die Dynamik der Periode 2004 bis 2010 scheint seitens und in der Partei Die Linke indessen erschöpft. Die von Anbeginn in der PDS bestehenden Differenzen bleiben unentschieden, ohne dass der – stark

46 Zum Jahreswechsel 2019/20 verfügte die SPD über 419.340 Mitglieder (1990: 943.402), davon nur 21.409 in Ostdeutschland (außer Ostberlin).

personalisierte – Streit fruchtbar gemacht werden kann. Einzüge in westdeutsche Landesparlamente außerhalb der Stadtstaaten sind (nach der Hochphase Ende der 2000er Jahre) weiterhin unsicher bis unwahrscheinlich. Zudem ist Die Linke nicht imstande, die gravierenden Verluste der SPD in deren werktätiger Stammwählerschaft aufzufangen, verliert vielmehr ihrerseits in den unteren sozialen Segmenten. Eine nachhaltige Belebung der Sozialdemokratie zeichnet sich ebenso wenig ab wie ein folgenreicher Anstoß aus dem linken Spektrum jenseits der Parlamentsparteien. Am ehesten mögen zurzeit die jugendliche Bewegung der »Fridays for Future« und ähnliche Initiativen außerhalb und vielleicht auch innerhalb der relativ linken Parteien Druck aufbauen können. Offenbar gibt es, vor allem unter jungen Menschen, ein gesellschaftskritisches Potential, das mobilisierbar ist, parteipolitisch derzeit aber nicht zu Buche schlägt.

Spiel-Unterbrechung

Berliner Theater 1989/90

Matthias Warstat

Dass der Zusammenbruch der DDR und die damit verbundenen gesellschaftlichen Transformationen auch für das Theater eine Zäsur bedeuteten, legt schon die in Deutschland besonders einflussreiche Denk- und Rechtsfigur des ›Staatstheaters‹ nahe. ›Staatstheater‹ ist mehr als nur eine Rechtsform, die für einen gewissen Teil der Theater in Ost- und Westdeutschland Gültigkeit hat. Der Begriff Staatstheater verweist auf eine Organisationsform theatraler Praxis, die vom Staat durchdrungen ist und mit dessen Institutionen steht und fällt. Seit dem 18. Jahrhundert hat sich Theater im deutschsprachigen Raum in besonderer Nähe zum Staat entwickelt, zunächst finanziert und administriert von den Höfen der einzelnen Territorialstaaten, nach 1919 dann getragen von den Kultusbehörden der Bundesstaaten der Weimarer Republik. Nach dem Zweiten Weltkrieg wurde die Tradition eines staatsnah organisierten Theaters in beiden deutschen Staaten auf je eigene Weise fortgesetzt. In der DDR wurde mit staatlichen Subventionen eine der dichtesten Theaterlandschaften der Welt ermöglicht.[1] Die über 70 subventionierten Theater standen in der DDR nicht nur unter der administrativen Aufsicht von kommunalen, bezirklichen und gesamtstaatlichen Kulturbehörden, sondern, über Parteisekretäre und Parteigruppen in den Häusern, auch unter dem Einfluss der SED. Schon diese institutionelle Verflechtung lässt erwarten, dass sich die Wende von 1989 auf die ostdeutsche Theaterpraxis massiv auswirkte. Dieser Frage nach Grad und Ausprägung eines Umbruchs soll im Folgenden nachgegangen werden.

Dabei richtet sich die Aufmerksamkeit vorwiegend auf Berlin, weil die politischen und ästhetischen Umbrüche dort auf der Grundlage des gegenwärtigen Forschungsstands am besten überschaubar sind. Auch wenn die Theaterlandschaft in Ost-Berlin nicht in allen Aspekten mit der Situation

1 In den frühen Jahren der DDR wurden unter den Vorzeichen der Kulturpolitik der sowjetischen Militäradministration zahlreiche Theater neu gegründet. 1989 gab es in der Bundesrepublik nur in fünf Kommunen mit weniger als 50.000 Einwohnern ein Stadttheater, in der DDR hingegen in 16. Insgesamt gab es 1989 in der DDR 48 Stadt- und Staatstheater, in der Bundesrepublik hingegen 74 (bei einem Verhältnis der Fläche von ca. 1 zu 2,3 und der Einwohnerzahl von ca. 1 zu 4). Siehe zu diesen Zahlen auf der Grundlage der Theaterstatistik des Deutschen Bühnenvereins für 1989/90: Skadi Jennicke: Theater als soziale Praxis. Ostdeutsches Theater nach dem Systemumbruch, Berlin 2011, S. 28.

in den mittleren und kleineren Städten der DDR zu vergleichen ist, war sie doch prägend für das Theaterleben in der DDR. In Anlehnung an die lange Tradition von Berlin als Theatermetropole, aber auch verstärkt durch die langfristig nachwirkende Zeit der künstlerischen Leitung Bertolt Brechts am Berliner Ensemble (1949-1956) richtete sich in der DDR die Aufmerksamkeit der ›Theaterschaffenden‹ besonders auf die großen Häuser in der Hauptstadt.

Die Frage nach Konturen des Umbruchs soll in einem ersten Schritt auf die Theaterpraxis, anschließend dann auf die Institutionenlandschaft des Theaters bezogen werden. In einem dritten Schritt wird es darauf ankommen, beide Blickrichtungen zusammenzuführen. Eine Differenzierung von praxisbezogenen und strukturellen Aspekten mag schematisch anmuten, erscheint aber schon aufgrund der unterschiedlichen Zeithorizonte unumgänglich: In Bezug auf die Theaterpraxis geht es um die Frage, wie sich die Ereignisse des Oktobers und Novembers 1989 auf die konkrete Arbeit in den Ost-Berliner Theatern auswirkten – etwa auf Inszenierungen und Probenprozesse. Mit Blick auf die Strukturen des Theaters stellt sich dagegen die längerfristig ausgerichtete Frage, welche Kontinuitäten und Diskontinuitäten an den einzelnen Institutionen der Theaterlandschaft festzustellen sind. Dabei ist zumindest am Rande auch die West-Berliner Theaterlandschaft einzubeziehen.

Es hat sich der Eindruck durchgesetzt, dass Theaterleute, kulminierend in der Großdemonstration auf dem Alexanderplatz am 4. November 1989, starken Einfluss auf die Oppositionsbewegung nahmen. Dieser Einfluss kann aber nicht als direkte Konsequenz einer künstlerischen Praxis beschrieben werden. Vielmehr soll im Folgenden gezeigt werden, dass sich die Praxis des Theaters und die Prozesse des Umsturzes oder Umbruchs 1989 in einem komplexen Spannungsverhältnis befanden. Die künstlerische Praxis wurde unterbrochen von Versammlungsformen, die über die reguläre Theaterpraxis weit hinausgingen. Mit Inszenierungen und künstlerischen Entwürfen in den politisch bewegten Zeiten durchzudringen, erwies sich als schwierig. Zugleich ließen sich die Ereignisse vor und nach dem 9. November auf der Bühne keineswegs ignorieren, sodass von einem ›Einbruch der Zeit in das Spiel‹ die Rede sein kann. Die oppositionelle Straßen-Öffentlichkeit, die sich im Oktober und November 1989 auf den zentralen Plätzen der DDR manifestierte, war mit einer Theater-Öffentlichkeit, wie sie sich zwischen Schauspieler*innen und Publikum in Aufführungen und in den daran anschließenden medialen Diskursen ergeben kann, nicht zu verwechseln, sodass die Theaterleute eine nicht unerhebliche Distanz überwinden mussten, um zu dieser spezifischen Öffentlichkeit des Umbruchs Zugang zu gewinnen.

Die in diesem Band gestellte Frage nach der Feststellbarkeit einer Zäsur 1989 ist für das Theater in Ost- und Westdeutschland differenziert zu beantworten. Die Theater in Ostdeutschland verloren mit der DDR einen Staat, der sowohl mit seinen gesellschafts- und kulturpolitischen Ansprüchen als auch mit seiner Zensurpraxis ein wichtiger Bezugspunkt der künstlerischen Arbeit gewesen war.[2] Die Theater in Westdeutschland fanden sich in einer deutlich vergrößerten Theaterlandschaft wieder, die in den 1990er Jahren einem Strukturwandel ausgesetzt war, vor dem auch die westdeutschen Theater nicht sicher waren. In Berlin lassen sich beide Perspektiven auf das Theatergeschehen der Wendezeit exemplarisch verfolgen.

Theaterpraxis im Zeichen der »Wende«: Hamlet/Maschine 1989

Heiner Müllers *Hamlet/Maschine* aus der Spielzeit 1989/90 am Deutschen Theater Berlin gilt als die paradigmatische Theater-Inszenierung der Wendezeit. Dafür gibt es mehrere, bis heute gut nachvollziehbare Gründe, die einsichtig werden, wenn man sich Christoph Rüters Dokumentarfilm über die Probenarbeit unter dem Titel *Die Zeit ist aus den Fugen* (R: Christoph Rüter, D 1991) anschaut. Zunächst handelt es sich bei Müllers 1977 entstandenem Text *Die Hamletmaschine* um eine ganz und gar außergewöhnliche Spielvorlage, die zum Paradebeispiel eines postdramatischen Theaterstückes avancierte: ein nur neunseitiger Text in fünf heterogenen Abschnitten, ohne Handlungsverlauf im eigentlichen Sinne und mit nur wenigen dialogisch strukturierten Szenen – Müller selbst spricht in seiner Autobiografie »Krieg ohne Schlacht« von Dialogunfähigkeit.[3] Zwar gibt es im Text durchaus Figuren (etwa Hamlet und Ophelia), aber diese entstehen und vergehen, bleiben nicht stabil, sondern machen immer wieder Textflächen oder chorischen Passagen Platz, bei denen eine Aufteilung auf einzelne Sprecher schwerfällt. Inhaltlich gibt es Bezüge auf den Ungarn-Aufstand von 1956, den Deutschen Herbst und die RAF, aber auch auf Hamlet als Gefangenen eines Zwangssystems (»Dänemark ist ein Gefängnis, zwischen uns wächst eine Wand. Sieh was

2 Vgl. zum Verhältnis des Theaters in der DDR zum Staat auch die Einschätzungen von Ralph Hammerthaler: Die Positionen des Theaters in der DDR, in: Christa Hasche/Traute Schölling/Joachim Fiebach (Hg.): Theater in der DDR. Chronik und Positionen, Berlin 1994, S. 151-273.

3 Siehe Heiner Müller: Krieg ohne Schlacht. Leben in zwei Diktaturen, Köln 1992, S. 230: »Es gab da keine Dialoge mehr. Ich habe immer wieder zu Dialogen angesetzt, es ging nicht, es gab keinen Dialog, nur noch monologische Blöcke, und das Ganze schrumpfte dann zu diesem Text.«

aus der Wand wächst.« [4]). In der DDR konnte das Stück zunächst nicht aufgeführt werden, während es international, nach seiner Pariser Uraufführung durch Jean Jourdheuil 1979, bald Beachtung fand.

Nicht minder bemerkenswert gestaltete sich zehn Jahre später die erste Inszenierung des Stücks in der DDR, erarbeitet durch den Autor selbst von August 1989 bis März 1990 am Deutschen Theater. Einige der wichtigsten Berliner Schauspieler*innen dieser Zeit wirkten mit, darunter Ulrich Mühe als Hamlet, die täglich aus West-Berlin einreisende Margarita Broich als Ophelia, Jörg Gudzuhn als Claudius, Dagmar Manzel als Gertrud, Dieter Montag, Margit Bendokat und viele andere. Die Inszenierung war als Doppelabend aus *Hamlet* und *Hamletmaschine* angelegt und benötigte dadurch, aber auch durch Müllers akribische Texttreue, die exzessive Länge von siebeneinhalb Stunden. In den monatelangen Probenprozess fielen die entscheidenden Ereignisse der »Wende«, darunter die Proteste anlässlich der Feiern zum 40. Jahrestag der DDR im Oktober 1989, die Demonstration für demokratische Grundrechte auf dem Alexanderplatz am 4. November, die Öffnung der innerdeutschen Grenze am 9. November – nebst all den damit verbundenen Diskussionen über die Zukunft der DDR, ihre Gesellschaft und ihr Theater.

Wohl nicht zufällig finden sich in der von Stephan Suschke zu der Inszenierung angelegten Dokumentation im Archiv der Akademie der Künste in Berlin auch Auszüge aus Carl Schmitts Hamlet-Interpretation *Hamlet oder Hekuba* aus dem Jahr 1956, die den Untertitel *Der Einbruch der Zeit in das Spiel* trägt. Schmitt insistiert auf einer »Unverspielbarkeit des Tragischen«.[5] Er situiert das Tragische in der historischen Wirklichkeit und beschreibt das tragische Geschehen in diesem Sinne als »rätselhafte Verkettung und Verstrickung unbestreitbar wirklicher Menschen in den unberechenbaren Verlauf unbestreitbar wirklicher Ereignisse«.[6] Solche ernsten Ereignisse der Geschichte sind für Schmitt mit dem Theaterspiel im Grunde nicht vereinbar, brechen in dieses ein oder unterbrechen es sogar:

»Darauf beruht der unkonstruierbare, nicht relativierbare Ernst des tragischen Geschehens, der infolgedessen auch nicht verspielbar ist. Alle Beteiligten wissen um eine unumstößliche Wirklichkeit, die kein menschliches Gehirn erdacht hat, die vielmehr von außen gegeben, zugestoßen und vorhanden ist. Die unumstößliche Wirklichkeit ist der

4 Heiner Müller: Die Hamletmaschine, in: ders., Werke 4. Die Stücke 2, hrsg. von Frank Hörnigk u.a., Frankfurt am Main 2001, S. 543-554, hier S. 546.

5 Carl Schmitt: Hamlet oder Hekuba. Der Einbruch der Zeit in das Spiel, Stuttgart 1956, S. 42.

6 Ebd., S. 47.

stumme Felsen, an dem das Spiel sich bricht und die Brandung der echten Tragik aufschäumt.«[7]

Der Schmitt-Text könnte im Probenverlauf eine Rolle gespielt haben, denn angesichts der sich überstürzenden Ereignisse des Oktobers und Novembers 1989 ging es tatsächlich bald um die Frage: Kann man angesichts des historischen Umbruchs überhaupt weiterspielen? Liegt noch Sinn darin, mit *Hamlet* ein Theaterstück über einen großen Zauderer in tiefgreifenden Umwälzungen einzustudieren, wenn solche Umwälzungen sich gerade auf den Straßen vor dem Theater ereignen?

In Rüters Dokumentarfilm zu *Hamlet/Maschine* kommentieren Heiner Müller und Ulrich Mühe die außergewöhnliche Probensituation im Spätjahr 1989 auf je eigene Weise. Heiner Müller konstatiert: »Die Zeit der Kunst ist eine andere Zeit als die der Politik. Das berührt sich nur manchmal. Und wenn man Glück hat, entstehen Funken.«[8] Der wohl politischste deutschsprachige Dramatiker nach Brecht verweist auf eine kaum überbrückbare Kluft zwischen Theater und Kunst einerseits sowie politischem Tagesgeschehen andererseits. Was auf der Bühne geschieht, ist nicht unmittelbar auf Tagespolitik beziehbar. Diese Inkommensurabilität ergibt sich für Müller nicht notwendigerweise aus thematischen Differenzen, sondern aus divergierenden Zeitverhältnissen: Mit der »Zeit der Kunst« können dabei sowohl die Rhythmen künstlerischer Produktion (etwa von Probenprozessen) als auch die Temporalität ästhetischer Wahrnehmungsvorgänge gemeint sein. In Produktion wie Rezeption folgen die Prozesse der Kunst nicht demselben Zeitmaß wie die der Politik und deren medialer Verarbeitung. Im Moment eines revolutionären Umschwungs wird das besonders deutlich. Die konzentrierte, weitgehend von der Außenwelt abgeschirmte Arbeit an einer Theaterinszenierung scheint dann einer gänzlich anderen Zeit anzugehören. Auch der Schauspieler Ulrich Mühe geht dieser Diskrepanz in seinen Reflexionen zu *Hamlet/Maschine* nach:

> »Hamlet ist so ein Stück, was die ganze Welt fassen kann. Und insofern ist es erst einmal von der Voraussetzung toll, in so einer Zeit so ein Stück zu machen. Und der Herbst, ja Gott, September bis Anfang November, da waren wir uns ja auch ungeheuer wichtig mit diesem Stück und mit diesem Projekt und wussten oder hofften, dass wir damit in eine Zeit reinstoßen können mit dieser Arbeit, die das, was bis dahin uns über Jahre aufgeregt hat und zum Verzweifeln gebracht hat und frustriert hat, dass

7 Ebd.

8 Diese und die nachfolgenden Zitate aus dem Film *Die Zeit ist aus den Fugen* (R: Christoph Rüter, D 1991) wurden transkribiert aus der in der Filmedition Suhrkamp erschienenen DVD-Ausgabe, Frankfurt am Main 2009.

man damit einen Fels nochmal in diese Landschaft setzt, an dem sich diejenigen, die uns diese Zustände über Jahre aufgepfropft haben, die Köpfe heißschlagen können. [...] Es gab sehr viele Tage während dieser Zeit, dass wir überhaupt kein Probenergebnis hatten. Und das waren hauptsächlich die Monate Oktober bis November, wo es wirklich auf der Straße so laut plötzlich schrie, dass wir im Theater auch wirklich verstummen mussten ab und an, weil man mit dem nicht mehr zurechtkam, also mit dem schizophrenen Zustand, dass ich etwas probiere, was sich, was weiß ich, mit einem Menschen beschäftigt, der da vor dreihundert Jahren Probleme hatte, und draußen rennen die Leute vorbei und haben ganz andere oder ähnliche Probleme. Es gab da auch Tage, wo wir den Eindruck hatten, dass man das auch aufgeben könnte, das Ganze, also wo Theater dann, wo man dann auch einsehen muss, dass Theatermachen ein Privileg ist, und in solchen Zeiten verschwinden dann Privilegien – zu Recht oder Unrecht, weiß ich nicht. Und da ist die Beschäftigung mit so schönen Gedanken, wie sie im Hamlet drin sind, die sind dann auch tageweise lächerlich, nicht, es wird alles auch absurd [...].«

Mühe registriert in seiner Erinnerung an die Proben beides: das Sich-Berühren der Zeit der Kunst mit der Zeit der Politik, aber auch das Gefühl, dass die Zeit das Spiel unterbricht, dass Theater an ein Ende kommt oder zumindest eine Art Moratorium einlegen muss, weil es gegenüber den Ereignissen auf der Straße kaum mehr bestehen kann. Die Theaterleute zweifeln an den Möglichkeiten ihrer Kunstform, dem historischen Ernst der Situation gerecht zu werden. Auch das Publikum hält andere Ereignisse für wichtiger, erfährt genug Aufregung im politischen Prozess selbst – und bleibt dem Theater für einige Zeit fern.

Darin zeigt sich eine Phasenverschiebung, die mit dem spezifischen Charakter von Theater-Öffentlichkeiten erklärbar ist. In der Phase der Anbahnung des gesellschaftlichen Umbruchs, d. h. in den Monaten eines anwachsenden oppositionellen Diskurses, konnten die Theater wichtige Funktionen erfüllen und – vergleichbar mit den Kirchen – Räume für die Artikulation von Regimekritik und für ein Nachdenken über Alternativen eröffnen. Kritik äußerte sich zum einen, manchmal noch ansatzweise historisch verschlüsselt, in den Theateraufführungen selbst. Hier ist Christoph Heins Stück *Die Ritter der Tafelrunde*, das am 12. April 1989 am Staatsschauspiel Dresden uraufgeführt wurde, das prominenteste Beispiel, denn hinter den alt und grau gewordenen Rittern auf der Artusburg glaubten viele die Staats- und Parteiführung zu erkennen.[9] Ein vielleicht noch wichtigerer,

9 Zu diesem und anderen hervorstechenden Theaterstücken der Wendezeit vgl. Birgit Haas: Theater der Wende – Wendetheater, Würzburg 2004. Siehe auch, auf Stücke

weil dialogisch strukturierter Ort der Kritik waren die Publikums- und Werkstattgespräche, die in den Theatern der späten DDR verbreitet waren. In der Phase der Grenzöffnung, der Montagsdemonstrationen und der großen Versammlungen, in den eigentlichen Monaten des Umbruchs also, begannen die Theater dagegen an Publikum zu verlieren. Wenn sich die Öffentlichkeit der Straße mit ihren Mobilisierungs- und Sichtbarkeitschancen ganz in den Vordergrund drängt, droht der Theater-Öffentlichkeit offenbar ein Relevanzverlust.

Im November 1989 blieben die Kommunikationskanäle zwischen Theater und Straße aber zunächst intakt. So wirkten Mitglieder des Ensembles der *Hamlet/Maschine* ab Mitte Oktober an der Vorbereitung der sogenannten Alexanderplatz-Demonstration vom 4. November 1989 mit, die als größte nicht staatlich gelenkte Demonstration in der Geschichte der DDR gilt. Rund eine halbe Million Menschen demonstrierten unter anderem für freie Wahlen sowie für Presse-, Meinungs- und Versammlungsfreiheit. Aus dem Ensemble des Deutschen Theaters traten als Redner*innen Johanna Schall, Ulrich Mühe, Jan Josef Liefers und Tobias Langhoff auf; auch Heiner Müller absolvierte einen etwas irritierenden Auftritt, indem er das Manifest einer» Initiative für unabhängige Gewerkschaften« verlas. Einige spätere Kommentator*innen hielten es für hellsichtig, die Aufmerksamkeit angesichts des absehbaren Anschlusses an die Bundesrepublik auf gewerkschaftliche Fragen zu lenken. Andere sahen in Müllers Beitrag einen Ausweis seiner Schwierigkeiten, die eigene Position und öffentliche Rolle neu zu bestimmen, so der damalige Theaterkritiker des *Spiegel*, Matthias Matussek:

> »Heiner Müller ist Hamlet. Als er am 4. November auf dem Ost-Berliner Alexanderplatz seine Stimme erhob, las er einen fremden Text – er klinkte sich kurzfristig ein in einen Diskurs, der nicht seine Sache war. Eine politische Pflichtübung, für die er die erwarteten Pfiffe kassierte, um sich befreit wieder in Hamlets Labyrinth zu vergraben, in einem Irrgarten, der sein eigener ist.«[10]

Offen bleibt, ob Matussek die Pfiffe aus der Menge und überhaupt die kommunikative Situation auf dem Platz nicht fehldeutete. Indem Müller die Resolution einer Gewerkschaftsinitiative verlas, schien er auf die Kontinuität von sozialer Ungleichheit und damit auf eine anhaltend wichtige

der 1990er Jahre fokussiert: Dag Kemser: Zeitstücke zur deutschen Wiedervereinigung. Form. – Inhalt – Wirkung, Berlin 2006.

10 Matthias Matussek: Requiem für einen Staat. DDR-Dramatiker Heiner Müller inszeniert »Hamlet/Hamletmaschine« als achtstündiges Theatermarathon in Ost-Berlin, in: *Der Spiegel*, 26.3.1990.

Konfliktdimension in der DDR-Gesellschaft zu verweisen. Darüber hinaus warf das Gewerkschaftspapier zumindest implizit die virulente Frage auf, wer in der Situation des Staatszerfalls als legitime Vertretung der Arbeiterschaft agieren und sprechen durfte. Hamlets Frage nach der Rolle des Intellektuellen (und der Kunst) in Zeiten von Umbruch, Ungewissheit und staatlicher Degeneration wurde von Müller auf dem Alexanderplatz dahingehend beantwortet, dass er einmal mehr nach einer Position an der Seite sich organisierender und artikulierender Arbeiter suchte. Die Aufgabe, in mehr oder minder konsequentem Anschluss an die eigene künstlerische Arbeit eine Position zu dem sich ankündigenden Regimewechsel und zu der (in sich heterogenen) Mobilisierung breiter Bevölkerungsschichten zu finden, stellte sich bei Weitem nicht nur Müller. Insgesamt waren die Theater der DDR bald damit beschäftigt, ihre Rolle in einem veränderten gesellschaftlichen Umfeld neu zu definieren.

Forderungen aus der Praxis

Die Initiative zu der Demonstration am 4. November war von Berliner Theaterleuten ausgegangen; die Schauspielerin Jutta Wachowiak, die in Verbindung zum Neuen Forum stand, ist als maßgebliche Initiatorin hervorzuheben. Hätte es diese Demonstration nicht gegeben, wäre die Frage nach dem Anteil des (traditionell eher staatsnahen) Theaters am Regimewechsel heute weniger naheliegend. Wenn man davon ausgeht, dass die Alexanderplatz-Demonstration durch ihre starke Beachtung in nationalen und internationalen Medien von breiten Bevölkerungsschichten wahrgenommen wurde, lässt sich dem Theater ein konkreter, auf einzelne Akteure beziehbarer Anteil an der Mobilisierung nicht absprechen.

Zu den Besonderheiten der Situation des Theaters in der Wendezeit gehört allerdings auch, dass es seine Möglichkeiten in der allgemeinen Veränderungsdynamik frühzeitig kritisch reflektiert hat. Diese Reflexion prägte schon die Probenarbeit in den Monaten des Umbruchs, und sie setzte sich unter bedrückenderen Vorzeichen fort, als nach dem November 1989 zumindest vorübergehend die Zuschauerzahlen einbrachen. Die dramatischen Ereignisse auf den Straßen, so könnte man etwas brachial schlussfolgern, schienen das Interesse an dramatischen Ereignissen auf der Bühne zunächst zu schmälern. Die Öffentlichkeit des Theaters und die Öffentlichkeit der Straße sind eng aufeinander bezogen, aber sie können sich die Aufmerksamkeit des Publikums auch gegenseitig abziehen. Nicht zuletzt aufgrund seiner institutionellen Trägheit fällt es dem Stadt- und Staatstheater oft schwer, auf gravierende gesellschaftliche

Veränderungen unmittelbar zu reagieren. Wie kann sich Theater auf eine in radikalem Wandel begriffene Öffentlichkeit einstellen, und welche Wechselwirkungen sind zwischen der Inszenierung als künstlerischer Praxis, der besonderen Öffentlichkeit des Theaters und der politischen Öffentlichkeit zu beobachten? Kann die Bühne in solchen Situationen selbst zu einem Ort revolutionärer Transformation werden?

In seiner 2016 erschienenen Studie »Umbrüche und Aufbrüche. Transformationen des Theaters in Deutschland zwischen 1989 und 1995« bezeichnet Torben Ibs die Monate Oktober und November 1989 mit Blick auf die Theater als »Zeit der Resolutionen«. In dieser Phase des Umbruchs, in der es noch nicht primär um Wiedervereinigung und nationale Einheit, sondern um einen Reformprozess für eine politische Erneuerung der DDR gegangen sei, hätten sich die Theater besonders hervorgetan. Insgesamt seien 73 Aufrufe, offene Briefe, Stellungnahmen oder Resolutionen von Theaterhäusern und zehn ähnlich geartete Mitteilungen von Bühnenverbänden veröffentlicht worden – wobei die Theater dieser Publikationsbewegung nicht vorangegangen seien, sondern sich eher später als einzelne Schriftsteller und insbesondere später als die Unterhaltungskünstler, also die Rock- und Popmusiker, geäußert hätten. Zu den 50 Unterzeichnern der Resolution der Musiker gehörten so populäre Gruppen wie City, Silly und Karat.[11] Unmittelbar auf den Impuls der Rock- und Popmusiker führt Torben Ibs eine Resolution des Ensembles des Staatsschauspiels Dresden zurück, die unter den Stellungnahmen der Theater hervorsticht und zahlreiche ähnliche Statements nach sich zog. Sie wurde dem Publikum am 6. Oktober 1989 erstmals nach einer Vorstellung im Kleinen Haus als Resolution des Ensembles vorgestellt. Andere Theater, darunter die Berliner Volksbühne, aber zum Beispiel auch das Wiener Burgtheater solidarisierten sich und lasen den Text auf ihren Bühnen vor. Die Resolution beginnt mit einer Präambel, in der die Ensemblemitglieder ihr Land und ihr Verhältnis zu ihm charakterisieren:

> »Wir treten aus unseren Rollen heraus. Die Situation im Land zwingt uns dazu.
> Ein Land, das seine Jugend nicht halten kann, gefährdet seine Zukunft. Eine Parteiführung, die ihre Prinzipien nicht mehr auf Brauchbarkeit untersucht, ist zum Untergang verurteilt. Ein Volk, das zur Sprachlosigkeit gezwungen wurde, fängt an, gewalttätig zu werden. Die Wahrheit

11 Siehe Torben Ibs: Umbrüche und Aufbrüche. Transformationen des Theaters in Ostdeutschland zwischen 1989 und 1995, Berlin 2016, S. 29-36.

> muß an den Tag. Unsere Arbeit steckt in dem Land. Wir lassen uns das Land nicht kaputtmachen.«[12]

In diesen ersten Zeilen ist einmal mehr von einer Unterbrechung des Spiels die Rede: Die Schauspieler müssen aus ihren Rollen heraustreten, die Bühne verlassen, die künstlerische Arbeit aufgeben, um die gegebene politische Situation wirklich adressieren zu können. Es ist nicht die Stunde eines neuen politischen Theaters, sondern eher scheint es an der Zeit, die künstlerische Arbeit für eine Weile hinter sich zu lassen. Gegenüber dem Exodus der jungen Generation, den Repressionen der Partei- und Staatsführung und Tendenzen zur politischen Gewalt, die hier auch aufseiten der Bevölkerung konstatiert werden, beruft sich das Ensemble auf die Kategorie der »Wahrheit«. Dieses Insistieren auf Wahrheit als aufklärerischem Ideal der Künste wird als der mögliche Beitrag des Theaters in der gegebenen Situation von Sprachlosigkeit und Dialogunfähigkeit hervorgehoben. Es geht den Autor*innen der Resolution weniger um politische oder gesellschaftliche Visionen auf der Bühne, als vielmehr um das Theater als Ort des Dialogs und der Wahrheitsfindung. Im Übrigen enthält die Resolution ein Bekenntnis zur DDR als dem gemeinsam erschaffenen »Land«, das es zu erhalten gelte und das keineswegs (etwa als bloßer Staat) in einem größeren Land aufgehen solle.

Auf die Präambel folgt ein Forderungskatalog, in dem das Wort »Dialog« allein dreimal auftaucht. Die Forderung nach einem neuen Dialog zwischen Regierung und Bevölkerung steht klar im Mittelpunkt des Gewünschten. Ein vollständiger Regimewechsel wird dagegen nicht gefordert, was nach der Analyse von Torben Ibs auch für die anderen Theater-Resolutionen dieser Monate charakteristisch ist. Vorwiegend plädieren die Theaterleute für eine neue Form von Öffentlichkeit, für eine runderneuerte politische Kommunikation:

> »1. Wir haben ein Recht auf Information. 2. Wir haben ein Recht auf Dialog. 3. Wir haben ein Recht auf selbständiges Denken und auf Kreativität. 4. Wir haben ein Recht auf Pluralismus im Denken. […] 1. Wir haben die Pflicht, zu verlangen, daß Lüge und Schönfärberei aus unseren Medien verschwinden. 2. Wir haben die Pflicht, den Dialog zwischen Volk und Partei- und Staatsführung zu erzwingen. […] 4. Wir haben die Pflicht, das Wort Sozialismus so zu definieren, daß dieser Begriff wieder ein annehmbares Lebensideal für unser Volk wird.«[13]

12 Resolution des Ensembles des Staatsschauspiels Dresden vom 6. Oktober 1989, in: Hasche/Schölling/Fiebach (Hg.): Theater in der DDR, S. 143.

13 Ebd.

Im Großen und Ganzen bleiben die Theater mit Resolutionen wie dieser einer gesellschaftlichen Position treu, die sie auch in den vorangehenden Jahren innehatten. Sie sehen sich weiterhin als eine kritische Instanz in wohlwollender Nähe zu einem Staat, der dem Ideal des Sozialismus verpflichtet sein soll. Es ist die Position des internen Kritikers, der konstruktiven Reflexionsinstanz oder des solidarischen Korrektivs, dessen Hoffnungen sich auf grundlegende Reformen des bestehenden Staates richten. Dieses Selbstverständnis ermöglichte es den Theaterleuten letztlich auch, am 4. November auf dem Alexanderplatz an der Seite von Vertretern des Regimes wie Günter Schabowski, Manfred Gerlach oder Markus Wolf aufzutreten. Schon bald nach dem 9. November fand diese Position aber immer weniger Gehör – je mehr sich nämlich das Spektrum der Wünsche breiter Bevölkerungsschichten zu einer Abschaffung der DDR und einer Wiedervereinigung hinbewegte und Perspektiven eines dritten Weges in den Hintergrund traten.

In einer schon 1994 erschienenen Überblicksdarstellung unter dem Titel *Theater in der DDR. Chronik und Positionen*, die von den Berliner Theaterwissenschaftler*innen Christa Hasche, Traute Schölling und Joachim Fiebach erarbeitet wurde, stellt sich die »Wende« im Theater als ein (Diskussions-)Prozess dar, der weit in die 1980er Jahre zurückreicht. Etliche Einträge in der Chronik, die der Band versammelt, lassen frühe Anzeichen des Wandels erkennen.[14] So gilt etwa die 1979 in Crimmitschau gegründete Gruppe Zinnober, die in den Folgejahren immer wieder mit staatlichen Repressionen zu kämpfen hatte, vielen als erste freie Theatergruppe der DDR. Seit 1980 arbeiteten die der Gruppe angeschlossenen Schauspieler, Puppenspieler, Autoren, Regisseure und Musiker in einem Ladenlokal in der Knaackstraße 45 im Prenzlauer Berg, das sie auch als Aufführungsraum zu nutzen versuchten. Oft mussten die Vorstellungen allerdings in Kirchen und Gemeindezentren verlegt werden. Petra Stuber beschreibt die Stellung der Gruppe in der DDR-Theaterlandschaft als »Fremdkörper ohne Verbindung zu bestehenden institutionellen Strukturen oder deren Gesetzen«.[15] Zugleich zeigt sich an der Arbeit von Zinnober, dass es seit Anfang der 1980er Jahre eine kleine, aber wachsende freie Theaterszene in der DDR gab, die über neue Arbeitsformen jenseits der etablierten Institutionen nachdachte. Auch im Verband der Theaterschaffenden (VT) artikulierte sich zunehmend Kritik, die allerdings eine grundsätzliche Loyalität zum Staat stets durchblicken ließ.

14 Hasche/Schölling/Fiebach (Hg.): Theater in der DDR, S. 114.
15 Petra Stuber: Spielräume und Grenzen. Studien zum DDR-Theater, Berlin 1998, S. 245.

Sowohl die Forderungen als auch die Art ihrer Artikulation entsprachen der gesellschaftlichen Stellung, die für das DDR-Theater oft beschrieben worden ist: eine kritische Instanz in grundsätzlicher Übereinstimmung mit den Zielen einer sozialistischen Gesellschaft. Positionen werden »aus dem sich vollziehenden historischen Prozeß« abgeleitet; Forderungen als detailverliebte Anträge »an die Verbandsleitung« gestellt.[16]

Anfang 1988 verschärfte sich das Protestklima. Auf Straßenumzügen tauchen Spruchbänder der Bürgerrechtsbewegung auf, und auch diese im urbanen Raum manifesten Protestformen weisen Verbindungen zum Theater auf.[17] Am 29. Januar 1988 hatte Heiner Müllers *Lohndrücker* am Deutschen Theater in Berlin Premiere, und der spätere Volksbühnen-Dramaturg Thomas Martin, Zeitzeuge dieser Probenarbeiten, berichtet von Diskussionen über die Proteste auf der Liebknecht-Luxemburg-Demonstration während der Arbeit am *Lohndrücker*. Vom Januar 1988 bis zum November 1989 habe es am Deutschen Theater kontinuierlich Diskussionen und Kantinengespräche über die sich verändernde politische Lage gegeben.[18] Insgesamt zeigt sich: Auch an den Theatern kam die Wende keineswegs plötzlich, sie stand am Ende eines weit in die 1980er Jahre zurückreichenden Prozesses anwachsender oppositioneller Stimmungen, Bewegungen und Aktionen, sodass die Rede von einem plötzlichen revolutionären Umschwung irreführend ist oder zumindest irreführen kann.

Struktureller Wandel der Theaterlandschaft

Die beiden deutschen Theaterlandschaften, die nach 1989 wieder zusammenfanden, waren einander auch vorher in vielen Aspekten ähnlich und miteinander verflochten. Dazu trugen wesentlich die vielen in der DDR sozialisierten und ausgebildeten Theatermacher bei, die gelegentlich, regelmäßig oder dauerhaft in Westdeutschland arbeiteten. So konnte man in den Achtzigerjahren an westdeutschen Theatern zahlreiche Inszenierungen von Dimiter Gotscheff sehen, der 1985 von einem Gastspiel am Schauspiel Köln nicht in die DDR zurückkehrte. Heiner Müller war in Westdeutschland in den 1980er Jahren präsent, etwa mit *Der Auftrag* 1982 in Bochum. Frank Castorf brachte schon vor der Wende eine viel beachtete *Miss Sara Sampson* am Bayerischen Staatsschauspiel heraus, einen *Hamlet* in Köln,

16 Hasche/Schölling/Fiebach: Theater in der DDR, S. 134f.
17 Ebd., S. 136.
18 Gespräch mit Thomas Martin in Berlin am 19.10.2019.

einen *Ajax* in Basel. Einar Schleef, seit 1976 im Westen, hatte mit seinen Frankfurter Inszenierungen aus den 1980er Jahren (*Mütter*, *Vor Sonnenaufgang*, *Ur-Götz*) wesentlichen Anteil an dem, was später, nicht zufällig von der Frankfurter Theaterwissenschaft, ›postdramatisches Theater‹ genannt werden sollte. Auch sein ehemaliger Mentor am Berliner Ensemble, B.K. Tragelehn, arbeitete seit 1979 in der Bundesrepublik, inszenierte dort Müller-Stücke und wurde 1987 Schauspieldirektor am Düsseldorfer Schauspielhaus.

Mit Blick auf diese einflussreichen Grenzgänger kann man schon für die 1980er Jahre von einer Konvergenz von ostdeutscher und westdeutscher Theaterästhetik sprechen. Ohnehin erscheinen die strukturellen Defizite zwischen den ost- und westdeutschen Theaterinstitutionen eher gering, wenn man mit jenen des Bildungs- oder des Rechtssystem vergleicht, wie Skadi Jennicke in ihrer Studie über »ostdeutsches Theaters nach dem Systemumbruch« konstatiert: »Das hierarchisch organisierte und patriarchal strukturierte Intendantensystem findet sich gleichermaßen in Ost und West, ebenso die Anbindung an politische Entscheidungsträger, die über die Einsetzung von Intendanten entscheiden.«[19] Das bleibt oft unterbelichtet, wenn die institutionellen Unterschiede zwischen den beiden Theaterlandschaften oder die verschiedenen Traditionen der Schauspielausbildung überbetont werden. Eine wechselseitige Nähe des Theaters in beiden deutschen Staaten, die in Westdeutschland vor allem im Vergleich zu den westeuropäischen Theaternationen Frankreich und Großbritannien auffiel, ergab sich u.a. aus der in der DDR und in der BRD beiderseits starken, wenngleich unterschiedlich nuancierten Bezugnahme auf Brecht. Die Prägung des DDR-Theaters durch Brecht und das Berliner Ensemble steht außer Zweifel, aber auch in der Bundesrepublik, wo Begriffe wie ›Ensemble‹, ›Gestus‹ oder ›Verfremdung‹ in einiger Hinsicht anders ausgelegt wurden, blieb Brechts Einfluss nicht zuletzt über durch das Berliner Ensemble geprägte Theaterleute wie Peter Palitzsch, Manfred Karge, Matthias Langhoff oder B.K. Tragelehn bis in die 1980er Jahre unvermindert stark. Das Ensemble-Prinzip wurde auch in Westdeutschland hochgehalten – man denke an Bremen, an die Schaubühne, an Frankfurt, das Bochumer Schauspielhaus: Es war insofern keine allein ostdeutsche Eigenheit, Theaterarbeit als eine kollektive und nichtkommerzielle Praxis zu begreifen.

Als Ergebnis der Wiedervereinigung fanden sich die Theaterleute und ihr Publikum schon Anfang der 1990er Jahre in einer grundlegend veränderten Theaterlandschaft wieder. Die einzelnen Reformen, Kürzungen, Rationalisierungen und Konzentrationen, Sparten- und Orchesterauflösungen, die dahin führten, variierten von Bundesland zu Bundesland und

19 Jennicke: Theater als soziale Praxis, S. 28.

können hier nicht nachgezeichnet werden. ›Neuordnung‹, ›Konvergenz‹, ›Fusion‹, aber auch ›Übernahme‹ waren die Begriffe, in denen diese heterogenen Prozesse beschrieben wurden, die in Ostdeutschland von einem deutlichen Publikumsschwund begleitet waren. Von Übernahme war häufig dort die Rede, wo freiwerdende Intendantenpositionen Anfang der 1990er Jahre mit sogenannten »West-Importen« besetzt wurden.[20] Auf der Leitungsebene der ostdeutschen Stadttheater fallen für die Monate nach 1989 zahlreiche Intendantenwechsel ins Auge, mit denen meist auch Wechsel in der künstlerischen Leitung und Dramaturgie der Häuser einhergingen.[21] Welche Rolle politische Belastungen und Stasi-Verstrickungen für den Wechsel in Leitungspositionen der Theater nach 1989 spielten, wurde bislang nicht systematisch untersucht.[22] Noch im Spätjahr 1989 wurden Intendanten abgesetzt, die »zum engen Zirkel der Macht« gehört hatten, so etwa Hanns Anselm Perten in Rostock und Karl Kayser in Leipzig, beide Mitglieder des ZK der SED.[23] Es folgten neue Leitungen am Schauspiel Leipzig (November 1989) in Senftenberg (Dezember 1989), Parchim (April 1990), am Staatsschauspiel Dresden (Oktober 1990) und bald auch an mehreren Berliner Theatern (Deutsches Theater 1991, Berliner Ensemble 1992). Einige spektakuläre Neugründungen der Wendezeit (Freie Kammerspiele Magdeburg, Theaterhaus Jena) können nicht darüber hinwegtäuschen, dass die einzigartige Dichte der Theaterlandschaft in Ostdeutschland in den Folgejahren erheblich dezimiert wurde.[24]

Der Strukturwandel nahm allerdings Westdeutschland nicht aus, wo die Tendenz zur Fusion und Konzentration von Theaterinstitutionen schon

20 Zu den »West-Importen« als Teil eines »kulturellen Elitenwandels« ausführlich und differenziert vgl. Ibs: Umbrüche und Aufbrüche, S. 115-148.

21 Ebd., S. 119. Ibs zählt zwischen 1990 und 1995 auf der Grundlage seiner Auswertung der Zeitschriften *Theater heute* und *Theater der Zeit* 71 Intendantenwechsel in den ostdeutschen Bundesländern.

22 Gleiches gilt allgemein für die Präsenz der Staatssicherheit an den Theatern der DDR vor 1989. Die Rolle von IMs wird thematisiert, wenn es um prominente Fälle von Zensur oder Repressionen gegen Autoren und Regisseure geht, vgl. z. B. Matthias Braun: Drama um eine Komödie. Das Ensemble von SED und Staatssicherheit, FDJ und Ministerium für Kultur gegen Heiner Müllers *Umsiedlerin oder Das Leben auf dem Lande* im Oktober 1961, Berlin [2]1996. Aus solchen Fallanalysen lässt sich aber kein verlässliches Bild über die strukturelle Rolle der Staatssicherheit innerhalb der Theaterinstitutionen gewinnen. Vgl. zur Kontur dieses Desiderats Ibs 2016, S. 96.

23 Siehe Jennicke: Theater als soziale Praxis, S. 26.

24 So verloren die Bühnen in Anklam (1992), Frankfurt/Oder (2000), Wittenberg (2002) und Zeitz (2003) ihren Status als Stadttheater. Zum Teil traten privat- oder vereinsrechtlich organisierte Spielstätten an ihre Stelle, vgl. ebd., S. 29. Im Zeitraum zwischen 1992 und 2011 wurden in den fünf ostdeutschen Bundesländern 17 Theater in Fusionsvorhaben einbezogen, siehe Ibs: Umbrüche und Aufbrüche, S. 73.

vor 1989 ausgeprägt war – und er vollzog sich in besonderer Weise im wiedervereinigten Berlin, denn hier fanden sich die lokalen Stadt- und Staatstheater, die sich zuvor über die Mauer hinweg nur distanziert wahrgenommen hatten, plötzlich in ein und demselben städtischen Umfeld wieder.[25] An drei Beispielen lässt sich andeuten, welche Entwicklungslinien einer gesamtdeutschen Theaterlandschaft sich zu Beginn der 1990er Jahre schon abzeichneten. Mit der Schließung des Schillertheaters im Jahr 1993 wurde die zentrale Staatstheaterinstitution West-Berlins, die 1951 gegründeten Staatlichen Schauspielbühnen, auf einen Schlag vollständig abgewickelt. Bis heute wird kontrovers darüber diskutiert, wie es dazu kommen konnte, dass das West-Berliner bildungsbürgerliche Milieu, das dieses Theater als Publikum über die Jahrzehnte getragen hatte, die Aufgabe seines angestammten Hauses nicht verhindern konnte. So entstand in Berlin die bemerkenswerte Situation, dass nach 1993 die meisten staatlich subventionierten Schauspielbühnen sowie zwei von drei Opernhäusern im ehemaligen Osten lagen. Die Fusion der Theaterlandschaften von Ost- und West-Berlin schien – zumindest auf den ersten Blick – eindeutig auf Kosten des Westens zu gehen. Viele sahen in der Schließung des Schillertheaters ein Fanal für die gesamte Theaterlandschaft, ein sicheres Zeichen dafür, dass in Zukunft nicht einmal die größten und arriviertesten Theaterapparate vor dem finanziellen Kahlschlag sicher waren. Tatsächlich weicht die theatergeschichtliche Erzählung des Strukturwandels der 1990er Jahre von anderen gesellschaftlichen Feldern ab, denn Phänomene wie etwa der Fusionsdruck oder die Stilllegung von Sparten waren kein Problem allein der neuen Bundesländer, sondern wurden – wenn auch zumeist in etwas längerfristiger Perspektive – auch für westdeutsche Regionen beschrieben, so etwa für das Ruhrgebiet oder den südwestdeutschen Raum. Der Besucherrückgang in Ostdeutschland war in den ersten Jahren nach der Wende erheblich, allerdings ging er von einem höheren Niveau der Platzausnutzung aus als in vielen westdeutschen Regionen. Kürzungsdebatten wurden schnell zu einem gesamtdeutschen Symptom, das allerdings nur bescheidene Solidarisierungseffekte nach sich zog.

Mit der Übernahme der Intendanz der Volksbühne am Rosa-Luxemburg-Platz durch Frank Castorf in der Spielzeit 1992/93 begann eine lange Blütezeit dieses Theaters und seines Ensembles, das einerseits eine starke Milieubindung am Prenzlauer Berg entwickelte, andererseits aber deutschlandweit ausstrahlte und zeitweise zur wichtigsten Bastion eines

25 Zum Wandel der Berliner Theaterlandschaft nach 1989 demnächst detailliert: Brandon Woolf: Institutional Theatrics. Performing Arts Policy in Post-Wall Berlin, Evanston 2022.

postdramatisch und zugleich politisch ausgerichteten Theaters avancierte.[26] Rückblickend fällt auf, wie früh es Castorf gelang, ost- und westdeutsche Regiepositionen zu versammeln, den gesamten deutschsprachigen Raum einzubeziehen und mit Bert Neumann, Johann Kresnik, Dimiter Gotscheff, Christoph Schlingensief, René Pollesch, Christoph Marthaler und Ruedi Häusermann auch die traditionellen Sparten der großen Stadt- und Staatstheater auf neue Weise zusammenzuführen. Nicht unbedingt in Castorfs eigenen Inszenierungen, aber doch mit Blick auf den gesamten Spielplan entstand hier für Berlin ein neues, gesamtdeutsches Theater der jüngeren Generation. Mit zunehmendem zeitlichen Abstand zu dieser Ära wird man noch deutlicher sehen, dass an der Volksbühne nicht etwa nur eine Ost-Identität gepflegt wurde, wie man in manchen kritischen Beiträgen aus den letzten Jahren lesen konnte, sondern dass dieses Theater zeigte, wie aus ost- und westdeutschen Theatertraditionen etwas Neues entstehen konnte: Brecht-Tradition und Avantgarde, Agitprop und Pop-Art, Volkstheater und Medienkunst, Lehrstück und Happening.

Der andere markante Versuch eines gesamtdeutschen Theaters, das kollektiv geleitete Berliner Ensemble der Jahre 1992-94, scheiterte dagegen früh. Matthias Langhoff, Fritz Marquardt, Heiner Müller, Peter Palitzsch und Peter Zadek versuchten als gleichberechtigtes Direktorium, an die Tradition kollektiver Theaterleitungen anzuknüpfen, die Vorbilder in Ost- und Westdeutschland hatte. Allerdings zeigten sich früh Moderationsschwierigkeiten zwischen divergenten ästhetischen Präferenzen und Arbeitsweisen. Vor allem Peter Zadek, der durch und durch westdeutsche, im britischen Theatersystem sozialisierte West-Exponent im Direktorium, fremdelte mit seiner neuen Umgebung. Im dritten Teil seiner Autobiografie, der 2010 unter dem Titel *Die Wanderjahre* erschienen ist, beschreibt Zadek den ihm fremd gebliebenen Gestus vor allem in stimmlichen Kategorien, nämlich als einen »Tonfall«, der für sein Ohr aus der deutschen Vergangenheit nachklang und Stilideale der Zwanziger- und Dreißigerjahre transportierte. Dabei zielt er nicht direkt auf militaristisches Pathos ab, sondern nahm auf einen schneidenden, scharfen Klang Bezug, den man vielleicht mit jenen »Verhaltenslehren der Kälte« in Verbindung bringen kann, die der Germanist Helmut Lethen in seinem Buch *Lebensversuche zwischen den Kriegen* an Texten von Plessner, Schmitt, Jünger, Brecht und

26 Vgl. zur Volksbühne der frühen Castorf-Ära mit besonderem Fokus auf Fragen der sozialkulturellen Einbettung: Tanja Bogusz: Institution und Utopie. Ost-West-Transformationen an der Berliner Volksbühne, Bielefeld 2007.

Bronnen beschrieben hat.[27] Zugleich hat der betreffende Tonfall für Zadek auch eine proletarische Komponente, scheint er ihm doch mit einer Bierstuben- und Arbeiterkneipenkultur konnotiert – und auf diesen lauten, auf alles gefassten Ton glaubte Zadek nach 1992 in Ostdeutschland aufs Neue zu stoßen.[28]

Theater-Öffentlichkeit und Straßen-Öffentlichkeit

»[...] und draußen rennen die Leute vorbei und haben ganz andere oder ähnliche Probleme« – so kommentierte der Schauspieler Ulrich Mühe seine Sicht aus dem Innern des Theaters, während der Proben zu *Hamlet/Maschine* am Berliner Deutschen Theater im November 1989, auf die Straßen-Öffentlichkeit in den Wochen und Monaten des Mauerfalls.[29] Die nur scheinbar nachlässige Formulierung von den »ganz anderen oder ähnlichen Problemen« trifft die Situation in ihrer Widersprüchlichkeit genau. Was der November 1989 den Theatermachern in der DDR abverlangte, war ein Abgleich der aus der Theaterpraxis erwachsenden Ambitionen und Postulate mit den Bedürfnissen und Forderungen breiter Bevölkerungsschichten. Diese Form des In-Beziehung-Setzens und Synchronisierens eigener Anliegen mit denen ›der‹ Gesellschaft wird dem Theater häufig abverlangt – gerade in Deutschland, denn die hiesige Tradition des Stadt- und Staatstheaters ist von dem Anspruch geprägt, dass sich Theater als Institution den öffentlichen Belangen der gesamten Gesellschaft (wie auch immer diese jeweils verstanden werden) zuwendet. In den Wochen vor der großen Demonstration auf dem Alexanderplatz am 4. November 1989 hatte sich der Protest auf den Straßen und Plätzen der DDR und in den mehr oder minder klandestinen Diskussionsforen derart verstärkt, dass sich die Theater gegenüber dem Tagesgeschehen nicht mehr verschließen konnten.

Das Beispiel der Produktion der *Hamlet/Maschine* in Berlin 1989/90 hat gezeigt, dass dabei zunächst eine Kluft zu überwinden war: Ein Probenprozess im Theater kennt seine eigenen Fragen, Konflikte und Rhythmen, durch die er gegenüber der sozialen Umgebung oft hermetischen Charakter gewinnt: Beziehungen zur Außenwelt werden, schon um der

27 Helmut Lethen: Verhaltenslehren der Kälte. Lebensversuche zwischen den Kriegen, Frankfurt am Main 1994.

28 Peter Zadek: Die Wanderjahre. 1980-2009, hrsg. von Elisabeth Plessen, Köln 2010, bes. S. 311.

29 Vgl. Haas: Theater der Wende – Wendetheater; Kemser: Zeitstücke zur deutschen Wiedervereinigung.

gemeinsamen Konzentration auf die Arbeit willen, reduziert oder sogar gekappt.[30] Diese Form der Konzentration war im November 1989 an den ostdeutschen Theatern kaum noch herstellbar. Viele Theatermacher*innen versuchten, sich in das öffentliche Protestgeschehen einzubringen, wobei sie nicht immer leicht Zugang zu den Protestierenden fanden (was der Auftritt Müllers auf der Alexanderplatz-Kundgebung am 4. November exemplifiziert). Die Resolutionen, die sie im Oktober und November 1989 erarbeiteten und/oder von ihren Bühnen aus weiterverbreiteten, entstanden nicht unmittelbar aus der künstlerischen Arbeit bzw. aus Probenprozessen, sondern schlossen an die – etwa auf den Montagsdemonstrationen – laut gewordenen Forderungen nach Freiheitsrechten und demokratischen Freiräumen an. Das Verhältnis von Theater-Öffentlichkeit und Straßen-Öffentlichkeit gestaltete sich nicht reibungslos: Einen Staat in Frage zu stellen, wie es sich auf den Demonstrationen des Winters 1989/90 immer deutlicher abzeichnete, bedroht früher oder später auch das Staatstheater, dessen institutionelle Existenz an den Staat gebunden ist.

Welche Bedeutung kam dem Theater in jenem gesellschaftlichen Wandel zu, der in mit dem Winter 1989/90 verknüpft wird? Als öffentliche Institution kann Theater Forderungen, Protesten und kritischen Interventionen einige Sichtbarkeit verschaffen, aber Theater-Öffentlichkeiten (wie überhaupt die spezifischen Öffentlichkeiten der Künste) fügen sich nicht bruchlos in die allgemeinere politische Öffentlichkeit einer Gesellschaft ein. Die Öffentlichkeit, die sich im Theater zwischen Akteur*innen und Zuschauer*innen konstituieren kann, bildet sich im institutionalisierten Staatstheater in einem staatlichen Rahmen und unterscheidet sich schon dadurch von der Straßen-Öffentlichkeit, die die Einrichtungen des Staates leichter hinter sich lassen kann. Es hat sich gezeigt, dass sich viele Theaterleute in der DDR dieser partiellen Kluft zwischen dem Theater und anderen Öffentlichkeiten der Gesellschaft bewusst waren und entsprechend darüber nachdachten, wie sie sich mit ihrer künstlerischen Arbeit und ihrer öffentlichen Rolle in das sich beschleunigende Veränderungsgeschehen einbringen konnten. Während der ereignisreichen Monate des anschwellenden Protestes und dann des Regimewechsels waren sie überdies in eigener Sache mit der Frage befasst, welche Veränderungen dem Theater bevorstehen und welche zukünftigen Strukturen und Arbeitsformen den Theaterschaffenden zu wünschen wären.

Mit den beiden deutschen Theaterlandschaften begegneten sich nach 1989 nicht zwei einander vollkommen unbekannte Arbeitszusammen-

30 Vgl. dazu Melanie Hinz/Jens Roselt: Poetiken des Probierens, in: dies. (Hg.): Chaos und Konzept. Proben und Probieren im Theater, Berlin/Köln 2011, S. 8-15.

hänge, vielmehr waren die Theaterpraxis der DDR und die der Bundesrepublik schon in den Jahrzehnten zuvor vielfältig verbunden. Konkrete Beziehungen ergaben sich durch die zahlreichen Grenzgänger*innen unter den Autor*innen und Regisseur*innen, die (sukzessive oder gleichzeitig) in beiden deutschen Gesellschaften arbeiteten, aber auch durch das beiderseits der innerdeutschen Grenze praktizierte Stadttheater- und Intendantensystem und überhaupt die Bezugnahme auf ähnliche Theatertraditionen. An diese Gemeinsamkeiten ließ sich nach 1989 anknüpfen. Das Zusammenwachsen der Theaterlandschaften wurde allerdings erschwert durch den Druck eines von Einsparzwängen geprägten Strukturwandels und durch das Aufeinanderprallen neuer Theaterleitungen (aus dem Westen) mit gewachsenen und personell verfestigten Ensembles (aus dem Osten) in vielen ostdeutschen Stadt- und Staatstheatern.

Für die Oppositionsbewegung in der DDR seit den frühen 1980er Jahren spielten die Theater als Foren einer alternativen Öffentlichkeit eine nicht unerhebliche Rolle. An die Bedeutung der Kirchen als Treffpunkte und Plattformen für eine oppositionelle politische Praxis reichten die Theater gleichwohl nicht heran – allem Anschein nach schon deshalb nicht, weil die Theater durch den Aufführungscharakter ihrer Praxis nicht so leicht klandestine Räume zur Verfügung stellen können wie etwa Kirchen. Wie die Kirchen konstituierten die Theater eine Öffentlichkeit, die zwar in einer gewissen Distanz zum Regime operieren konnte, aber sich grundsätzlich doch zu den Zielen einer sozialistischen Gesellschaft bekannte. Werkstatt- und Publikumsgespräche waren Formate, in denen sich politische Kritik artikulieren konnte. Aber auch von den Aufführungen selbst konnten kritische Impulse ausgehen – wenngleich bisweilen in verschlüsselter Form.

Hinsichtlich der Teilnahme der Theater an den politischen und gesellschaftlichen Ereignissen des Herbstes 1989 lassen sich drei Phasen unterscheiden: Die erste läuft auf die Alexanderplatz-Demonstration vom 4. November 1989 zu. Hier brachten sich die Theaterleute mit Resolutionen, offenen Erklärungen und anderen Beiträgen in einen Diskussionsprozess ein, der weit über die einzelnen Theater hinausging. Alles in allem bewegten sich die in den Theatern und von Ensemblemitgliedern artikulierten Forderungen auf dem Boden der bestehenden Gesellschaftsordnung, aber man sprach sich für einen offenen Dialog zwischen Bevölkerung und Regierung und für demokratische Grundrechte aus. Die zweite Phase umfasst die Monate nach den Novemberereignissen bis in das Jahr 1990. Mehr als mit Resolutionen zur Politik waren die Theater jetzt mit sich selbst und den eigenen institutionellen Anpassungen beschäftigt – und damit zugleich mit ihrem Ort in der sich rasch verändernden Gesellschaft. Diese Phase mündete aus der Perspektive der Stadt- und Staatstheater in die mit Sorgen und Enttäuschungen verbundene Erfahrung eines allgemeineren Strukturwandels in den 1990er Jahren – eine dritte Phase der Transformation, geprägt von Theaterschließungen, Fusionen und Budgetkürzungen, die die westdeutschen Theater in milderer Form ebenfalls betraf. Inhaltlich war das westdeutsche Theater auf den Mauerfall und die darauffolgenden Debatten um die Zukunft der DDR und eine mögliche Wiedervereinigung der beiden deutschen Staaten kaum vorbereitet. Während die Theater in Ostdeutschland seit Beginn der 1980er Jahre in gewissem Umfang Anteil nahmen an gesellschaftlichen Reformdebatten, hatten die westdeutschen Theater von den Entwicklungen im Osten vor 1989 kaum Notiz genommen. Mit den dramaturgischen und ästhetischen Grundzügen des DDR-Theaters waren sie dagegen durchaus vertraut.

In den 1990er Jahren wuchsen die Theaterlandschaften in Ost- und Westdeutschland personell zusammen, denn zahlreiche DDR-Theater erhielten westdeutsche Leitungen, während zugleich – weit weniger kontrovers diskutiert – Theatermacher aus dem Osten vermehrt an westdeutschen Theatern arbeiteten. In Berlin verlief der Zusammenschluss der beiden Theaterlandschaften insofern anders als im restlichen Bundesgebiet, als dass sich die Ost-Berliner Theater ästhetisch wie institutionell gegen die West-Berliner Häuser ›durchzusetzen‹ schienen. Markantestes Zeichen dafür war die Schließung der West-Berliner Staatlichen Schauspielbühnen. Die Berliner Theaterlandschaft hat seither ihren Schwerpunkt im Osten der Stadt. Der theatergeschichtliche Wandel ist aber nicht nur institutionell, sondern auch ästhetisch zu beschreiben. Besonders innovative Theater wie die Volksbühne am Rosa-Luxemburg-Platz in den Jahren nach 1992 griffen ost- und westdeutsche Theatertraditionen gleichermaßen auf. Eine kritische Volkstheater-Tradition (Piscator, Besson) wurde hier mit Einflüssen der russischen Avantgarde, des amerikanischen Kinos und der westlichen Performance- und Aktionskunst zusammengeführt.[31] Das Erbe des epischen Theaters, das für beide deutsche Theaterlandschaften vor 1989 prägend war, erwies sich als offen genug für unterschiedliche performative und postdramatische Neuerungen.

31 Dokumentiert in: Thomas Aurin/Carl Hegemann/Raban Witt (Hg.): 1992-2017. Volksbühne am Rosa-Luxemburg-Platz, Berlin ²2018.

Zwischen Diktatur, Utopie und Markt

Die Zeitungslandschaft Ostdeutschlands in der Wendezeit

Mandy Tröger

Analysiert man die Transformation des Pressewesens in Ostdeutschland nach dem Fall der Berliner Mauer, ist die Frage nach Erfolg und Misserfolg nicht leicht zu beantworten. »Vordergründig betrachtet«, schrieb Ariane Mohl im Jahr 2011 in ihrem Gutachten für die Enquete-Kommission des Brandenburger Landtags, »ist der Transformationsprozess der ehemaligen DDR-Medien erfolgreich verlaufen«.[1] Die Treuhandanstalt (THA) habe mit dem Verkauf ehemaliger SED-Bezirkszeitungen eigene ökonomische Erwartungen um ein Vielfaches übertroffen. Mit der Überführung ehemaliger Parteizeitungen in den freien Markt durch westdeutsche Verlage hätten ZeitungsleserInnen in Ostdeutschland zudem jederzeit auf die ihnen vertrauten Blätter zurückgreifen können. Auf den zweiten Blick scheint diese Erfolgsgeschichte jedoch mit Widersprüchen und Problemen gespickt: steigende Pressekonzentration seit Anfang der 1990er Jahre; die nicht aufgearbeitete DDR-Geschichte ehemaliger SED-Zeitungen, die (dank ungebrochener Monopolstrukturen) die Presselandschaft Ostdeutschlands bis heute beherrschen; JournalistInnen, die ihr Handwerk am »Roten Kloster«, der DDR-Kaderschmiede des systemtreuen Journalismus, gelernt hatten, sich von dieser Vergangenheit aber distanzierten; RedakteurInnen, die zu DDR-Zeiten für das Ministerium für Staatssicherheit (MfS) tätig waren. Mohls Fazit daher: Von einer Neustrukturierung des Pressemarktes, einer »Medienwende« oder gar einer »Medienrevolution« könne aufgrund institutioneller und personeller Kontinuitäten schlichtweg nicht gesprochen werden.[2]

Auch drei Jahrzehnte nach der deutschen Einheit sind die Auseinandersetzungen um diese personellen und strukturellen Brüche und Kontinuitäten in der Presselandschaft Ostdeutschlands noch immer hart umkämpfte, sozialpolitische Diskursräume. Exemplarisch hierfür stehen die jüngsten Kontroversen um den ostdeutschen Hintergrund und die Stasi-Vergangenheit des Neubesitzers der ehemaligen SED-Zeitung *Ber-*

1 Ariane Mohl: Personelle und institutionelle Übergänge im Bereich der brandenburgischen Medienlandschaft. Gutachten für die Enquete-Kommission 5/1 des Brandenburger Landtags, 2011, URL: https://www.landtag.brandenburg.de/media_fast/5701/Gutachten_Mohl_Medienlandschaft%2020.pdf [27.5.2021], S. 2.

2 Ebd., S. 27.

liner Zeitung, Holger Friedrich. Fälle wie der seine wurden und werden regelmäßig instrumentalisiert und zum Spielball politischer Debatten, die nicht selten an wirtschaftliche Interessen und AkteurInnen geknüpft sind. Im Falle Holger Friedrichs war es beispielsweise der konkurrierende Axel-Springer-Verlag und dessen Zeitung *Die Welt*, die die Vorwürfe zu seiner Stasi-Tätigkeit publik machten und damit zum eigenen geschäftspolitischen Vorteil zu nutzen suchten. Historische Komplexität blieb hier auf der Strecke. Grundsätzliche Fragen aber sind geblieben: Wie und von wem wird DDR-Geschichte konstruiert und inwiefern finden ostdeutsche Transformationserfahrungen im deutsch-deutschen Vereinigungsdiskurs überhaupt Berücksichtigung?[3]

Angesichts aktueller gesellschaftspolitischer Diskussionen sowie einer wachsenden rechtspopulistischen Medienkritik sind diese Fragen wichtiger denn je. Gerade im Fall der »Lügenpresse«-Debatte kann beispielsweise eine kritische Analyse des Medienumbruchs 1989/90 die historische Dimension aktueller Problemlagen offenlegen. Im Folgenden wird deshalb erstens gefragt, welche aus der DDR-Erfahrung gewachsenen Reformziele im Pressewesen sich im Spannungsfeld von Diktatur, Utopie und Marktwirtschaft durchsetzen konnten und welche nicht. Zweitens wird untersucht, welche Interessenlagen und AkteurInnen die Transformation der DDR-Presse maßgeblich gestalteten. Antworten darauf erlauben ein besseres Verständnis für die medialen Wandlungsprozesse 1989/90 sowie der aktuellen Krise des Zeitungs- und Zeitschriftenwesens in Ostdeutschland.[4]

Verengter Blick auf die DDR-Pressetransformation

Vor dem Hintergrund der deutschen Einheit, die in der öffentlichen Debatte gern als Endpunkt der Revolution bzw. Ausgangspunkt der Transformation dient, führen die Entwicklungen vor 1989 sowie die Reformideen des Jahres 1989/90 oft ein Schattendasein. So scheint die letzte und einzig frei gewählte DDR-Regierung, wie Ed Stuhler kritisiert, »aus der

3 Siehe Steffen Mau: Lütten Klein. Leben in der ostdeutschen Transformationsgesellschaft, Berlin 2019.

4 Siehe auch Lutz Mükke: 30 Jahre staatliche Einheit – 30 Jahre mediale Spaltung. Schreiben Medien die Teilung Deutschlands fest?, Diskussionspapier, Otto-Brenner-Stiftung, Frankfurt am Main 2021, URL: https://www.otto-brenner-stiftung.de/fileadmin/user_data/stiftung/02_Wissenschaftsportal/03_Publikationen/AP45_Mediale_Spaltung.pdf [27.5.2021].

Geschichte zu fallen«.[5] Ähnliches gilt für die DDR-Bürgerbewegungen vor 1989 und nicht zuletzt die vielen DDR-Organisationen, die sich 1989/90 der Demokratisierung des Staates und dessen Medien verschrieben hatten. Denn das Ziel der meisten Bürgerbewegungen war zunächst nicht die Wiedervereinigung der beiden deutschen Staaten, sondern die demokratische Reform einer souveränen und sozialistischen DDR. Auf den Pressebereich bezogen, bedeutete das die Zerschlagung des strukturellen Informationsmonopols der SED und die Durchsetzung der Meinungs-, Medien- und Informationsfreiheit. Menschen, die im Herbst 1989 auf den Straßen demonstrierten, wollten freien Zugang zu freien Medien, nicht aber notgedrungen die Übernahme des Medien- oder Pressesystems der BRD. Daher lohnt es sich, die Reformideen und -initiativen aus der Zeit 1989/90 genauer zu betrachten.

Frank Bösch und andere HistorikerInnen unterstreichen zu Recht, dass die Prozesse des Wandels in der DDR vielschichtiger und langläufiger gedacht werden müssten, als die Begriffe »Wende« oder »Wiedervereinigung« es suggerieren.[6] Auch reiche es nicht, sich allein auf Ereignisse in der DDR zu konzentrieren, denn über Jahrzehnte seien Entwicklungen (auch im Medienbereich) durch eine deutsch-deutsche »Kommunikationsgemeinschaft«, also grenzübergreifenden Radio- und Fernsehempfang, geprägt und durch transnationale politische und technologische Entwicklungen (wie beispielsweise Satelliten) beeinflusst worden.[7] Wachsende Ost-West-Interdependenzen schufen also ebenso den Rahmen für mögliche und tatsächliche Reformen des Jahres 1989/90. »Fundamental unterschiedlich«, so argumentieren Christoph Classen und Frank Bösch, blieben bis zum Schluss aber »die Organisation des Journalismus und die politischen Medieninhalte, insbesondere im Printbereich«.[8]

Ein deutsch-deutscher Zeitungsaustausch fand vor 1989 gar nicht oder nur für eine privilegierte Minderheit in der DDR statt, Zeitungsinhalte und -produktion waren streng reglementiert. Die Presselandschaft der DDR befand sich zudem im Parteibesitz, beruhte auf hohen Subventionen und

5 Ed Stuhler: Die letzten Monate der DDR. Die Regierung de Maizière und ihr Weg zur deutschen Einheit, Berlin 2010.

6 Vgl. Frank Bösch: Geteilt und verbunden. Perspektiven auf die deutsche Geschichte seit den 1970er Jahren, in: ders. (Hg.): Geteilte Geschichte: Ost- und Westdeutschland 1970-2000, Göttingen 2009, S. 7-38, hier S. 15 ff.

7 Vgl. Bösch: Geteilt und verbunden, S. 20; Franziska Kuschel: Schwarzhörer, Schwarzseher und heimliche Leser. Die DDR und die Westmedien, Göttingen 2016.

8 Bösch: Geteilt und verbunden, S. 29. Siehe auch Frank Bösch/Christoph Classen: Bridge over troubled water? Deutsch-deutsche Massenmedien, in: Bösch (Hg.): Geteilte Geschichte, S. 449-487.

basierte auf strukturellen Privilegien der SED-Presse. Diese Konditionierung war ein Teil der Herausforderungen der Reformen im Jahr 1989/90, ein anderer war die deutsch-deutsche Zusammenarbeit. Nicht umsonst betonte der damalige Vorstand für Zeitungen und Zeitschriften des Axel-Springer-Verlags, Christian Herfurth, im Juni 1990, die DDR sei ein Markt, »von dem wir weniger wussten als von Frankreich, England oder Spanien«.[9] Anders als das Radio und Fernsehen war die Presse durch die deutsch-deutsche Grenze tatsächlich getrennt. Damit muss auch die Pressereform des Jahres 1989/90 in anderen Beziehungszusammenhängen betrachtet werden als die Veränderungen im staatlichen Rundfunk.

Das Pressewesen in der alten Bundesrepublik war im Unterschied zu den Rundfunkmedien, die erst in den 1980er Jahren für privatrechtliche Anbieter geöffnet worden waren, ausschließlich privatwirtschaftlich organisiert.[10] Das hatte zur Folge, dass vor allem BRD-Verlagshäuser zentrale Akteure in der heißen Phase der DDR-Pressetransformation wurden. Sie trieben den Umbau entsprechend ihrer Interessen früh voran und übernahmen die ostdeutschen Zeitungen schließlich weitgehend – mit gravierenden Auswirkungen für die ostdeutsche Presselandschaft. Bereits Anfang 1992 veröffentlichte das Bundesministerium des Innern (BMI) eine Studie über die »Strukturen, Anpassungsprobleme und Entwicklungschancen der Presse in den neuen Bundesländern«.[11] Sie bleibt bis heute die einzige großangelegte Untersuchung, die konkret die sich ändernden strukturellen Bedingungen und Eigentumsverhältnisse der Zeitungspresse der damaligen DDR dokumentiert. Ihr Fazit: Bereits 1992 gab es aufgrund der Zuteilungspraktiken der Treuhandgesellschaft bei der Privatisierung ehemaliger SED-Bezirkszeitungen eine hohe Marktkonzentration. Denn anstatt SED-Verlage in kleinere Einheiten zu zerlegen, hatte die THA die ehemaligen Bezirkszeitungen der Staatspartei kurz nach der Einheit an finanzstarke BRD-Verlage verkauft, die ihre Ansprüche bereits Monate zuvor geltend gemacht hatten. Im Ergebnis setzte aufgrund der überlegenen Marktpositionen der westdeutschen Großverlage eine massive Pressekonzentration ein, was damals

9 Zitiert in Lars-Broder Keil: »Der Medienmarkt der DDR hat oberste Priorität«, Axel Springer, inside history, 10.7.2020. URL: https://www.axelspringer.com/de/inside/der-medienmarkt-der-ddr-hat-oberste-prioritaet [27.5.2021].

10 Roland Tichy/Syvia Dietl (Hg.): Deutschland einig Rundfunkland? Eine Dokumentation zur Wiedervereinigung des deutschen Rundfunksystems 1989-1991, München 2000.

11 Beate Schneider u. a.: Strukturen, Anpassungsprobleme und Entwicklungschancen der Presse in den neuen Bundesländern, Forschungsbericht für den Bundesminister des Inneren, Hannover/Leipzig 1991/92.

als unumgänglicher Vorgang gewertet worden war.[12] Ergänzt wurde diese Analyse 1994 von einer ebenfalls vom BMI finanzierten Studie, die die »Entwicklungschancen und strukturelle Probleme der Zeitschriftenpresse in den neuen Bundesländern« beleuchtet.[13] Sie bestätigte dann noch einmal, dass bis Ende 1993 etwa 80 Prozent der Zeitschriftentitel im Osten Deutschlands »infolge mangelnder Anpassung an die neuen Marktgegebenheiten, aufgrund unzureichender Investitionen, und, vor allem, wegen [...] fehlender Marketing-Kenntnisse [...] untergegangen oder in Westtitel aufgegangen« seien.[14] Beide Studien dokumentierten insofern frühzeitig sowohl die Übernahme als auch den Niedergang von eigenständigen ostdeutschen Zeitungen und Zeitschriften im Zuge ihrer Privatisierung.

Allerdings sind diese vielzitierten Untersuchungen Dokumente ihrer Zeit, die selbst einer geschichtlichen Einordnung bedürfen. Denn weder wurde bisher berücksichtigt, dass beide Studien vom BMI in Auftrag gegeben wurden, noch wurde deren Fazit, das Pressesterben habe sich aufgrund mangelnder Marktanpassung ereignet, grundsätzlich in Frage gestellt. Bis heute herrscht die Annahme in Politik und Forschung vor, dass die Übernahme der DDR-Presse durch BRD-Verlage eine notwendige, wenn auch bedauerliche Folge des Politikziels gewesen sei, in Ostdeutschland eine freie Presse zu etablieren.[15] In dieser Sichtweise erscheint die Pressekonzentration als alternativloser Marktmechanismus und die langfristigen Konsequenzen, wie die bis heute existierenden strukturellen Abhängigkeiten, als ein notwendiges Begleitübel. Wird jedoch nicht die deutsche Einheit und die damit verbundene Übernahme des BRD-Pressesystems als Ausgangspunkt der Transformationsprozesse zugrunde gelegt, wird schnell klar, dass diese

12 Folgeveröffentlichungen: Beate Schneider: Pressemarkt Ost II. Nur die Konzentration macht Fortschritte, in: Walter A. Mahle (Hg.): Pressemarkt Ost, Nationale und internationale Perspektiven, München 1992, S. 35-46; Beate Schneider: Nach der Medienwende in der DDR, in: Die Politische Meinung 411 (2004), S. 17-22; Beate Schneider: Die Wende auf dem Medienmarkt, in: Historisch-Politische Mitteilungen 9 (2002), S. 217-225.

13 Michael Haller/Johannes Ludwig/Harmut Weßler: Entwicklungschancen und strukturelle Probleme der Zeitschriftenpresse in den neuen Bundesländern. Forschungsbericht für den Bundesminister des Inneren, Band I, Leipzig 1994.

14 Ebd., S. 1.

15 Vgl. Michael Haller/Lutz Mükke (Hg.): Wie die Medien zur Freiheit kamen. Zum Wandel der ostdeutschen Medienlandschaft seit dem Untergang der DDR, Köln 2010; Gunter Holzweißig: Wandel der DDR-Medien durch die Wende, in: Casper-Hehne/Irmy Schweiger (Hg.): Deutschland und die »Wende« in Literatur, Sprache und Medien. Interkulturelle und kulturkontrastive Perspektiven. Dokumentation eines Expertenseminars für Internationale Alumni der Georg-August-Universität Göttingen vom 8.-13. Juli 2007, Göttingen 2008, S. 141-160; Konrad Dussel: Deutsche Tagespresse im 19. und 20. Jahrhundert, Münster 2004, S. 187-205.

Art der Argumentation Ursache mit Wirkung verwechselt. Denn sie nimmt einen in der BRD gewachsenen Status quo als Ziel der DDR-Protestbewegung und legt ihn als einzig möglichen und denkbaren Reformrahmen fest. Allerdings war im Jahr 1989/90 weder die privatwirtschaftliche Organisation der DDR-Presse selbstverständlich noch deren rechtliche, politische oder journalistische Ausgestaltung. Die reformerische Suche galt dem Ziel einer besseren Presse- und Medienlandschaft, die sich nicht notgedrungen am Beispiel der BRD orientierte. Das hieß konkret: basisdemokratisch organisierte Zeitungen, ein umfassendes Mediengesetz, Redaktionsstatute und ein Medienbeirat, der diesen Prozess begleiten sollte. Auch wenn diese Ideen heute bisweilen als fehlgeschlagene Relikte einer kurzen Phase des Reformoptimismus in der DDR abgetan werden, bedeutet das Pochen auf deren historische Legitimität anzuerkennen, dass sie mehr waren als nur eine »Fußnote der Geschichte«.[16] Sie speisten sich gleichermaßen aus den bisherigen DDR-Erfahrungen und dem Wunsch, künftig eigenständige, demokratisch und wirtschaftlich tragfähige Medieninstitutionen und -unternehmen im Osten Deutschlands aufzubauen.

Die gelenkte Presse und ihre Spielräume bis 1989

Das Zeitungsverlagswesen in der DDR war stark konzentriert und kontrolliert, dennoch gab es eine Reihe struktureller Unterschiede. Im Jahr 1989 hielt die SED mit sechzehn von 39 Tageszeitungen rund 70 Prozent der gesamten Zeitungsproduktion (6,5 Millionen Exemplare täglich). Dagegen brachten es die Tageszeitungen der Blockparteien CDU, LDPD, NDPD und DBD zusammen nur eine Auflage von 800.000 Exemplaren.[17] Damit lag die Kontrolle im Pressesektor bei der SED. Das Zentralorgan *Neues Deutschland* mit einer täglichen Auflage von 1,1 Millionen Exemplaren wurde von ganzen Betrieben abonniert; die Nachrichtenagentur Allgemeiner Deutscher Nachrichtendienst (ADN) hatte das Monopol der offiziellen Nachrichtenlieferung, und die DDR-Post und das Zeitungsvertriebsamt (ZVA) kontrollierten und reglementierten den Zeitungsvertrieb durch eine Postzeitungsliste, Sperrzeichen usw. In all diesen Bereichen hatte die Staatspartei das Sagen. Zudem bestimmten mangelnde Ressourcen – vor allem Papierknappheit – und veraltete Inf-

16 Vgl. Morgan Morille Schupbach Guzman: East German Journalists and the Wende: A history on the collapse and transformation of socialist journalism in Germany, University of California, Los Angeles 2015, S. 212.

17 BArch DC9/1050: Deutsche Presse-Agentur: Hintergrund. Pressemarkt der DDR – Dezember 1989 bis Juli 1990, 10. August 1990, S. 3ff.

rastrukturen und Technik die Zeitungsproduktion in den Redaktionen und Druckereien. SED-Zeitungen genossen hier materielle und personelle Privilegien, sei es bei der Papierzufuhr, den Druckzeiten oder bei der technischen Ausstattung. So waren die vierzehn SED-Regionalzeitungen mit ihren bis zu 23 Kreisausgaben pro Bezirk laut Medienwissenschaftlerin Beate Schneider den »lokal weniger differenzierten Zeitungen der DDR-Blockparteien klar überlegen.«[18] Damit lag auch die Kontrolle über die Lokalberichterstattung bei der SED.

Allerdings arbeiteten DDR-Medien, ob Fernsehen, Radio oder Presse, nicht in einem in sich geschlossenen und kontrollierten Informationssystem. Durch wachsende Interdependenzen zwischen den beiden deutschen Staaten, erweiterte internationale Beziehungen und vor allem technologische Entwicklungen in Funk und Fernsehen entstanden Wechsel- und Austauschbeziehungen.[19] So gab es im Film- und Fernsehbereich seit den 1970er Jahren eine stärkere Öffnung gegenüber dem Import westlicher Filme und Fernsehformate, die sich nicht zuletzt aus der deutsch-deutschen Kulturkonkurrenz ergab.[20]

Im Pressesektor hingegen blieb die Einfuhr westdeutscher Produkte trotz dieser Entwicklungen bis 1989 stark beschränkt. Ein interner Bericht vermerkte im November 1989 eine äußerst geringe Anzahl importierter Titel aus Westdeutschland, Westberlin oder anderen westlichen Ländern: »Insgesamt sind nur 190 Presseerzeugnisse zum öffentlichen Vertrieb in der DDR mit einer Auflage von 175.600 Exemplaren zugelassen (davon entfallen allein auf die Kirchenzeitung *Frohe Botschaft* 144.000 Exemplare).«[21] »Ein echtes Informationsdefizit«, hatte das Presseamt beim Vorsitzenden des Ministerrates noch im März 1989 argumentiert, entstehe für DDR-BürgerInnen aber dadurch nicht, da für sie die uneingeschränkte Möglichkeit bestehe, nahezu alle elektronischen Medien der BRD und von Berlin (West) in eigener Sprache zu empfangen, was wohl in keinem anderen europäischen Land möglich sei.[22]

18 Beate Schneider/Dieter Stürzebecher: Wenn das Blatt sich wendet. Die Tagespresse in den neuen Bundesländern, Baden-Baden 1998, S. 29; Mohl: Personelle und institutionelle Übergänge im Bereich der brandenburgischen Medienlandschaft, S. 9.

19 Vgl. Classen/Bösch: Bridge over troubled water.

20 Vgl. Kuschel: Schwarzhörer, Schwarzseher und heimliche Leser.

21 BArch DC9/1052: Briefentwurf, Meyer an Modrow, 29. November 1989, S. 1.

22 BArch DC9/1052: Zuarbeit für die Arbeitsgruppe A (Gedruckte Information), Presseamt beim Vorsitzenden des Ministerrates der DDR, Kontakte aus Austausch zwischen Zeitungen und Zeitschriften, Austausch von Zeitungsabonnements, Berlin, 1. März 1989.

Insofern rechtfertigte das DDR-Presseamt die eigene Unterversorgung im Pressebereich mit dem Zugriff ostdeutscher LeserInnen auf elektronischen Medien der BRD, und auch auf oberster Ebene wurde anerkannt, dass selbst im Pressebereich kein absoluter Anspruch auf ein SED-Informationsmonopol herrschte.[23] Denn die SED-Presse stand in steter Konkurrenz um Definitionsmacht mit BRD-Medien und internationalen Informationsflüssen, musste Überzeugungsarbeit leisten und auf aktuelle Ereignisse reagieren. Das heißt, trotz strikter interner Zensur und Kontrolle hatte sie mit sich ändernden sozialen, wirtschaftlichen und politischen Bedingungen umzugehen.

Diese Faktoren beeinflussten nicht nur die Zeitungen selbst, sondern änderten auch die Erwartungshaltung an sie. Anke Fiedler und Michael Meyen zeigen, wie sich so über die Jahre Inhalte, Themen und Rhetorik in der DDR-Presse veränderten (genauso wie die staatliche Versuche, diese Inhalte zu kontrollieren). Demnach gab es innerhalb gesetzter Grenzen eine gewisse inhaltliche Vielfalt, eine »uniformity with profile« (Uniformität mit Profil). Diese bezog sich sowohl auf Unterschiede zwischen einzelnen Zeitungen – das SED-Zentralorgan *Neues Deutschland* gestaltete sich inhaltlich anders als das Zentralorgan der Liberal-Demokratischen Partei, *Der Morgen* – als auch auf die Sparten innerhalb einer Zeitung. Besonders die von der SED als weniger relevant erachteten Rubriken wie Kultur oder Bildung erlaubten Journalisten größeren inhaltlichen Freiraum. Dieser Aspekt, wie auch der soziale Kontext, in dem DDR-LeserInnen Informationen rezipierten und interpretierten (zum Beispiel ihre Alltagserfahrung), fallen in der Fachliteratur aber meist durchs Raster.[24]

Dank hoher Subventionen und günstiger Preise lag die Leserdichte in der DDR weltweit an der Spitze. Aufgrund der schlechten Versorgungslage wurden Zeitungen zum Großteil im Abonnement vertrieben, was die Chancen erhöhte, diese auch zu bekommen. So abonnierten viele DDR-BürgerInnen gleich mehrere Titel – pro Haushalt wurden ein bis zwei Tageszeitungen und drei Zeitschriften gelesen.[25] Das geschah weniger auf-

23 Vgl. Kuschel: Schwarzhörer, Schwarzseher und heimliche Leser.

24 Anke Fiedler/Michael Meyen: The Steering of the Press in the Socialist States of Eastern Europe: The German Democratic Republic (GDR) as a Case Study, in: Cold War History 15.4 (2015), S. 449-470.

25 Jürgen Grubitzsch: Presselandschaft der DDR im Umbruch. Ausgangspunkte, erste Ergebnisse und Perspektiven, in: Media Perspektiven 28 (1990), S. 140-155; Beate Schneider: Strukturen, Anpassungsprobleme und Entwicklungschancen der Presse auf dem Gebiet der neuen Bundesländer (einschließlich des Gebiets des früheren Berlin-Ost). Forschungsbericht für den Bundesminister des Innern, Band I, Hannover/Leipzig 1991, S. 10.

grund »politischer Meinungsvielfalt«, wie ein Leser es Anfang 1990 formulierte.[26] Was interessierte, war die

> »interessante Wochenendbeilage, ein Annoncenteil, der spezielle Angebote offerierte (der berühmte Automarkt in der *Neuen Zeit* etwa oder der Treffpunkt der Sammler im *Morgen*) oder auch das Bedürfnis nach lokaler Information. Den ›Rest‹ nahm man eben in Kauf, was ja beim Abonnementspreis auch keinen verarmen ließ.«[27]

Allerdings hatte das unzureichende Angebot sowohl im Abonnement als auch im Einzelverkauf seit Jahren für erhebliche Verärgerung bei vielen BürgerInnen gesorgt.[28] Bereits 1987 mahnten MitarbeiterInnen des Postzeitungsvertriebs (PZV), die hohe Anzahl eingehender Beschwerden über abgelehnte Abonnementanträge sei »ein Ausdruck der wachsenden Unzufriedenheit der Bevölkerung mit der sich ständig verschlechternden Versorgungssituation auf dem Gebiet. Aus dem Inhalt der Eingaben [Beschwerden] ist erkennbar, daß die Bevölkerung für diese Entwicklung keinerlei Verständnis mehr aufbringt«.[29] Anfang 1989 bezog sich die Mehrzahl der Beschwerden auf die Zeitung *Neue Zeit* und die Zeitschrift *Sputnik* – beide waren nicht oder kaum erhältlich.[30] Der *Sputnik*, im Zuge der Glasnost- und Perestroika-Politik Michail Gorbatschows zunehmend kritisch gegenüber der stalinistisch-kommunistischen Vergangenheit sowie der Reformfeindlichkeit der DDR-Regierung, war im Winter 1988 auf Weisung Erich Honeckers von der Postzeitungsliste entfernt worden. Das kam einem Verbot gleich und löste, laut der Medienhistorikern Morgan Guzman, einen »Aufschrei in der ostdeutschen Öffentlichkeit aus«.[31] Die entstehende Kontroverse um die Zeitschrift trug dann nicht nur zum weiteren Legitimitätsverlust der Staatspartei bei, sondern veranschaulichte auch den Konflikt zwischen Honecker und Gorbatschow.[32]

Über Jahre sandte die DDR-Bevölkerung dem PZV auch Verbesserungsvorschläge zur Versorgungslage, in denen es zum Beispiel um die Veränderung von Verwaltungsabläufen oder die Umverteilung von Ressourcen

26 BArch DC9/1069: Leserbrief an den Presse- und Informationsdienst der Regierung der DDR, Berlin, 17. Januar 1990.

27 Ebd.

28 BArch DC9/1052: Briefentwurf, Meyer an Modrow, 29. November 1989.

29 BArch DM3/21121 (2/3): Eingabeanalyse II. Quartal 1987, PZV/ Germer, 8. Juli 1987.

30 BArch DM3/21121 (2/3): Hausmitteilung von PZV an PS, Eingabeanalyse III. Quartal 1989, PZV/ Germer, 2. Oktober 1989.

31 Zitat: »unleashed a massive outcry in the East German public«. Siehe Guzman: East German Journalists and the Wende, S. 3ff.

32 Ebd.

ging. Doch aufgrund fehlender Mittel und der politisch-administrativen Starrheit der DDR-Ministerien verliefen diese meist im Sand.

Im Herbst 1989 stieg laut PZV die Nachfrage nach Zeitungen und Zeitschriften dann »sprunghaft« an.[33] Zum einen lag das an den politischen Entwicklungen und dem Legitimitätsverlust der SED. Zum anderen waren zweiundzwanzig Zeitungen mit Sperrzeichen versehen worden, was vorübergehend mehr Papiervorräte freisetzte.[34] Mögliche Lockerungen der Einfuhrbeschränkungen westdeutscher Presse wurden nun ebenfalls heiß diskutiert. Die DDR hatte schon im Januar 1989 am Folgetreffen der Kommission für Sicherheit und Zusammenarbeit in Europa (KSZE) in Wien teilgenommen. Seitdem gab es zunehmend interne Debatten über »die Konsequenzen, die sich aus dem abschließenden Dokument« dieses Treffens »für die Einfuhr und den Vertrieb« westdeutscher Presse ergaben.[35] Schließlich stammten die Einfuhrbeschränkungen noch aus dem Jahr 1965. Das, so argumentierte der PZV im Mai 1989, wurde aber »den veränderten politischen Bedingungen nicht mehr gerecht«.[36] Die innenpolitischen Entwicklungen machten eine Neuregelung des Zulassungsverfahrens dringend erforderlich und das Zentralkomitee wurde aufgefordert, umfassende interne Reformen umzusetzen. Einer dieser Versuche waren dann Geschenkabonnements, die der DDR-Regierung schnell als Paradebeispiel für den bilateralen Presseaustausch mit der BRD dienten. Am beschränkten Zugang zu bundesdeutscher Presse änderte das aber nichts.

Das Jahr der Reformen 1989/90

Eines der wichtigsten Reformziele der DDR-Bürger- und Protestbewegung im Herbst 1989 waren freie Medien sowie Meinungs- und Informationsfreiheit. Es ging, schrieb die Zeitschrift *Publizistik und Kunst* Mitte 1990, vor allem um »Vielfalt und Authentizität« von Informationen.[37] Für den

33 BArch DM3/21121 (2/3): Hausmitteilung von PZV and PS, Eingabeanalyse IV. Quartal 1989, PZV/ Germer, 2. Januar 1990.

34 BArch DM3/21121 (2/3): Hausmitteilung von PZV and PS, Eingabeanalyse III. Quartal 1987, PZV/ Germer, 12. Oktober, 1987, BArch DM3/21121 (2/3).

35 BArch DC9/1052: Vorlage für das Sekretariat des ZK der SED: »Konsequenzen, die sich aus dem abschließenden Dokument des Wiener KSZE-Folgetreffens für die Einfuhr und den Vertrieb von periodischen und nicht periodischen Druckerzeugnissen und anderen Informationsquellen ergeben«, o. D. (September 1989).

36 BArch DC9/1052: Aktenvermerk, Germer, Berlin, Mai 1989.

37 Ulrich Briefs: Medien in der DDR: Vom totalitären Zwang zum manipulativen Kommerz, in: Publizistik und Kunst. Zeitschrift der IG-Medien, Nr. 7 (1990).

Pressebereich hieß das, das strukturelle Informationsmonopol der SED sollte abgeschafft und eine basisdemokratische Presse aufgebaut werden.

Über Jahre hatten oppositionelle Gruppen Samisdat-Titel wie *Arche Nova*, *Umweltblätter*, *Die Kirche* oder *Die Mücke* verfasst. Häufig nur lose Blätter, auf Schreibmaschine getippt oder von Hand kopiert, hatten sie nur geringe Auflagen, nahmen im Sommer und Herbst 1989 aber eine stärkere Rolle in der Informationsverbreitung ein. Zu diesem Zeitpunkt lieferten auch westdeutsche Rundfunkmedien entscheidende Informationen, die einheimische Medien (noch) nicht bieten konnten. Allerdings reagierten auch einige DDR-Zeitungen auf die gesellschaftlichen Entwicklungen. So veröffentlichte die LDPD-Zeitung *Der Morgen* frühzeitig zunehmend gewagtere Texte. Bereits im Oktober 1989 zirkulierten innerhalb der *Morgen*-Redaktion neue journalistische Richtlinien. »Die eingeleitete Wende hat bei uns einen Prozeß tiefen schöpferischen Nachdenkens ausgelöst«, so die Redaktion.[38] Das Resultat waren Ideen für eine journalistische Arbeit,

> »die von Offenheit und Realitätssinn geprägt ist, das Aussprechen unbequemer Wahrheiten nicht scheut, streitbar ist in der Auseinandersetzung, die getragen ist von Respekt vor der Meinung des anderen, von der Würde und Mündigkeit des Lesers, und [...] ihrer Vielfalt der Information.«[39]

Diese Art der Reform, der Diskussion über journalistische Grundsätze, der Transparenz und öffentlichen Verantwortung trat mit Verzögerungen schließlich in allen Redaktionen ein. Die zunehmende Ablehnung der (Selbst-)Zensur ging in einigen Fällen sogar dem Fall der Berliner Mauer voraus. Ihr folgten (teilweise) eine fast sofortige journalistische Einbeziehung von bisher undenkbaren Themen und umfangreiche und detaillierte Reformkonzepte. Unterstützung gab es aus der Politik. Am 21. Dezember 1989 ratifizierte der neue DDR-Ministerrat unter Hans Modrow den Beschluss zur Neugründung von Zeitungen und Zeitschriften. Er sollte den politischen Gruppen des am 7. Dezember gegründeten oppositionellen Runden Tisches in »ihrer gesellschaftlichen Arbeit« den Zugang zu Medien und Informationen sichern.[40] Kurz darauf, am 5. Februar 1990, verabschiedete die neue Volkskammer der DDR den Beschluss zur Meinungs-, Informations- und Medienfreiheit. Er war ein erster Schritt auf dem Weg zu einem umfassenden Mediengesetz, an dem seit November 1989 gearbeitet wurde. Der Beschluss untersagte jegliche Art der Zensur, hob das Monopol

38 Archiv des Liberalismus, LDPD / L7-418: Leitlinien des Redaktionskollegiums, Frank Mangelsdorf, 23. Oktober 1989, S. 1.

39 Ebd.

40 Archiv Grünes Gedächtnis/B.V.3 – Grüne Partei DDR, Box 31-38, Akte 38: Beschluss zur Unterstützung des Runden Tisches, DDR-Ministerrat, 21. Dezember 1989, S. 9.

der Post im Zeitungsvertrieb auf und initiierte die Gründung des unparteilichen, beratenden Medienkontrollrats (MKR). Dieser sollte unter anderem die Umsetzung des noch zu erarbeitenden Mediengesetzes begleiten. Zudem schaffte der Beschluss die Lizenzierung von Zeitungen ab, nur eine Registrierung war notwendig. Damit konnte jede natürliche und juristische Person in der DDR Printmedien veröffentlichen und vertreiben.

Diesem Beschluss folgte eine Welle an Zeitungsneugründungen: Laut Umfrage des DDR-Nachrichtendienstes ADN gab es bereits Anfang Februar 1990 sechzehn Neuerscheinungen in der DDR, vier mit westdeutschen InvestorInnen. Bis zum 15. Februar kamen elf Titel hinzu, bis zum 28. Februar waren es zwölf weitere.[41] Von basisdemokratischen Bürgergruppen, Parteien oder lokalen Bürgerinitiativen gegründet, gab es bis Juli 1990 rund 100 solcher Zeitungsneugründungen, nicht selten Lokalzeitungen in Kooperation mit bundesdeutschen Verlagen. Besonders die Region Thüringen wurde aufgrund ihrer geografisch zentralen Lage zu einer »Zeitungshochburg für Neueinsteiger vor allem aus dem nordhessischen und oberbayerischen Raum«.[42] Allein im Jahr 1990 kamen hier 24 Zeitungs-Neugründungen auf den Markt; schon bis Juli 1990 gab es sechs neue Regionalzeitungen.[43] Daneben gab es eine Fülle an »Mantelprodukten«, also Zeitungen, denen die neugegründeten DDR-Redaktionen lediglich die Lokal- und Landesseiten lieferten; der Zeitungsmantel kam aus der westdeutschen Heimatredaktion. So entstanden beispielsweise die *Eichsfelder Tagespost* und das *Mühlhausener Tageblatt* beim *Westfalen-Blatt* in Bielefeld. Das *Eichsfelder Tageblatt* hingegen erschien in Göttingen (als Ableger vom *Göttinger Tageblatt*), das *Südthüringer Tageblatt* erschien in Coburg (*Coburger Tagesblatt*), die *Südthüringer Zeitung* in Fulda (*Fuldaer Zeitung*) und so weiter. Gerade kleinen und mittelständischen BRD-Verlagen erlaubten Mantelzeitungen in der DDR eine Erhöhung ihrer Auflage und Reichweite. Eine rechtliche Grundlage für diese Kooperationen gab es nicht. Dennoch wurden bis August 1990 in Thüringen 18 regionale Mantelzeitungen gegründete.[44]

Dabei, unterstrich Müller, müsse die Medien- und Pressetransformation in der DDR selbst angegangen werden. Es sei keine Lösung, »einfach westliche Modelle und Vorstellungen [zu] übernehmen oder [zu] imitieren«.[45]

41 Mandy Tröger: Pressefrühling und Profit. Wie westdeutsche Verlage 1989/1990 den Osten eroberten, Köln 2019, S. 64, 71.

42 Deutsche Presse-Agentur: Hintergrund. Pressemarkt der DDR, 10. August 1990, S. 3 ff.

43 Vgl. dazu Walter Schütz: Der Zeitungsmarkt in den neuen Ländern, in: BDZV (Hg.): Zeitungen '91, Bonn 1991, S. 105-146.

44 Ebd., S. 15-17.

45 Klaus Wienert: »DDR-Minister will erst ›hören und lernen‹«, in: *Berliner Morgenpost*, 27.4.1990.

Auch der Vorsitzende des Volkskammer-Ausschusses für Presse und Medien, Jürgen Schwarz, erklärte noch im Juni 1990, die Wiedervereinigung beider deutscher Staaten bedeute nicht zwangsläufig die Übernahme des BRD-Mediensystems. Vielmehr gebe es »unvorstellbar viele Vorstellungen, was aus den Medien der DDR noch werden kann«.[46] Der Ausschuss arbeitete so noch bis zum 26. Juli 1990 an einem umfassenden Mediengesetz. Dabei war auf BRD-Seite schon im Februar klar gewesen, dass für »ein künftig vereintes Deutschland«, in der DDR »Strukturen gebildet würden, [...] die kompatibel seien« mit denen der BRD.[47] Das betonte das Bundesministerium des Innern (BMI) bei einem Treffen mit den Mitgliedern des Bundesverbands Deutscher Zeitungsverleger (BDZV), einem der zwei größten BRD-Verlegerverbände. Praktisch hieß das, dass auch in der DDR »die Medienordnung ähnlich wie bei uns nach Artikel 5 des Grundgesetzes auszurichten und Landespressegesetze zu erlassen« sei.[48] Damit war die Möglichkeit eines Mediengesetzes vom Tisch. Denn nichts, was bis zur Einheit im Osten aufgebaut wurde, durfte bestehende Strukturen in der BRD gefährden. Damit setzte das BMI schon Anfang 1990 den Reformrahmen der DDR nach BRD-Standard und gab grünes Licht für die Erschließung der DDR-Presselandschaft durch finanzstarke BRD-Verlage.

Die DDR-Markterschließung durch bundesdeutsche Verlage 1990

In Thüringen dominiert heutzutage die Funke-Mediengruppe aus Essen die Printbranche. Ihr gehören die *Thüringer Allgemeine* (TA), die *Thüringische Landeszeitung* (TLZ) und die *Ostthüringer Zeitung* (OTZ) mit einer täglichen Gesamtauflage von 220.000 Exemplaren. Blickt man zurück, finden sich die Wurzeln dieser Vorherrschaft im Jahr 1990 und im erfolgreichen Eroberungsfeldzug der WAZ-Mediengruppe (*Westdeutsche Allgemeine Zeitung*) in der DDR. Denn der Vorläufer der heutigen Funke-Mediengruppe war einer von mehreren bundesdeutschen Großverlagen, die schon ab Anfang 1990 versuchten, »sich mit Beteiligungen an DDR-

46 BArch DC9/1033 (1/2), Hefter 2: DS Kultur, Rundfunk der DDR, Transkript, Redaktion Monitor, 8.05 Uhr, 20.6.1990, Medienausschuß der Volkskammer in Bonn (Interview mit Hr. Schwarz), 6. Juni 1990.

47 BArch DM3/21121 (1/3): Protokoll einer Besprechung im Bundesinnenministerium am 14.2.1990 in Bonn zum Thema Pressevertrieb in der DDR, Klaus Wagner, Bonn, 16. Februar 1990, S. 3.

48 Archiv des Liberalismus, FDP Präsidium/15469: Protokoll der Sitzung der Bundesmedienkommission vom 31.05.1990, 31. Mai 1990.

Verlagen eine günstige Ausgangsposition für den Wettbewerb zu verschaffen«.[49] Ihr Ziel war die publizistische Expansion gen Osten.

So wurde die DDR – parallel zu den politischen Reformen der Regierung, der Oppositions- und Bürgergruppen – schon ab Ende 1989 flächendeckend durch BRD-Verlage erschlossen. Nicht nur hielten sie Kauf-, Kooperations- und Joint-Venture-Verhandlungen mit etablierten DDR-Zeitungen, sondern importierten und verkauften auch ihre Titel und bauten, wie im Fall der Verlage Axel Springer, Gruner+Jahr (G+J), Heinrich Bauer und Burda, ein verlagsabhängiges DDR-Pressevertriebssystem. Dieses wurde dann die treibende Kraft hinter der DDR-Pressetransformation.

Denn ursprünglich gefährdeten veraltete Infrastrukturen der ostdeutschen Post den Vertrieb der neuen DDR-Zeitungen sowie importierter bundesdeutscher Titel. So wurde Gruner und Jahr (G+J) schon Ende November 1989 bei der DDR-Regierung vorstellig. Der Verlag lobbyierte für eine Reform des Pressevertriebs, finanziert durch Werbeeinnahmen im DDR-Fernsehen, das wiederum Werbung westdeutscher Firmen schalten sollte. Im Dezember folgte der Axel-Springer-Verlag mit einem eigenen werbebasierten Reformkonzept. Das Ziel beider Verlage war nicht nur, alleiniger westdeutscher Partner im DDR-Pressevertrieb zu werden. Exklusivrechte sollten auch auf anderen Ebenen gelten, wie Zeitungsneugründungen und -druck, Fernseh- und Werberechte. Aufgrund interministerieller Konflikte auf DDR-Seite scheiterten die Verhandlungen allerdings, woraufhin sich beide Verlage mit den Verlagen Burda und Heinrich Bauer zusammentaten. Ab Mitte Januar 1990 verhandelten sie so als die »Großen Vier« mit dem Ministerium für Post- und Fernmeldewesen (MPF) über ein Vertriebs-Joint-Venture für westdeutsche Titel in der DDR. Als aufgrund starker Proteste, übrigens auch von kleineren und mittelständischen BRD-Verlagen, daraus nichts wurde, nahmen die Großverlage die Sache Anfang März 1990 in ihre eigenen Hände. Sie teilten die DDR in vier Vertriebsgebiete auf – Bauer übernahm den Norden, G+J die Region Berlin und Frankfurt/Oder, Burda die Region Suhl in Thüringen und Springer den Rest des Südens – und starteten ihre Verlagsauslieferung mit ungefähr dreiundsiebzig (vor allem eigenen) Titeln an ca. 3.300 Verkaufsstellen. Das bedeutete einen erheblichen Marktvorsprung in der DDR. Beschwerden des Runden Tisches, des MKR oder der DDR-Regierung änderten nichts. Da der Vertrieb nur knapp zwei Wochen vor der März-Wahl begann, konnte und wollte die Modrow-Regierung schwerlich gegen ihn vorgehen. Nach der Wahl wurde die Regierung unter de Maizière weitgehend ignoriert.[50]

49 Deutsche Presse-Agentur: Hintergrund. Pressemarkt der DDR, 10. August 1990, S. 10.

50 Mandy Tröger: Pressefrühling und Profit. Wie westdeutsche Verlage 1989/1990 den Osten eroberten, Köln 2019, S. 103 ff.

Ab Ende März verkauften die »Großen Vier« und andere finanzstarke BRD-Verlage ihre Titel dann nicht mehr zum Umtauschkurs von 1:3, sondern zum 1:1-Währungsverhältnis. Das hieß, im Kampf um künftige LeserInnen verkauften sie zu Dumping-Preisen und unter Produktionskosten, zahlten dagegen aber keine Steuern oder Zölle. Für ostdeutsche LeserInnen bedeutete das Zugang zu billiger Westpresse. Das Nachsehen hatten kleinere BRD-Zeitungen, die keine finanziellen Ressourcen für dieses Minusgeschäft hatten, und alte und neugegründete DDR-Zeitungen. Ihnen wurden zum 1. April die Subventionen gestrichen. Das hieß, sie mussten ihre Preise erhöhen und neue Finanzierungswege finden, die schnell zur Werbung und westdeutschem Kapital führten. Allerdings brauchte es für Werbung eine ganze Infrastruktur, die es bis dahin nicht gab, und Expertise, die wieder aus der BRD kommen musste.[51]

So folgte der Übernahme des Vertriebs durch die »Großen Vier« die Übernahme der DDR-Zeitungen durch westdeutsches Kapital. Wurde letzteres durch die Vertriebsdynamiken nicht verursacht, dann doch immerhin beschleunigt. Bereits im April 1990 gab es keine DDR-Zeitung mehr, die nicht in Kauf-, Kooperations- oder Joint-Venture-Verhandlungen mit westdeutschen Partnern stand. Diese deutsch-deutschen Verhandlungen liefen in einer rechtlichen Grauzone, reichten von der Gewinnung von Anzeigenkunden und dem Verkauf von Werbung bis hin zum Zeitungsdruck durch bundesdeutsche Partner. »Überwiegend wurden allerdings auch Kapitalbeteiligungen vollzogen oder in Vorverträgen geregelt«, schrieb der *journalist* im Mai 1990.[52] Diese Prozesse liefen so schnell ab, dass letztlich nur die unmittelbar Beteiligten wussten, wer mit wem verhandelte. Zwar lag die offizielle Zustimmung über deutsch-deutsche Presse-Joint Ventures beim MKR, der Minderheitsbeteiligungen westdeutscher Verlage erlaubte. Inoffiziell aber wurden Verträge und Kooperationen ganz praktisch an allen staatlichen Einrichtungen vorbei ausgehandelt.

Im Mai 1990 versuchte sich die DDR-Regierung an einem Überblick: Demnach führte der Axel-Springer-Verlag (inklusive Tochtergesellschaften) mit insgesamt elf Zeitungen Verhandlungen über Kooperationen, Joint Ventures oder den Kauf. Bauer hatte fünf Joint Venture-Abkommen geschlossen, und fünf weitere waren in Vorbereitung. G+J plante ein Joint Venture mit der *Sächsischen Zeitung* (damalige Auflage rund 550.000) und wollte zwei weitere Zeitschriften kaufen. Die WAZ-Gruppe plante Joint Ventures mit vier Zeitungen, darunter der *Leipziger Volkszeitung* (LVZ)

51 Ebd., S. 86ff.

52 Horst Röper: »Treffer sind Glücksache«, in: *journalist* 6 (1990), S. 32-35, hier S. 34.

(Auflage rund 500.000), und baute besonders in der Region Thüringen ein »neues Imperium« auf.[53]

Vor allem die vierzehn ehemaligen SED-Bezirkszeitungen standen bei den BRD-Großverlagen hoch im Kurs. Mit ungebrochen hohen Auflagen- und Verkaufszahlen und strukturellen Privilegien behielten sie in ihren Bezirken die Monopolstellung und waren damit die »Filetstücke« unter den DDR-Zeitungen.[54] Hier, berichtete der *journalist* im Mai 1990, gaben sich »die Großverlage die Klinke in die Hand«.[55] Zu diesem Zeitpunkt hatten diese sich, laut G+J-Vertreter Andreas Ruppert, die DDR-Zeitungen bereits aufgeteilt. Listen mit kauffreudigen BRD-Verlagen neben »ihren« DDR-Partnern kursierten.[56] Dabei, mahnte Gottfried Müller in seinem Ministertagebuch, ging »das alte SED-Monopol bei Bezirkszeitungen« zusammen »mit neuem Monopol aus dem Westen«.[57] Öffentlich betonte er wiederholt, die vereinbarten Kooperationen seien nicht rechtsgültig, das letzte Wort habe die THA. Aber Bauer und andere BRD-Verlage erwarteten die baldige »Umwandlung von Absichtserklärungen in endgültige Verträge«.[58] Sie behielten recht, und der Schlüssel lag bei der THA.

Neue Monopolisierung alter Strukturen nach 1990

Im April 1991 stimmte der Verwaltungsrat der Treuhandanstalt dem vorläufigen Verkauf von zehn ehemaligen SED-Bezirkszeitungen an zwölf finanzstarke westdeutsche Presseunternehmen zu. Der Preis lag bei 850 Millionen DM, das Investitionsvolumen bei 1,3 Mrd. DM.[59] Kernelement dieses Umstrukturierungsprozesses war die systematische Aufteilung profitabler Verlage der ehemaligen DDR auf westdeutsche Interessengruppen, die ihre Ansprüche 1990 bereits geltend gemacht hatten. Das hieß, jeder finanzstarke BRD-Verlag durfte innerhalb einer Region nur eine auflagen-

53 Deutsche Presse-Agentur: Hintergrund. Pressemarkt der DDR, 10. August 1990, S. 12.

54 Röper: »Treffer sind Glücksache«, S. 35.

55 »Schlechte Karten«, in: *journalist* 5 (1990), S. 41, IISG/ID-Archiv MKR, Akte 35a-b.

56 IISG/ID-Archiv MKR, Akte 35d: Allgemeiner Deutscher Nachrichtendienst, Medienexperte: DDR-Medienmarkt ist aufgeteilt – Interesse an regionalen Zeitungen, 29. Mai 1990.

57 Gottfried Müller: Ministertagebuch (April-Mai 1990), 18. Mai 1990.

58 IISG/ID-Archiv MKR, Akte 35e: Deutsche Presse-Agentur: Neuorganisation der DDR-Verlage bringt viele Arbeitsplätze, 20. Juni 1990.

59 BArch B/106/156193: Lage der Lokalpresse im Beitrittsgebiet, Merk, Bundesministerium des Inneren, an Seiters, Bundesminister des Inneren, SM 10-344 242-2/1, 20. Dezember 1991, S. 2-3.

starke DDR-Zeitung aufkaufen. Allerdings hielt sich die THA in der Praxis nicht konsequent an diese Regel: Der Axel-Springer-Verlag war beispielsweise an gleich drei ehemaligen SED-Bezirkszeitungen beteiligt.

Laut Birgit Breuel, neue THA-Vorsitzende nach dem Mord an Detlef Rohwedder, hatten BRD-Verlage im Vorfeld der Verkaufsentscheidung durch Berichterstattung und/oder finanziellen Druck ihre Macht zu ihren Gunsten ausgespielt.[60] Aber auch ohne diese Berichterstattung spielten ordnungspolitische Fragen (wie Pressekonzentration) bei der Privatisierung der DDR-Presse durch die THA keine Rolle. Denn deren politischer Auftrag war, DDR-Zeitungen und ihre Arbeitsplätze zu erhalten, nicht über Eigentümerschaft für Pressevielfalt zu sorgen. Pressevielfalt sollte allein nach den Kriterien des Kartell- und Wettbewerbsrechts entschieden werden. Die THA, so formuliert es Ariana Mohn, legte »beim Verkauf der ostdeutschen Verlage dieselben Kriterien an wie bei der Veräußerung einer Schuhfabrik oder eines Maschinenbauunternehmens«.[61] Sie blendete medienpolitische Erwägungen systematisch aus, orientierte sich an hohen Erlösen und wollte möglichst schnell verkaufen. Die politische Verantwortung dafür lag auf Bundesebene, also beim BMI und dem Bundesfinanzministerium. Sie entschieden, »der Treuhand bei der Privatisierung der Tageszeitungen keine Vorgaben zu machen«, denn jegliche Einflussnahme, so das Argument im Februar 1991, hätte nur eine »weitere Verzögerung der Privatisierung« mit sich geführt.[62] Damit waren personelle und strukturelle Kontinuitäten im Pressebereich Ostdeutschlands nicht unerwünschte Nebenerscheinung, sondern explizites Ziel.

So waren Ende 1992 noch rund 90 Prozent der RedakteurInnen der Tageszeitungen in den neuen Ländern ostdeutsch sozialisiert, während die neuen westdeutschen EigentümerInnen den ihnen übergebenen Markt zunehmend konsolidierten und weiter zementierten. Medienwissenschaftler Walter Mahle schloss im gleichen Jahr, dass niemand erwartet habe, dass »nach dem Ende des Kommandojournalismus der DDR […] die Gliederung des Pressemarkts […] den Grenzziehungen der SED nachgebildet sein würde – natürlich nicht aus politischen Gründen, sondern aus wirtschaft-

60 Verleger kennen ihre Macht, in: Birgit Breuel (Hg.): Treuhand intern. Tagebuch, Berlin 1992, S. 232-239.

61 Mohl: Personelle und institutionelle Übergänge im Bereich der brandenburgischen Medienlandschaft, S. 22.

62 BArch B/106/156193: Plessing: Privatisierung von Presseunternehmen durch die Treuhandanstalt, Bundesministerium für Wirtschaft, an Bundesminister des Inneren et. al., SM 10-344 242-2/1, 8. Februar 1991.

lichen Gründen«.[63] Innerhalb von zwei Jahren ging die Zahl der Zeitungen in Ostdeutschland dann drastisch zurück (bei deutlich höherer Besitzkonzentration als in der alten Bundesrepublik). Von den ursprünglichen 120 Zeitungsneugründungen des Jahres 1990 waren im Mai 1992 nur noch etwa 65 Zeitungen aus etwa 50 Verlagen übrig. Bis November fiel die Zahl auf 50 Zeitungen aus 35 Verlagen.[64] Trotz regionaler Unterschiede konnten 1991 so nur noch gut 62 Prozent der Ostdeutschen zwischen zwei Lokalzeitungen wählen, 1994 waren es nur noch 40 Prozent. 1995 wurden fast zwei Drittel aller ostdeutschen Landkreise und kreisfreien Städte von einer einzigen regionalen Abonnementzeitung (stets die ehemalige SED-Bezirkszeitung) dominiert.[65]

Die Folgen dieser Transformation und Konzentration auf die Berichterstattung dieser Zeitungen sind nicht umfassend erforscht. Allerdings zeigt beispielsweise Judith Kunz' Inhaltsanalyse der Lokalausgabe Eberswalde-Finow der *Märkischen Oderzeitung* (MOZ), einer ehemaligen SED-Bezirkszeitung im heutigen Land Brandenburg, dass mit dem Verschwinden des kleineren Mitbewerbers die Berichterstattung der MOZ in dieser Region an journalistischer Qualität verloren hatte.[66] Auch im Pressevertrieb wirkt der »Presse-Coup der ›Vier Großen‹« und deren Abstecken regionaler DDR-Vertriebsgebiete 1990 bis heute nach.[67] Zwar zerschlug das Kartellamt das Verlagskartell nach der deutschen Einheit (das bis dahin den Vertrieb weiter ausgebaut hatte), der Streit zwischen verlagsabhängigen und -unabhängigen Grossisten zog sich allerdings bis Juli 1992. Bis heute ist die Anzahl verlagsnaher Grossisten in Ostdeutschland proportional höher als in den alten Bundesländern.

63 Walter A. Mahle (Hg.): Pressemarkt Ost, Nationale und internationale Perspektiven, München 1992, S. 13.

64 BArch B/106/156193: Memorandum: »Notwendige Maßnahmen für einen gleichberechtigten Marktzutritt lokaler Zeitungen in einen früher nach den Gesetzen des staatlichen Zentralismus geschaffenen und heute in der Struktur unverändert fortgeführten Pressemarkt in den neuen Bundesländern bis zur Feststellung realer Chancengleichheit«, Verband der Lokalpresse, Bonn, 21. Mai 1992, S. 2.

65 Mohl: Personelle und institutionelle Übergänge im Bereich der brandenburgischen Medienlandschaft, S. 30.

66 Judith Kunz: Eine ostdeutsche Lokalzeitung (*Märkische Oderzeitung*, Lokalteil) im Wandel. Vom SED-Bezirksorgan zum Medium demokratischer Öffentlichkeit, Diplomarbeit im Fach Soziologie. Berlin 1994, zit. in: Mohl: Personelle und institutionelle Übergänge im Bereich der brandenburgischen Medienlandschaft, S. 26.

67 Deutsche Presse-Agentur: Hintergrund. Pressemarkt der DDR, 10. August 1990, S. 6.

Was blieb, was ging – ein Ausblick

Über Jahrzehnte hatten Zeitungen der DDR versucht, Deutungshoheit zu gewinnen und zu bewahren. Doch zwischen SED-Kontrolle, westdeutschem Medieneinfluss und der Alltagserfahrung der DDR-Bevölkerung sahen sie sich auch gezwungen, auf gewisse äußere Informationsflüsse aus dem Westen zu reagieren und ihre Themen und Rhetorik entsprechend anzupassen. Es gab eine große Uniformität, aber auch Räume für Diversität.

Im Zuge des Umbruchs 1989 nahmen Forderungen und Initiativen zur Pluralisierung der Presselandschaft einen zentralen Platz im gesellschaftspolitischen Diskurs ein: Medien- und Pressefreiheit sollten neu gedacht, Freiheiten festgeschrieben und JournalistInnen für ihre Arbeit zur Verantwortung gezogen werden. Diese Ideen folgten teilweise, aber nicht ausschließlich dem Vorbild der westlich-freien Presse. Arbeiten an einem umfassenden Mediengesetz, an den Grundsätzen der inneren Pressefreiheit und an der Etablierung eines unparteiischen Medienbeirats resultierten aus den DDR-Erfahrungen von ostdeutschen Reformkräften. Landesweite Zeitungsneugründungen waren dann die praktische Manifestierung dieser Freiheiten. Sie standen für die demokratische Teilhabe mündiger BürgerInnen am Transformationsprozess – der DDR-Pressefrühling war Ausdruck dafür.

Allerdings wurde das Vorhaben einer demokratischen DDR-Pressetransformation schnell durch die Erfahrungen einer marktgesteuerten Übernahme überlagert. Waren deutsch-deutsche Kooperationen im Pressewesen vor 1989 stark kontrolliert, brach mit dem Fall der Berliner Mauer eine Welle wirtschaftlichen Engagements bundesdeutscher Verlage los, angefangen vom Verkauf ihrer Titel über den Kauf von DDR-Zeitungsverlagen bis zum Ausbau eines exklusiven Pressevertriebssystems. Das geschah nicht in einem gemeinsam orchestrierten Vorgehen, sondern im Ergebnis eines komplexen Interessengeflechts der BRD-Verlage untereinander. Sie gestalteten die Strukturen einer sich transformierenden DDR-Presselandschaft gemäß ihren Bedürfnissen auf einem Zeitungsmarkt, der ab Mai 1990 längst gesamtdeutsch vereint war. Ostdeutsche Reformanliegen hatten angesichts der westdeutschen Dominanz kaum eine Chance. Diese »Übernahme« war allerdings nicht allein dem Markt geschuldet, sondern fußte auf der politischen Entscheidung der Bundesregierung, keinerlei Experimente oder Abweichungen zuzulassen.[68] Das hieß, bestehende Strukturen in der BRD (ob in Presse, Rundfunk oder Fernsehen) sollten nicht gefähr-

68 Dussel: Deutsche Tagespresse im 19. und 20. Jahrhundert, S. 245.

det, sondern auf die neuen Bundesländer erweitert werden. Somit war das Scheitern alternativer Ansätze politisch vorbestimmt.

War das Jahr 1989/90 also eine Zäsur für das Pressewesen im Osten Deutschlands? Ja. Ging diese Zäsur einher mit einer strukturellen Transformation? Nein. Was sich änderte waren die Besitzverhältnisse – die Parteipresse wurde eine privatwirtschaftliche Verlagspresse –, die Titelnamen, die (Chef-)RedakteurInnen, die Berichterstattung, und die Art und Weise, wie über Journalismus und Öffentlichkeit gedacht wurde. Der Großteil der Blockpartei-Zeitungen wurde, genau wie die Zeitungsneugründungen des Jahres 1990, bereits in den frühen 1990er Jahren eingestellt. Es verblieben die ehemaligen SED-Bezirkszeitungen, Teile ihrer Belegschaften und vor allem ihre LeserInnen. Letztere hielten ihren angestammten Zeitungen langfristig Treue, die nach Michael Meyen hilfreiche »Begleiter in einer schwierigen Umbruchzeit wurden«.[69] Strukturell bedeutete das, dass die Vormachtstellung ehemaliger SED-Bezirkszeitungen letztlich ungebrochen blieb. Schon im Mai 1992 kritisierte der Verband der Lokalpresse, BRD-Verlage hätten durch die Zuteilungspraktik der THA einen »nach den Gesetzen des staatlichen Zentralismus als Monopol aufgebauten Markt in unveränderter Struktur übergeben bekommen, sich danach zunehmend konsolidiert und den Markt weiter zementiert«.[70] Das politische Monopol der SED hatte sich damit in eine wirtschaftliche Monopolstellung weniger bundesdeutscher Verlage transformiert, nicht jedoch zu einer strukturellen Pressevielfalt, wie sie im Herbst 1989 gefordert worden war.

69 Michael Meyen: Denver Clan und Neues Deutschland. Mediennutzung in der DDR, Berlin 2003, S. 218.

70 Memorandum: »Notwendige Maßnahmen«, 21. Mai 1992, S. 2.

Medienerbe Ost

Der Umbruch im ostdeutschen Fernsehen und seine Folgen

Peter Ulrich Weiß

Im Oktober 2018 ging im Programm des Mitteldeutschen Rundfunks (MDR) eine kleine Ära zu Ende: Nach 23 Jahren verabschiedete sich Hartmut Schulze-Gerlach alias »Muck« als Moderator von *Damals war's*. In der seit 1995 laufenden Sendung erraten die Zuschauerinnen und Zuschauer anhand von zeitgenössischen Nachrichten, Filmen, Musikhits etc. ein Jahr zwischen 1950 und dem letzten Jahr vor der aktuellen Sendung. Die monatlich ausgestrahlte Oldie-Show gehörte 2017 mit über 12 Prozent durchschnittlichem Marktanteil zu den erfolgreichsten Unterhaltungsshows des MDR in seinem Sendegebiet, sodass die Programmverantwortlichen den Sänger und beliebten Moderator aus Dresden nur ungern gehen ließen. Dieser hatte seinen ersten Auftritt im DDR-Fernsehen 1981 gefeiert. Doch mit Wolfgang Lippert alias »Lippi« war ein populärer Nachfolger gefunden, der als Ost-Berliner in den Jahren vor und nach 1989 ebenfalls eine prominente, gesamtdeutsche Bildschirm-Karriere hingelegt hatte.[1] So nahm sich dann auch die eingebaute Gratulationscour zu Lipperts Sendestart am 4. November 2018 wie ein einziges *Who is Who* der ehemaligen und aktiven Ost-Prominenz in Musik und Fernsehen mit DDR-Vergangenheit aus.

Was hier im ersten Moment wie ein herkömmlicher Moderatorenwechsel erscheint, lässt auf den zweiten Blick eine Gemengelage erkennen, die für das ostdeutsche Fernsehen nach 1989/90 durchaus typisch war: Programminhalte mit explizitem DDR-Bezug erhielten eine Bühne auf öffentlich-rechtlichen Regionalsendern, deren Publikum zwar mehrheitlich den SED-Staat und sein Mediensystem abgewählt hatte, aber dennoch Sendungen und Moderatorinnen und Moderatoren aus Ost-Zeiten sehen wollte. Dieses Spannungsverhältnis setzt sich in der gebrochenen Wahrnehmung der fernsehmedialen Transformation fort. So bilden die Abwicklungsgeschichte des vormals SED-gelenkten Staatsfernsehens der DDR, in der vielfach von »bundesdeutscher Willkür« und »Identitätsberaubung« die Rede ist, und die Erfolgsgeschichte der Regional- und »Nostalgiesender« MDR und Ostdeutscher Rundfunk Brandenburg (ORB) bzw. Rundfunk

1 »›Muck‹ sagt Tschüss. Warum Hartmut Schulze-Gerlach den MDR verlässt«, in: *Super-Illu*, 16.8.2018, URL: https://www.superillu.de/magazin/stars/hartmut-schulze-gerlach/muck-verlaesst-mdr-131 [4.5.2021]; Wolfgang Lippert: Wetten, dass … Erna kommt?! Mein buntes Leben – schwarz auf weiß, Berlin 2016.

Berlin-Brandenburg (RBB) unter Führung westdeutscher Intendanten zwei auseinanderstrebende Erzählstränge im öffentlichen Diskurs. Was die bisweilen widersprüchlich erscheinenden Tendenzen miteinander verbindet, ist die DDR als historische Vergangenheit und mediales Erbe. Ihr fernsehmediales Nachleben als hybrides Zusammenspiel von Faktoren, Akteuren und visuellen Überlieferungen war in der Summe umfangreicher und wirkmächtiger, als bislang oft angenommen.

Diese These ist keineswegs unumstritten. So wird seit Jahren beklagt, dass die Ostdeutschen in der bundesdeutschen Vereinigungsgesellschaft medial nicht ausreichend repräsentiert seien, wofür sich im Fernsehbereich durchaus Belege finden lassen.[2] Doch in der Nahperspektive wird schnell deutlich, dass von Totalverlust keine Rede sein kann. So wurde und wird jenseits des *Sandmännchens* häufig die Vielfalt dessen übersehen, was die DDR vor und hinter der Kamera der bundesdeutschen Fernsehwelt hinterließ, sei es in Form von Institutionen, Medienmenschen und -formaten, journalistischer Praxis, Zuschauerverhalten oder auch als Programmgegenstand und historische Quelle. Führt man die Einzelfaktoren zusammen, erscheint der fernsehmediale Umbruch als ein Vorgang, der von diversen Übergängen und Fortsetzungen gekennzeichnet war. Dies wird im Folgenden anhand der Geschichte des Fernsehens der DDR sowie der beiden Regionalsender MDR und ORB für den Zeitraum von 1989 bis zu den frühen 2000er Jahren dargelegt.

2 Siehe jüngst die kritische Bestandsaufnahme im Abschlussbericht der Regierungskommission: Bundesministerium des Innern, für Bau und Heimat (Hg.): 30 Jahre Friedliche Revolution und Deutsche Einheit, Dezember 2020, S. 11 ff., 17; Kritik an Berichterstattung. Ostdeutschland muss sichtbarer werden. Matthias Platzeck im Gespräch mit Brigitte Baetz, in: Deutschlandfunk, 7.12.2020, URL: https://www.deutschlandfunk.de/kritik-an-berichterstattung-ostdeutschland-muss-sichtbarer.2907.de.html?dram:article_id=488816 [4.5.2021]. Ebenso der Beitrag von Jana Hensel: Was läuft denn da?, in: *Zeit im Osten*, 25.2.2021 sowie Lutz Mükke: 30 Jahre staatliche Einheit – 30 Jahre mediale Spaltung. Schreiben Medien die Teilung Deutschlands fest? Arbeitspapier der Otto Brenner Stiftung 45, Frankfurt am Main 2021, URL: https://www.otto-brenner-stiftung.de/wissenschaftsportal/informationsseiten-zu-studien/30-jahre-mediale-spaltung/ [4.5.2021]. Mit Blick auf die 1990er Jahre siehe auch die Ergebnisse der Erhebungen von Werner Früh/Uwe Hasebrink/Friedrich Krotz/Christoph Kuhlmann/Hans-Jörg Stiehler: Ostdeutschland im Fernsehen, München 1999 sowie für das Folgejahrzehnt: Werner Früh/Hans-Jörg Stiehler/Hannah Früh/Claudia Böttcher: Mediale Vereinigungsbilanzen. Ost- und Westdeutschland im Fernsehen: Event- und Alltagsberichterstattung, Berlin 2011, S. 188.

Medientransformation im annus mirabilis

Die Rolle der Medien für den Zusammenbruch des kommunistischen Ostblocks war bedeutend, jedoch nicht überall gleich. Während Medien in Polen und Ungarn langfristig zur Aushöhlung und Transformation des Systems beitrugen, gaben sie anderswo, wie in Rumänien und in der DDR, einen kurzen, aber verdichteten Impuls, der den Zusammenbruch des Systems mitbeförderte.[3] Das Fernsehen der DDR blieb in diesem Prozess lange Zeit außen vor. Zwar hatte das Unterhaltungssegment in den 1980er Jahren an Umfang zugenommen, dennoch galt es als feste, ideologisch reglementierte Stütze des SED-Regimes mit einer parteikonformen Berichterstattung, deren gesellschaftspolitische Inhalte und Botschaften den meisten DDR-Bürgern unglaubwürdig und uninteressant erschienen. Dies sorgte für eine tiefsitzende Mediendistanz beim Publikum. Man kann grob bilanzieren, dass das DDR-Fernsehen, wie die DDR-Leitmedien insgesamt, bis zur Ablösung Erich Honeckers am 18. Oktober 1989 weitgehend »auf Linie« lag.[4]

Gleichzeitig war es aber genau diese Medienpolitik »auf Linie«, die ungewollt zum Zusammenbruch des Sozialismus beitrug. Unmut und Protest wurden erstens durch die Zensurpolitik mobilisiert, wie es beispielsweise im Verbot der Zeitschrift *Sputnik* Ende 1988 seinen Ausdruck fand. Zum Zweiten beförderte die DDR-Medienberichterstattung die Unzufriedenheit, weil sie fortlaufend den Unterschied zwischen der erlebten grauen Alltagserfahrung und der bejubelten Scheinwelt des Regimes aufzeigte. Drittens schließlich verärgerte die DDR-Bevölkerung die Tabuisierung aktueller Krisen: allen voran jene der Flucht und Ausreise. Wenn ausnahmsweise doch reagiert wurde, dann wurden viertens die Ereignisse falsch oder halbwahr dargestellt und Westmedien oder Oppositionelle als vermeintliche Drahtzieher diffamiert, was das DDR-Fernsehpublikum, in heimlicher Kenntnis des Westprogramms, ebenfalls empörte.

Eine erste Zäsur bildete der 18. Oktober 1989 mit der Wahl von Egon Krenz zum Honecker-Nachfolger und dem darauffolgenden Rücktritt von

3 Frank Bösch: Medien als Katalysatoren der Wende? Die DDR, Polen und der Westen 1989, in: Zeitschrift für Ostmitteleuropaforschung 59.4 (2010) 4, S. 459-471; Thomas Großmann: Fernsehen, Revolution und das Ende der DDR, Göttingen 2015; Frank Bösch/Christoph Classen: Bridge over troubled water? Deutsch-deutsche Massenmedien, in: Frank Bösch (Hg.): Geteilte Geschichte. Ost- und Westdeutschland 1970-2000, Göttingen 2015, S. 449-488, hier S. 476 ff.

4 Rüdiger Steinmetz/Reinhold Viehoff (Hg.): Deutsches Fernsehen Ost: Eine Programmgeschichte des DDR-Fernsehens, Berlin 2008, S. 491 ff.; Frank Bösch: Ostdeutsche Medien im gesellschaftlichen Wandel. Presse, Musikkultur und regionale Identität nach 1990, in: Marcus Böick/Constantin Goschler/Ralph Jessen (Hg.): Jahrbuch Deutsche Einheit 2020, Berlin 2020, S. 333-347, hier S. 336.

Joachim Herrmann als ZK-Sekretär für Agitation und Propaganda sowie der Auflösung seiner Abteilung. Damit endete die zentral gesteuerte Anleitung der Massenmedien – und ein vorsichtiger Wandel der Berichterstattung begann sich allgemein abzuzeichnen. Die zentrale Nachrichtensendung *Aktuelle Kamera* wurde informativer, aktueller und weniger belehrend im Ton; die agitatorische Sendereihe *Der schwarze Kanal* mit der Reizfigur Karl-Eduard von Schnitzler wurde zum 30. Oktober abgesetzt. Aber erst ab Anfang November 1989 kann man dem Fernsehen zubilligen, dass es die kritische Auseinandersetzung mit dem Regime tatsächlich förderte. Das führte dann sogleich zu einem sprunghaft höheren Zuschauerinteresse, wie auch die vierstündige Live-Übertragung der Demonstration auf dem Alexanderplatz vom 4. November im DDR-Fernsehen zeigt, die eine Spitzen-Sehbeteiligung von 44 Prozent erreichte.[5] Das Fernsehen erlebte in der Folge einen ungeahnten Bedeutungszuwachs durch ungewohnte Themen, andere Präsentationsstile, jüngere TV-Gesichter und die Ausstrahlung bislang verbotener Filme. Einzelne neue Formate, wie das *Donnerstagsgespräch*, *Klartext* oder *Elf99*, forcierten mit ihren Beiträgen den Umbruch, wenn beispielsweise investigativ über Leipzigs Altstadtverfall oder das privilegierte Leben in der Politbüro-Siedlung bei Wandlitz berichtet wurde. Das Publikum nahm daran via Post oder Telefon massenhaft Anteil.[6] All dies wurde Bestandteil einer neuartigen, bis März 1990 andauernden Phase der Identitätssuche, in die das DDR-Fernsehen trat.[7]

Auf Weisung des neuen DDR-Ministerpräsidenten Hans Modrow beschloss der Ministerrat am 30. November 1989 die Auflösung der Staatlichen Komitees für Rundfunk und Fernsehen und setzte mit Hans Bentzien einen neuen Fernseh-Generalintendanten ein. Damit musste nach 35 Dienstjahren auch der höchste, übermächtige Fernsehfunktionär der DDR, Heinz Adameck, seinen Posten räumen. Am 5. Februar 1990 verabschiedete

5 Großmann: Fernsehen, Revolution und das Ende der DDR, S. 198 ff.

6 Rüdiger Steinmetz: Live-Wende in eine neue Zeit: Kontinuitäten und Brüche im deutsch-deutschen Fernsehen vor, am und nach dem 9. November 1989, in: Gerlinde Frey-Vor/Rüdiger Steinmetz (Hg.): Rundfunk in Ostdeutschland. Erinnerungen – Analysen – Meinungen, Konstanz 2003, S. 9-46; Thomas Schuhbauer: Umbruch im Fernsehen, Fernsehen im Umbruch. Die Rolle des DDR Fernsehens in der Revolution und im Prozess der deutschen Vereinigung 1989-1990 am Beispiel des Jugendmagazins *Elf 99*, Berlin 2001.

7 Knut Hickethier: Auf dem Weg zur Einheit – Fernsehen in Deutschland von 1989 bis 1991, in: ders.: Geschichte des deutschen Fernsehens, Stuttgart/Weimar 1998, S. 493-513. Aus Akteursperspektive: Michael Albrecht: Die programmliche und strukturelle Neuorientierung des DFF zwischen Maueröffnung und Wiedervereinigung, in: Roland Tichy/Sylvia Dietl (Hg.): Deutschland einig Rundfunkland? Eine Dokumentation zur Wiedervereinigung des deutschen Rundfunksystems 1989-1991, München 2000, S. 75-97.

dann die Volkskammer den Beschluss über die Gewährleistung der Meinungs-, Informations- und Medienfreiheit als Übergangslösung bis zu einem noch zu erarbeitenden Mediengesetz, womit der gesetzliche Rahmen für einen unabhängigen Journalismus geschaffen wurde. Zeitungen und Fernsehen waren nun auch offiziell unabhängig von der Modrow-Regierung. Die Volkskammer beschloss darüber hinaus die Konstituierung eines Medienkontrollrates. Das »Fernsehen der DDR« wurde daraufhin am 12. März 1990 in »Deutscher Fernsehfunk« (DFF) umbenannt.[8] Der begonnene Transformationsprozess des ostdeutschen Fernsehens hatte damit eine nächste Stufe erreicht.

Vom DDR-Staats- zum ostdeutschen Regionalfernsehen

Sechs Tage später gewann die CDU-geführte »Allianz für Deutschland« die ersten freien Volkskammerwahlen – und alles wurde anders. Eine klare Mehrheit der Wählerschaft hatte für Parteien votiert, die erstens für einen raschen Beitritt zur Bundesrepublik und das dortige Prinzip des Kulturföderalismus eintraten und zweitens dem alten Mediensystem und seinen Institutionen kritisch gegenüberstanden. Das traf neben der »Allianz« auch auf Vertreterinnen und Vertreter der Bürgerbewegungen, SPD und Liberale zu. Im Unterschied zu vorher wurde das DDR-Fernsehen von den neuen medienpolitischen Entscheidungsträgern nun als problematische Erblast bewertet. Angesichts der kommenden Länderbildung wurde die Auflösung bzw. teilweise Überführung in Länderanstalten bis zum 31. Dezember 1991 beschlossen und so auch im kontrovers diskutierten Rundfunküberleitungsgesetz sowie in Artikel 36 des Einigungsvertrages festgehalten. Daraus ergab sich ein eindeutiges Mandat zur Abwicklung des ostdeutschen Rundfunks. Beauftragt wurde damit am 15. Oktober 1990 ein Rundfunkbeauftragter für die neuen Bundesländer, der 71-jährige bayrische Medienmanager Rudolf Mühlfenzl (CSU).[9]

8 Karola Wille: Vom Werden der Rundfunkordnung in den neuen Bundesländern, in: Gerlinde Frey-Vor/Rüdiger Steinmetz (Hg.): Rundfunk in Ostdeutschland, S. 133-144, hier S. 134 ff.; Frauke-Anja Koch: Hörfunk und Fernsehen der DDR im Transformationsprozess – alternativloser Neubeginn oder verpasste Chance? Analyse des juristischen, ökonomischen und politischen Gestaltungsrahmens des Transformationsprozesses der elektronischen Medien von Oktober 1989 bis Oktober 1990, Driesen 2011, S. 66 ff., 120 f.; Mandy Tröger: Pressefrühling und Profit. Wie westdeutsche Verlage 1989/90 den Osten eroberten, Köln 2019, S. 64 ff.

9 Sylvia Dietl: Die Rundfunkneuordnung – eine Skizze aus wissenschaftlicher Perspektive, in: dies./Roland Tichy (Hg.): Deutschland einig Rundfunkland?, S. 17-29; Roland Tichy: Der Staatsrundfunk der DDR als Machtinstrument der Diktatur

Die anstehende Wiedervereinigung hatte die Ausarbeitung des geplanten Mediengesetzes überflüssig gemacht. Stattdessen beschäftigten sich nun die Landesmedienvertreter mit der Schaffung von Landesgesetzen. Wie im Presserecht wurden dabei auch im Rundfunkbereich die westdeutschen Regelungen und Modelle weitgehend von den neuen Ländern übernommen.[10] Damit war der Weg für ein eigenständiges ostdeutsches Rundfunksystem verbaut. Die Gründe hierfür waren vielfältig. Viele neue politische Entscheidungsträger kamen aus dem Westen, waren systemkonservativ, ohne Willen zu administrativer Innovation eingestellt und glaubten sich unter immensem Zeitdruck.[11] Unter den westdeutschen Verantwortlichen herrschte zudem ein tiefes Misstrauen gegenüber dem DDR-Fernsehen und seinen Machern, die man trotz des Umschwunges ab November 1989 mehrheitlich für regimenah hielt, was angesichts seines jahrzehntelangen Images, seiner Propagandafunktion und einem Anteil von fast einem Drittel SED-Mitgliedern unter den Beschäftigten kaum verwunderlich war. Hinzu kam die Angst vor dem Überleben von PDS-Seilschaften im Medienbetrieb, die Stimmungsmache gegen die neuen Verhältnisse und politischen Eliten hätten entfachen können.

Nicht zuletzt erachteten die westdeutschen Senderleitungen den DFF auch als Konkurrenten am »Fleischtopf« von Gebühren und Subventionen, sodass von dort wenig bis keine Unterstützung kam, den DFF als dritten überregionalen öffentlich-rechtlichen Sender zu etablieren. Von daher bestanden vonseiten der westdeutschen, aber auch ostdeutschen Regierungsparteien zu keinem Zeitpunkt ernsthafte Überlegungen, den eingeschlagenen Weg der Auflösung zu verlassen. Ostdeutsche Alternativideen, die über den reinen Erhalt von Arbeitsplätzen und eigenem Programm hinausgingen, fanden, wenn sie nicht ohnehin mit medienpolitischen Rahmenbedingungen kollidiert wären, wenig Gehör in der Politik.[12]

Die erste Stufe der Abschaltung des DFF erfolgte am 15. Dezember 1990, als eines der beiden Programme eingestellt und nur noch ein Vollprogramm

oder: Wie der gute Radiomensch unter den ›Mühlfenzl‹ fiel, in: ders./Sylvia Dietl (Hg.): Deutschland einig Rundfunkland?, S. 31-54.

10 Heike Trautloff/Melanie Brühler: Entstehung und Entwicklung der ostdeutschen Landespressegesetze und Rundfunkordnung, in: Marcel Machill/Markus Beiler/Johannes R. Gerstner (Hg.): Medienfreiheit nach der Wende: Entwicklung von Medienlandschaft, Medienpolitik und Journalismus in Ostdeutschland, Konstanz 2010, S. 75-96.

11 Marcel Machill/Markus Beiler/Johannes R. Gerstner: Systemwechsel – Die Transformation des DDR-Fernsehens 1989, in: Dossier Medienpolitik. Bonn 2014, URL: http://www.bpb.de/gesellschaft/medien/medienpolitik/172174/die-transformation-des-ddr-fernsehens-1989 [4.5.2021].

12 Koch: Hörfunk und Fernsehen der DDR im Transformationsprozess, S. 276 f.

als DFF-Länderkette ausgestrahlt wurde. Zeitgleich erfolgte sukzessive der Personalabbau der rund 7500 Mitarbeiterinnen und Mitarbeiter, gepaart mit Überprüfungen der Belegschaft auf Belastungsmomente ihrer politischen Vergangenheit, die – kaum überraschend – zur vorzeitigen Entlassung mehrerer Hundert Beschäftigter führten.[13] Das Arbeitsklima verschlechterte sich durch die Spaltung und bevorstehende Auflösung, und im Laufe des Jahres 1991 zerfiel die Betriebsgemeinschaft. Es bildeten sich Gruppen heraus, von denen abzusehen war, dass sie entweder zum MDR oder zum späteren ORB wechseln würden und die dafür bereits entsprechende Vorarbeiten leisteten.

Parallel dazu liefen auf Landesebene kontroverse Sondierungsgespräche über die künftigen Sender, ihre Größe und ihren Charakter sowie den Sendernamen. So war zwischenzeitlich auch die Gründung einer gemeinsamen Nordostdeutschen Rundfunkanstalt im Gespräch, bestehend aus den Bundesländern Brandenburg, Mecklenburg-Vorpommern und Berlin, wobei dem West-Berliner Sender SFB hier eine Führungsrolle erwachsen wäre. Doch konnten sich die ostdeutschen Landesparlamente am Ende nicht auf eine gemeinsame Position verständigen, zu groß waren die Widerstände in Schwerin. Aber auch der brandenburgische Ministerpräsident Manfred Stolpe plädierte für einen eigenen Sender mit eigener Identität. Im Ergebnis führten die diversen Aushandlungen zur Gründung des MDR und des ORB mit Hauptsitz in Leipzig und Potsdam im Mai bzw. Oktober 1991. Damit war zugleich das Ende des Sendestandortes in Berlin-Adlershof besiegelt.[14]

Dass allerdings mit dem Systemwechsel der Parteieneinfluss auf die Medienanstalten, wie es in der DDR Prinzip war, keinesfalls endgültig der Vergangenheit angehörte, das macht das Beispiel der MDR-Gründung deutlich: Zunächst schien eine mitteldeutsche Dreiländeranstalt (Sachsen, Sachsen-Anhalt und Thüringen) zu scheitern. Die Thüringer Verantwortlichen wünschten sich lieber eine Kooperation mit dem Hessischen Rundfunk. Dies änderte sich jedoch, als die SPD die hessische Regierungsmehr-

13 Dazu im Detail auch: Ernst Dohlus: In der Grauzone – Wie der Staatsrundfunk der DDR aufgelöst wurde: Phasen und Organisation, in: Deutschland Archiv, 11.9.2014, URL: www.bpb.de/191061 [4.5.2021]; ders.: In der Grauzone – Wie der Staatsrundfunk der DDR aufgelöst wurde: Menschen, Material und Programmvermögen, in: Deutschland Archiv, 22.9.2014, URL: www.bpb.de/191086 [4.5.2021].

14 Knut Hickethier: Das Zerschlagen der Einrichtung. Der Weg vom Staatsfernsehen der DDR zum Rundfunkföderalismus in den neuen Bundesländern, in: Rainer Bohn/Knut Hickethier/Eggo Müller (Hg.): Mauer-Show. Das Ende der DDR, die deutsche Einheit und die Medien, Berlin 1992, S. 71-93; Klaus Behling: Fernsehen aus Adlershof: Das Fernsehen der DDR vom Start bis zum Sendeschluss, Berlin 2016, S. 335 ff.

heit erhielt. Nun wurde eine Kooperation seitens des CDU-geführten Thüringens abgelehnt. Der »Staatsvertrag über den Mitteldeutschen Rundfunk« wurde im Juni 1991 von den drei CDU-Ministerpräsidenten aus Sachsen, Sachsen-Anhalt und Thüringen unterschrieben. Die Kontroll- und Aufsichtsfunktion übernahm übergangsweise ein Rundfunkbeirat, der die Funktion des Rundfunk- und Verwaltungsrats in einem einzigen Super-Gremium vereinte und dessen neun Mitglieder von den drei Landesparlamenten bestimmt werden durften. Personalpolitisch hatte das zur Folge, dass bis auf eine Ausnahme die gesamte Führungsebene des MDR, also die Gründungsdirektoren inklusive des Intendanten, aus Westdeutschland stammte, wobei sechs der acht Direktoren entweder Parteiangehörige der CDU waren oder als CDU-nah galten.[15]

Unabhängig davon, wie man diese Konstellationen bewertet, bedeutete die Übernahme der westdeutschen Medienordnung die Einführung eines völlig andersartigen Mediensystems in den neuen Bundesländern. Was als transformatorischer Umgestaltungsprozess des ostdeutschen Staatsfernsehens begonnen hatte, endete mit einer revolutionären, freilich von außen aufgezwungenen Neustrukturierung.

Personelle Kontinuitäten und Belastungen

Dass bereits 1991 von einer »Kolonialisierung« des DDR-Fernsehens gesprochen wurde, hing unter anderem mit den Personalentwicklungen an der Spitze von DFF und ORB bzw. MDR zusammen.[16] So hatte der von vielen Seiten aufgrund seines rigiden Stils kritisierte Rudolf Mühlfenzl seinen eigenen Beraterstab aus dem Westen mitgebracht, der stark auf ihn als »Chef-Abwickler« fokussiert war.[17] Danach erfolgte mit Hansjürgen Rosenbauer und Udo Reiter die Wahl von ebenfalls zwei westdeutschen Fernsehmachern auf die Intendantenstühle von ORB und MDR. Beim MDR in Leipzig wurden die leitenden Posten bis auf einen ausschließlich mit westlichen Kollegen besetzt, darunter auch mit dem neuen Fernsehdirektor Henning Röhl, ein Vorgang, der von der ostdeutschen Presse durchaus

15 Reiner Stein: Vom Fernsehen und Radio der DDR zur ARD. Die Entwicklung und Neuordnung des Rundfunkwesens in den Neuen Bundesländern, Marburg 2000, S. 142-144.

16 Lars von Törne: Mühlfenzl, oder Eine westdeutsche Medienpolitik nach Gutsherrenart, in: Wolfgang Dümcke / Fritz Vilmar (Hg.): Kolonialisierung der DDR – Kritische Analysen und Alternativen des Einigungsprozesses, Münster 1996, S. 299-317.

17 Jörg Hildebrandt: Havarietraining von Anbeginn (niedergeschrieben Sommer 1991), in: Edith Spielhagen (Hg.): So durften wir glauben zu kämpfen … . Erfahrungen mit DDR-Medien, Berlin 1993, S. 157-164.

kritisch kommentiert wurde.[18] Allerdings ist erstens zu berücksichtigen, dass es die politischen Vertreterinnen und Vertreter der ostdeutschen Landesebene waren, die im Auswahlverfahren für die Einstellung westdeutscher Kandidaten votierten. Und zweitens gab es Ausnahmen: Ein prominentes Beispiel war Michael Albrecht, seit 1985 Erster Kameramann im Bereich Dramatische Kunst des DDR-Fernsehens, seit 1990 DFF-Intendant und seit 1992 Fernsehdirektor des ORB. Ebenso hatten der erste MDR-Betriebsdirektor Peter Kocks zuvor als Produzent im DDR-Fernsehen und DFF gearbeitet, und seine Stellvertreterin bzw. spätere Nachfolgerin Gabriele Arlt war ebenfalls von 1976 bis 1991 beim DDR-Fernsehen tätig. Hinzu kam, dass allen westdeutschen Direktoren beim MDR ganz bewusst ein ostdeutscher Stellvertreter zugeordnet wurde.

Schaut man sich die Einstellungspolitik auf den weiteren Mitarbeiterebenen an, wird deutlich, dass das Gros der Beschäftigten ebenfalls aus dem Osten kam, vielfach aus dem Fernsehen der DDR bzw. dem DFF. Beim MDR, der rund 2000 Menschen beschäftigte, betrug die Quote über 90 Prozent.[19] Ohnehin war sowohl das ostdeutsche Fernsehprogramm als auch der Fernsehbetrieb als Ganzes bis Ende 1991 nahezu ausschließlich von Personal aus DDR-Zeiten realisiert worden. Hinzu kam, dass es manche angeworbenen Fachkräfte aus dem Westen in der von Improvisation, Stress und Experimenten geprägten Aufbauphase nur kurz aushielten und wieder zurückgingen. Insofern bestanden durchaus personelle Kontinuitäten im ostdeutschen Fernsehbetrieb bzw. eine starke ostdeutsche Prägung der Belegschaft.

Dieser Bezug zur Vergangenheit kam auch in der Auswahl der Moderatorinnen und Moderatoren zum Ausdruck, die zum Teil vom DFF übernommen wurden, zum Teil neu rekrutiert wurden, dabei jedoch mehrheitlich eine ostdeutsche Sozialisation aufwiesen. Erinnert sei allein an die vom MDR übernommenen Moderatorinnen aus dem DDR-Fernsehen, Petra Kusch-Lück, Cornelia Nossek, Andrea Horn, Elke Bitterhof und Antje Garden. Im ORB prägten männlicherseits Hellmuth Henneberg und Raiko Thal aus dem *Elf99*-Team oder Uwe Madel, der ebenso wie Henneberg in der Sektion Journalistik der Karl-Marx-Universität Leipzig studiert hatte, die Bildschirme. Dass diese neue Riege bald zu regionalen, bisweilen sogar nationalen Stars wurde, dafür sorgten auch Zeitschriften wie *Super-Illu* oder *FF-Dabei*, die Konterfeis und Stargeschichten zu Hunderttausenden unter den ostdeutschen Fernsehfans verbreiteten. Überdies konnten

18 Zum Beispiel: »Begabte Neulinge beim MDR nicht gefragt«, in: *Neues Deutschland*, 21.8.1991.

19 MDR – Mitteldeutscher Rundfunk: Geschäftsbericht, Leipzig 1992, S. 27.

sich im Verlauf der 1990er Jahre eine ganze Reihe von ostdeutschen Moderatorinnen und Moderatoren auf Sendeplätzen der überregionalen Sender etablieren, wie Inka Bause, Susanne Daubner, Maybrit Illner, Wolfgang Lippert, Katrin Müller (später Müller-Walde), Carmen Nebel, Jens Riewa und andere.

Einen weiteren »Link« zwischen DDR-Vergangenheit und bundesdeutscher Fernseh-Gegenwart stellten prominente Rollenbesetzungen mit ostdeutschen Schauspielern dar. So bildeten beispielsweise Peter Sodann und Bernd Michael Lade als Hauptkommissare Ehrlicher und Kain das erste ostdeutsche *Tatort*-Team, das von 1992 bis 2007 erst in Dresden, dann in Leipzig seine Ermittlungen durchführte. Der MDR, der davon insgesamt 45 Folgen produzierte, arbeitete zeitweise mit dem WDR zusammen. Bereits in der DFF-WDR-Koproduktion *Unter Brüdern* (R: Helmut Krätzig, BRD/DDR 1990) aus dem Jahr 1990 trafen die westdeutschen *Tatort*-Kommissare Schimanski (Götz George) und Thanner (Eberhard Feik) auf die ostdeutschen *Polizeiruf*-Ermittler Fuchs (Peter Borgelt) und Grawe (Andreas Schmidt-Schaller), um einen Fall grenzüberschreitenden Kunstschmuggels aufzuklären. Schmidt-Schaller war in den 1990er Jahren in zahlreichen ARD- und MDR-Serien zu sehen, bevor er dann 2001 als Chefermittler in der ZDF-Krimiserie *SoKo Leipzig* endgültig überregional bekannt wurde. Ebenso erlangte – seit 2002 – Jan Josef Liefers als Rechtsmediziner Prof. Dr. Dr. Karl-Friedrich Boerne im Münsteraner *Tatort*-Team nationale Popularität.

Ein anderes, wenig bekanntes Beispiel bildet die im Frühjahr 1995 angelaufene ORB-Polizeiserie *Zappek*, in der das ungleiche Paar des raubeinigen, stets unrasierten Hauptkommissars Zappek aus dem Osten (gespielt von Uwe Kockisch) und seines angepassten jungen Partners Polikeit im Karstadt-Look aus dem Westen (gespielt von Claudius Freyer) im vereinten Berlin der Nachwendezeit Mordfälle aufzuklären hatte. Die regionale und überregionale Kritik reagierte euphorisch auf die Figurenkonstellation. Im Mittelpunkt der Presseresonanz stand vor allem der frühere Star des Maxim-Gorki-Theaters, Uwe Kockisch. Dieser wurde zwar nicht müde zu betonen, dass ihn Fernsehen eher langweile und derlei Drehs nur schlichter Broterwerb seien. Doch solche Aussagen machten die Figur nur noch populärer – und die Serie auch gesamtdeutsch äußerst erfolgreich.[20] Denn zum Erstaunen der ORB-Pro-

20 »Mal sehen, was aus *Zappek* wird«, in: *Berliner Zeitung*, 5.5.1994; »Berlins neuer Kommissar: *Zappek*«, in: *Berliner Morgenpost*, 18.5.1994; »Theater-Star Uwe Kockisch dreht ORB-Krimiserie. *Zappek* – ein Kommissar der leisen Töne«, in: *Super-TV*, 19 (1994); »Uwe Kockisch (*Zappek*): Bille aus'm Bauch heraus«, in: *Bild + Funk*. TV- und Radioprogramm vom 4. bis 10.3.1995, 24.2.1995, S. 10; »*Zappek* – Neue Serie in

grammverantwortlichen lag der Erfolg nicht zuerst in der eigenen brandenburgischen Klientel begründet, sondern an den vier- bis fünfmal höheren Einschaltquoten im Westen. Das dortige Fernsehpublikum störte sich offensichtlich nicht an den vielen ostdeutschen Schauplätzen, Sujets und Stars im Plot, schließlich war mit Karin Gregorek als Vorgesetzte der beiden Ermittler eine weitere DDR-Film- und Theatergröße an Kockischs Seite.[21] Gleiches galt für die im Auftrag der ARD produzierte, 1995 ausgestrahlte Serie *Kanzlei Bürger*, die in der ostdeutschen Provinz spielte und auch im ORB und MDR lief. Neben der medialen Ost-Präsenz zeigte sich hier, dass die Pauschalvorstellung einer durchgängig in Ost und West geteilten Stammseherschaft und Sendertreue keinesfalls zutraf. Dies korrespondiert mit dem Befund, dass die Beachtung und Thematisierung Ostdeutschlands im Programm stets nur ein Kriterium unter mehreren darstellte, die die Senderauswahl beeinflussten. Ein durchgängiges Muster im Sinne von: ›Je größer der Ost-Bezug, desto größer die Zuschauerzahlen in den neuen Bundesländern bzw. je größer der Ost-Bezug, desto niedriger die Zuschauerquote im Westen‹ sahen demnach auch Erhebungen aus dem Jahr 2001 nicht bestätigt.[22]

Ein eigenes problematisches DDR-Erbe innerhalb des ostdeutschen Fernsehbetriebs stellte die Aufdeckung von IM-Tätigkeiten bekannter und beliebter Moderatorinnen und Moderatoren dar. Sie fiel nicht nur auf die betroffenen Personen, sondern auch auf die Senderleitungen und deren Überprüfungspraxis zurück.[23] So waren zwar Fragebogen-Überprüfungen durchgeführt worden, die Kündigungen oder Versetzungen von Beschäftigten zur Folge hatten. Doch etliche prominente Sender-Gesichter hatten ihre MfS-Kontakte zunächst erfolgreich verschwiegen. Nach ihrer Enttarnung dann bekannten sie sich nur scheibchenweise zu ihrer IM-Vergangenheit. Zu den spektakulären Fällen gehörte beim ORB dabei die namentliche Kenntlichmachung der Radio-Kultmoderatoren Lutz Bertram und Jürgen Kuttner sowie des Fernseh-Chefredakteurs

der ARD. Kriminaler aus dem Osten«, in: *Neues Deutschland*, 6.3.1995; »Uwe Kockisch: *Zappek* wider Willen«, in: *TV-Aktuell*, 8 (1995); »Rein und raus. Uwe Kockisch über *Zappek*, Fernsehen und Theater«, in: *Zitty*, 6 (1995).

21 UHA RBB, Nr. 1544, Bd. 1: Alfred Roesler-Kleint an Lutz Marmor, 31.5.1995.

22 Werner Früh/Hans-Jörg Stiehler: Fernsehen in Ostdeutschland: Eine Untersuchung zum Zusammenhang zwischen Programmangebot und Rezeption, Berlin 2002, S. 139.

23 Dazu auch: Ariane Mohl: Personelle und institutionelle Übergänge im Bereich der brandenburgischen Medienlandschaft. Gutachten für die Enquete-Kommission 5/1 des Brandenburger Landtags, Potsdam 2011, S. 87-102, URL: https://www.landtag.brandenburg.de/media_fast/5701/Gutachten_Mohl_Medienlandschaft%2020.pdf [4.5.2021].

Hagen Boßdorf.[24] Beim MDR erschütterte um die Jahrtausendwende sogar eine regelrechte Welle von Enthüllungen den Sender. Sendungen wie *Fakt*, *Je t'aime – wer mit wem* oder das Nachmittagsprogramm hatten eine nach der anderen ein Besetzungsproblem vor der Kamera. Dies brachte dem MDR zwischenzeitlich den Ruf eines Stasi-Senders ein.[25] Deutlich wurde, dass es die stets sonst im Politikbetrieb und bei anderen Personen Transparenz einfordernden Medienmenschen waren, die die Aufarbeitung der Diktaturbelastung im eigenen Haus unterlassen hatten.[26] Zugleich trugen das wissentliche Verschweigen der Betroffenen und die Vielzahl der Offenbarungen mit dazu bei, dass die DDR medial und erinnerungskulturell als »Diktatur« und »Überwachungsstaat« wahrgenommen wurde.

Überlebte Unterhaltungslust und Leitmediendistanz

Für das Nutzerverhalten des ostdeutschen Publikums bedeutete 1989/90 zunächst zweifellos einen Umbruch, da sich die Lebensumstände des alltäglichen Fernsehkonsums umfassend veränderten: Das DDR-Fernsehprogramm endete 1990 bzw. 1991, Freizeitangebote wandelten sich in Art und Quantität, die Arbeitszeiten bis hin zur Arbeitslosigkeit änderten sich, es wurde später geheiratet, es wurden weniger Kinder gezeugt, die Medienlandschaft wurde privatisiert, neue Medienangebote inklusive Video verbreiterten sich rasant, die generelle Sendezeit stieg an.[27] In den Sehzeiten und der Programmwahl setzte sich für die 1990er und 2000er Jahre ein

24 Klaus-Peter Wenzel: Der Fall Lutz Bertram. Dokumentation einer Verstrickung, Berlin 1996; »Stasi-Aktenfunde belasten ARD-Sportkoordinator Boßdorf«, in: *Die Welt*, 2.12.2005; »Stasiforscher stellt Strafanzeige gegen Boßdorf«, in: *Frankfurter Allgemeine Zeitung*, 14.4.2006; »Boßdorf verliert Stasi-Streit mit der *Welt*«, in: *Berliner Zeitung*, 29.6.2006.

25 Bürgerkomitee Leipzig (Hg.): Begleitheft: Materialien III zur Podiumsdiskussion: Der MDR, die Stasi und die Medien am 7.2.2001 im Museum der »Runden Ecke«, Leipzig 2001; »Stasi-Probleme beim MDR: Ein Sender mit Geschichte«, in: *Der Tagesspiegel*, 8.2.2001; »Gespannte Stimmung: Der MDR als Stasi-Stadl«, in: *Der Spiegel*, 6.3.2001.

26 Im Ergebnis der IM-Enthüllungen beim MDR beauftragte dann die ARD ein Forscherteam mit der Untersuchung rundfunkbezogene Aktivitäten des MfS in Ost- und Westdeutschland, das auch für westdeutsche Sendeanstalten und Korrespondentenkreise umfangreiche Belastungsfälle aufdeckte. Die Ergebnisse der Studie wurden 2004 öffentlich vorgestellt und dann 2008 in gekürzter Buchform publiziert: Jochen Staadt/Tobias Voigt/Stefan Wolle: Operation Fernsehen. Die Stasi und die Medien in Ost und West, Göttingen 2008.

27 Früh/Stiehler: Fernsehen in Ostdeutschland, S. 11-17.

unverkennbarer Ost-West-Unterschied durch: Die ostdeutschen Zuschauerinnen und Zuschauer schauten über die Jahre konstant deutlich länger fern, begannen das Abendprogramm mit 18 Uhr eine Stunde früher, schauten mehr privates Fernsehen bzw. nutzten ihre Dritten Programme als Vollprogramme und bevorzugten Formate der Unterhaltung gegenüber denen der Information. So präferierten Ostdeutsche beispielsweise im non-fiktionalen Bereich Infotainment-Sendungen wie *Explosiv* oder *Schreinemakers* gegenüber Informationssendungen klassischen Typs wie *Monitor* oder *Report*. Ohnehin wurde RTL seit 1993 zum am häufigsten eingeschalteten Fernsehsender in Ostdeutschland, mit der höchsten Zuschauerbindung.[28]

Für den hohen Fernsehkonsum und die Programmwahl wurden verschiedene Erklärungsansätze bemüht. Diese heben ab auf die veränderten, teilweise prekär gewordenen lebensweltlichen Umstände, wie fehlende Mittel für anderwärtige Freizeitgestaltung oder zusammengebrochene Freizeit- und Kommunikationsstrukturen vor Ort, oder betonen medienbiographische Aspekte wie den traditionell früher beginnenden Fernsehabend.[29] Auch die veränderte Demographie durch den massenhaften Wegzug vornehmlich jüngerer Menschen nach Westdeutschland bildete einen Faktor. Wer aber annahm, dass es sich beim RTL-Boom inmitten der ostdeutschen Transformation um einen mehrheitlichen Zugriff von sozial frustrierten, männlichen Unterschichtenzuschauern handele, der irrte. So äußerten 1994 die RTL-Konsumenten mit 69 Prozent die höchste Zufriedenheit mit ihrer gesamten Lebenssituation.[30] Entscheidender war die bei RTL vielfach anzutreffende Kombination aus Harmonie und Konfliktarmut im Programm, die zur Identifizierung mit den dortigen Medieninhalten und damit zum Einschalten führte.[31] Kamen dann noch ostdeutsche Themen hinzu, traf das den Nerv vieler Menschen in den neuen Bundesländern. Deutlich wird, dass die Programmentscheidung beeinflusst wurde durch eine Fokussierung auf Unterhaltung, die bereits aus DDR-Zeiten

28 Gerlinde Frey-Vor/Heinz Gerhard/Annette Mende: Daten der Mediennutzung in Ost- und Westdeutschland, in: Media Perspektiven 2002, Heft 2, S. 54-69; Gerlinde Frey-Vor/Heinz Gerhard/Inge Mohr: Mehr Unterschiede als Annäherung?, in: Media Perspektiven, 2 (2002), S. 70-76; Camille Zubayr/Heinz Gerhard: Tendenzen im Zuschauerverhalten, in: Media Perspektiven 2012, Heft 3, S. 118-132, hier S. 122.

29 Frey-Vor/Gerhard/Mende: Daten der Mediennutzung in Ost- und Westdeutschland.

30 Edith Spielhagen: Ergebnisse der Oststudie der ARD/ZDF-Medienkommission. Zuschauererwartungen und -reaktionen auf die Programmangebote von ARD und ZDF in den neuen Bundesländern, Media Perspektiven 1995, Heft 8, S. 362-392, hier S. 367f., S. 383.

31 Früh/Stiehler: Fernsehen in Ostdeutschland, S. 90.

stammte, sowie durch ein gewisses Unbehagen am konfrontativen Stil des westdeutschen Investigativ-Journalismus.

Darüber hinaus spielt eine weitere medienbiographische Vorprägung eine Rolle: Viele Menschen aus der DDR hatten zwar Westfernsehen konsumiert, doch im Gegensatz zur Vorstellung von ARD- und ZDF-Intendanten gingen sie nicht davon aus, es bei der westlichen Fernsehinformation mit einer hundertprozentig wahrhaft-objektiven Berichterstattung zu tun zu haben. Stattdessen hielten sie auch diese in gewissem Maße für gelenkt und vorsortiert.[32] Dies erklärt, warum nach der deutschen Einheit der Imagevorsprung von ARD/ZDF gegenüber RTL/SAT 1 bei den Kategorien »Glaubwürdigkeit/Zuverlässigkeit« geringer war als im Westen, wie eine Erhebung von 1995 herausfand.[33] Diese Distanz zu den traditionellen Leitmedien der Bundesrepublik hat in Ostdeutschland bis heute überlebt. Der Absatz von überregionalen Zeitungen wie *FAZ*, *Süddeutsche* oder *ZEIT* ist, ebenso wie die Einschaltquote von ARD und ZDF, niedriger als im Westen. Insofern lässt sich in der vergleichsweise hohen, stetigen Infragestellung der Leitmedien-Kompetenz auch eine gewisse Hinterlassenschaft aus DDR-Zeiten erkennen.

Neuanfänge und Kontinuitäten im Programm

Nach den bereits beschriebenen Veränderungen im Programm des DDR-Fernsehens im Herbst 1989 vollzog sich im Frühjahr 1990 unter den neuen (alten) Namen DFF1 und DFF2 dann auf der Programmebene die nächste Stufe eines Wandels.[34] Das Publikum konnte ihn vor allem durch geänderte Sendetitel und Formate wahrnehmen. Dabei kamen zwar etliche Sendeformate scheinbar neu daher, knüpften jedoch an frühere Magazine an, darunter die Kultur- und Lifestyle-Magazine *Kontur* und *Trend* (vormals *Kulturmagazin* und *Modekiste*) oder auch das Magazin *Meridiane*, das die im Februar 1990 eingestellte außenpolitische Sendung *Objektiv* beerbte. Zugleich entstand 1990/91 eine Reihe von Magazinen, die sich nun explizit mit der wirtschaftlichen Neuordnung und sozialen Transformation befassten, wie beispielsweise *Marktwirtschaft*

32 Michael Meyen: Einschalten, umschalten, ausschalten? Das Fernsehen im DDR-Alltag, Leipzig 2003, S. 92 ff.; Michael Meyen: Die ARD in der DDR, in: Aus Politik und Zeitgeschichte 60 (2010), 17.5.2010, S. 28-34.

33 Spielhagen: Ergebnisse der Ost-Studie, S. 369.

34 Zur programmlichen Entwicklung 1990/91: Steinmetz/Viehoff (Hg.): Deutsches Fernsehen Ost, S. 487-528.

konkret, *Rund ums Geld*, *Arbeitsmarkt aktuell* oder *Steuer ABC*.[35] Das Programm änderte sich zudem insofern, als neben dem Informationsangebot auch das Unterhaltungssegment ausgebaut wurde. Allein bis zum Oktober 1990 entstanden Dutzende neue Unterhaltungssendungen und zwölf neue Unterhaltungsreihen, wie *Klingendes Dresden*, *Thüringer Bauernmarkt* oder *SamsTALK*.

Doch wie sehr hatte sich das DDR-Fernsehen auf den Bildschirmen tatsächlich verändert, wenn man vom allgemeinen Programmschema in die Nahperspektive des Tagesprogramms wechselte? Eine Stichprobe vom 19. Mai bis 1. Juni 1990 zeigt, dass sich die Programmstruktur zunächst in vielem noch an früheren Zeiten orientierte.[36] Das Schulfernsehen bestimmte weiterhin mit Biologie, Russisch, Geschichte oder Chemie die frühen Sendeplätze. Das späte Nachmittagsprogramm wurde von altbekannten Kindersendungen bestritten, zum Beispiel *Hoppla*, *Flimmerstunde*, *Ellentie* oder, neu dabei, *BAFF*. Neben Konstanten wie der *Aktuellen Kamera*, dem *Sandmännchen*, *Tele-Lotto* oder *Sport aktuell* bildete weiterhin 20 Uhr die maßgebliche Zeitgrenze vom Vorabend- zum Abendprogramm. Überdies prägte Unterhaltung mit bekannten Formaten den Fernsehabend ab 19 Uhr, wie der Samstag des 19. Mai 1990 exemplarisch zeigt, an dem zunächst die Arztserie *Zahn um Zahn* (19 Uhr), im Anschluss *Wenn schon – denn schon* (20 Uhr) mit Hans-Joachim Wolfram und schließlich die Sendung *Dähn über den …* (21.45 Uhr), in der Christine Dähn Prominente befragte, ausgestrahlt wurden. Unverkennbar war, dass der alte Programmbetrieb mit den meisten Gesichtern und Formaten von damals weitgehend fortlief. Es liefen zwar mehr Filme und Serien westlicher Herkunft, aber von tatsächlicher Innovation war nur wenig zu sehen.

Ein Einschnitt in die Programmstruktur vollzog sich dann Mitte Dezember 1990, als das DFF von zwei Kanälen auf einen Kanal reduziert wurde und fortan als »DFF Länderkette« auf Sendung ging. Hauptmerkmale der Veränderung waren erstens die Reduzierung des ausgestrahlten Programmvolumens plus Einstellung bestimmter Formate, zweitens die Einführung der Berichterstattung aus den Landessendern der neuen Bundesländer (Regionalisierung des Fernsehens) und drittens der Start einiger neuartiger Sendungen und Formate. Für letztere stehen zweifellos Magazine wie *Amadeus. Das Musikjournal*, *Alice. Ein Europakulturjournal* oder *Kaos. Das andere Kulturmagazin*, die in erster Linie über Kultur berichte-

35 Anja Kreutz/Uta Löcher/Doris Rosenstein: Von *Aha* bis *Visite*. Ein Lexikon der Magazinreihen im DDR-Fernsehen (1952-1990/91), Potsdam 1998, S. 64.

36 Siehe dazu die Ausgaben Nr. 21 und Nr. 22 der Fernsehzeitung *FF dabei* vom 19.5.–25.5. sowie 26.5.–1.6.1990.

ten und bisweilen experimentell daherkamen. Das sorgte dafür, dass das letzte Jahr des DFF als Zeitraum besonders kreativen Fernsehmachens erinnert wird. Doch ansonsten lief nach wie vor vieles wie gewohnt weiter. So wurden im Bereich Publizistik weiterhin zur Hauptsendezeit *Prisma*, das *Donnerstag-Gespräch*, das Wirtschaftsmagazin *Umschau*, die *Klartext*-Reportagen sowie *Elf99 special* ausgestrahlt. Auch im Sportsektor wurden Sendungen *wie Sport aktuell* bis zum Schluss ausgestrahlt, und das bisherige Kinderfernsehprogramm sowieso. Insofern war die DFF Länderkette letztlich vor allem das Ausläuferprogramm des späten DDR-Fernsehens, das zum 31. Dezember 1991 sein definitives Ende fand.

Auch das Programmkonzept der beiden neuen Regionalprogramme MDR und ORB ab 1992 setzte nicht auf völligen Neuanfang, sondern auf Anschluss und Übergang, insbesondere beim MDR. Rund ein Dutzend Sendungen und Formate wurden aus DDR- bzw. DFF-Zeiten übernommen, darunter *Außenseiter-Spitzenreiter, Wenn schon – denn schon, Schätzen Sie mal* oder *Achims Hitparade.* Zum Konzept der Drei-Länderanstalt gehörte ebenfalls die gezielte Wiederholung nicht nur von DEFA- und DDR-Fernsehproduktionen wie *Polizeiruf 110* oder *Der Staatsanwalt hat das Wort*, sondern auch das Recyceln und Kompilieren alten Materials, das zu neuen Sendungen à la *Ein Kessel Buntes – Spezial* zusammengesetzt wurde. Der MDR verschränkte diesen Rückgriff mit der Ausstrahlung regionalbezogener Formate und dem Einstieg in die Volksmusiksparte, was Sendungen wie *Wernesgrüner Musikantenschenke* oder die Preisverleihung *Krone der Volksmusik* hervorbrachte.

Zudem schuf sich der MDR 1995 mit der »Goldenen Henne« – in Erinnerung an die 1991 verstorbene DDR-Entertainerin Helga »Henne« Hahnemann – einen Publikums- und Medienpreis, mit dem sich der Sender einmal im Jahr selbst glamourös feierte und mit dem vor allem ostdeutsche Prominente ausgezeichnet wurden, deren Karrieren meist schon vor 1989 begonnen hatten. Zu ihnen gehörten Preisträger wie Frank Schöbel (1995), Wolfgang Stumph (1996), Gaby Albrecht (1997), Carmen Nebel (1998) oder die Puhdys (1999). Erklärte Absicht von MDR-Intendant Udo Reiter war es, die Menschen dort abzuholen, wo sie sich mit ihrer Mediensozialisation befanden.[37] Damit traf er einen Nerv beim ostdeutschen Publikum, wie die überdurchschnittlich hohen Einschaltquoten beim MDR eindrucksvoll belegen.

37 Udo Reiter, MDR: »Wir hatten alle Hände voll zu tun, den Sender aufzubauen« (Interview Werner Lange mit Udo Reiter), in: Gerlinde Frey-Vor/Rüdiger Steinmetz (Hg.): Rundfunk in Ostdeutschland, S. 233-243, hier S. 237 f.

Auch der ORB versuchte mit etablierten Formaten aus der DDR, wie *Du und Dein Garten* oder *Willi Schwabes Rumpelkammer*, an alte Seh-Gewohnheiten anzuknüpfen. Dabei wurde mit Vorliebe auch auf den alten Spielfilm-Stock zurückgegriffen, der in Reihen wie *Cinemathek* oder *Rückblicke* präsentiert wurde. Allein 1993 strahlte der ORB 65 abendfüllende Spielfilme aus der DDR aus sowie 45 Filme aus Polen, Ungarn, der Sowjetunion und ČSSR.[38] Doch im Unterschied zum MDR überwog der Anspruch, eine eigene Programmstruktur mit innovativen und teils intellektuellen Formaten zu entwickeln. Die Übernahme der renommierten westdeutschen und zuletzt DFF-Interviewreihe *Zur Person*, in der sich der linke Publizist und frühere SPD-Politiker Günter Gaus mit Prominenten unterhielt, stand ebenso in diesem Zeichen wie die neuen Unterhaltungs- und Medienmagazine *TELEwischen*, *Tip-TV* und *Polylux*. Diese Ausrichtung resultierte aus der Nähe zur Kulturhauptstadt Berlin und zum konkurrierenden Sender Freies Berlin sowie aus den fehlenden Mitteln, die es nicht zuließen, im großen Stil Archivmaterial für Retro-Sendungen einzukaufen.[39]

Im Profil und in der Finanzpraxis einer »schlanken Anstalt«, wie sie Intendant Hansjürgen Rosenbauer vertrat, führte diese Programmgestaltung jedoch zu erheblichen Start- und Akzeptanzschwierigkeiten. Davon zeugt auch die ernüchternde Bilanz, die Mitte 1992 eine Auswertung von ersten Umfragen und Zuschauerpost ergab, der zufolge das bisherige ORB-Programm häufig als »niveaulos« charakterisiert wurde.[40] Obwohl der ORB, dessen Marktanteil in jener Zeit bei rund 150-200.000 Stammsehern lag, bereits wenige Monate nach seinem Start erste Programmkorrekturen zugunsten von Zuschauerwünschen vornahm, brauchte der Sender dennoch letztlich bis Mitte der 1990er Jahre, um sich als anerkannter Landessender zu profilieren, der vor allem auf dem Gebiet der Information punkten konnte. Dafür standen innenpolitische Magazine wie *Klartext* ebenso wie die aufwendige Berichterstattung über die »Oderflut« im Sommer 1997, bei der der ORB zeitweise mit einem Sendeteam von über 100 Personen vertreten war.

38 Filmstatistisches Taschenbuch 1994, zusammengestellt und bearbeitet von Carsten Plaff, Wiesbaden 1994, S. 61.

39 ORB: Im Schatten der Hauptstadt Profil entwickeln mit geringen Mitteln – Interview mit Hansjürgen Rosenbauer, in: Gabriele Frey-Vor/ Rüdiger Steinmetz (Hg.): Rundfunk in Ostdeutschland, S. 275-281.

40 Gerhild Schulzendorf: Ende des Deutschen Fernsehfunks – 100 Tage danach. Eine Bilanz, in: Dieter Kopetz (Hg.): Aspekte der deutschen und europäischen Medienneuordnung, Bochum, 1992, S. 9-14.

Aufklärungsfernsehen im Geist von '89 und Vorwürfe aus dem Westen

Information gehörte zu den Bereichen, in denen sich bisweilen unerwartete DDR-Wurzeln entdecken lassen. Dies zeigt die Geschichte der Sendung *Ozon – Das Umweltmagazin*, die am 21. November 1989 noch im DDR-Fernsehen mit dem Thema »Luft zum Atmen« und den langjährigen Öko-Aktivisten Reimar Gilsenbach und Matthias Platzeck als Studiogästen an den Start ging.[41] Was in der Öffentlichkeit als Fernseh-Neuanfang und Sieg der Umweltbewegung gefeiert wurde, hatte aufseiten des Teams der Sendung eine lange Vorgeschichte. Sie reichte bis in das Jahr 1983 und das Agrar-Fernsehmagazin *Kreisläufe* zurück, wo bis zum Verbot im Sommer 1989 immer wieder umweltkritische Beiträge eingestreut worden waren. Das bis 2016 laufende und vielfach ausgezeichnete Magazin verstand sich als ostdeutsches Korrektiv in Umweltfragen mit einem eindeutigen politisch-aufklärerischen Impetus, das auch über unbequeme Themen wie die ökologischen Folgen der Kriegsbombardierungen im Irak und in Jugoslawien in den 1990er Jahren berichtete. Man praktizierte nicht wissenschaftliches Infotainment, sondern bevorzugte ernsthafte Darstellung und strebte konkrete Veränderung vor Ort an.[42]

Die Ausgestaltung der neuen Sendung lag wesentlich in der Hand der ostdeutschen Journalisten um Hartmut Sommerschuh und Moderator Hellmuth Henneberg, die sie ganz im Geist des 1989er Umbruchs und der DDR-Umweltbewegung produzierten und die gut mit der Natur- und Umweltschutzbewegung vernetzt waren. *Ozon* transportierte keine Ostalgie, sondern verstand sich als ostdeutsche Stimme in einer westdeutsch dominierten Vereinigungsgesellschaft. In diesem Sinne war die Sendung vor allem ein Erbe der Bürgerbewegung und der friedlichen Revolution.

Einen sozialkritisch-aufklärerischen Impetus verfolgten auch andere Sendungen, wie beispielsweise das Magazin *Ungeschminkt – ein Frauenjournal*, das von Bärbel Romanowski, einer Journalistin, die seit Ende der 1970er Jahre in verschiedenen Redaktionen des DDR-Fernsehens gear-

41 Hartmut Sommerschuh: 22 Jahre *Ozon* – Umweltberichterstattung in den Medien, in: Studienarchiv Umweltgeschichte 16 (2011), S. 65-79.

42 UHA RBB, Redaktion *Ozon* Wissenschaft. Archiv 1989-2016, Nr. 250713; UHA RBB, *Ozon*-Manuskripte, Nr. 2504/1; »Sanddornsaft statt Cola«, in: *Wochenpost*, 4.5.1990; »Es geht um die Umwelt – da sind Tabus jetzt tabu«, in: *Bauernecho*, 10.5.1990; »*Ozon, das Umweltmagazin*: Einst verpönt, jetzt gefordert«, in: *Die Union*, 16.8.1990; »Umweltmagazin *Ozon* (DFF): Kupfer aus der Giftküche«, in: *Neue Zeit*, 4.1.1991; »*Ozon* rät zu Bürgerprotest«, in: *Berliner Zeitung* am Abend, 7.3.1991; »Frische Luft zum Denken und zum Atmen. Das Umweltmagazin *Ozon* des DFF als Kritiker und Ratgeber«, in: *Süddeutsche Zeitung*, 24.4.1991.

beitet hatte, ins Leben gerufen worden war und am 8. April 1990 im DFF seine Premiere erlebte.[43] Die einmal pro Monat ausgestrahlte, 45-minütige Sendung war ein Mix aus Kurzberichten, Reportagen und Diskussionsrunden und thematisierte vor allem Lage, Alltag und Probleme der ostdeutschen Frauen in der Transformationszeit. Die angesprochenen Probleme reichten vom Leben mit Behinderung auf dem Land über sexuellen Missbrauch bis zur Rentenversorgung von Frauen.[44] Romanowskis Magazin korrespondierte dabei unmittelbar mit den Anliegen der ostdeutschen Frauenbewegung und des Ende 1989/Anfang 1990 gegründeten Unabhängigen Frauenverbandes. Ziel war es dabei auch, bestimmte frauenpolitische Errungenschaften aus der DDR zu erhalten und konservative Rollenbilder und Familienvorstellungen abzuwehren.[45] Insofern kann auch hier zweifellos von einem Nachleben gesprochen werden.

Ein Kritikpunkt, der wiederholt vorgebracht wurde, betraf die Art und Weise der journalistischen Berichterstattung, die bisweilen als zu freundlich und oberflächlich kritisiert wurde. Damit ist das sensible Feld der Arbeitsweisen angesprochen. Der Vorwurf lautete, dass ostdeutsche Journalisten ihre Aufgabe als investigative Kontrollinstanzen der Politik nicht immer mit der Konsequenz, Hartnäckigkeit und Aggressivität angegangen seien, wie es unter ihren westdeutschen Kollegen der Fall gewesen sei. Jenseits der Frage von gutem oder schlechten Journalismus verweist dies vor allem auf Ost-West-Unterschiede in Haltung und Arbeitsweise. Diese konnten in der Tat zutage treten, wenn es um gravierende Konfliktsituationen in der ostdeutschen Transformationsgesellschaft ging. Ein Beispiel bietet die Berichterstattung über die grassierende Ausländerfeindlichkeit, den Rechtsextremismus und die massive rechte Gewalt in den neuen Bundesländern. Die überregionalen öffentlich-rechtlichen und privaten Sender mit Sitz in Westdeutschland berichteten darüber häufig, skandalträchtig und quotenorientiert, mit Personalisierung, eindeutigen Gut-Böse-Kategorien und

43 Kreutz/Löcher/Rosenstein: Von *Aha* bis *Visite*, S. 270-272.

44 Siehe: »Verunsicherte Frauen. DFF 1: Sozial engagiertes Journal *Ungeschminkt*«, in: *Berliner Zeitung*, 10.4.1990; »Alles was Recht ist. *Ungeschminkt* hilft Frauen, sich zu wehren«, in: *Der Morgen*, 19./20.5.1990; »Richtung Abgrund – ohne Bremse? *Ungeschminkt* zum Thema Frauen und Drogen«, in: *FF dabei*, Nr. 8 (1991); »*Ungeschminkt* im DFF: ostdeutscher Befindlichkeit auf der Spur. Frauen müssen draußen bleiben«, in: *Leipziger Volkszeitung*, 11.9.1991; »*Ungeschminkt*: Lesbisch ist auch normal«, in: *Tribüne*, 21.8.1991.

45 »*Ungeschminkt* – so will sich das neuen Frauenjournal geben«, in: *Freies Wort*, 28.3.1990; »Anfrage. Bärbel Romanowski. Moderatorin beim DFF«, in: *Tribüne*, 13.5.1990.

klarer Schuldzuweisung.[46] Für die beiden Regionalprogramme hingegen fällt auf, dass sich ein Teil der Beiträge auch um das Verstehen der Täterperspektive bemühte. Der Rechtextremismus wurde dabei nicht selten als Ergebnis eines gescheiterten Vereinigungsprozesses bzw. als westdeutscher Import dargestellt; Lebensläufe von Rechtsradikalen erschienen bisweilen selbst als Opferbiografien infolge orientierungsloser Eltern- und Schulinstanzen in Transformationszeiten. Hinzu kam ein gewisses Maß an Unterschätzung des Gewaltpotenzials. Vor diesem Hintergrund wirkte das Regionalfernsehen weniger als investigative Anklageinstanz, sondern eher als einfühlendes Medienorgan, was mitunter auch als konfliktvermeidendes Agieren gedeutet werden kann. Beides – Konfliktscheue und Externalisierung der Schuldfrage – waren Erscheinungen, die auch die Berichterstattung in der DDR prägten.

DDR-Vergangenheit zwischen Aufarbeitung und Vermarktung

Die fernsehpublizistische Auseinandersetzung mit der DDR-Vergangenheit stellte einen wichtigen »Link« zwischen den ostdeutschen Fernsehsendern und ihrem Publikum dar. Schließlich war die Zeit bis 1990 den meisten Zuschauerinnen und Zuschauern aufgrund ihrer Sozialisierung als Mitlebende und Mitgestaltende außergewöhnlich präsent. Das Spektrum an Themen, Narrativen und Bildern, mit denen in Zeitgeschichts-Dokus die DDR-Vergangenheit behandelt wurde, war in den 1990er und 2000er Jahren ausgesprochen breit und lässt sich weder auf die Schlagworte »Diktatur und Repression«, noch auf »Alltag und Normalität« reduzieren.[47] Für die Anfangszeit stachen dabei bereits zwei erfolgreiche Großproduktionen heraus, an deren Produktion MDR und ORB beteiligt waren: die siebenteilige Dokumentation *Das war die DDR* und die *Chronik der Wende*, die jeweils 1993 und 1994 ihre Uraufführung erlebten und im ersten Fall durch ungewöhnliche Multiperspektivität und Differenzierung auffielen sowie im zweiten Fall durch ihre quasi medienreflexive Ebene. Erweitert man

46 Hans-Jürgen Weiß u. a.: Gewalt von Rechts – (k)ein Fernsehthema? Zur Fernsehberichterstattung über Rechtsextremismus, Ausländer und Asyl in Deutschland, Opladen 1995; Hans-Jürgen Weiß/Cornelia Spallek: Fallstudien zur Fernsehberichterstattung über den Rechtsextremismus in Deutschland 1998-2001, Düsseldorf 2002.

47 So auch ein Ergebnis im Gutachten von: Sebastian Pfau/Ronja Schlemme/Reinhold Viehoff: Inhalt und Form der Berichterstattung der Brandenburger Medien über die DDR. Gutachterlicher Bericht für die Enquete-Kommission »Aufarbeitung der Geschichte und Bewältigung von Folgen der SED-Diktatur und des Übergangs in einem demokratischen Rechtsstaat im Land Brandenburg«, Martin-Luther-Universität Halle-Wittenberg im Oktober 2012.

dieses Genre um Spiel- bzw. Geschichtsfilme sowie um serielle Formate, die die DDR-Vergangenheit zum Thema hatten bzw. selbst aus der DDR stammten, stößt man bereits frühzeitig auf eine starke Mischung. Diese enthielt regimekritische Darstellungen und ehemals verbotene Filme ebenso wie seichte, regimekonforme Unterhaltung und die Aufführung ideologisch fragwürdiger Filme wie *Ernst Thälmann – Sohn seiner Klasse* (R: Kurt Maetzig/Johannes Arpe, DDR 1954).

Versucht man dennoch eine grobe Phasenbildung, schält sich für die 1990er Jahre ein Übergewicht an Produktionen heraus, die sich zunächst einmal mit der grundsätzlichen Frage befassten, was die DDR war bzw. wie das Herrschafts- und Gesellschaftssystem funktionierte und warum es schließlich zusammenbrach – Beiträge also, die auf eine historische Bestandsaufnahme abzielten, wie die preisgekrönte MDR-Dokumentation *Pulverfaß Provinz. Der 17. Juni 1953 im Bezirk Halle* (R: Ingo Bethke/Ulrich Brochhagen, D 1992).

Hier überwog eine kritische Sicht auf die Vergangenheit, nicht zuletzt aufgrund der sprunghaften Zunahme von Detailwissen über Machtmechanismen und Geheimdienstarbeit, Unrecht und Verbrechen. Auch die Renaissance der Totalitarismusthese, Prozesse gegen ehemalige SED-Spitzenpolitiker, die massenhaften IM-Enttarnungen und die unerwartete Stärke der SED-Nachfolgepartei PDS beförderten diese Sichtweise. In den 2000er Jahren hingegen wuchs im ostdeutschen Fernsehen die Zahl derjenigen Beiträge, die sich mit Phänomenen des DDR-Alltags, der Kultur, des Sports oder auch des Soziallebens beschäftigten und dabei auch die Frage von tatsächlichen oder vermeintlichen Leistungen und Erfolgen zu beantworten suchten. Dabei entwickelte eine Reihe von Sendungen eine neutrale, bisweilen auch positive Sicht auf die Zeit vor 1990.

Beflügelt wurde diese Sicht auch durch das Aufkommen einer Nostalgiewelle, die erstaunlicherweise gerade durch zahlreiche aufsehenerregende DDR-Shows überregionaler westdeutscher Sender befördert wurde. Normalerweise herrschte bei ihnen in den 1990er und 2000er Jahren über weite Strecken eine blasse, bisweilen unterrepräsentative Berichterstattung über »den Osten« vor, die nur durch punktuelle Konjunkturen, meist im Umfeld von Jahres- und Feiertagen wie dem 9. Oktober, 9. November und 3. Oktober unterbrochen wurde. Gezeigt wurden dann meist Filme, Dokumentationen und Reportagen, die inhaltlich das »Diktaturgedächtnis« bedienten.[48] Fernseh-Events wie Nostalgie-Shows

48 Früh/Stiehler/Böttcher: Mediale Vereinigungsbilanzen, S. 35-83.- Zu Begrifflichkeit und Abgrenzung von »Diktaturgedächtnis« und »Arrangementgedächtnis«: Martin Sabrow: Die DDR erinnern, in: ders. (Hg.): Erinnerungsorte der DDR, München 2009, S. 11-27, hier S. 18 ff.

hingegen speisten das »Arrangementgedächtnis«. Insbesondere das Jahr 2003 war das große Jahr der DDR-Shows.[49] Sie liefen im Spätsommer im ZDF, SAT 1, RTL, Pro 7 und MDR unter den Titeln: *Die Ostalgie-Show* (ZDF), *Die DDR-Show* (RTL), *Meyer & Schulz: Die ultimative Ostshow* (SAT 1) oder auch *Ein Kessel DDR* (MDR). Darin wurden prominente Gäste – meist aus dem Fernseh- und Schauspielmetier – publikumsnah inszeniert, indem sie aus jenen Rollen schlüpften, denen sie ihre Bekanntheit verdankten. Kindheitsbilder und Jugenderinnerungen von Leuten wie dem Nachrichtensprecher Jens Riewa, dem Politiker Gregor Gysi oder der Sportlerin Katharina Witt schufen eine Brücke der Identifikation für die Zuschauerinnen und Zuschauer, ein partielles Verschmelzen von Promi und Normalo am Bildschirm. Die Shows wurden, nicht zuletzt im Windschatten des Blockbusters *Good Bye, Lenin!* (R: Wolfgang Becker, D 2003), zu einem riesigen Quotenerfolg, die DDR-Vergangenheit quasi zu einem lukrativen Medienprodukt, auch wenn in Öffentlichkeit und Feuilleton Entrüstung über so viel Geschichtsverklärung herrschte.[50] Wenngleich der erinnerungskulturelle Wert solcher Retro-Shows für das kollektive DDR-Gedächtnis verständlicherweise strittig ist, so kann dennoch davon ausgegangen werden, dass diese TV-Inszenierungen dazu beitrugen, den Weg für einen differenzierenden Geschichtsblick jenseits des Diktatur-Paradigmas zu öffnen. Damit standen in den 2000er Jahren Trabbi, FKK und *Sandmännchen* bildlich mehr oder weniger gleichberechtigt neben Stasi, Mauer und ABV.

49 Paul Cooke: Ostalgie's Not What It Used to Be: The German Television GDR Craze of 2003, in: German Politics and Society 22.4 (2004), S. 134-150.

50 »Das DDR-TV. Ein Programm nach dem anderen surft auf der Ost-Welle«, in: *Der Tagesspiegel*, 14.8.2003; Kerstin Decker: Heimatabend Ost: Kennen Sie *Wofalor*? Dann sind Sie richtig bei den DDR-Fernsehshows, in: *Der Tagesspiegel*, 18.8.2003; »›Ostalgie-Show‹: Erinnerungsgegacker«, in: *Frankfurter Allgemeine Zeitung*, 19.8.2003; Günter Nooke: Auch in der Diktatur ist der Alltag menschlich, ob DDR, ob Nazi-Reich: Im Rückblick verklären die Menschen das normale unpolitische Leben, in: *Der Tagesspiegel*, 16.9.2003; Marcus Jauer: Die Ostshows sind unter uns, in: *Süddeutsche Zeitung*, 30.8.2003; Sabine Sauer: Zu Gast im Party-Staat, in: *Der Spiegel*, 10.9.2003. Allgemein zum Phänomen auch: Michael Beyer: Retrofernsehen Ost. Fernsehen zur autobiographischen Erinnerung am Beispiel der DDR-Shows, Diplomarbeit an der HFF Potsdam 2004; Thomas Ahbe: Ostalgie. Umgang mit der DDR-Vergangenheit in den 1990er-Jahren, Erfurt 2005; Katja Neller: DDR-Nostalgie. Dimensionen der Orientierungen der Ostdeutschen gegenüber der ehemaligen DDR, ihre Ursachen und politischen Konnotationen, Wiesbaden 2006.

Fazit

Der fernsehmediale Umbruch in Ostdeutschland bildet ein Beispiel für die Sektorialität von Zäsuren, wie sie für die friedliche Revolution in der DDR, aber auch die gesellschaftspolitischen Umwälzungen in Ost(mittel)europa charakteristisch waren. Das Besondere stellt, neben dem versetzten Bruch von 1991/92, die umgekehrte ereignisgeschichtliche Dynamik dar: So setzte seit Herbst 1989 zunächst ein Transformationsprozess ein, der schließlich in eine revolutionäre Umgestaltung der ostdeutschen Fernsehlandschaft (nach westdeutschem Modell) mündete. Dieser Wandlungsprozess vollzog sich zugleich vor dem Hintergrund einer globalen Medienwende, die mit der Einführung des dualen Rundfunksystems und der gesteigerten Kommerzialisierung des Fernsehens Mitte der 1980er Jahre begonnen hatte.

Stichproben zu Personal und Programmgestaltung legen nahe, den Vorgang der Abwicklung und Neugründung des DDR- bzw. ostdeutschen Regionalfernsehens stärker als bisher unter dem Gesichtspunkt seiner Kontinuitätslinien zu betrachten. Hierbei kann von einem partiellen Fortleben einer spezifischen Medienkultur und Beschäftigtengruppe ausgegangen werden. Sozialisation, Ausbildung und Arbeitsleben bildeten zusammen mit der allgemeinen Diktatur- und Alltagserfahrung ein biografisches Gepäck, das als Bindeglied zwischen Publikum, Fernsehmachern und Sendern wirkte. Der gesellschaftskritische Geist des Umweltmagazins *Ozon* oder des Frauenjournals *Ungeschminkt* zeigt exemplarisch, wie divers dabei der Bezug auf die DDR-Zeit ausfallen konnte.

Sowohl die Programme von DFF als auch MDR und ORB strahlten viele Produktionen aus der DDR aus sowie zahlreiche Formate, die im Ratgeberstil den Umbruch in Ostdeutschland thematisierten. Darüber hinaus wurden beliebte Sendungen weitergeführt. Dies trug dazu bei, dass das ostdeutsche Fernsehen erstens als Übergangs- und Begleitmedium für sein Publikum fungierte und zweitens eine Instanz war, die den scharfen Zäsurcharakter von 1989/90 in gewisser Weise abfederte. Darüber hinaus lässt sich für die 1990er und 2000er Jahre ein Prozess der fernsehmedialen Geschichtswerdung der DDR beobachten. Der untergegangene Staat verwandelte sich von der unmittelbaren Realität und Erfahrung zum Stoff und zur Erinnerung. Nebeneffekt war, dass die Beschäftigung mit der DDR eine profilbildende Sendermarke wurde. Im Ergebnis dieser genannten Entwicklungen blieb der zweite deutsche Staat in der bundesdeutschen Fernsehlandschaft nach 1990 weiter präsent, sei es als personeller oder konzeptueller Nachlass, als arbeits- und medienbiographische Prägung oder auch als erinnerungskulturelles Fabrikat.

Der Ehegattenunterhalt in der ostdeutschen Scheidungsrechtspraxis vor und nach 1989[1]

Anja Schröter

3. Oktober 1990, das bundesdeutsche Recht wurde bis auf wenige Ausnahmen auf das Beitrittsgebiet übergeleitet – so auch das Familien- und damit verbundene Scheidungsrecht. Mit diesem nüchternen juristischen Vorgang trafen aber zugleich deutsch-deutsche Lebenswelten und Erfahrungen aufeinander. Ostdeutsche Scheidungswillige, in der sozialistischen Gesellschaft der DDR mit ihrem Frauen- und Familienbild geprägt, trafen nach der Friedlichen Revolution und mit der deutschen Einheit auf ein Familienrecht, das von den bürgerlichen Traditionen des BGB bestimmt war. Dabei wandten sie die Normen trotz gleicher rechtlicher Rahmenbedingungen in einigen Bereichen anders an als Scheidungspaare in den ›alten‹ Bundesländern. Das zeigt sich insbesondere anhand des Ehegattenunterhalts. Er wird im Folgenden als ein Teilbereich einer systemübergreifenden Untersuchung der ostdeutschen Scheidungspraxis von der spät- zur postsozialistischen Gesellschaft näher beleuchtet. Geleitet von der Grundidee einer »langen Geschichte der ›Wende‹«[2] wurde der Epochenbruch 1989/90 im Rahmen der Gesamtstudie als zentraler, aber nicht einziger Referenzpunkt verstanden. Mit dem Untersuchungszeitraum 1980 bis zum Jahr 2000 wurden die Entwicklungen vom letzten Jahrzehnt der DDR über die unmittelbare Systemtransformation bis zum Ende des ersten Jahrzehnts des geeinten Deutschlands verfolgt. Eine solche Betrachtung geht über traditionelle Forschungsperspektiven hinaus, in denen die einzelnen Phasen bisher vorrangig separiert betrachtet wurden. Mit diesem langfristigen Blick war es möglich, nicht nur Entwicklungen bis 1989, sondern auch unmittelbare

1 Der Beitrag erschien ausführlicher erstmals unter dem Titel: Unabhängige Frauen. Geschlechterverhältnisse und Ehegattenunterhalt in der ostdeutschen Scheidungspraxis 1980 bis 2000, in: Thomas Großbölting/Christoph Lorke: Deutschland seit 1990. Wege in die Vereinigungsgesellschaft, Stuttgart 2017, S. 295-312, und greift auf Ergebnisse der Studie der Verfasserin: Ostdeutsche Ehen vor Gericht. Scheidungspraxis im Umbruch 1980-2000, Berlin 2018, zurück. Im Interesse der besseren Lesbarkeit wird in diesem Beitrag das generische Maskulinum verwendet, das alle Geschlechter einbezieht.

2 Der Begriff geht auf Jens Gieseke und den damit verbundenen Forschungsschwerpunkt am Leibniz-Zentrum für Zeithistorische Forschung zurück, aus dem auch das von Kerstin Brückweh geleitete Projekt »Die lange Geschichte der ›Wende‹. Lebenswelt und Systemwechsel in Ostdeutschland vor, während und nach 1989« hervorging.

Umbruchserfahrungen sowie nachhaltige Auswirkungen der Prägungen im sozialistischen Gesellschaftssystem zu verknüpfen.

Der Ehegattenunterhalt im Familien- und Scheidungsrecht der beiden Systeme

Der Ehegattenunterhalt war sowohl in der DDR als auch in der Bundesrepublik Bestandteil des Scheidungsrechts, hatte in beiden Systemen jedoch eine unterschiedliche Relevanz. Dies fußte maßgeblich auf dem unterschiedlichen Verständnis von der Rolle der Frau im Familien- und Erwerbsleben in den beiden Gesellschaften.

Die bundesdeutsche Scheidungsgesetzgebung des BGB[3] war von den tradierten Werten in Hinblick auf Ehe und Familie geprägt. Das Ernährermodell war nicht nur im Vergleich zur DDR, sondern auch zu anderen europäischen Industriestaaten stark ausgeprägt,[4] während Doppelverdienerehen auch in den 1970er und 1980er Jahren die Minderheit blieben.[5] Dies wirkte sich im Scheidungsfall auch auf die nachehelichen Versorgungsinstitutionen in Form des Ehegattenunterhalts und des Versorgungsausgleichs aus.[6] Seit dem Ehereformgesetz von 1976 wurden die Leistungen der Ehefrauen als Hausfrauen und Mütter als Familienarbeit und somit die Gleichwertigkeit von Lohn- und Familienarbeit betont, die auch nach der Schei-

3 Vgl. §§ 1564 ff. BGB.

4 Vgl. u. a. Waltraud Cornelissen: Politische Partizipation von Frauen in der alten Bundesrepublik und im vereinten Deutschland, in: Gisela Helwig/Hildegard Maria Nickel (Hg.): Frauen in Deutschland 1945-1992, Berlin 1993, S. 321-349; Anke Burkhardt/Uta Schlegel: Frauen an ostdeutschen Hochschulen – in den gleichstellungspolitischen Koordinaten vor und nach der »Wende«, in: Edith Saurer/Margareth Lanzinger/Elisabeth Frysak (Hg.): Women's Movements. Networks and Debates in Post-communist Countries in the 19th and 20th Centuries, Köln 2006, S. 84; Rüdiger Peuckert: Familienformen im sozialen Wandel, Wiesbaden 2012, S. 7.

5 Vgl. Christopher Neumaier/Andreas Ludwig: Individualisierung der Lebenswelten. Konsum, Wohnkultur und Familienstrukturen, in: Frank Bösch (Hg.): Geteilte Geschichte. Ost- und Westdeutschland 1970-2000, Göttingen 2015, S. 275.

6 Auf diese Scheidungsfolge wird hier nicht näher eingegangen. Grundsätzlich ist jedoch festzuhalten, dass der Versorgungsausgleich (§§ 1587 ff. BGB) seit 1977 der Versorgung von geschiedenen Ehegatten im Alter diente. Er zielte darauf, die Ehegatten, die Familienarbeit verrichteten, an dem während der Ehe erworbenen Vermögen zu beteiligen. Sofern ein Ehegatte während der Ehe höhere Anwartschaften auf Renten, Pensionen, etc. erworben hatte, wurde der Wertunterschied hälftig ausgeglichen. Vgl. u. a. Limbach/Willutzki: Entwicklung des Familienrechts, S. 26; Cora Schipporeit: Das Scheidungsrecht als Katalysator der Scheidungswirklichkeit? Die historische Entwicklung des Scheidungsrechts im Spannungsfeld von Theorie und Praxis während des 20. Jahrhunderts, Bonn 2005, S. 246 f.

dung eine gegenseitige nachwirkende Verantwortung der Ehegatten begründen konnte. Der Grundsatz einer Eigenverantwortung, sich nach der Scheidung selbst zu versorgen, war in § 1569 BGB lediglich im Umkehrschluss und nicht explizit enthalten.[7] Zudem wurden dem Grundsatz durch die sogenannte nacheheliche Solidarität Grenzen gesetzt, die sich aus dem »schützenswerten Vertrauen in den Bestand der Ehe als gegenseitiger Verantwortungsgemeinschaft und einer daraus erwachsenen Pflicht zur Solidarität in besonderen Lebenslagen«[8] ergab. Dies zielte darauf, den sozialen Abstieg von Frauen, die zugunsten der Familienarbeit auf eine Erwerbstätigkeit verzichtet hatten, zu vermeiden und ihren Lebensstandard zu sichern.[9] Hatte die Ehefrau beispielsweise zugunsten der Kinderbetreuung und der Hausarbeit auf ein berufliches Fortkommen verzichtet und deshalb Schwierigkeiten, eine angemessene Erwerbstätigkeit zu finden, stellte dies ein wesentliches Argument für die Gewährung von Ehegattenunterhalt dar.[10]

In der DDR nahm mit dem Scheidungsrecht auch der Umgang mit dem Ehegattenunterhalt eine andere Entwicklung. Nacheheliche Versorgungsinstitutionen, wie sie das bundesdeutsche Recht kannte, spielten keine oder eine untergeordnete Rolle. Einen Versorgungsausgleich zur Rentenabsicherung sah das sozialistische Familienrecht nicht vor, und nachehelicher Unterhalt hatte praktisch kaum eine Bedeutung. Denn im Gegensatz zur Bundesrepublik war in der DDR das Doppelverdienermodell vorherrschend.[11] Dort gab es eine besonders hohe Frauenerwerbsquote, die sich zum Ende der 1980er Jahre mit ca. 80 Prozent »auf internationalem Spitzenniveau«[12] befand. Und aus dem Zusammenwirken der weitgehenden sozio-ökonomischen Unabhängigkeit der Frauen und der stetig politisch postulierten Gleichberechtigung war ein ausgeprägtes Unabhängig-

7 Vgl. Limbach/Willutzki: Entwicklung des Familienrechts, S. 24; Lisa Haller: Die Reform des Unterhaltsrechts und ihre geschlechterpolitischen Implikationen, in: Diana Auth u. a. (Hg.): Selektive Emanzipation. Analysen zur Gleichstellungs- und Familienpolitik, Opladen u. a. 2010, S. 186.

8 Elke Völmicke/Gerd Brudermüller (Hg.): Familie – ein öffentliches Gut? Gesellschaftliche Anforderungen an Partnerschaft und Elternschaft, Würzburg 2010, S. 56.

9 Vgl. Wilfried Schlüter: BGB. Familienrecht, Heidelberg 1991, S. 131; Karin Böttcher: Scheidung in Ost- und Westdeutschland. Der Einfluss der Frauenerwerbstätigkeit auf die Ehestabilität, Max-Planck-Institut für demografische Forschung, WP 2006-016, 30.11.2012, URL: https://www.demogr.mpg.de/papers/working/wp-2006-016.pdf [14.5.2021], S. 4.

10 Vgl. Dieter Schwab: Familienrecht, München 1991, S. 160 und 166 f.

11 Vgl. Limbach/Willutzki: Entwicklung des Familienrechts, S. 13 f.

12 Michael Schwartz: Frauenpolitik im doppelten Deutschland. Die Bundesrepublik und die DDR in den 1970er Jahren, in: Christine Hikel/Nicole Kramer/Elisabeth Zellmer (Hg.): Lieschen Müller wird politisch. Geschlecht, Staat und Partizipation im 20. Jahrhundert, München 2009, S. 28.

keitsdenken entstanden.[13] Frauen trugen dennoch stetig eine Doppelbelastung, denn die Erfüllung der Gleichberechtigung stieß nicht nur im beruflichen, sondern auch im familiären Umfeld an Grenzen – wenn Frauen etwa 1985 im Durchschnitt täglich zwei Stunden mehr Zeit für die Hausarbeit aufwendeten als die Männer.[14] Dieser Familienarbeit wurde jedoch nur sekundäre Bedeutung zugemessen, weshalb von einem »Sekundärpatriarchalismus«[15] gesprochen wird. Die Frauen arrangierten sich mit dieser Rolle und empfanden sich trotz der Aufrechterhaltung tradierter Rollen in der Familienarbeit mehrheitlich als gleichberechtigt. Durch die Mischung aus sozioökonomischer Unabhängigkeit und politisch postulierter Gleichberechtigung entwickelten sie ein »spezifisches weibliches Selbstbewusstsein«[16], eine Art ›innere Emanzipation‹ der Frauen.[17] Sie wurden in einer Gesellschaft geprägt, in der sie ohne Partner ökonomisch unabhängig, sozial abgesichert und selbstbewusst agieren konnten und die Ehe und deren Auflösung nicht an den Versorgungsgedanken gekoppelt war. Aufgrund des ausgebauten Kinderbetreuungssystems konnten sie selbst Vollzeit arbeiten und waren somit, abgesehen vom Kindesunterhalt, auf keine zusätzlichen Zahlungen des Ex-Mannes angewiesen.

Entsprechend spielte der Unterhalt für Geschiedene in der DDR nur in Ausnahmefällen eine Rolle. Er war formal-rechtlich zwar möglich, aufgrund der gesamtgesellschaftlichen Rahmenbedingungen in der Scheidungspraxis der DDR aber nur selten relevant. Die sozialistische Gesetzgebung rekurrierte seit den 1950er Jahren auf den Grundsatz der Eigenverantwortung und somit auf die Verpflichtung beider Ehegatten, einer Erwerbstätigkeit

13 Vgl. u.a. Irene Dölling: Gespaltenes Bewusstsein – Frauen- und Männerbilder in der DDR, in: Giesela Helwig/Hildegard Maria Nickel (Hg.): Frauen in Deutschland 1945-1992, Berlin 1993, S. 23-52, hier S. 49; Lothar Mertens: Wider die sozialistische Familiennorm. Ehescheidungen in der DDR 1950-1989, Opladen 1998, S. 37. Weiterführend zu Hintergründen und Spannungsfeldern sei hier auch verwiesen auf Anja Schröter: Der lange Atem der »inneren Emanzipation«. Ostdeutsche Frauen und der Ehegattenunterhalt, in: Ariadne 75 (2019), S. 58-75.

14 Vgl. u.a. Nickel: Mitgestalterinnen des Sozialismus, S. 233-256; Limbach/Willutzki: Entwicklung des Familienrechts, S. 10; Rainer Ferchland: Von der Endzeit- zur Umbruchsituation. Gender-Aspekt 1987/88 und 1990 in der DDR, in: Ursula Schröter/Renate Ulrich/Rainer Ferchland (Hg.): Patriachat in der DDR. Nachträgliche Entdeckungen in DFD-Dokumenten, DEFA-Dokumentarfilmen und soziologischen Befragungen, Berlin 2009, S. 129-135.

15 Siehe u.a. Eva Kreisky/Birgit Sauer (Hg.): Feministische Standpunkte in der Politikwissenschaft. Eine Einführung, Frankfurt am Main 1995, S. 268.

16 Mertens: Wider die sozialistische Familiennorm, S. 37.

17 Vgl. u.a. Irene Dölling: Gespaltenes Bewusstsein. Frauen- und Männerbilder in der DDR, in: Helwig/Nickel (Hg.): Frauen in Deutschland, S. 49f.; Schneider: Familie, S. 70; Mertens: Wider die sozialistische Familiennorm, S. 27f., 37.

nachzugehen.[18] Eine nachträgliche gerichtliche Klärung war nicht möglich. Dies entsprach dem Grundgedanken, dass mit dem Ende der Ehe »alle familienrechtlich-ökonomischen Verhältnisse zwischen den Ehegatten nach Möglichkeit beendet werden sollten«[19] und »jeder arbeitsfähige Ehegatte sein Leben unabhängig von dem anderen führt, [...] für sich allein verantwortlich ist und sich demzufolge auch allein zu ernähren hat«.[20] Ausnahmen konnten sich etwa aus der Tatsache begründen, dass Müttern mit Kleinkindern kein Krippenplatz zur Verfügung stand und sie den Unterhalt nicht selbst bestreiten konnten.[21] Am Ende der DDR-Zeit wurde Unterhalt lediglich »in etwa 3 Prozent der Scheidungsfälle geltend gemacht und zugesprochen«.[22] Der Ehegattenunterhalt war aus der Scheidungswelt der DDR verdrängt worden. Die einstigen Partner waren nach der Scheidung nicht nur rechtlich, sondern auch wirtschaftlich unabhängig voneinander.

Nach dem politischen Umbruch 1989/90 erließ die frei gewählte Volkskammer zahlreiche Gesetze, um die DDR beitrittsfähig zu machen. Dazu gehörte auch ein Familienrechtsänderungsgesetz (FamRÄG 90).[23] Es trat am 1. Oktober 1990 in Kraft, durch den politischen Entschluss für eine sofortige Überleitung des bundesdeutschen Familienrechts zum 3. Oktober 1990 aber gleich wieder außer Kraft und war praktisch nicht relevant.[24] Die in diesem Zusammenhang geführten Diskussionen zur Ausgestaltung der Unterhaltsregelungen verweisen aber bereits auf die Prägungen, die Ostdeutsche mit in die vereinigte Gesellschaft brachten. Die ostdeutsche Rechtswissenschaftlerin Anita Grandke erinnert lebhafte Debatten, bei denen u.a. die Frage diskutiert worden sei, ob jegliche »rechtliche Bindung zwischen den Geschiedenen als Partner mit der Scheidung grundsätzlich wirklich beendet sind oder nunmehr weit reichende Folgerechte und -pflichten begründet werden sollen«.[25] Damit war zugleich eine grundsätzliche Entscheidung verbunden, die vorherrschenden Einstellungsmuster zumindest zeit-

18 Vgl. Limbach/Willutzki: Entwicklung des Familienrechts, S. 9; Rainer Schröder: Zivilrechtskultur der DDR. Vom Inkasso- zum Feierabendprozess. Der DDR-Zivilprozess, Bd. 4, Berlin 2008, S. 84; Bernhard Klose: Ehescheidung und Ehescheidungsrecht in der DDR – ein ostdeutscher Sonderweg?, Baden-Baden 1996, S. 270.

19 David Großekathöfer: »Es ist ja jetzt Gleichberechtigung«. Die Stellung der Frau im nachehelichen Unterhaltsrecht der DDR, Weimar 2003, S. 71.

20 Udo Krause: Recht im Alltag, Leipzig 1976, S. 61f.

21 Vgl. Anita Grandke: Familienrecht, in: Uwe-Jens Heuer (Hg.): Die Rechtsordnung der DDR. Anspruch und Wirklichkeit, Baden-Baden 1995, S. 187; Klose: Ehescheidung, S. 271-273; Großekathöfer: Gleichberechtigung, S. 162f.

22 Limbach/Willutzki: Entwicklung des Familienrechts, S. 13.

23 Gesetz zur Änderung des Familiengesetzbuchs der DDR – Familienrechtsänderungsgesetz (FamRÄG 90) – vom 20.7.1990, GBl. DDR I 1990, S. 1038.

24 Vgl. Klose: Ehescheidung, S. 203.

25 Grandke: Entwicklung, S. 190.

weilig gesetzlich fortzuschreiben oder sich an das Versorgermodell des BGB anzunähern. Im Ergebnis lehnten sich die Regelungen zwar formal an die Kriterien an, die nach bundesdeutschem Recht[26] die Unterhaltszahlungen rechtfertigten, inhaltlich wurden sie jedoch anders ausgestaltet. So musste etwa die »häusliche Betreuung und Erziehung der Kinder« zumindest von den Eheleuten vereinbart worden sein oder Gründe wie eine Erkrankung des Kindes aufweisen.[27] Damit sei »bewusst klargestellt« worden, dass auch der betreuende Elternteil grundsätzlich erwerbstätig sein konnte und somit keinen Anspruch auf Unterhalt hatte, sobald Betreuungsmöglichkeiten für gesunde Kinder vorhanden waren.[28] Die Grundüberzeugung, dass beide Partner erwerbstätig sein und somit auch nach der Scheidung unabhängig voneinander agieren und wirtschaften konnten, blieb bestehen. Erwerbslosigkeit erkannte das FamRÄG 90[29] nur begrenzt als Grund für Unterhaltszahlungen eines Ehegatten an den anderen an. Die Rechtfertigung musste sich »aus der Entwicklung oder Scheidung der Ehe« ergeben. Laut Grandke sollte ein Geschiedener nicht für Probleme in die Pflicht genommen werden, »die ihre Ursache nicht in der Ehe, sondern in den gesellschaftlichen Bedingungen haben«.[30] Dies spielt, in Abgrenzung zu den bisherigen Erwerbsmöglichkeiten in der sozialistischen Gesellschaft, auf die zu erwartende Problematik der Arbeitslosigkeit unter den Bedingungen der Marktwirtschaft im vereinten Deutschland an. Grandke zufolge habe sich bei der Gesetzgebung die Meinung durchgesetzt, dass

> »Frauen auch nach der Wende an ihrer beruflichen Tätigkeit und der so begründeten Selbstständigkeit festhalten wollen und dass ihnen (in Umbruchszeiten weniger denn je) eine Verweisung auf den Ehegattenunterhalt nicht wirklich hilft, sie sogar die Gefahr in sich trägt, ihre Abhängigkeit zu verlängern und zu verfestigen«.[31]

Die in der sozialistischen Gesellschaft erlernte Überzeugung, dass mit der Scheidung nicht nur ein Schlussstrich unter die Ehe und somit emotionale Bindung, sondern auch unter die wirtschaftlichen Verbindungen zwischen den Partnern gezogen wurde, wurde auch in dieser Übergangsgesetzgebung fortgeschrieben. Und dies, obwohl diese Grundeinstellung durch gesamtgesellschaftliche Rahmenbedingungen – wie die umfassende

26 Vgl. §§ 1569 ff. BGB.
27 § 29 I, Ziff. 3 FamRÄG 90.
28 Grandke: Entwicklung, S. 190.
29 § 29, Ziff. 4 FamRÄG 90.
30 Grandke: Entwicklung, S. 190.
31 Ebd., S. 208.

sozioökonomische Absicherung sowie die Garantie eines Arbeitsplatzes – getragen und geprägt worden war, die künftig nicht mehr verlässlich vorhanden sein würden.

Eine ostdeutsche Scheidungspraxis unter gesamtdeutschen Bedingungen

Ab dem 3. Oktober erweiterten sich die Spielräume für die Inanspruchnahme einer nachehelichen Versorgung für Ostdeutsche mit der unmittelbaren Überleitung des bundesdeutschen Rechts auf das Beitrittsgebiet wesentlich. Der Grundsatz der Eigenverantwortlichkeit wurde im Scheidungsrecht der Bundesrepublik aufgrund des vorherrschenden Allein- bzw. Zuverdienermodells in der westdeutschen Rechtspraxis weniger streng ausgelegt. Im Kontrast zum Grundgedanken des sozialistischen Systems sollten es die gesetzlichen Regelungen der nicht erwerbstätigen Frau ermöglichen, ihren Lebensstandard auch nach der Scheidung aufrechtzuerhalten,[32] sodass der Unterhalt einen gängigen Regelungsgegenstand bei westdeutschen Scheidungen bildete. Ganz anders in Ostdeutschland: Ein Blick in die Rechtspflegestatistik des Statistischen Bundesamtes zeigt, dass Unterhalt im Beitrittsgebiet in den 1990er Jahren deutlich seltener verhandelt wurde als in den ›alten‹ Bundesländern. Wird etwa die Zahl der Verfahren, die den Unterhalt für den Partner zum Gegenstand hatten, ins Verhältnis zur Anzahl aller erledigten Scheidungsverfahren gesetzt, ergibt sichein Bild, wie in Abbildung 1 dargestellt.

Es wird zwar sowohl in den ›neuen‹ als auch in den ›alten‹ Bundesländern ein leichter Abwärtstrend der Unterhaltsquote sichtbar, er ebnete den Unterschied zwischen Ost und West aber nicht ein. Während die westdeutsche Quote von über 50 Prozent auf unter 40 Prozent sank, fiel sie im Beitrittsgebiet von fast 25 Prozent auf unter 15 Prozent. Dies bedeutete weiterhin einen signifikanten Unterschied von rund 20 bis 25 Prozent.

Erste Erkundungen Anfang der 1990er Jahre zeigen, dass unabhängig von der Erwerbskonstellation beider Partner diese entweder gänzlich über die Unterhaltsfrage geschwiegen oder den ausdrücklichen Verzicht erklärt hatten.[33] Die Untersuchung von Gerichtsakten eines anonymisierten ostdeutschen Kreis- bzw. Amtsgerichtes aus den Jahren 1990 bis 2000 lassen erkennen, dass es sich dabei nicht um ein Phänomen der Anfangszeit nach

32 Vgl. Schlüter: BGB-Familienrecht 1991, S. 131; Böttcher: Scheidung in Ost- und Westdeutschland, S. 4.

33 Vgl. Grandke: Entwicklung, S. 138, 154 f.

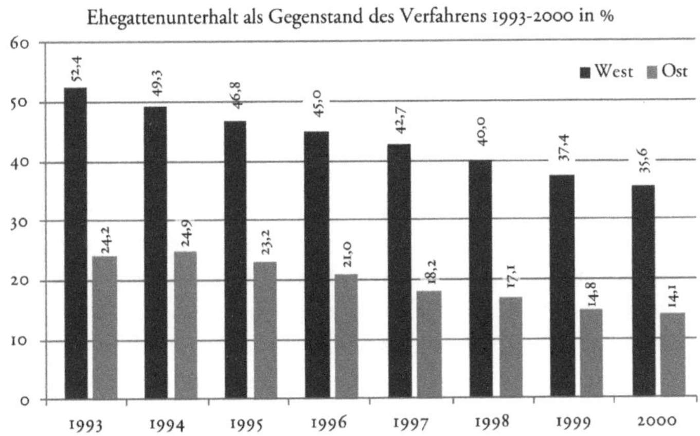

Abb. 1: Eigene Berechnung basierend auf Werten aus den Jahresberichten 1993 bis 2000 zu den Familiengerichten, herausgegeben vom Statistischen Bundesamt, Wiesbaden 1996 bis 2001, S. 10. Die ›neuen‹ Bundesländer sind in der jährlichen Datensammlung des Statistischen Bundesamtes zu den Familiengerichten erst seit 1993 erfasst.

der deutschen Einheit handelte, sondern Ehegattenunterhalt auch im weiteren Verlauf der 1990er Jahre eine untergeordnete Rolle spielte. In 52 Fällen, die Informationen über die Regelung zur nachehelichen Versorgung enthielten, wurden nur sieben Mal Unterhaltszahlungen vereinbart. In den übrigen Fällen war hingegen der wechselseitige Verzicht auf Unterhalt dominant. Zwar waren die Partner häufig aufgrund von Arbeitslosigkeit bzw. geringen Einkommen leistungsunfähig oder verdienten ähnlich viel. Auffällig ist jedoch, dass sie auch bei Einkommensdifferenzen, die Zahlungen begründet hätten, überwiegend auf nachehelichen Unterhalt verzichteten. Wäre der Verzicht ausgeblieben, hätten ebenso viele Männer wie Frauen diese Zahlungen leisten müssen. Der Verzicht sicherte somit beide Seiten ab. Sie verzichteten dabei häufig auch im Hinblick auf zukünftige Lebenslagen, also auch für den Fall der Not und der Berufs- und Erwerbsunfähigkeit, auf eine Unterstützung durch den ehemaligen Partner. Dem notariellen Hinweis auf die Tragweite dieser Vereinbarung folgte bisweilen die Erklärung, schließlich weiterhin arbeiten zu wollen.[34]

34 Vgl. exemplarisch: Herr und Frau Hohdeich, Scheidungsvereinbarung, Nov. 1995, in: Amtsgericht Zeeskau: Hohdeich/Hohdeich 4/95, Beiakte, Bl. 2. Aus Gründen des Datenschutzes und der Anonymisierung werden im Zusammenhang mit Personen und Orten Pseudonyme verwendet.

Die Befunde aus den Akten können durch die Wahrnehmung der am Scheidungsprozess beteiligten Richter und Anwälte ergänzt werden. So zeigten sich 1992 im Rahmen einer KSPW-Studie[35] befragte westdeutsche Juristen erstaunt darüber, dass ostdeutsche Frauen – trotz gleicher gesetzlicher Rahmenbedingungen – öfter auf den Unterhalt verzichteten als Frauen aus den ›alten‹ Bundesländern. Zwar habe die finanzielle Situation eine Unterstützung des ehemaligen Partners tatsächlich häufig nicht zugelassen, aber auch der bloße Versuch, Unterhaltszahlungen zu erwirken, blieb mehrfach aus.[36] Aus der Gewohnheit, selbst erwerbstätig zu sein, hätten ostdeutsche Frauen ein »Gefühl von Selbstständigkeit und Unabhängigkeit entwickelt, was als starkes Motiv in die Entscheidung über den Antrag zum Ehegattenunterhalt eingeht«.[37] Männer und Frauen hätten es »als ungerecht empfunden« und abgelehnt, dass aus einer unbefristeten Unterhaltsregelung ein über die Scheidung hinaus reichendes Abhängigkeitsverhältnis entstand. In ihrer Grundhaltung, sich selbst versorgen zu wollen, hätten Ostdeutsche sich wesentlich von Frauen aus dem früheren Bundesgebiet unterschieden. Außerdem müsse aufgrund der wirtschaftlichen Lage beider Ehepartner häufig davon ausgegangen werden, dass diese finanzielle Leistung gar nicht erbracht werden konnte. Die Frauen, die vielfach bereits ihren Arbeitsplatz verloren hatten, seien außerdem der Meinung, ihr »Ehemann habe genauso wenig wie sie selbst«. Sie hätten deshalb gar nicht versucht, Unterhalt zu bekommen, und sich mit »erstaunlichem […] Optimismus […] ins Nichts fallen« lassen.[38]

Eine westdeutsche Anwältin berichtet auch aus ihrer Arbeit im Land Brandenburg 1996 bis 2002,[39] ihre Mandantinnen hätten ihr »häufig signalisiert, dass ein Unterhaltsverzicht gewünscht sei und man nichts mehr voneinander wolle«. Die Rechtsanwältin beobachtete unter anderem, dass durch »die eigene Berufstätigkeit und das Selbstverständnis der ostdeutschen Frauen die Inanspruchnahme von Ehegattenunterhalt hinten angestellt« wurde.[40] Sie schlussfolgerte, dass durch die eigenen Einkünfte einerseits objektive Gründe entstanden seien, keinen Ehegattenunterhalt

35 Vgl. Margret Rottleuthner-Lutter u.a.: Das neue Scheidungsrecht im Beitrittsgebiet. Wirkungen, Nebenwirkungen und Folgen, Halle 1992. Die Studie wurde von der Kommission für die Erforschung des sozialen und politischen Wandels in den neuen Bundesländern (KSPW) gefördert.

36 Vgl. ebd., S. 15 f.

37 Ebd., S. 15. Ähnlich auch Grandke: Entwicklung, S. 207 f.

38 Rottleuthner-Lutter: Scheidungsrecht, S. 15 f.

39 Vgl. Dorothea Hecht. Unter-halt-ungen. Ehegattenunterhalt in den neuen Bundesländern aus praktischer Sicht, in: Sabine Berghahn (Hg.): Unterhalt und Existenzsicherung. Recht und Wirklichkeit in Deutschland, Baden-Baden 2007, S. 187.

40 Hecht: Unter-halt-ungen, S. 191.

in Anspruch zu nehmen. Als »subjektives Element« komme andererseits hinzu, dass die Vorstellung, auf der Grundlage eines gemeinsamen Budgets füreinander aufzukommen, für Ostdeutsche mit der Trennung geendet habe. Aus diesem Selbstverständnis heraus sei das Bedürfnis, Ansprüche zu stellen, entsprechend gering gewesen.[41] Im Vordergrund habe, abgesehen vom Kindesunterhalt, die »möglichst spurlose Auflösung der ehelichen Verbindung« und die Vermeidung weiterer Auseinandersetzungen gestanden.[42] Die Anwältin sah es als Vorteil an, dass durch die finanzielle Trennung »ökonomische Abhängigkeiten« und »Rosenkriege« ausblieben.[43] Auch eine Studie zu den wirtschaftlichen Folgen von Trennung und Scheidung arbeitete für die 1990er Jahre heraus, dass Ehegattenunterhalt in den ›neuen‹ Bundesländern deutlich seltener vorkam, »nahezu keine Rolle« spielte[44] und beim Verzicht der »Wunsch nach Unabhängigkeit und [einem] Schlussstrich« gerade bei ostdeutschen Frauen persistent war.[45]

Mehr noch verwiesen die interviewten Juristen aus Ost und West darauf, wie »verblüfft« ostdeutsche Bürger auf die Option reagierten, Unterhalt geltend machen zu können.[46] Die westdeutsche Anwältin Marie Bergmann berichtet: Während westdeutsche Mandantinnen massiv auf Unterhalt gedrängt hätten, seien Ostdeutsche hingegen gar nicht mit dieser Erwartung gekommen. Zwar habe sich das Bild nach 20 Jahren auch gewandelt, aber der Versorgungsgedanke aus der Ehe heraus sei im Osten nach wie vor weniger ausgeprägt als im Westen.[47]

Die ostdeutsche Richterin Astrid Bülow erklärt:

> »[D]a kamen dann unterhaltsrechtliche Fragen, die vorher eigentlich kaum eine Rolle spielten, Unterhalt für die Ehegatten zum Beispiel, das war für viele dann doch sehr irritierend, äh für mich auch (Lachen)«.[48]

41 Ebd., S. 191 f.

42 Ebd., S. 193.

43 Ebd., S. 197 f.

44 Hans-Jürgen Andreß u. a.: Wenn aus Liebe rote Zahlen werden. Über die wirtschaftlichen Folgen von Trennung und Scheidung, Wiesbaden 2003, S. 190.

45 Hans-Jürgen Andreß/Barbara Borgloh/Miriam Güllner u. a.: Zwischenbericht über die Projektarbeiten im Zeitraum 1.11.1999-31.12.2000, Bielefeld 2001, 11.11.2016, URL: http://eswf.uni-koeln.de/forschung/wts/pwd/bericht01.pdf [14.5.2021], S. 48 f.

46 Marie Bergmann: Transkript des Telefoninterviews vom 23.5.2013. Transkript und Audiodatei im Privatarchiv Anja Schröter, S. 2.

47 Vgl. ebd.

48 Astrid Bülow/Heike Ebelow: Transkript des Interviews vom 6.5.2013 in Studau. Transkript und Audiodatei im Privatarchiv Anja Schröter, S. 25.

An Bülows Aussage wird deutlich, dass auch ostdeutsche Richter sich erst an die neuen Möglichkeiten im Hinblick auf Ehegattenunterhalt gewöhnen mussten. So schilderte die ostdeutsche Familienrichterin Evelin Tretschkow im Interview, dass sie wenig Verständnis für westdeutsche Hausfrauen gehabt habe, als diese »flotte Locke« unbefristet Unterhalt erwirken wollten.[49]

> »Das gab's bei mir kaum. […] Hab ich gesagt: ‚Moment, die und die Schonzeit und dann sind sie in der Lage, och wenn sie nicht's gemacht ham, dann könn' se wenigsten putzen gehn.«

Tretschow meint, das sei

> »diese Mentalität […] ich hab die Ost-Frau vor mir sitzen und für die is klar, die muss arbeiten gehen, und für mich is klar, die muss arbeiten gehen. Und da hab ich dann ne West-Frau vor mir sitzen … ja wieso … ja, jetz musste aber arbeiten gehen, du kannst dich hier nich ausruhen. Das war für mich das Verständnis.«[50]

Dies habe sich auch die ersten Jahre fortgesetzt. Sie schätzte rückblickend ein, dass die Frauen erst »blutsaugend geworden« seien. Das Streitpotenzial habe zu-, die gegenseitige Rücksicht mit steigendem ökonomischem Druck abgenommen. Neben der bereits beschriebenen Bereitschaft ostdeutscher Frauen zum Verzicht auf Unterhalt, erinnert sich die Richterin, dass auch sie selbst auf diesen hingewirkt habe, weil die meisten Frauen zunächst ja Arbeit hatten bzw. man damals »ja wirklich noch davon ausgegangen« sei, »dass die Frauen wieder in Arbeit kommen«. Das habe mit den Jahren abgenommen. Heute würde sie den Verzicht nicht mehr unbedingt nahelegen.[51]

Trotz der Veränderungen auf dem ostdeutschen Arbeitsmarkt zeigen Studien, dass die Erwerbsneigung ostdeutscher Frauen über den Jahrtausendwechsel hinweg anhaltend hoch war. So betrug die Frauenerwerbsquote etwa 1993 in den ›neuen‹ Bundesländern 73,3 Prozent und im alten Bundesgebiet 59,6 Prozent. Im Jahr 2004 lag sie im Osten bei 73,4 Prozent, im Westen bei 64,5 Prozent.[52] Damit sank zwar die Differenz zwischen Ost und West, ein Blick in die Erwerbskonstellationen von Paarhaushalten zeigt

49 Evelin Tretschkow: Transkript des Interviews vom 17.10.2013 in Studau. Transkript und Audiodatei im Privatarchiv Anja Schröter, S. 13-16.

50 Ebd., S. 16.

51 Ebd., S. 14-16.

52 Vgl. Wolfram Kempe: Hohe Erwerbsbereitschaft ostdeutscher Frauen unabhängig vom Einkommensniveau, in: Wirtschaft im Wandel 4.1 (1998) , 20.9.2015, URL: https://www.econstor.eu/handle/10419/142875 [14.5.2021], S. 20f.

jedoch, dass die Annäherung vor allem im Teilzeitbereich stattgefunden hat.[53] Zwischen 1990 und 2007 war der Anteil von westdeutschen Paarhaushalten, in denen beide Partner Vollzeit arbeiteten, lediglich von 22 auf 23 Prozent gestiegen. In Ostdeutschland war er hingegen von 65 auf 41 Prozent gesunken. Im Vergleich zwischen Ost und West waren im Beitrittsgebiet dennoch bei fast doppelt so vielen Paaren sowohl die Frau als auch der Mann voll erwerbstätig. Die Teilzeitquote stieg hingegen in Ost- und Westdeutschland an. Ein Vollzeit arbeitender Mann und eine Teilzeit arbeitende Frau wurden in den ›alten‹ Bundesländern zum führenden Modell. Innerhalb dieser Konstellation hegten ostdeutsche Frauen jedoch häufiger den Wunsch, Vollzeit bzw. nahezu Vollzeit zu arbeiten,[54] und absolvierten eher 30 Wochenstunden, während westdeutsche durchschnittlich 20 Stunden arbeiteten.[55] Im Gegensatz zu westdeutschen Frauen und Müttern entschieden sie sich überwiegend nicht aus familiären Verpflichtungsgefühlen, sondern aus Mangel an Vollzeitstellen für die Teilbeschäftigung. Der überwiegende Teil der Frauen in den ›neuen‹ Bundesländern strebte die Erwerbstätigkeit an und lehnte den generellen, aber auch befristeten Rückzug in die Familie ab.[56] Sie hielten »weitgehend an ihrem Geschlechterarrangement«[57] fest, wechselten nicht in ein Ernährer-Hausfrauen-Verhältnis oder Teilzeitmodell. Westdeutsche Frauen hatten hingegen in den 1990er Jahren immer mehr Teilzeittätigkeiten aufgenommen, sodass hier das Zuverdienermodell zunahm.[58] Die Erosion des Ernährer-Hausfrauen-Modells im früheren Bundesgebiet fügt sich zwar auch in einen europaweiten Trend.[59] Im Zusammenhang mit der Frauenerwerbs-

53 Erwerbskonstellationen in Paarhaushalten 1990 Ost: 65 Prozent beide Vollzeit, 16 Prozent Mann Vollzeit/Frau Teilzeit, 13 Prozent Mann Vollzeit/Frau nicht erwerbstätig, 6 Prozent andere Konstellationen; West: 22 Prozent beide Vollzeit, 26 Prozent Mann Vollzeit/Frau Teilzeit, 34 Prozent Mann Vollzeit/Frau nicht erwerbstätig, 18 Prozent andere Konstellationen. 2007 Ost: 41 Prozent beide Vollzeit, 28 Prozent Mann Vollzeit/Frau Teilzeit, 6 Prozent Mann Vollzeit/Frau nicht erwerbstätig, 25 Prozent andere Konstellationen; West: 23 Prozent beide Vollzeit, 40 Prozent Mann Vollzeit/Frau Teilzeit, 20 Prozent Mann Vollzeit/Frau nicht erwerbstätig, 17 Prozent andere Konstellationen, vgl. Peuckert: Familienformen 2012, S. 411.

54 Vgl. Elke Holst/Anna Wieber: Bei der Erwerbstätigkeit der Frauen liegt Ostdeutschland vorn, in: DIW Wochenbericht 40 (2014), S. 973.

55 Vgl. Peuckert: Familienformen 2012, S. 410f.

56 Vgl. Rüdiger Peuckert: Familienformen im sozialen Wandel, Wiesbaden 2004, S. 397.

57 Tanja Mühling/Jessica Schreyer: Beziehungsverläufe in West- und Ostdeutschland. Stabilität und Übergänge, Bamberg 2012, URL: https://www.ifb.bayern.de/imperia/md/content/stmas/ifb/materialien/mat_2012_4.pdf [14.5.2021], S. 21f.

58 Vgl. ebd.

59 Vgl. u.a. Christiane Kuller: Soziale Sicherung von Frauen – ein ungelöstes Strukturproblem im männlichen Wohlfahrtsstaat. Die Bundesrepublik im europäischen Vergleich, in: Archiv für Sozialgeschichte 47 (2007), S. 201; Esther Geisler/Micha-

tätigkeit, der Kinderbetreuung und dem damit verbundenen Geschlechterarrangement sind jedoch auch befördernde Impulse aus der ostdeutschen Gesellschaft im Sinne eines Ost-West-Transfers zu verzeichnen. Laut einer Studie des BMFSFJ aus dem Jahr 2015 waren über 60 Prozent der gesamtdeutschen Bevölkerung der Ansicht, das System der Kinderbetreuung und die Frauenerwerbstätigkeit in der DDR hätten »positive Impulse für die Vereinbarkeit von Familie und Beruf« in die gesamtdeutsche Gesellschaft getragen und auch grundsätzlich »befördernde« Auswirkungen auf die Gleichstellung zwischen den Geschlechtern gehabt. Dabei erkannten mehr als die Hälfte der Bürger in den alten Bundesländern die positiven »Effekte von Alltags- und Arbeitsmarktstrukturen aus der DDR als Gleichstellungsgewinn« an.[60] So verwies auch Anna Kaminsky darauf, dass durch den Beitritt ein »Selbstverständigungsprozess« angestoßen worden sei, der zur Modernisierung des westdeutschen Frauenbildes geführt habe.[61]

Die westdeutsche Familienrichterin Hanna Nordmann erinnert aus ihrer Tätigkeit in einem ostdeutschen Gericht, dass sich ostdeutsche Frauen im Gegensatz zu westdeutschen auch noch im Jahr 2000 eigenständig fühlten. Die Frauen seien »so aufgewachsen«, hätten »das nicht anders gekannt«, »immer ihr eigenes Geld gehabt« und mit der Scheidung einen »Schlussstrich« gezogen. Die Beanspruchung von Ehegattenunterhalt »wär denen nie in den Sinn gekommen«, sagt Nordmann.[62] Sie schätzt ein, die »Wende« habe in den letzten Jahren auch im Westen Deutschlands einen »Bewusstseinswandel« und ein Verständnis dafür befördert, dass die Frauen arbeiten und die Kinder in eine »Krippe« gehen könnten.[63] Die bis heute in den ›neuen‹ Bundesländern praktizierende westdeutsche Familienrechtsanwältin Marie Bergmann meint, dem westlichen Versorgungsgedanken werde zudem durch die 2008 in Kraft getretene Unterhaltsrechtsreform mittlerweile entgegengewirkt.

ela Kreyenfeld: Müttererwerbstätigkeit in Ost- und Westdeutschland. Eine Analyse mit dem Mikrozensus 1991-2002, Oktober 2005, URL: http://www.gesis.org/fileadmin/upload/institut/wiss_arbeitsbereiche/gml/Veranstaltungen/4.NK_2005/Papers/01_Geisler_Kreyenfeld.pdf [14.5.2021], S. 32; Peuckert: Familienformen 2012, S. 412 f.

60 Carsten Wippermann, in: Bundesministerium für Familie, Senioren, Frauen und Jugend (Hg.): 25 Jahre Deutsche Einheit. Gleichstellung und Geschlechtergerechtigkeit in Ostdeutschland und Westdeutschland, Berlin 2015, URL: https://www.delta-sozialforschung.de/cms/upload/news/25-Jahre-Deutsche-Einheit-min.pdf [14.5.2021], S. 11 f., 16 f.

61 Anna Kaminsky: Frauen in der DDR, Berlin 2016, S. 21.

62 Hanna Nordmann: Transkript des Interviews vom 13.5.2013 in Hornstädt. Transkript und Audiodatei im Privatarchiv Anja Schröter, S. 13 f.

63 Nordmann: Transkript, S. 14 f.

Mit der Reform wurde die Eigenverantwortung der Geschiedenen auch im Familienrecht der gesamtdeutschen Gesellschaft stärker betont. Demnach sollten sich die Geschiedenen grundsätzlich selbst versorgen und früher als bisher eine Erwerbstätigkeit aufnehmen. Das näherte sich mehr dem Eigenständigkeitsdenken ostdeutscher Frauen und entfernte sich von der westdeutschen Unterhaltspraxis. Nach Einschätzung Bergmanns hätte in dieser Frage »die gesamtdeutsche Wirklichkeit [...] den Westen eingeholt«.[64]

Fazit

Anhand des Ehegattenunterhalts zeigt sich, wie Prägungen aus der sozialistischen Gesellschaft über den politischen Systemwechsel hinweg fortwirkten. Die ursprünglich vom SED-Regime gesteuerte Emanzipation ›von oben‹ trug zu einer ›inneren Emanzipation‹ ostdeutscher Frauen, einem Selbstverständnis von Unabhängigkeit bei, das über den politischen Umbruch 1989/90 hinweg fortbestand. Dies zeigte sich nicht nur in dem Moment, als auch die Gesetzgeber der ersten frei gewählten Volkskammer der DDR, trotz neuer Gestaltungsspielräume, weiterhin an dieses Geschlechterverständnis anknüpften. Im Zuge der deutschen Einheit wurde die sozioökonomische Situation unsicherer. Somit erodierte ein wichtiger Unabhängigkeitsgarant, während sich die rechtlichen Spielräume für die Inanspruchnahme von Unterhalt vergrößerten. Zudem wurden die gesellschaftlichen Wertvorstellungen um das westdeutsche Bild von Ehe und Familie erweitert. Ostdeutsche Frauen sahen sich dadurch zwar mit dem erodierenden, aber in weiten Teilen der westdeutschen Gesellschaft dennoch wirkmächtigen Versorgungsgedanken und den damit verbundenen Vorstellungen von Weiblichkeit konfrontiert.

64 Bergmann: Transkript, S. 2. Inwiefern ostdeutsche Einstellungs- und Verhaltensmuster Auswirkungen auf die Unterhaltsrechtsreform hatten – vgl. Gesetz zur Änderung des Unterhaltsrechts vom 21.12.2007, BGBl. I 2007, S. 3189 – bedarf es zusätzlicher Untersuchungen. Im Rahmen der Studie zur Scheidungsrechtspraxis und -kultur in Ostdeutschland ergeben sich jedoch insgesamt Hinweise, dass ostdeutsche Prägungen und Praktiken auch Auswirkungen auf die Entwicklung in der gesamtdeutschen Gesellschaft hatten. Dies knüpft an neuere Forschungsansätze an, nach denen auch in den ›alten‹ Bundesländern Veränderungen zu beobachten sind, die unter anderem von der deutschen Einheit beeinflusst wurden. So prägte etwa Philipp Ther im Zusammenhang mit politischen Entwicklungen in Ostdeutschland den Begriff der »Ko-Transformation«: Philipp Ther: Die neue Ordnung auf dem alten Kontinent. Eine Geschichte des neoliberalen Europa, Berlin 2014, S. 278.

Die ›ideale‹ Frau wurde dabei als eine versorgende Hausfrau und Mutter imaginiert, die die Familie versorgt und ihre eigene Erwerbsbiografie hinten anstellt.[65] Aus dem eigenen Selbstverständnis von der erwerbstätigen, unabhängigen Frau und dem verinnerlichten Sekundärpatriarchalismus hatte sich in Ostdeutschland aber nachhaltig eingeprägt, dass es keine gleichwertige Leistung sei, »Nur-Hausfrau«[66] zu sein. Entsprechend waren ostdeutsche Frauen weniger bereit, sich vom ehemaligen Partner versorgen zu lassen und über den rechtlichen Weg an ihn gebunden zu bleiben. Sie hielten auch unter den etablierten Rahmenbedingungen des bundesrepublikanischen Systems an ihrer Selbstständigkeit fest, was sich auf die Durchsetzung von rechtlichen Ansprüchen und somit auf die Rechtskultur in Ostdeutschland auswirkte. Dies illustriert, dass der Transformationsprozess in der Praxis eines äußerlich einheitlichen Gefüges auch nach der Implementierung der Institutionen und Normen nicht abgeschlossen war, sondern facettenreich blieb und im Zusammenhang mit der deutschen Einheit nicht nur ein Transfer von West nach Ost stattfand. Ostdeutsche orientierten sich in der Unterhaltsfrage und den damit verbundenen Vorstellungen der Geschlechterrollen weiterhin vorrangig an ihren erlernten Einstellungs- und Handlungsmustern, statt die etablierten Spielräume des bundesdeutschen Systems zu nutzen, und trugen sie in die Vereinigungsgesellschaft. Die Betonung der Eigenverantwortung mit der Unterhaltsrechtsreform 2008 entsprach mehr der ostdeutschen als der westdeutschen Praxis.[67] Mit Blick auf die Geschlechterverhältnisse zeigt sich zudem, dass etwa in der Anerkennung der Frauenerwerbstätigkeit auch Rückwirkungen auf Westdeutschland zu verzeichnen sind. Während die gesellschaftlichen Diskussionen, wie gut oder umfangreich sich Ostdeutsche dem Westen angepasst haben, auch drei Jahrzehnte nach der deutschen Einheit nicht abbrechen, wird hier deutlich, dass der Transfer zwischen Ost und West nicht nur einseitig verläuft.

65 So sahen sich ostdeutsche Frauen auf Grund ihrer Berufstätigkeit in politischen Auseinandersetzungen »oft genötigt …, die Rabenmutter-These zurückzuweisen«; Ursula Schröter: Ostdeutsche Frauen – sechs Jahre nach dem gesellschaftlichen Umbruch. Auswertung empirischer Daten zur sozialen Situation ostdeutscher Frauen, Berlin 1995, S. 10.

66 Ebd., S. 11.

67 Vgl. Gunter Schlickum: Scheidungsberater für Männer. Seine Rechte und Ansprüche bei Trennung und Scheidung, München 2008, S. 85; Wilfried Schlüter: BGB-Familienrecht, Heidelberg 2012, S. 141; Grandke: Entwicklung, S. 208.

Aufarbeitung und Antikommunismus

Die Produktion eines öffentlichen Bildes der DDR nach ihrem Ende

Gerhard Sälter

Schon länger wird ein Unbehagen an der Aufarbeitung der DDR-Vergangenheit formuliert. Es bezieht sich auf die geschichtspolitische Gewichtung zwischen Nationalsozialismus und Kommunismus, die Beschränkung des DDR-Narrativs auf Helden, Schurken und Opfer und den Zweifel, ob die eingeübten Erzählungen die vielfältigen Erfahrungen der DDR-Bürger ausreichend repräsentieren. Alle drei Aspekte prägten bereits die Wahrnehmung des DDR-Kommunismus in der frühen Bundesrepublik. Deshalb wird dieser Beitrag der These nachgehen, ob einige der Probleme sich der Adaption eines Bildes von der DDR verdanken, das in der Bundesrepublik in der Hochphase des Kalten Krieges entstand und nach der Zäsur von 1989 erneut sinnstiftend wurde.[1]

Die Kommissionierung der DDR-Geschichte

Nach 1989 schlug der Bundestag geschichtspolitisch neue Wege ein. Die Aufarbeitung der nationalsozialistischen Vergangenheit, einschließlich eines würdigen Erinnerns an seine Opfer und einer Wertschätzung für den Widerstand, hatte gegen die geschichtsvergessen oder geradezu verharmlosend agierenden westdeutschen Eliten in jahrzehntelangen Auseinandersetzungen erkämpft werden müssen. Für die Aufarbeitung der gerade erst vergangenen DDR-Geschichte dagegen erklärte sich der Bundestag zuständig und setzte 1992 eine Enquete-Kommission zur »Aufarbeitung von Geschichte und Folgen der SED-Diktatur« ein.

Die Tätigkeit der Kommission war geprägt von einem geschichtspolitischen Eifer, der in seinem Idealismus Züge von Naivität besaß. Die bundesdeutschen Vorstellungen von der Aufarbeitung der DDR-Vergangenheit liefen, grob formuliert, darauf hinaus, dass von westlichen Institutionen erwartet wurde, dass sie ihre in der Auseinandersetzung mit dem Nationalsozialismus gesammelten Erfahrungen auf die untergegangene DDR transponieren und zusammen mit einigen DDR-Oppositionellen den Diktaturcharakter der DDR beschreiben, die Grundlagen für die Rehabilitierung

1 Für ihre Kritik zu diesem Text danke ich Sarah Bornhorst, Stefanie Eisenhuth, Martin Sabrow und Christine Schoenmakers.

und Entschädigung der Opfer legen, die Vergangenheit bewerten und damit demokratiefördernd das SED-Unrecht handhabbar machen.[2] Auch in diesem Fall sollte »Vergangenheitsbewältigung«, so Bernhard Schlink, die »Sehnsucht nach Unmöglichem« erfüllen: »das Vergangene so in Ordnung zu bringen, dass seine Erinnerung nicht mehr auf der Gegenwart lastet«.[3]

Die Kommission wurde eingesetzt in der Hoffnung, sie könne durch »schonungslose Aufarbeitung« zur »inneren Einheit« des neuen Deutschland beitragen. Ihre Arbeit begleiteten Zweifel, ob sie unabhängig sein könne von parteipolitischen Bestrebungen und staatlicher Geschichtspolitik. Carola Rudnick kritisierte späterhin, sie habe den Charakter eines Tribunals angenommen, das über die DDR urteile. Mit der Aufklärung über die SED-Herrschaft war eine Bewertung nach moralischen Kriterien verbunden, um die DDR, ihr politisches System und ihre Eliten zu delegitimieren.[4] Pertti Ahonen kommentierte: »A kind of Western triumphalism set the tone«.[5]

Eigentlich war der Kommission Unmögliches aufgebürdet worden. Noch bevor eine quellenbasierte empirische Forschung zur DDR-Geschichte begonnen hatte, sollte die Enquete-Kommission das Fazit daraus ziehen. Angesichts der konservativen Dominanz griff sie auf ältere Narrative zurück, die in der Bundesrepublik ohne Zugang zu Archivquellen lange gehegt worden waren. Diese sind einer publizistischen Tradition zuzuordnen, die im Westen Deutschlands seit den 1950er Jahren Bilder von der DDR entwarf, die in der politischen Bildung und in der Propaganda verwendet wurden. Sie waren geprägt von einem Politikverständnis, das von den seit den 1960er Jahren in der Geschichtswissenschaft ausformulierten theoretischen und methodischen Prinzipien wenig angenommen hatte. Ergänzung fand diese Expertise durch die in der Kommission vertretenen DDR-Oppositionellen und deren Erfahrungen mit Repression durch SED und

2 Zur Diskussion der 1990er Jahre siehe Dirk Verheyen: United City, Divided Memories? Cold War Legacies in Contemporary Berlin, Lanham 2008, S. 6-14, 39-48; Jenny Wüstenberg: Transforming Berlin's Memory. Non-State Actors and GDR Memorial Politics; in: David Clarke/Ute Wölfel (Hg.): Remembering the German Democratic Republic. Divided Memory in a United Germany, Basingstoke 2011, S. 65-76; David Clarke: Constructions of Victimhood. Remembering the Victims of State Socialism in Germany, London 2019, S. 5-20.

3 Bernhard Schlink: Vergangenheitsschuld und gegenwärtiges Recht, Frankfurt 2002, S. 89.

4 Carola S. Rudnick: Die andere Hälfte der Erinnerung. Die DDR in der deutschen Geschichtspolitik nach 1989, Bielefeld 2011, S. 47-62, Zitate S. 52; siehe Andrew H. Beattie: Playing Politics with History. The Bundestag Inquiries into East Germany, New York 2008.

5 Pertti Ahonen: Death at the Berlin Wall, Oxford 2011, S. 276.

MfS. Diese hatten in ihren systembedingt fragmentierten Anstrengungen zur Reform der DDR bis 1989 kaum Möglichkeiten gehabt, eine theoretisch basierte Gesamtschau auf den nun untergegangen Staat zu entwickeln. In einem mehrjährigen Diskussionsprozess schrieben sie sich mit ihrer Widerstands- und Opfererzählung in das ältere westliche Narrativ ein.[6]

Die Ergebnisse der Kommission blieben nicht unbestritten. Martin Sabrow befand, sie habe neben substantiellen Forschungsergebnissen »ein ganzes Netz von Formelkompromissen« hinterlassen.[7] Ein zentraler Konflikt betraf die Frage, welches Gewicht der Repressionserzählung zukommen sollte und wie Gesellschaft und Alltag in der DDR einzubeziehen wären. Einige der beteiligten DDR-Bürgerrechtler forderten eine »Perspektive von unten« ein, um die Auswirkungen der Herrschaftspraxis auf den Alltag in den Blick zu bekommen, was der Kommission jedoch nicht gelang. DDR-Bürger blieben in ihrer Sichtweise entweder Helden, Opfer, Täter oder – in ihrer großen Mehrheit – schlichtweg unsichtbar. Agency als individuelle Handlungsmacht in einem definierten Feld von Möglichkeiten wurde nur den wenigen zugesprochen, die sich in den letzten Jahren der DDR aus einem vielfach kirchlichen Selbstverständnis heraus gegen die SED aufgelehnt hatten.[8]

Trotz der Diskussion um ihre Ergebnisse war die Kommission richtungsweisend in der Themensetzung zur DDR-Geschichte, wenngleich nicht in der Theoriebildung. Ihr Verständnis blieb bestimmt durch eine Top-Down-Perspektive auf die Herrschaft in der Diktatur. Ihre neun Bände breiteten einen großen Teil des Programms für die Forschung und Aufarbeitung der nächsten Jahre aus. Der Kommissionsbericht transportierte Fragestellungen, definierte Herangehensweisen und setzte eine Agenda. An ihrem Themenkanon orientierte sich die Aufarbeitung, was durch personelle Kontinuitäten noch verstärkt wurde. Einige der Kommissionsmitglieder rückten als wissenschaftliche Mitarbeiter in die entstehenden Aufarbeitungsinstitutionen ein, andere nahmen in deren Beiräten Platz. Damit erhielt die DDR-Aufarbeitung eine inhaltliche und personelle Kontinuität.

6 Deutscher Bundestag (Hg.): Materialien der Enquete-Kommission »Aufarbeitung von Geschichte und Folgen der SED-Diktatur in Deutschland« im Deutschen Bundestag, 9 Bde., Baden-Baden 1995.

7 Martin Sabrow: Das Unbehagen an der Aufarbeitung. Zur Engführung von Wissenschaft, Moral und Politik in der Zeitgeschichte; in: Thomas Schaarschmidt (Hg.): Historisches Erinnern und Gedenken im Übergang vom 20. zum 21. Jahrhundert, Frankfurt am Main 2008, S. 11-20, hier S. 17; siehe Verheyen: United City, S. 175-181.

8 Christian Gaubert: DDR: Deutsche Dekorative Restbestände? Der DDR-Alltag im Museum, Berlin 2019, S. 49-60.

Konnte die erste Kommission relevante Inhalte definieren, leitete ihre Nachfolgerin deren Implementierung in der Aufarbeitung ein. Die 1995 vom Bundestag eingesetzte zweite Enquete-Kommission schuf Grundlagen für eine Institutionalisierung der Aufarbeitung – auch dies etwas, das für den Nationalsozialismus erst dreißig Jahre nach seinem Ende begann. Davon erhoffte man sich eine vertiefte Demokratisierung auf der Basis eines »antitotalitären Konsenses« und eine bessere Integration der vormaligen DDR-Bürger in die Bundesrepublik, wobei deren Erfahrungen in der Diktatur allerdings weiterhin randständig blieben. Mit den Empfehlungen der Kommission wurde der westliche Blick auf die DDR, angereichert durch die Erfahrungen der DDR-Opposition, verstetigt und institutionalisiert.[9]

Wie wichtig die Arbeit der Kommission genommen wurde, wird daraus ersichtlich, dass Aufarbeitungsexperten der ersten Stunde, wie Rainer Eckert, Ilko-Sascha Kowalczuk und Ulrike Poppe, 1995 von einer »Auseinandersetzung um die kulturelle Hegemonie in Deutschland« sprachen. In ihrem vermeintlichen Abwehrkampf gegen ein Netzwerk aus Diktaturleugnern und SED-Apologeten sahen sie sich von Historikern aus dem Westen unzureichend unterstützt. Für sie liefen die Konfliktlinien zwischen »Totalitarismustheorie, vergleichender Diktaturenforschung und neomarxistischen Deutungsmustern«. Und sie warfen die Frage auf, ob systemnahe Forscher aus der DDR nicht aus dem Diskurs ausgeschlossen werden sollten.[10]

Das Ausblenden der Erfahrungen der Mehrheit der DDR-Bürger, ihrer Gestaltungsmöglichkeiten und der Herausforderungen eines Alltagslebens unter den Bedingungen einer Diktatur sowie die Verengung des Narrativs auf Repression, Flucht und Grenzregime wurden früh, aber ohne durchschlagenden Erfolg kritisiert. Zu dringend erschien vielen Protagonisten die Aufarbeitung der Repressionserfahrungen, die Etablierung von Opfererzählungen und die Vertiefung der Heldengeschichte von 1989. Thomas Lindenberger dagegen machte darauf aufmerksam, wie wenig man bisher gesichert über die DDR wisse.[11] Das verstand er gleichermaßen als wissenschaftliche Chance wie auch als Mahnung zur Zurückhaltung mit dezidierten Urteilen. Letztere verhallte weitgehend ungehört. Erfolgreicher waren diejenigen, die es auch ohne Archivstudien genau wussten: die DDR-Ken-

9 Rudnick: Die andere Hälfte, S. 63-73; Gaubert: DDR-Alltag im Museum, S. 61-67.

10 Rainer Eckert/Ilko-Sascha Kowalczuk/Ulrike Poppe (Hg.): Wer schreibt die DDR-Geschichte? Ein Historikerstreit um Stellen, Strukturen, Finanzen und Deutungskompetenz, Berlin 1995, S. 3.

11 Thomas Lindenberger: Alltagsgeschichte und ihr möglicher Beitrag zu einer Gesellschaftsgeschichte der DDR; in: Richard Bessel/Ralph Jessen (Hg.): Die Grenzen der Diktatur. Staat und Gesellschaft in der DDR, Göttingen 1996, S. 298-325.

ner aus dem Westen und die Dissidenten, die die repressive Seite der SED-Diktatur hatten erfahren müssen.

Einige Jahre später wurde eine Chance verpasst, das Versäumte nachzuholen. Die 2005 vom Bundesbeauftragten für Kultur und Medien eingesetzte Sabrow-Kommission sollte weitere Handlungsempfehlungen für den Umgang mit der SED-Diktatur erarbeiten. Sie schlug vor, neben Teilung, Repression und Opposition die Wechselbeziehung zwischen Herrschaft und Gesellschaft stärker zu berücksichtigen. Dies hätte die Möglichkeit geboten, sich vom westlichen Narrativ zu emanzipieren, brachte der Kommission jedoch den Vorwurf der Diktaturverharmlosung ein.[12] In der Konsequenz der verpassten Gelegenheit verstand die 2007 und 2008 verabschiedete Gedenkstättenkonzeption des Bundes den Alltag in der Diktatur nicht mehr als ein soziales Beziehungsgeflecht zwischen Akteuren mit erheblich unterschiedlichen Machtchancen und reziproken Wirkungen, sondern lediglich als alltägliche Repression.[13]

Der westdeutsche Antikommunismus als Wiedergänger

Der Konflikt war begleitet von teils erbittert ausgetragenen Deutungskämpfen. Klaus Schroeder etwa beklagte einen »Gesinnungsterror der orthodoxen Linken, neuerdings aber auch der ›militanter‹ [sic!] Sozialdemokraten«, die sich anschickten, verschleiernde »Geschichtsbilder« zu stricken.[14] Im Hintergrund stand die Frage nach der künftigen konzeptionellen und theoretischen Ausrichtung der Forschung und der DDR-Aufarbeitung. Die Konzentration auf die repressiven Aspekte der Diktatur hatte schon die Wahrnehmung der DDR in der Adenauer-Ära geprägt. Diese Perspektive hatte aber in der Epoche der Annäherung nach dem Mauerbau Erweiterungen erfahren. Nun ging es darum, ob das zunehmend differenzierte Bild, das Forschung und Medien in den 1970er und 1980er Jahren von der DDR entworfen hatten, sich in theoretisch und methodisch geleiteten Forschungskonzepten niederschlagen würde oder ältere Geschichtsbilder reaktiviert würden.[15]

12 Siehe Rudnick: Die andere Hälfte, S. 91-102. Eine Gegenposition zu den Sabrow-Empfehlungen findet sich bei Michael Schwartz/Hermann Wentker: Erinnerungspolitik auf dem Holzweg. Zu den Empfehlungen der Expertenkommission für eine künftige »Aufarbeitung der SED-Diktatur«, in: Vierteljahrshefte für Zeitgeschichte 54.3 (2006), S. 517-521.

13 Gaubert: DDR-Alltag im Museum, S. 78-84.

14 Eckert/Kowalczuk/Poppe: DDR-Geschichte, S. 81, 83.

15 Frank Wolff: Die Mauergesellschaft. Kalter Krieg, Menschenrechte und die deutsch-deutsche Migration 1961-1989, Frankfurt am Main 2019.

Es blieben Ansätze tonangebend, die den Repressionscharakter der SED-Herrschaft betonten. Sie besaßen jedoch den eklatanten Mangel, die Unterschiede zwischen NS- und SED-Diktatur zu verwischen. Die in der frühen Bundesrepublik als »Antitotalitarismus« formulierte Gleichsetzung von »brauner« und »roter« Diktatur zielte gleichermaßen auf eine Exkulpation von den Verbrechen der Nationalsozialisten wie auf eine Anklage des östlichen Konkurrenzstaates.[16] Die spezifisch westdeutsche »Abkehr von ›Totalitarismus‹« richtete sich, wie Volkhard Knigge betonte, vor allem »auf die Bekämpfung des aktuellen Totalitarismus in Gestalt des SED-Kommunismus. Deren Kritik substituierte, einem reflexhaften Abwehrmechanismus gleich, den unverstellten Blick zurück«. Diese »Ersatzhandlung« konnte zudem »unmittelbar an aus dem Nationalsozialismus überkommene Feindbilder und Frontstellungen anknüpfen«.[17]

Das in der propagandistischen Kriegführung geformte Bild der DDR wies inhaltliche Kontinuitäten zum »Antibolschewismus« der Nationalsozialisten auf.[18] Aus dem Dritten Reich übernommene »Experten« hatten es mitgeformt. NS-Funktionäre wie der SS-Mann Bernhard Sagolla prägten Kampfbegriffe wie die Bezeichnung »rote Gestapo« für die Staatssicherheit, die die Unterschiede zwischen dem Nationalsozialismus und der DDR einebneten.[19] Im Kalten Krieg dienten diese Vorstellungen der Begründung eines überzogenen Feindbildes vom Kommunismus als innerem und äußerem Gegner.[20] Solche Vorstellungen wurden gleichzeitig für die Diffamierung des Widerstands gegen Hitler als »Handlanger Moskaus« instrumentalisiert.[21]

16 Martin Sabrow: Die NS-Vergangenheit in der geteilten deutschen Geschichtskultur; in: Christoph Klessmann/Peter Lautzas (Hg.): Teilung und Integration. Die doppelte deutsche Nachkriegsgeschichte, Bonn 2005, S. 132-151, insb. S. 140-145.

17 Volkhard Knigge: Die langen Schatten der Vergangenheit. Unterschiedliche Vergangenheitsbewältigung in Ost und West; in: ders.: Geschichte als Verunsicherung. Konzeptionen für ein historisches Begreifen des 20. Jahrhunderts, hrsg. von Axel Doßmann, Göttingen o. J. (2020), S. 74-95, hier S. 82 f.

18 Axel Schildt: Antikommunismus von Hitler zu Adenauer; in: Norbert Frei/Dominik Rigoll (Hg.): Der Antikommunismus in seiner Epoche. Weltanschauung und Politik in Deutschland, Europa und den USA, Göttingen 2017, S. 186-203.

19 Bernhard Sagolla: Die Rote Gestapo. Der Staatssicherheitsdienst in der Sowjetzone, Berlin 1952; Henry Leide: NS-Verbrecher und Staatssicherheit. Die geheime Vergangenheitspolitik der DDR, Göttingen 2005, S. 18.

20 Klaus Körner: Die rote Gefahr. Antikommunistische Propaganda in der Bundesrepublik, 1950-2000, Hamburg 2002; Stefan Creuzberger/Dierk Hoffmann (Hg.): »Geistige Gefahr« und »Immunisierung« der Gesellschaft. Antikommunismus und politische Kultur in der Bundesrepublik, München 2014.

21 Gerhard Sälter: Phantome des Kalten Krieges. Die Organisation Gehlen und die Wiederbelebung des Gestapo-Feindbildes »Rote Kapelle«, Berlin 2016.

Der Antikommunismus der Adenauerzeit war zudem nicht durchgängig den freiheitlichen Werten der Demokratie verpflichtet.[22] Er prangerte die Repression in der DDR an, weil es sich um *kommunistische* Repression handelte – mit Foltercamps, Massakern und politischer Haft in westlichen Diktaturen konnten viele seiner Protagonisten dagegen gut leben. Die in dieser Form von Antikommunismus transportierten Sichtweisen waren seit den 1960er Jahren zunehmend randständig geworden, haben aber in einigen Bünden und Vereinen die Zeiten überdauert. Sie wurden mit der »Totalitarismustheorie« und seiner, wie Knigge formuliert, »trivialisierenden politischen Verwendung nach 1990« reaktiviert.[23]

Mit der Adaption dieses Konstrukts kehrte die bundesdeutsche Geschichtspolitik mit der Bildung der großen Koalition 2005 zurück zu einer überwunden geglaubten Äquidistanz zu Nationalsozialismus und SED-Diktatur, die sich in der Rede von den »beiden deutschen Diktaturen« Geltung verschaffte. Diese wurden »als gleichwertig und gleich bedeutsam eingestuft«.[24] Knigge bezeichnete das als eine Form »verwischender, angleichender Deutung«, die begleitet wurde von »Vorstellungen, Erinnerung erschöpfe sich in der Pietät gegenüber Opfern«.[25] Die von Martin Sabrow wenig später formulierte Erkenntnis, die Herrschaftspraxis der SED begründe im Unterschied zum Nationalsozialismus »ungeachtet so vieler Übereinstimmungen in Herrschaftsinszenierung und Machtausübung eben keinen Zivilisationsbruch«, erfuhr jedenfalls wenig Zuspruch.[26]

Die Rückkehr der »Totalitarismustheorie« half bei der Schaffung einfacher Narrative über die DDR, die ein klares Gut-Böse-Schema bedienten. Dabei hatte Ralph Jessen – neben anderen – sehr deutlich auf die begrenzte

22 Stefan Creuzberger: Kampf für die Einheit. Das gesamtdeutsche Ministerium und die politische Kultur des Kalten Krieges 1949-1969, Düsseldorf 2008; Enrico Heitzer: Die Kampfgruppe gegen Unmenschlichkeit (KgU). Widerstand und Spionage im Kalten Krieg 1948-1959, Köln 2014; Jenny Wüstenberg: Pluralism, Governance, and the New Right in German Memory Politics, in: German Politics and Society 37.3 (2019), S. 89-110.

23 Knigge: Erinnerungskultur, S. 245-246.

24 Rudnick: Die andere Hälfte, S. 105.

25 Volkhard Knigge: Erinnerungskultur zwischen Vergangenheitsgerede, Geschichtspolitik und historischer Selbstreflexion; in: ders.: Geschichte als Verunsicherung, S. 240-249, hier S. 245; siehe Ulrike Jureit: Olympioniken der Betroffenheit. Normierungstendenzen einer opferzentrierten Erinnerungskultur; in: Katrin Hammerstein (Hg.): Aufarbeitung der Diktatur – Diktat der Aufarbeitung?, Göttingen 2009, S. 108-122.

26 Martin Sabrow: Die DDR erinnern; in: ders. (Hg.): Erinnerungsorte der DDR, Bonn 2010 (erstmals München 2009), S. 9-25, hier S. 13; siehe Schlink: Vergangenheitsschuld, S. 99.

Reichweite des Konstrukts hingewiesen, das zudem nicht anschlussfähig sei an »das breite Fragespektrum der neueren Sozial-, Kultur- und Erfahrungsgeschichte oder der historischen Anthropologie«.[27] Doch die im Kalten Krieg etablierte Sichtweise der westdeutschen Eliten, die in der Gesellschaft der DDR vor allem eine Dichotomie von Tätern und Opfern erkennen wollte, erlebte nach dem als Sieg über den Kommunismus gedeuteten Ende der DDR eine Renaissance.[28] Über die antikommunistische Ausrichtung der Aufarbeitung wachen Verbände, Institutionen und Behörden, die schnell bei der Hand sind mit Vorwürfen, man wolle die SED-Diktatur »entstalinisieren, entkriminalisieren und den SBZ/DDR-Opfern ihr Leid absprechen« oder sie gar herabwürdigen.[29]

Die durch eine starke Betonung der Opferperspektive, die gesellschaftliche Zusammenhänge der Repression ausblendete, mitbegründete Perhorreszierung der DDR-Geschichte reagierte auf einen geschichtspolitischen Rechtfertigungszwang. Mit der Delegitimierung der SED-Herrschaft ging ein Elitenaustausch in Ostdeutschland einher. Die »antitotalitäre« Sichtweise stützte dessen Legitimität ebenso wie die Prozesse gegen verantwortliche SED-Politiker und einen kleinen Teil der DDR-Funktionselite.[30] Die mediale Berichterstattung zeigte sich angesichts einer simplifizierten Geschichtserzählung und eines wenig ausgeprägten Verständnisses für die rechtlichen Rahmenbedingungen enttäuscht von einer als zu lasch empfundenen Urteilspraxis.[31] Der Effekt in der Öffentlichkeit wurde verstärkt durch eine anfangs von der berechtigten Empörung der Betroffenen getragenen, aber medial überhöhten Diskussion über die Informanten der Staatssicherheit. Der Elitenaustausch wäre ohne die IM-Debatte, so Ilko-Sascha Kowalczuk, und ohne die medial begleitete strafrechtliche Ahndung von »Systemunrecht« wohl weniger selbstverständlich gewesen.[32] Die dis-

27 Ralph Jessen: DDR-Geschichte und Totalitarismustheorie, in: Berliner Debatte 6.4/5 (1995), S. 17-24, Zitat S. 23.

28 Ahonen: Death, S. 135-137; siehe Körner: Die rote Gefahr, S. 177-183.

29 Rudnick: Die andere Hälfte, S. 28.

30 Bernhard Schlink: Rechtsstaat und revolutionäre Gerechtigkeit; in: ders.: Vergangenheitsschuld, S. 38-60. Siehe A. James McAdams: Judging the Past in Unified Germany, Cambridge 2001; Gerhard Sälter: Der Rechtsstaat und das Grenzregime der DDR: Die strafrechtliche Verfolgung der Grenzdelikte in der Bundesrepublik; in: Jörg Ganzenmüller (Hg.): Recht und Gerechtigkeit. Die strafrechtliche Aufarbeitung von Diktaturen in Europa, Weimar 2017, S. 115-130.

31 Heiko Wingenfeld: Die öffentliche Debatte über die Strafverfahren wegen DDR-Unrechts. Vergangenheitsbewältigung in der bundesdeutschen Öffentlichkeit der 90er Jahre, Berlin 2006.

32 Ilko-Sascha Kowalczuk: Die Übernahme. Wie Ostdeutschland Teil der Bundesrepublik wurde, München 2019, S. 170-192; zur Stasi-Debatte in den 1990er Jahren vgl. ebd., S. 194-198. Siehe Clarke: Victimhood, S. 33-43, und zuletzt Joyce M. Mushaben:

kursive Parallelisierung der DDR-Eliten mit den Funktionseliten des Dritten Reichs – wir sprachen nach 1989 über die SED, wie wir es gewohnt waren, über die Nationalsozialisten zu sprechen – ließ den Elitentransfer von West nach Ost plausibel erscheinen.

Das Auseinanderdriften von Zeitgeschichte und Aufarbeitung

Der vielfältige Alltag und seine Bezüge zur Herrschaftspraxis blieb eine Leerstelle des DDR-Diskurses und zugleich Thema der geschichtswissenschaftlichen Diskussion. Thomas Lindenberger bemängelte, es sei in der DDR-Forschung »bisher zu ausschließlich von Schurken und fremden Mächten, die nun ein für allemal überwunden sind, und zu wenig von den sozialen Beziehungen und Handlungen der Übrigen dort bzw. hier Lebenden geredet worden«.[33] Alf Lüdtke ergänzte, dass es bei einem alltagsgeschichtlichen Ansatz nicht darum gehe, »die Präsenz von Panzern und Bajonetten« zu ignorieren, sondern nach »Formen des ›Hinnehmens‹, ›Mitmachens‹ und ›Unterstützens‹« zu fragen und damit die Herrschaft der SED erst verständlich zu machen.[34]

Solche Forderungen wurden seither in der Forschung vielfach umgesetzt. Die Erforschung der Gesellschaft der DDR mit ihren Machtbeziehungen ist erheblich vorangeschritten. Es sind, um nur wenige Beispiele zu nennen, Studien erschienen zu den Formen und Grenzen gesellschaftlicher Partizipation, zu den Friktionen in der Herrschaftsdurchsetzung, zu Rekrutierungsmustern und Karriereverläufen von Kadern, zu betrieblichen Aushandlungsprozessen, überbetrieblichen Arbeitsbeziehungen und selbstbestimmten Arbeitsbiographien, zu den Handlungsspielräumen innerhalb von totalen Institutionen wie der Grenzpolizei, zur Ausgrenzung von »Asozialen«, zu Distinktionsprozessen innerhalb der SED und in der Gesellschaft, über die Kommunikation zwischen Bürgern und Staat, die unsere Kenntnis von den Lebensbedingungen in der DDR erheblich erweitert bzw. überhaupt erst begründet haben. Damit trat in der

The Dialectical Identity of Eastern Germans, German Politics and Society 37.3 (2019), S. 55-71.

33 Thomas Lindenberger: Diktatur der Grenzen. Zur Einleitung; in: ders. (Hg.): Herrschaft und Eigen-Sinn. Studien zur Gesellschaftsgeschichte der DDR, Köln 1999, S. 13-44, hier S. 14.

34 Alf Lüdtke: Alltag: Der blinde Fleck?, Deutschland Archiv 39.5 (2006), S. 894-901, hier S. 898; siehe Thomas Lindenberger: SED-Herrschaft als soziale Praxis, Herrschaft und »Eigen-Sinn«: Problemstellung und Begriffe; in: Jens Gieseke (Hg.): Staatssicherheit und Gesellschaft. Studien zum Herrschaftsalltag in der DDR Analysen und Dokumente, Göttingen 2007, S. 23-47.

Forschung die Analyse der Herrschaftsbeziehungen an die Stelle der Übernahme deklaratorischer Äußerungen aus MfS- oder SED-Dokumenten über die Auswirkungen ihrer Politik. So entstand ein breites Wissensfundament für die Beurteilung der Vergangenheit und ein neues Bild von der DDR.

In der Aufarbeitungslandschaft jedoch wurde diese Trendwende nur zögerlich und von einigen Akteuren gar nicht mitvollzogen. Weder die Theorien und Methoden moderner zeitgeschichtlicher Forschung waren dort anschlussfähig noch die Fragestellungen und Herangehensweisen, die über Täter-, Opfer- und Repressionsgeschichten hinausgingen. Das führte zu einem Auseinanderdriften von akademischer Forschung und Aufarbeitung.[35] Die von Konrad Jarausch und Martin Sabrow diagnostizierte Diskrepanz zwischen wissenschaftlichem Kenntnisstand und vermitteltem Geschichtsbild verfestigte sich. Was Andrew Beattie im Hinblick auf das alliierte Lagersystem im Nachkriegsdeutschland beklagt, kann verallgemeinert werden: In der Öffentlichkeit werde der Praxis sowjetischer Politik das ahistorische Bild einer idealtypischen westlichen Politik gegenübergestellt, ohne beide in ihre historischen Zusammenhänge einzuordnen.[36] Deshalb bleibt das Geschichtsbild der Aufarbeitung in der Regel unterkomplex.

Der Öffentlichkeit wird in Medien, Ausstellungen und populären Darstellungen nach wie vor eine Geschichte der DDR präsentiert, deren Narrativ hauptsächlich von Tätern und Opfern handelt, dem Herrschaftsalltag, den Umgangsweisen der Vielen mit den Gegebenheiten in der Diktatur und ihrer Integration in die Gesellschaft aber wenig Aufmerksamkeit schenkt. Ähnliche Vorstellungen wurden Grundlage und Voraussetzung der staatlich-öffentlichen Gedenkrituale. Sie entsprechen jedoch weder dem Forschungsstand, noch sind sie anschlussfähig an die Erinnerung vieler Ostdeutscher. Letztere kommen weiterhin nur vor, wenn sie Widerstand geleistet haben, Opfer von Repression wurden oder in den Westen geflüchtet sind. Dadurch verschwindet die Mehrheit der DDR-Bürger aus der Geschichte der DDR. Seit dem Mauerfall, so die feministische Aktivistin Samirah Kenawi, »wurde unser gesellschaftshis-

35 Konrad H. Jarausch: Zeitgeschichte und Erinnerung. Deutungskonkurrenz oder Interdependenz?; in: ders./ Martin Sabrow (Hg.): Verletztes Gedächtnis. Erinnerungskultur und Zeitgeschichte im Konflikt, Frankfurt 2002, S. 9-39; Martin Sabrow: Writing Contemporary German History in the Present; in: ders./Thomas Lindenberger (Hg.): German Zeitgeschichte. Konturen eines Forschungsfeldes, Göttingen 2016, S. 13-27, hier S. 26f.; siehe die Beiträge in Ulrich Mählert (Hg.): Die DDR als Chance. Neue Perspektiven auf ein altes Thema, Berlin 2016.

36 Andrew H. Beattie: Allied Internment Camps in Occupied Germany. Extrajudicial Detention in the Name of Denazification, 1945-1950, Cambridge 2020, S. 6-8.

torischer Kontext« unter Ausblendung der breiten und heterogenen Erfahrungen »auf Stasi und DDR-Folklore reduziert«.[37] Was populäre Darstellungen an wertender Eindrücklichkeit gewinnen, verlieren sie oftmals an differenzierender Wertung.

Das Narrativ, das sich in der Aufarbeitung durchgesetzt hat, ist wahrscheinlich auch deswegen so persistent, weil es sich zu einem Erzählbogen fügt, mit dem sich die historischen Zäsuren zwischen 1945 und 1990 überspannen lassen. Darin folgt der sowjetischen Besetzung und der Installation ihrer kommunistischen Helfershelfer die Rebellion vom Juni 1953, von der sich ein Bogen zur demokratischen Massenbewegung vom Herbst 1989 schlagen lässt. Die SED reagierte mit dem Mauerbau 1961 auf das andauernde Freiheitsstreben der Ostdeutschen. Auf der einen Seite stand die SED, die zu ihrem Machterhalt Menschen unterdrückte, auf der anderen Seite standen die DDR-Bürger, die das hilflos erdulden mussten. Dem Erfolg dieses Narrativs half es, dass die Teilungserfahrung nach dem Mauerbau insbesondere in Berlin massiv war, dass das mit der Mauer auf Dauer gestellte Grenzregime zusammen mit Bespitzelung und Repression den Unrechtscharakter der SED-Herrschaft erneut evident machte, ihren Polizeistaatscharakter verstärkte und einen anhaltenden Opferdiskurs begründete. Die Veränderungen während der Honecker-Epoche werden in dieser Erzählung vom langfristigen wirtschaftlichen Versagen der SED und dem Entstehen der neuen Opposition überlagert, die zielstrebig auf die Wiedervereinigung hinsteuerte.[38] So ergibt sich eine konsistente Erzählung, die jedoch einen erheblichen Teil der DDR-Wirklichkeit ausblendet.

Dieses Narrativ, dem eine Aura aus Selbstgewissheit eigen ist, bedarf für seine Wirkmächtigkeit der Isolierung von seinen historischen Kontexten, wodurch die DDR im Aufarbeitungsdiskurs zu einer Insel in Zeit in Raum wird. Ihre Geschichte wird dafür abgetrennt von ihrer Vorgeschichte im Nationalsozialismus, den Verflechtungen mit der Bundesrepublik und den Problemen der Transformationsphase bis heute. Die Gewaltgeschichte des Kalten Krieges spielt als Vergleichsebene zur Einordnung der Repression keine Rolle.[39] Im offiziösen Geschichtsbild bleibt ausgeklammert, dass der

37 Nicola Lauré al-Samarai: Labor 89. Intersektionale Bewegungsgeschichte*n aus West und Ost, hrsg. von Peggy Piesche, Berlin 2019, S. 49.

38 Gerhard Sälter: Die sowjetische Blockade und das Grenzregime in Berlin. Von den zeitgenössischen Mediendiskursen zur kollektiven Erinnerung an den Kalten Krieg; in: Corine Defrance/Ulrich Pfeil/Bettina Greiner (Hg.): Die Berliner Luftbrücke. Erinnerungsort des Kalten Krieges, Berlin 2018, S. 158-175.

39 Gerhard Sälter: Die Todesopfer des DDR-Grenzregimes, ihre Aufarbeitung und die Erinnerungskultur, in: Deutschland Archiv, 12.8.2020, URL: https://www.bpb.de/313950 [8.5.2021].

Kalte Krieg auch im Westen und vom Westen geführt worden ist.[40] Sicherlich wurden in der Bundesrepublik dabei andere Mittel eingesetzt als in der DDR, aber auch die westliche Welt hatte ihren Anteil an politischer Repression.

Geschichtspolitik, die Medien und das Unbehagen in Ostdeutschland

Staatliche und zivilgesellschaftliche Geschichtspolitik haben dieses Narrativ im Aufarbeitungsdiskurs durchsetzen können. Jay Winter wies darauf hin, staatliche Eliten hätten ein starkes »Interesse an der Legitimierung bestimmter Narrative. Häufig ist daher das, was man als ›kollektive Erinnerung‹ bezeichnet, eine offizielle Meistererzählung, die Machtansprüche kulturell rechtfertigt«.[41] Deshalb dient die Aufarbeitungspraxis in Gedenkstätten in der Analyse von Martin Sabrow »im Kern […] einer Gesellschaft oder einer Gruppe zur Bestätigung ihrer Haltung, nicht der Infragestellung«.[42] Volkhard Knigge diagnostizierte: »Lässt sich demokratische Kulturpolitik gerade daran erkennen, dass der Staat Rahmenbedingungen schafft, aber keine Inhalte vorgibt, so verschwindet diese Trennung im Bereich der Erinnerungskultur zunehmend.«[43]

Die Medien, die Alan S. Milward als »Verbrauchermärkte für den Konsum der Erinnerung« bezeichnet, haben zur Verbreitung der vereinfachenden Erzählung beigetragen.[44] Sie tendieren dazu, das zu wiederholen und neu zu bebildern, von dem sie glauben, dass es bereits Konsens sei. Winfried Meyer analysierte, dass Medien die »unausgesprochene Erwartung an die Gedenkstätten« herantrügen, »mit ihrer Arbeit immer neue Varianten dessen zu produzieren, was man – die meinungsführende Mehrheit – ohnehin schon weiß«, was jeder Innovation in Inhalt

40 Siehe jedoch Paul Steege: Black Market, Cold War. Everyday Life in Berlin, 1946-1949, Cambridge 2007; Edith Sheffer: Burned Bridge. How East and West Germans Made the Iron Curtain, Oxford 2011; Sagi Schaefer: States of Division. Border and Boundary Formation in Cold War Rural Germany, New York 2014; Mark Fenemore: Fighting the Cold War in Post-Blockade Pre-Wall Berlin, London 2019.

41 Jay Winter: Die Generation der Erinnerung. Reflexionen über den »Memory-Boom« in der zeithistorischen Forschung, in: Werkstatt Geschichte 30 (2002), S. 5-16, hier S. 6.

42 Sabrow: Unbehagen, S. 18.

43 Knigge: Erinnerungskultur, S. 240.

44 Alan S. Milward: Bad Memories, Times Literary Supplement, 14.4.2000, zit. nach Winter, Generation, S. 11.

und Form entgegenstehe. Staatlicher Einfluss wirke in dieselbe Richtung.[45]

Ilko-Sascha Kowalczuk kritisierte unlängst, Medien trügen durch ihren Hang zur Sensation und durch entsprechend drastische Opfergeschichten selten zur Versachlichung bei: »Von Anfang an neigten sie zur Skandalisierung. Stasi-Gemeinheiten und -Verbrechen ließen sich einfacher darstellen als die Alltäglichkeit der Diktatur, die ihre Brutalität oft erst in ihrer Subtilität offenbart.«[46] Mediale Dokumentationen zur DDR-Geschichte orientieren sich auch deshalb an dem opferzentrierten Aufarbeitungsdiskurs, weil er eingängig ist und aufmerksamkeitsheischende Empathie verspricht. Die Orientierung an dem westlichen Bild von der DDR kann darüber hinaus mit der Sozialisation der Autoren zu tun haben. Lea Streisand beklagte unlängst, das Bild der DDR sei »geprägt von ZDF-Fernsehproduktionen, an denen meist ausschließlich Westdeutsche mitgewirkt haben«. DDR-Bürger seien »darin entweder Stasiopfer oder Stasispitzel«.[47]

Durch diese mediale Erzählung hat sich in Ostdeutschland ein Unbehagen am staatlich finanzierten und omnipräsenten Aufarbeitungsdiskurs verfestigt. Martin Sabrow sprach von einer »historischen Klischeebildung« und einer »narrativen Komplexitätsreduktion« in den populären Medien, die zum alltagsbasierten und in ostdeutschen Familien tradierten kommunikativen Gedächtnis an die DDR in Konkurrenz trete.[48] Die familiäre Erinnerung hat sich jedoch als weitgehend resistent gegen die offizielle Geschichtskultur erwiesen, wie Dietrich Mühlberg bereits 2002 diagnostizierte.[49] Dabei hatte Sabrow gewarnt, dass »eine den Alltag ausblendende Modellierung der zukünftigen Erinnerungskultur erreicht, was sie gerade vermeiden will: die Spaltung des deutschen Vergangenheitsdiskurses in ein öffentliches Diktaturgedächtnis und ein privates Lebensgedächtnis«.[50]

45 Winfried Meyer: Friedhofsgärtnerei statt Elfenbeinturm? Thesen zu Bedingungen und Aspekten zeitgeschichtlicher Forschung in Gedenkstätten; in: Thomas Schaarschmidt (Hg.): Historisches Erinnern und Gedenken im Übergang vom 20. zum 21. Jahrhundert, Frankfurt 2008, S. 21-26, hier S. 24f.

46 Kowalczuk: Übernahme, S. 195; ebd. auf S. 201 bringt er ein treffendes Beispiel.

47 Lea Streisand: Virus schlägt Mauerfall: Hegemoniale Denkmuster, in: *TAZ*, 27.6.2020, URL: https://taz.de/Virus-schlaegt-Mauerfall/!5692673/ [8.5.2021].

48 Sabrow: Die DDR erinnern, S. 12.

49 Dietrich Mühlberg: Vom langsamen Wandel der Erinnerung an die DDR; in: Konrad H. Jarausch/Martin Sabrow (Hg.): Verletztes Gedächtnis. Erinnerungskultur und Zeitgeschichte im Konflikt, Frankfurt 2002, S. 217-252.

50 Martin Sabrow: Die Zukunft der Aufarbeitung und die Argumente der Vergangenheit. Zur Kritik an den Empfehlungen der Expertenkommission für die öffentliche Auseinandersetzung mit der SED-Diktatur, Deutschland Archiv 39.5 (2006), S. 902-909, hier S. 905; ähnlich auch Knigge: Erinnerungskultur, S. 246.

Da sich die meisten Ostdeutschen, die gleichzeitig unter schwierigen ökonomischen Bedingungen erhebliche Anpassungsleistungen an das westliche Gesellschaftsmodell erbrachten, in der Fokussierung auf Repression und ihre Opfer nicht wiederfanden, reagierten viele mit einer stillschweigenden, aber zählebigen Ablehnung der Aufarbeitung, wie Kowalczuk betont: »Diese Geschichte von Leid, Opfern, Unterdrückung und Widerstand erreichte die Gesellschaft nicht, es war nicht ihre Geschichte« und »es wurde nicht ihre Geschichte«.[51] Im Aufarbeitungsdiskurs waren die Erlebniswelt der DDR-Bürger und die Vielfalt ihrer Alltagserfahrungen ebenso ausgeblendet, wie sie im Diskurs selbst nur als Publikum und nicht als Akteure vorgesehen waren. Ihnen wurden kaum Möglichkeiten eingeräumt, Brücken von ihrer Lebensgeschichte dorthin zu schlagen und sich in den DDR-Geschichtsdiskurs einzuschreiben.

Dazu kam, dass ihre Erfahrungen der Transformationszeit ebenfalls keine Rolle spielen sollten. Mit der Glorie der demokratischen Revolution und der Vereinigung sollte die Geschichte der DDR enden, erst in den letzten Jahren wird ihre Nachgeschichte zum Thema. Die Geschichte des neuen Deutschlands dagegen begann in dieser Sichtweise mit dem demokratischen Aufbruch in Ostdeutschland. Im Gründungsmythos der Berliner Republik wurde Letzterer zur Vorgeschichte der Vereinigung, in der sich Deutschlands Schicksal erfüllt habe. Insa Eschebach weist in diesem Zusammenhang auf den Verlust von ideologischer Sinnstiftung nach dem Ende des Kalten Kriegs und der »nationalen Wiedergeburt« Deutschlands als Bezugsrahmen hin: »Die eigene lichte Gegenwart und ›Einheit‹ vor dem Hintergrund eines vergangenen Dunkels ausscheinen zu lassen, ist […] eine prominente Strategie nationaler Selbstthematisierung.«[52] Aus solchen Gründen sollte und wollte die Aufarbeitung lange von den multiplen Schwierigkeiten der Transformation nicht sprechen. So ist es wenig verwunderlich, dass Jana Hensel sich angesichts der gesellschaftlichen Krise 2018 endgültig befremdet zeigte angesichts der »Jubelreden, Heldengeschichten und […] immer gleichen Erfolgsmeldungen« zur Einheit, die sie an die Feierlichkeiten zum 40. Jahrestag der DDR erinnerten.[53] Sie dürfte vielen aus dem Herzen gesprochen haben.

51 Kowalczuk: Übernahme, S. 212; der Autor fährt, sich auf die sog. »Ostalgie« beziehend, fort: »Im Osten waren simple Geschichtsbilder à la Knabe nicht nur im SED/PDS/Linkspartei-Milieu verpönt.«

52 Insa Eschebach: Öffentliches Gedenken. Deutsche Erinnerungskulturen seit der Weimarer Republik, Frankfurt 2005, S. 193.

53 Jana Hensel: Schafft doch endlich diesen Feiertag ab, in: *Die Zeit*, 3.10.2018, URL: https://www.zeit.de/gesellschaft/zeitgeschehen/2018-10/tag-der-deutschen-ein-

Geschichtspolitik und DDR-Aufarbeitung: Was tun?

Für das Bild von der DDR bildete 1989 insofern eine Zäsur, als es sich zunächst auf seine Repressionsgeschichte verengte. Der Aufarbeitungsdiskurs hat seitdem unter dem Einfluss staatlicher Geschichtspolitik ein Narrativ adaptiert, das weit vor 1989 im Westen unter Mitwirkung ehemaliger Nationalsozialisten entstand und gleichermaßen der Schuldabwehr gegenüber den NS-Verbrechen wie auch als Mittel der Propaganda um Legitimität im Kalten Krieg diente. Die Perhorreszierung der DDR-Geschichte kann bei den Adressaten der Aufarbeitung Verwirrung stiften. Unlängst sah sich der frühere DDR-Pfarrer und Oppositionelle Werner Krätschell bei einer öffentlichen Lesung mit der unbefangenen Äußerung eines interessierten Schülers konfrontiert, der fragte, dass es in der DDR doch ganz unzweifelhaft schlimmer zugegangen sei als im Dritten Reich. Das sollte mit Blick auf eine angemessene Gewichtung der Erinnerung nicht das Ergebnis von Aufarbeitungsbemühungen sein.[54]

Dabei hat die antikommunistische Erzählung der erhofften Demokratiefestigung in Deutschland nicht gedient. Wir sprechen über den Diktaturcharakter des SED-Regimes noch immer mit einer unabweisbaren Vehemenz, als werde er unablässig in Zweifel gezogen, obwohl er weithin anerkannt ist. 30 Jahre nach dem Ende der DDR kann es auch nicht mehr genügen, sich am mittlerweile zurückliegenden Übergang zur Demokratie zu erfreuen. Denn gleichzeitig verankern sich autoritäre und nationalistische Strömungen in der Gesellschaft und machen sich auf den Marsch durch die Institutionen. Da sind Zweifel erlaubt, ob die unablässige Wiederholung der antikommunistischen Mantras nützlich war und weiter angebracht ist.

Die Aufarbeitung der DDR kann nur gelingen, wenn sie sich von ihren im Kalten Krieg gebildeten und nach 1989 revitalisierten geschichtspolitischen Wurzeln löst und wieder am Konzept der Aufklärung orientiert. Sie wird sich zudem den Erfordernissen einer Gesellschaft zu stellen haben, die mittlerweile eine Generation von der Erlebniszeit trennt und überdies migrantisch geprägt ist. Nachgeborene und Zugewanderte teilen die Erinnerung an die Geschichte von DDR und Teilung nicht mehr. Der Imperativ des Erinnerns muss der Historisierung und Kontextuali-

heit-entfremdung-ost-west [8.5.2021]; siehe Helga A. Welsh: Inner Unity and Regional Diversity in Unified Germany, in: German Politics and Society 37.3 (2019), S. 4-17 sowie die weiteren Beiträge im selben Heft.

54 Siehe Klaus-Dietmar Henke: Gedächtnisverschiebung? Für eine kategoriale Asymmetrie bei der Auseinandersetzung mit der NS- und der SED-Zeit, in: Zeitschrift für Geschichtswissenschaft 65.1 (2017), S. 45-65.

sierung weichen. Möchte sie zu einer gesellschaftlichen Selbstreflexion durch Ausbildung eines kritischen Geschichtsbewusstseins und Schaffung von Vergleichsebenen beitragen, muss sich die gesellschaftliche Aufarbeitung der DDR aus ihrer provinziellen Verinselung lösen. Das erfordert eine Einbettung der Repression in ihre gesellschaftlichen Kontexte sowie die systematische Berücksichtigung der Vorgeschichte im Dritten Reich, der Verflechtung mit Westdeutschland und der Erfahrungen der Transformationszeit. Schließlich muss die Geschichte der DDR in den Zusammenhang des Kalten Kriegs eingebettet werden, der kein weltgeschichtliches Ringen zwischen Gut und Böse war, sondern eine Allgegenwart von Loyalitätsverpflichtungen, Kohärenzerwartungen und vielfache Repression bewirkte.

Verzeichnis der Autorinnen und Autoren

Dr. Jan Claas Behrends leitet am Leibniz-Zentrum für Zeithistorische Forschung Potsdam das internationale SAW-Forschungsnetzwerk »Legacies of Communism«. Er ist Lehrbeauftragter für Osteuropäische Geschichte an der Europa-Universität Viadrina in Frankfurt an der Oder. Zu seinen Forschungsschwerpunkten zählen die Geschichte Russlands, Polens und der Ukraine, die Beziehungen Deutschlands zu Osteuropa, Krieg und Gewalt sowie der Diktaturvergleich.
Publikationen u. a.: (Hg., zus. mit Jürgen Danyel) Grenzgänger und Brückenbauer. Zeitgeschichte durch den Eisernen Vorhang, Göttingen 2019; (Hg.) The Return to War and Violence. Case Studies on the USSR, Russia and Yugoslavia, 1979-2014, London, New York 2017; (Hg., zus. mit Nikolaus Katzer und Thomas Lindenberger) 100 Jahre Roter Oktober. Zur Weltgeschichte der Russischen Revolution, Berlin 2017.

Prof. i. R. Dr. Peter Brandt war bis 2014 Leiter des Lehrgebiets Neuere deutsche und europäische Geschichte sowie bis 2017 Direktor des interdisziplinären Dimitris-Tsatsos-Institits für Europäische Verfassungswissenschaften der FernUniversität in Hagen. Seine Forschungs- und Publikationsschwerpunkte sind Vergleichende europäische Verfassungsgeschichte, Geschichte Nordeuropas, Nationsbildung und Nationalbewegung, Geschichte der Arbeiterbewegung und des Sozialismus.
Publikationen u. a.: (Hg., zus. mit Gert Weisskirchen) Sozialismus mit menschlichem Antlitz. Die Ereignisse in der Tschechoslowakei 1968 in ihrem historischen Umfeld, Bonn 2021; »Freiheit und Einheit«, 2 Bd. , Neuruppin 2017.

Dr. Jutta Braun ist wissenschaftliche Mitarbeiterin am Leibniz-Zentrum für Zeithistorische Forschung und Leiterin des Zentrums deutsche Sportgeschichte Berlin-Brandenburg. Ihre Forschungsschwerpunkte sind Behördengeschichte in Demokratie und Diktatur, Geschichte der deutschen Teilung und Transformation seit 1989, Medizingeschichte, Sportgeschichte.
Publikationen u. a.: Politische Medizin. Das Ministerium für Gesundheitswesen der DDR, Göttingen 2021; (zus. mit Peter Ulrich Weiß) Im Riss zweier Epochen. Potsdam in den 1980er und frühen 1990er Jahren Berlin 2017; (zus. mit Wolfram Pyta und Nils Havemann) Porsche. Vom Konstruktionsbüro zur Weltmarke, München 2017.

Dr. Astrid Mignon Kirchhof ist Senior Researcher am Institut für Technikfolgenabschätzung und Systemanalyse, Karlsruhe. Zuvor war sie

als Wissenschaftliche Mitarbeiterin, Principal Investigator und Projektleiterin an der Humboldt-Universität zu Berlin und der Sächsischen Akademie der Wissenschaften zu Leipzig tätig und arbeitete an verschiedenen interdisziplinären und transnationalen Projekten, insbesondere in Deutschland, Australien und den USA. Sie erhielt zahlreiche Stipendien, unter anderem vom Deutschen Akademischen Austauschdienst (DAAD), der Deutschen Forschungsgemeinschaft (DFG) und der VW Stiftung. Ihre Forschung umfasst die transnationale deutsch-deutsche Geschichte des 19. bis 21. Jahrhunderts in ihren globalen Dimensionen an den Schnittstellen von Sozial-, Umwelt-, Wirtschafts-, Technologie-, Migrations- und Stadtgeschichte. Beispiele sind die Geschichte des Naturschutzes, der Energiegeschichte, der politischen Ökonomie, der Konflikt- und Bewegungsgeschichte sowie der Philanthropie- und Gendergeschichte.
Publikationen u.a.: (Hg., zus. mit John McNeill) Nature and the Iron Curtain. Environmental Policy and Social Movements in Communist and Capitalist Countries 1945-1990, Pittsburgh 2019.

Prof. Dr. Martin Sabrow ist Direktor des Leibniz-Zentrums für Zeithistorische Forschung Potsdam und Professor für Neueste und Zeitgeschichte an der Humboldt-Universität zu Berlin. Zu seinen Forschungs- und Publikationsschwerpunkten gehören u.a. die politische Kulturgeschichte des 20. Jahrhunderts, Diktaturforschung sowie Historiographie- und Erinnerungsgeschichte.
Publikationen u.a.: (Hg., zus. mit Hanno Hochmuth und Tilmann Siebeneichner) Weimars Wirkung. Das Nachleben der ersten deutschen Republik, Göttingen 2020; (zus. mit Matthias Berg, Olaf Blaschke, Jens Thiel und Krijn Thijs) Die versammelte Zunft. Historikerband und Historikertage in Deutschland 1893-2000, Göttingen 2018; Erich Honecker. Das Leben davor. 1912-1914, München 2016; Zeitgeschichte schreiben. Von der Verständigung über die Vergangenheit in der Gegenwart, Göttingen 2014.

Dr. Gerhard Sälter leitet die Abteilung Forschung und Dokumentation in der Stiftung Berliner Mauer. Sein Forschungsinteresse gilt Herrschafts- und Machtbeziehungen in ihrem sozialen Kontext. Er publizierte zur Geschichte von Devianz, Polizei, Denunziation, Justiz und Inhaftierung, zum MfS, zum Grenzregime der DDR, zur Berliner Mauer und zur Geschichte des BND.
Publikationen u.a.: (Hg., zus. mit Isabel Posselt und Manfred Wichmann) Inszeniertes Leid. Das Gedenken an die Maueropfer im West-Berlin des Kalten Krieges. 100 Bilder und 9 Essays, Berlin 2021; Phantome des Kalten Krieges. Die Organisation Gehlen und die Wiederbelebung des Gestapo-Feind-

bilds »Rote Kapelle«, Berlin 2016; (zus. mit Johanna Dietrich und Fabian Kuhn) Die vergessenen Toten. Die Todesopfer des DDR-Grenzregimes in Berlin von der Teilung bis zum Mauerbau (1948-1961), Berlin 2016.

Dr. Anja Schröter ist wissenschaftliche Mitarbeiterin der Robert-Havemann-Gesellschaft. Ihre Forschungsinteressen liegen u.a. in der Geschichte der DDR, insbesondere Oppositions-, Revolutions- und Transformationsgeschichte, Rechts- und Justizgeschichte sowie Frauen- und Familiengeschichte.
Publikationen u.a.: (Hg., zus. mit Frank Ebert) Gegenentwurf. Ausschnitte deutscher Demokratiegeschichte, Berlin 2020; Ein ostdeutscher Marsch durch die Institutionen? Politische Partizipation vom Spät- zum Postsozialismus, in: WerkstattGeschichte 81, 1/2020, S. 73-84; Ostdeutsche Ehen vor Gericht. Scheidungspraxis im Umbruch 1980-2000, Berlin 2018.

Univ.-Prof. i.R. Dr. Dieter Segert war Bereichsleiter und Vorstand am Institut für Politikwissenschaft der Universität Wien (bis 2017). Er forscht und lehrte auf dem Gebiet der politikwissenschaftlichen Osteuropastudien. Forschungsschwerpunkte: Geschichte und Erbe des europäischen Staatssozialismus, Transformation der Gesellschaften Osteuropas im 20. Jahrhundert, Parteienforschung.
Publikationen u.a.: Transformation und politische Linke, Hamburg 2019; Das 41. Jahr. Eine andere Geschichte der DDR, Wien u.a. 2008; Die Grenzen Osteuropas. 1918, 1945, 1989 - drei Versuche, im Westen anzukommen, Frankfurt/New York 2002.

Dr. Tilmann Siebeneichner ist Wissenschaftlicher Mitarbeiter am Lehrstuhl für Neueste und Zeitgeschichte an der Humboldt-Universität zu Berlin. Zu seinen Forschungs- und Publikationsschwerpunkten zählen u.a. die Geschichte der DDR, Generationengeschichte und die Wahrnehmung des Weltraums im 20. Jahrhundert.
Publikationen u.a.: (Hg.) »Selbstentwürfe«. Neue Perspektiven auf die politische Kulturgeschichte des Selbst im 20. Jahrhundert, Göttingen 2021; (Hg., zus. mit Alexander C. T. Geppert und Daniel Brandau) Militarizing Outer Space. Astroculture, Dystopia and the Cold War, New York 2021; (Hg. zus. mit Martin Sabrow und Hanno Hochmuth) Weimars Wirkung. Das Nachleben der ersten deutschen Republik, Göttingen 2020.

PD Dr. Nenad Stefanov ist wissenschaftlicher Koordinator am Interdisziplinären Zentrum für Grenzforschung »Crossing Borders« der Humboldt Universität zu Berlin. Zu seinen Forschungs- und Publikati-

onsschwerpunkten gehören u.a. Ideentransfers zwischen Südost- und Westeuropa, Geschichte des Populismus und, damit verbunden, die Produktion von Grenzen auf dem Balkan.
Publikationen u.a.: (Hg., zus. mit Florian Riedler), The Balkan Route Through History: Via Militaris, Orta Kol, Autoput, Berlin/Boston 2021; Die Erfindung der Grenzen auf dem Balkan. Von einer spätosmanischen Region zu nationalstaatlichen Peripherien: Pirot und Caribrod 1856-1989, Wiesbaden 2017.

Prof. Dr. André Steiner ist Projektleiter im Leibniz-Zentrum für Zeithistorische Forschung Potsdam und apl. Professor für Wirtschafts- und Sozialgeschichte an der Universität Potsdam. Zu seinen Forschungs- und Publikationsschwerpunkten gehören u.a. die Wirtschafts- und Sozialgeschichte Deutschlands, Osteuropas und der Globalisierung im 20. Jahrhundert.
Publikationen u.a.: (zus. mit Louis Pahlow) Die Carl-Zeiss-Stiftung in Wiedervereinigung und Globalisierung 1989-2004, Göttingen 2017; (Hg., zus. mit Werner Plumpe) Der Mythos von der postindustriellen Welt. Wirtschaftlicher Strukturwandel in Deutschland 1960 bis 1990, Göttingen 2016; The Plans that Failed. An Economic History of the GDR, New York 2010.

Dr. Jochen Töpfer ist Soziologe am Osteuropa-Institut der Freien Universität Berlin. Seine Forschungsschwerpunkte bilden die Religionssoziologie, die Elitensoziologie, die Entwicklung von Gesellschaften in Europa, insbesondere in Ost- und Südosteuropa, sowie die Anwendung von mixed-method-Verfahren zur Erhebung von Einstellungen.
Publikationen u.a.: Religion und Gesellschaft. Ordnungsvorstellungen religiöser Eliten zu Religion, Politik und Gesellschaft. Baden-Baden 2021 (i. E); (zus. mit Max Bergmann) Jerusalem – Berlin – Sarajevo. Eine religionssoziologische Einordnung Amin al-Husseinis, Wiesbaden 2019; (zus. mit Julia Gerlach) The Role of Religion in Eastern Europe Today, Wiesbaden 2015.

Dr. Mandy Tröger ist Gastprofessorin am Institut für Journalistik und Kommunikationsforschung der Hochschule für Musik, Theater und Medien Hannover und Gastwissenschaftlerin am Institut für Kommunikationswissenschaft und Medienforschung der Ludwig-Maximilians-Universität München. Sie hat am Institute of Communications Research der Universität Illinois (USA) studiert und wurde dort 2018 promoviert. Ihre Forschungs- und Publikationsschwerpunkte liegen in der Kritischen Theorie und in deutsch-deutscher Mediengeschichte.

Publikationen u.a.: Pressefrühling und Profit. Wie westdeutsche Verlage 1989/1990 den Osten eroberten, Köln 2019; (Copy Editor) The Handbook of European Communication History. (Hg. Klaus Arnold, Paschal Preston und Susanne Kinnebrock) Hoboken, NJ, 2019.

Prof. Dr. Matthias Warstat ist Professor für Theaterwissenschaft an der Freien Universität Berlin und Ko-Direktor des Käte-Hamburger-Kollegs »Verflechtungen von Theaterkulturen«. Seine Arbeitsschwerpunkte sind Theorie und Ästhetik des Gegenwartstheaters, Geschichte politischen Theaters sowie Relationen von Theater und Gesellschaft.
Publikationen u. a.: Soziale Theatralität. Die Inszenierung der Gesellschaft, Paderborn 2018; (zus. mit Joy Kristin Kalu u. a.) Theater als Intervention. Politiken ästhetischer Praxis, Berlin 2015; (zus. mit Jan Lazardzig und Viktoria Tkaczyk) Theaterhistoriografie. Eine Einführung, Tübingen und Basel 2012.

Dr. Peter Ulrich Weiß ist Wissenschaftlicher Referent für Historische Forschung, Gedenkstätten und Publikationen bei der Beauftragten des Landes Brandenburg zur Aufarbeitung der Folgen der kommunistischen Diktatur. Seine Forschungsschwerpunkte sind u.a. internationale Kulturbeziehungen, Diktatur- und Gewaltgeschichte sowie Medientransformationen im 20. Jahrhundert.
Publikationen u. a.: (zus. mit Jutta Braun) Im Riss zweier Epochen. Potsdam in den 1980er und frühen 1990er Jahren, 2. Aufl., Berlin 2019; (Hg., zus. mit Thomas Schaarschmidt und Winfried Süß), Zeithistorische Forschungen – Themenheft: Gewaltabkehr als gesellschaftliches Projekt in der Bundesrepublik Deutschland, Heft 2 / 2018; (Hg., zus. mit Martin Sabrow), Das 20. Jahrhundert vermessen. Signaturen eines vergangenen Zeitalters, Göttingen 2017.